此专著获得以下课题的资助：
1. 湖北省教育科学规划 2020 年度重点课题《大数据驱动下的个性化在线学习精准推送服务体系研究》编号 2020GA045
2. 湖北省教育科学规划 2022 年度重点课题《基于数据智能的个性化学习路径构建研究》，编号 2022GA049）
3. 湖北汽车工业学院 2022 年研究生教育教学改革研究项目《多学科融合知识图谱的构建和研究生科研能力提升途径方法研究》，编号 Y202204

大数据驱动下的个性化在线教育系统研究

唐 海　李贵荣　彭 强　著

吉林大学出版社
·长春·

图书在版编目(CIP)数据

大数据驱动下的个性化在线教育系统研究 / 唐海，李贵荣，彭强著. -- 长春 : 吉林大学出版社，2025. 4.
ISBN 978-7-5768-4941-7

Ⅰ. G434

中国国家版本馆 CIP 数据核字第 2025D76Y21 号

书　　名：大数据驱动下的个性化在线教育系统研究
DASHUJU QUDONG XIA DE GEXINGHUA ZAIXIAN JIAOYU XITONG YANJIU

作　　者：唐　海　李贵荣　彭　强
策划编辑：李潇潇
责任编辑：郭湘怡
责任校对：王　曼
装帧设计：寒　露
出版发行：吉林大学出版社
社　　址：长春市人民大街4059号
邮政编码：130021
发行电话：0431-89580036/58
网　　址：http://press.jlu.edu.cn
电子邮箱：jldxcbs@sina.com
印　　刷：定州启航印刷有限公司
开　　本：787mm×1092mm　16开
印　　张：17.25
字　　数：330千字
版　　次：2025年4月第1版
印　　次：2025年6月第1次
书　　号：ISBN 978-7-5768-4941-7
定　　价：98.00元

前　言

人类已进入一个终身学习的社会，自主学习将伴随人们的一生，近几年国内外利用网络自主学习的人数迅速增加，但网络学习系统的功能和形式却停滞不前，国内大多数教育网站仅仅提供一些学习材料和教学课件，学习过程管理和指导功能薄弱，缺少个性化特征。针对以上问题，在分析了大量关于智能教学系统，个性化学习系统等研究文献和资料，也对学习理论、教学理论和学习技术进行了深入研究之后，主要做了以下几个方面的工作：

（1）以建构学习主义为理论基石，运用人工智能和大数据处理技术，针对当前个性化学习系统存在的不足，提出相应的改进策略。并使用学习者信息标准元数据规范，通过画像技术对在线学习特征进行个性化分析和建模，准确诊断出学习者“最近发展区”。

（2）运用知识图谱相关技术进行网络学习资源建模。自动构建网络学习资源中的学科知识图谱，进行更精准、更全面的知识结构展示，并提出改进的算法，提高构建学科知识图谱的效率以及准确率。

（3）以多重属性特征为基础设计了知识图谱模式层，结合 TextRank 算法对爬虫获取到的文本资源构建知识图谱。提取知识图谱中知识点属性与关系，应用拓扑排序算法，设计了通用学习路径自动生成方法。在此基础上进一步分析基于最近发展区理论的学习路径构建，并分析各种相关学习资源的学习难度，为学习者精准推送符合其学习特征的学习建议和多媒体学习资源。

本书是以作者博士毕业论文“个性化概念图在网络自主学习中的应用研究”为基础，结合近年来涌现的人工智能及大数据技术，以主持或参与的湖北省教育科学规划重点课题“大数据驱动下的个性化在线学习精准推送服务体系研究”（序 1，2020GA045）及“基于数据智能的个性化学习路径构建研究”（序 2,2022GA049）的实施为契机完成。书稿共计 33 万字，第一、三、八、九章由湖北汽车工业学院电气与信息工程学院唐海撰写，计 14 万字，第二、四、六章由湖北汽车工业学院电气与信息工程学院李贵荣撰写，计9.5万字，第五、七章由湖北汽车工业学院电气与信息工程学院彭强撰写，计9.5万字。

感谢湖北省教育厅对2020年度（编号2020GA045）及2022年度（编号2022GA049）教育科学规划重点课题的支持，感谢湖北汽车工业学院2022年校级研究生教育教学改革研究项目“多学科融合知识图谱的构建和研究生科研能力提升途径方法研究”（编号Y202204）及2022年度教学研究与改革项目（国际教育专项）“‘一带一路’”背景下理工院校留学生教育发展策略研究”（JYGJ202201）的支持。

本书既可作为高等院校计算机科学与技术、人工智能、教育技术与信息化等专业的研究生所用，也可供教育信息化系统、在线学习系统设计与开发人员参考，同时对于开展线上教学的教师也具有很好的参考价值和指导意义。由于编写时间仓促及编者水平有限，书中难免有不足和疏漏之处，希望能够得到广大读者的反馈和建议，以便我们不断改进和完善。

唐海 李贵荣 彭强 徐洪胜

2024.7.8

目 录

第 1 章　个性化学习系统概述

1.1　什么是个性化学习

苏联教育理论家苏霍姆林斯基曾强调，世界上没有才能的人是不存在的；中国近代儿童教育家陈鹤琴先生提出，没有教不好的学生，只有不会教的老师；教育心理学家布卢姆认为，只要为学生提供必要的条件，所有学生都可以掌握要求学习的内容。这些理念的实现都有一个重要的前提，即教师和学生之间实施一对一的、充分的、因材施教的个性化教学。而在传统的课堂中，教师精力和时间有限，无法兼顾每一名学生，特别是在学生数量剧增而教师资源短缺的现状下，这一构想难以付诸实践。

随着互联网技术的蓬勃发展，学习的时间和空间得到了极大的拓展，学习资源愈加丰富，学习者获取知识的途径也变得更加广泛，学习形式呈现多样化的趋势，逐渐超越了传统学校的框架。在这个背景下，为学生提供个性化学习服务已不再是纸上谈兵。为实现个性化教育的目标，各类在线教育平台如雨后春笋般涌现，为学习者提供了随时随地的学习机会，让他们能够获取所需的知识和技能。这些平台还为学习者搭建了与教师、专家、同伴进行交流互动的桥梁，有效促进了个性化发展。这种全新的学习方式为学习者创造了更加丰富的学习体验。

近年来，随着智能设备和计算机技术的飞速发展，大数据时代涌现的海量信息数据彻底颠覆了人们对传统数据的认知方式。2012 年 5 月，联合国发布的《大数据促发展：挑战与机遇》白皮书明确指出，大数据时代已经悄然降临，赋予了人们利用数据资源进行分析的能力，人们可以进行实时人口分析，这不仅能够洞察社会结构和人口动态，还能为实现有针对性的社会发展策略提供强有力的支持。 为响应这一趋势，国务院于 2015 年发布了《促进大数据发展行动纲要》，强调了大力发展教育文化大数据的重要性。文件明确提出“探索发挥大数据对变革教育方式、促进教育公平、提升教育质量的支撑作用”，正式启动了“互联网 +”和“大数据”两大发展战略。湖北省积极推动数据资源的共享开放，努力促进数据资源在各领域的广泛应用。这一举措为实现更加智能、高效的社会发展提供了坚实的基础支持。在 2016 年印发的《湖北省大数据发展行动计划（2016–2020 年）》中，公共服务领域的第一条指出，要推动形成覆盖全省、多级分布、互联互通的数字教育资源云服务体系，为学习者享有优质教学教育资源提供方便快捷的服务，提升教育信息化支撑水平，持续缩小区域、城乡、学校之间教育资源的差距。由此可见，大数据技术的深入发展和应用，必然会在教育领域的各个方面产生深远的影响。

教育大数据应着眼于每一位学习者的微观表现，详细地记录学习过程中所产生的各种数据，这些数据对于使用人工智能技术分析学习者的学习特征及学习资源有非常重要的作用。学习者主体和学习资源的量化、学习服务的定制化、“因材施教”和“个性化教育”将在大数据时代迎来实质性的推进。

无论是课堂教学还是网络学习，从教育技术的角度而言，最终的着力点都是实现高效率的学习，那么高效率的学习应如何实现呢？ Vygotsky 提出，学习效果最佳的情境通常出现在最近发展区（zone of proximal development, ZPD）。他认为，最近发展区是学习者在独立解决问题方面的实际发展水平，即与在教师指导下或与能力更强的同龄人合作时的潜在发展水平之间的差距。① 因此，为了实现个性化教学，关键在于找到学习者的最近发展区，在这个区域内提供能够满足学习者真实需求的教学支持，如射箭般将教学的箭头准确射向“靶心”以取得最佳效果。

为了精准定位最近发展区，教师需要对学习者的学习情境进行详尽解析。而学习者的学习情况千差万别，影响学习效果的因素众多，如性格偏好、学习动机、理解能力、知识基础、学习场景等。认知教育心理学家奥苏贝尔认为，学习者的认知结构是影响学习效果的最重要的因素。认知结构是一种知识参照框架，是学习者现有知识的内容和组织方式，用以感知、处理外界信息并进行推理活动，学习就是新旧知识间建立各种关联的过程。② 除此之外，学习风格也会对学习产生重要影响。目前，将学习者的个性化信息融入设计因素中，主要考虑的是学习者的认知结构和学习风格。本书以建构主义学习理论为指导、以教育大数据为驱动，为在线学习系统构建学习者个性化的认知结构（personalized cognitive structure，PCS）和学习风格，在分析已有个性化系统和设计方法的基础上，提出改进的智能算法，实时判断学习者的最近发展区，循序渐进地为学习者准确推送合适的学习支持，提高在线学习的效率。

---

① VYGOTSKY L S. Play and its role in the mental development of the child [J]. Play：its evaluation and development，1976，7（3）：6-18.

② COOK H，AUSUBEL D P.Educational Psychology：A Cognitive View[J].The American Journal of Psychology，1970，83（2）：303-304.

1.2　个性化学习的发展现状

下面从个性化在线学习系统、大规模网络开放课程（MOOC）的发展情况、大数据在教育中的研究和应用三方面进行现状分析，再对这些方面进行综合评述。

1.2.1　个性化在线学习系统

由于网络教育的早期发展，国外对学习支持系统的研究在理论和实践上均领先于国内。在个性化学习系统领域，以美国为代表的发达国家，早在1998年就启动了以美国国家标准与技术协会高技术研究项目为核心的巨额资助，致力于推动个性化学习系统的研究和实践。这一举措的目标在于寻求更加灵活和易评价的教学技术，以提升网络教育的质量，确保网络教育能够更好地满足教学者和学习者的需求。

1996年，Brusilovsky教授在卡耐基－梅隆大学主持了Interbook项目，成功将普通文本转换成了标注过的HTML形式。该系统能够为每位注册用户建立个性化知识模型，并运用该模型为用户提供自适应导航支持和个性化服务，如自适应帮助等。然而，值得注意的是，该系统的不足之处在于领域知识模型的构建过于简单，同时缺乏足够的练习和测试手段，无法全面获取用户的知识状态。

2001年，德国Trier大学心理系建立了ELM-ART系统，这个智能互动的网络教学系统在Trier大学的教学活动中表现出色，不仅能够提供个性化知识导航、课程序列化、学生解答的个性分析以及基于实例的问题求解等功能，还能通过练习获取用户信息。

2001年，欧洲四个国家（法国、芬兰、西班牙、意大利）的教育协会合作研制了网络教学系统3DE（design, development 和 delivery），旨在定义、设计、构造一个互动式的个性化在线训练系统。其设计原理包括以下几个方面：一是每个学习者对新知识的独特见解和表达方式；二是学习是主动的、需要学习者亲身参与的过程；三是考虑每个学习者的兴趣爱好；四是学习者认清自身特点和水平的重要性。该系统运用Honey和Mumford的学习风格模型，实现了在一定程度上界面和学习内容的自适应；同时引入了XML元数据的国际标准和微模块思想，以提高内容的重用性，基于这一思想成功开发了量身定制的飞行员培训课程多媒体学习包。

2002年，雅典大学开发了INSPIREI个性化网络教学系统用于协助课堂教学。图1-1所展示的系统采用了Honey和Mumford的学习风格模型，以学习者的学习风格和知识水平为主要变量，结合瑞格鲁斯的精细加工理论和梅瑞尔的内容呈现原则实现了个性化，其中学习内容的数量和难易程度受知识水平因素的影响，成为实现自适应导航的重要依据。

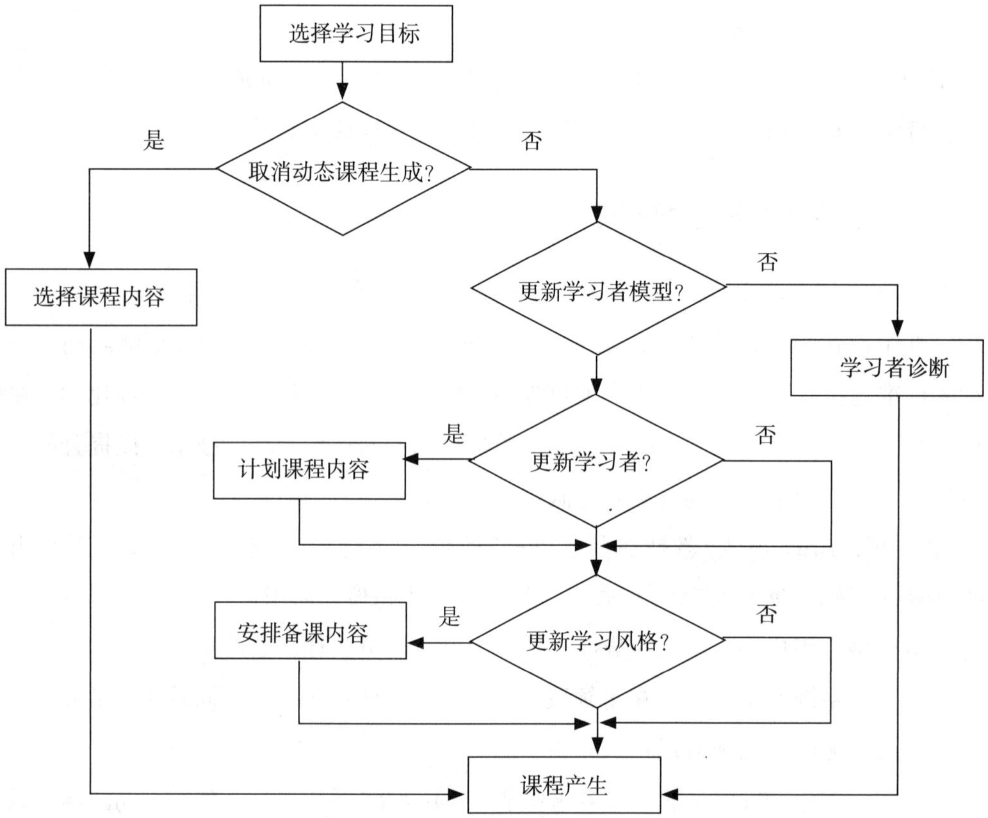

图 1-1　INSPIREI 系统中学习者与“课程产生”过程之间的交互

2004 年，欧盟基于国际上存在的数字学习规范和标准（如 IMS-QTI、IMS-CP、Dublin Core、IMS-LD、IEEE-LOM、IMS-LIP），设计并开发了 ALFANET（active learning for adaptive internet），该系统以研发主动且适应学习的新方法与服务为目标，具备四大显著特征：一是根据前测结果，使学习者进入课程时会呈现不同等级的知识水平；二是课程内容会根据学习者的学习风格进行展示；三是采用了协同过滤技术；四是可以进行自我检测评估。由于 ALFANET 支持多个行业标准，因此其功能、内容、教学设计和学生的个人资料均可实现高度的可重用性。

2006 年，Brusilovsky 认为教师在使用智能教育系统（intelligent educational systems）时缺乏智能创作支持工具，因此开发了 ELDIT 系统来支持系统中语言内容的创作。[①]

① BRUSILOVSKY P，KNAPP J，GAMPER J. Supporting teachers as content authors in intelligent educational systems[J]. International Journal of Knowledge and Learning，2006，2（3/4）：191-215.

2008 年，Farzan 和 Brusilovsky 合作推出了 Annotat Ed 系统，该系统将页面注解（web page annotation）和自适应导航融合为一个增值服务，扩展了超文本系统的网页功能。

2010 年，美国得克萨斯理工大学设计并开发了 A-WBLE（adaptive web-based learning environments）。A-WBLE 中的内容展示、学生评价、教学活动和学习环境等方面均采用了个性化适应技术。系统会根据用户的不同情况（如教学需求、用户知识储备和偏好等），灵活呈现多样的页面展示，涉及学习内容的资源、难易程度、顺序和数量等；学习环境则设有适应性界面，允许对系统文字和样式进行修改，以更好地适应用户的个性特征。系统能够及时反馈用户的学习行为，实现适应性的交流和交互，从而不断完善用户模型。

2013 年，Ahn 和 Brusilovsky 提出了一种可视化的交互方法（interactive visualization approach），将探索性和个性化搜索方法结合，并且引入了 Adaptive VIBE 工具来提升网络信息检索的准确性和效率。

2015 年，Sosnovsky 和 Brusilovsky 提出了以粗粒度知识单元为主题的适应性教育系统的个性化方法（topic-based personali zation approach），用户建模和自适应均以主题为基础。以网络教育服务系统 Quiz Guide 为例，Brusilovsky 等详细阐述了基于主题的个性化技术，并对其进行了相应评价。①

自 20 世纪 90 年代中期以来，国内在自适应教育领域逐渐引起一些学者和科研机构的关注，并取得了一定的进展。例如：北京师范大学何克抗教授主持研究的小学语文智能超媒体教学系统，浙江大学徐海平、胡尚需等研发的基于超文本的智能汉语教学系统，以及首都师范大学的王陆教授和华东师范大学的祝智庭教授联合主持的“个性化课件生成技术及相关工具”项目，这些教学系统和项目开发了个性化教学的多媒体课件制作和生成工具，为不同特征的教师和学生提供了智能化教学的技术支持，能够根据以教师为主导、学生为主体的理念，将数据挖掘、主动数据库技术和教学评价相结合，构成教师参与的半开放式支持决策系统。

针对学习风格等因素，陈卫东等研究者提出了基于学习风格的教学设计三维模型。② 该模型可利用在线分析技术（OLAP）对模型信息进行全面处理，通过特定的匹配算法，选择学习风格相匹配的学习方式和课程内容。

叶海智等在网络学习者的学习风格研究中对感知觉偏好差异进行了探究，揭示了视觉、听觉和动觉三种学习者对课程的不同需求，提出了在设计自适应网络课程时需要

① SOSNOVSKY S，BRUSILOVSKY P. Evaluation of Topic-based Adaptation and Student Modeling in QuizGuide[J]. User Modeling and User-Adapted Interaction，2015，25(4)：371-424

② 陈卫东，王靖，刘卫春，等．“专业—素养—实践”三维结构下的现代教育技术课程教学改革研究——以实验教学改革为例 [J]. 现代教育技术，2010，20（01）：73-76+81.

注意不同感知觉类型学习者的问题。①

鉴于国内外网络教学系统、智能教学系统和适应性超媒体的研究成果，陈品德和李克东提出了教学领域知识的组织和展示方案、学习者建模方法以及智能适应性特征的学习系统结构模型，并基于研究成果开发了 A-Tutor 适应性学习系统。② 该系统实现了适应性内容呈现、帮助、导航和练习发布，强调了个性化学习和适应性学习是可以相互转换的概念。

舒蓓等提出了个性化的远程学习模型，如图 1-2 所示。③ 该模型具有以下特点：系统资源库与用户库分开；能提供灵活的学习工具；搭载了个性化处理引擎。该模型注重学生的需求、学习进度、能力差异和兴趣爱好，可以动态地调整学习计划，满足用户的个性化教育需求。

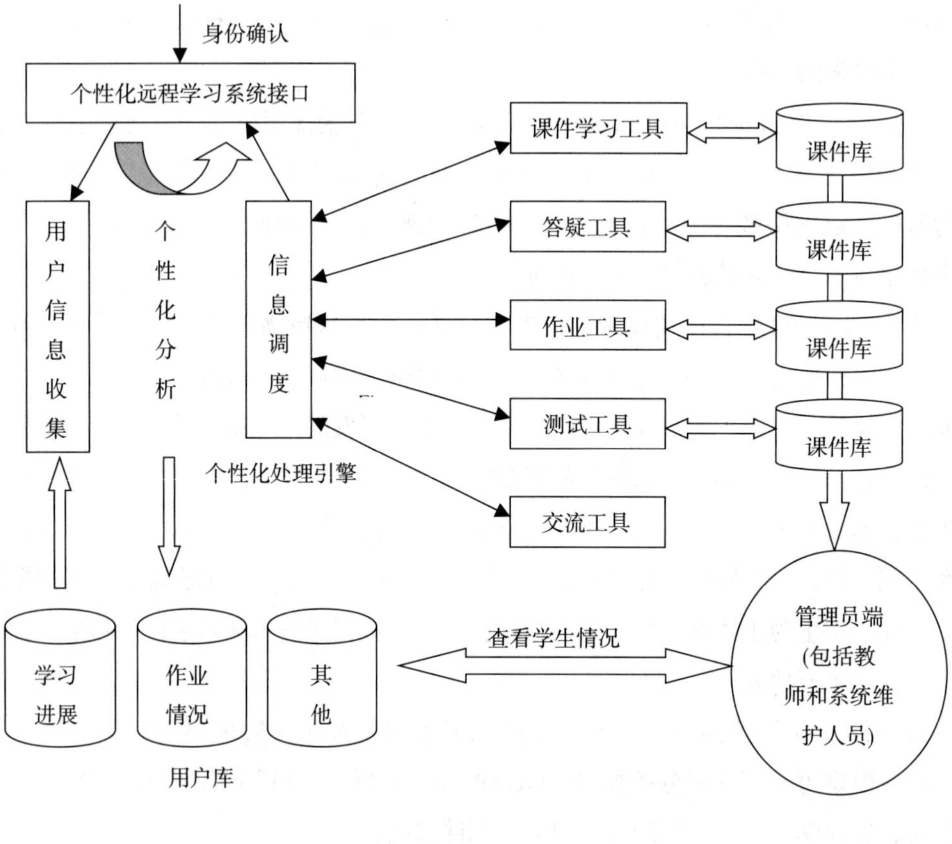

图 1-2　舒蓓等提出的个性化远程学习模型

① 叶海智，李莹 . 感知觉通道偏爱差异—自适应网络课程设计不可忽视的因素 [J]. 现代远距离教育，2005（6）: 70-71.

② 陈品德，李克东 . 适应性教育超媒体系统——模型、方法与技术 [J]. 现代教育技术，2002（1）: 11-17，76.

③ 舒蓓，申瑞民，王加俊 . 个性化的远程学习模型 [J]. 计算机工程与应用，2001（9）: 90-92，96.

柏宏权深入研究了领域知识的组织、个性化教学策略的生成、学生模型的构建和更新机制，并在此基础上构造了I-Tutor适应性智能教学系统，实现了基于学生模型的适应性呈现和导航，能够通过机器学习算法获取学生对特定学习主题的偏好信息。①

余胜泉对个性化学习支持系统进行了定义，对个性化学习模式和系统结构进行了阐述，强调了个性化学习支持系统的关键环节应包括学习诊断、学习内容的动态组织和自主选择学习策略，系统应根据学生行为特征的多样性，在教学内容呈现上提供多样化的个性化服务。②

在学习资源的推送研究方面，马玉慧等提出了先对认知结构进行诊断，然后在此基础上进行个性化学习资源推送的方法。③ 姜强和赵蔚提出了基于VARK的多媒体资源交互式推送模型及其可视化适应导航。④ 叶海智等提出了面向认知诊断的学生能力等级自适应试题推送模型，并在此基础上开展了认知诊断教学活动。⑤ 孙众等提出了权值匹配资源个性化推送算法，主要应用于英语学习。⑥ 以上这些研究主要利用的是认知诊断，而认知诊断实际上是一种统计的认知结构分类方法，即以认知类型作为资源推送的依据，并未精确到个人。

1.2.2　MOOC的发展情况

近年来，MOOC在国内外掀起一股学习热潮。Udacity成立于2012年2月，由一位斯坦福大学计算机教授发起，截至2013年4月，该平台已经推出了24门课程，仅观看前两节视频的学生人数就超过9万。截至2013年6月，Coursera已与70所高校签约合作，包括斯坦福大学和普林斯顿大学。MOOC的另一平台edX于2012年5月由哈佛大学和麻省理工学院的教授联合成立，主要由麻省理工学院的计算机教授运营。edX首先开放了七门课程，其中一门课程的注册人数达5.3万；截至2013年6月，edX的合作机构达28家。

① 柏宏权．适应性教学系统中个性化教学策略研究[D]．南京：南京师范大学，2006.

② 余胜泉．适应性学习——远程教育发展的趋势[J]．开放教育研究2000（3）：12-15.

③ 马玉慧，王珠珠，王硕烁，等．面向智慧教育的学习分析与智能导学研究——基于RSM的个性化学习资源推送方法[J]．电化教育研究，2018，39（10）：47-52，82.

④ 姜强，赵蔚．多元化媒体资源适应性推送及可视化序列导航研究[J]．开放教育研究，2015，21（02）：106-112.

⑤ 叶海智，杨柳，黄宏涛，等．面向认知诊断的能力等级自适应试题推送模型构建及应用[J]．电化教育研究，2019，40（11）：93-98，113.

⑥ 孙众，骆力明，綦欣．数字教材中个性化学习资源的推送策略与技术实现[J]．电化教育研究，2014，35（9）：64-70.

2011 年 10 月 12 日，教育部发布了《教育部关于国家精品开放课程建设的实施意见》，计划在“十二五”期间建设 1 000 门国家级精品资源共享课。这一举措旨在推动大规模网络开放课程的应用。国家精品开放课程涵盖了精品视频公开课与精品资源共享课，旨在通过普及共享高质量课程资源，体现现代教育思想和规律，展示先进的教学理念和方法，为学习者提供自主学习的服务，并通过网络传播。中国大学开放课程网站“爱课网”由高等教育出版社建立，平台将开放课程学习资源都分享在该网站上，供所有互联网用户共享大学优质课程资源。截至 2016 年 9 月 30 日，爱课网已经推出了 1 871 门开放课程资源。

2013 年 5 月，清华大学、北京大学、香港大学等高校加入 edX 平台。随后，上海交通大学和复旦大学与斯坦福大学的 Courser 开放平台签署了协议，联合多所世界名校向全球提供在线课程。除了融入国际有影响力的平台迈向“走出去”的方向，国内高校还积极建设了自己的 MOOC 平台。例如：国内五所交通大学（西安交大、上海交大、北京交大、西南交大和新竹交大）推出了“在线学习联合体”；清华大学开设了“学堂在线”；上海 30 所高校组成了高校联盟，成立了上海高校课程中心；87 所高校共同组成“中国东西部高校课程共享联盟”，致力于优质教育资源的共享。这一系列举措展现了中国高校投身 MOOC 热潮的积极姿态。

1.2.3　大数据在教育中的研究和应用

大数据时代，课堂教学方式得到了技术支持，创造了实现个性化学习的现实条件，使每位学生都能以适合自己的方法和习惯在课堂内外进行学习，从而促进传统学习方式的“被动性、统一性、依赖性”向现代学习方式的“主动性、独特性、独立性”转变。例如：美国 Arizona State University 提供了个性化分析的在线课程，可通过程序分析学生校园生活的动态信息（如在线学习时长和校园卡的使用）来评估学生的学习情况，还可通过社交网站（如 Facebook）挖掘学生的兴趣爱好，以便为他们推荐具有相同兴趣的好友；美国 Rio Salado College 利用软件进行学业表现的分析和预测，将相关报告发送给教师，以改进教学方法。通过收集和分析学生的学习、生活等多方面的数据，学校能够全面了解学生的学习状况，协助他们预测学习发展趋势，提供有针对性的个性化指导意见。在这一领域，美国的“梦盒学习”（Dream Box Learning）公司和“纽顿”（Knewton）公司成功地开发了利用大数据的适应性学习系统，可向数百万名学生提供量身定制的学习服务。系统通过真实的学习数据，可协助学校提高学生的学习效果。美国纽约的麦格劳 · 希尔（McGraw-Hill）公司和英国伦敦的培生（Pearson）集团共同合作的“课程精灵”系统，以及加拿大的“渴望学习”（Desire2Learn）企业推出的“学生成功系统”，同样在高等教育领域发挥着重要作用，这些系统通过分析每个学生的行为数据，可及时诊断问题并提供修改建议，为学生提供全面的学习参与度和改善意见信息。

国内研究者对教育领域的大数据应用研究相对较少，仅有少数学者从理论角度探讨了大数据学习分析在考试评价、促进高校教师专业发展等方面的议题。一些企业也运用大数据开展了在线教育。例如：梯子网采用大数据技术，能够全程追踪学生的学习行为轨迹，分析学生的思考方式和习性，发现每个学生的薄弱环节，并为学生提供个性化的学习方案，这一方法还使家长能够通过可视化的数据分析孩子的学习和考试情况；猿题库推出了大数据技术的“智能练习”产品，通过匹配考试要求和答题情况，向学生推荐需要加强的题目类型，同时记录学生的整个答题过程，以评估能力变化，并以报告形式呈现学生的能力增长曲线；百度教育也推出了高考小助手、模拟填报、专业预测等功能，通过资源整合和数据分析，运用大数据和自然语言处理技术将搜索与个性化需求相匹配，为考生在预测成绩、报考和专业选择上提供有针对性的帮助。

1.2.4　综合评述

综上所述，对于个性化学习系统的核心组件——用户模型，无论在国内还是国外，研究都取得了显著进展并达成了一定的共识。通过综合国际研究成果可以清晰地看出，学者一致认为用户模型是构建个性化学习系统的关键要素。因此，用户模型的研究成为个性化学习领域的一个热点。然而，很多用户模型的研究往往忽略了用户学习风格与认知水平之间的关联，仅从单一维度构建用户模型，导致用户模型的构建不够全面，进而影响了个性化推送服务的准确性。

对于学习对象信息化的标准建设，国内外都高度重视学习对象元数据标准的制定，相继发布了 Dublin Core、IEEE LOM、CELTS-3 等标准，这些标准在实现学习资源的标准化建设和共享方面作出了重要贡献。目前的学习系统大多存在以下问题：第一，大多数系统仍然在“各自为战”，没有按照统一的标准构建用户模型、资源建设和领域模型等；第二，尽管存在学习资源建设标准，但这些标准并不能完全满足自适应学习系统呈现个性化学习资源的需求；第三，系统对学习者的学习特征以及各种学习资源的内容和难度缺乏准确的语义和量化表示，使资源推送服务不够精准。

对于“最近发展区”的研究，国内外的研究成果提及不多，仅有一些相关的研究和设计，如“学习路径”的个性化动态呈现、学习资源访问状态的变化等。为实现个性化学习系统对学习路径的个性化呈现，系统会根据用户的个体特征差异，以动态适应的方式呈现学习资源和学习路径，以满足用户个性化学习的要求，但是对于“最近发展区”尚缺乏明确的表示和准确的诊断方法。

大数据在个性化教育的研究和应用中存在两个问题：一方面，以 MOOC 为代表的各种免费资源存在严重的“超载”现象；另一方面，花费大量人力、物力建设的学习资源并不被学习者熟知并应用，学习者难以找到真正满足自身学习需求的学习资源，资源建设者也不知道开发怎样的学习资源才能满足学习者的差异化需求。产生这种情况的原因有两个：第一，大多数学习资源是依据课程标准的单向开发，资源颗粒度较大，学习资源中预设的学习活动的灵活度不够，使学习资源失去开放的意义，不能有效满足学生的个性化学习需求；第二，作为智慧化教育中的重要实体之一，学习资源在被使用过程中，产生了海量学习者使用学习资源的行为数据，这些数据中蕴含着重要的教育价值，但是这些数据大都处于休眠状态，未曾运用大数据和人工智能的先进技术进行分析和处理，未能发挥其应有的巨大价值。

在个性化学习理论方面，国内外都进行了深入的研究，但将这些理论成功应用于具体实践的案例相对有限，尤其是在国内的应用研究中。因此，基于支持个性化学习系统的各种理论基础，成功实现个性化学习系统在实际学习场景中的应用成为当前研究中的一个极为重要的环节。

从近年来国内外研究的现状来看，人们对个性化学习的研究逐渐深入，研究范围也逐渐扩展，从起初主要关注学习风格，到随后的学习者认知水平，到现在的学习情绪研究，各种个性化理论层出不穷，但目前仍未出现被广泛认可的高效学习系统。因此，个性化学习的研究仍然处于探索阶段，存在着巨大的发展潜力。随着云计算、大数据、人工智能等先进技术的发展，个性化学习技术需要不断整合这些技术，以更好地实现对学习者个体特征差异的动态适应。

1.3　本书的研究价值

为响应《湖北省教育科学规划课题申报指南》第 5 条“服务全民终身学习的湖北教育体系研究”及第 13 条“新时代智慧教育体系建设研究”，本书拟在当前 ICT 技术飞速发展的情况下，以建构学习主义为理论基石，运用人工智能和大数据处理技术，针对当前个性化学习系统存在的不足，提出相应的改进策略；并使用学习者信息标准元数据规范，对在线学习者个性化学习特征（主要是学习风格和认知能力）进行分析和建模，准确判断出学习者的“最近发展区”，在此基础上进一步分析最近发展区中各种相关学习资源的学习难度，为学习者精准推送符合其学习特征的学习建议和多媒体学习资源。

从国内外的研究历程中可以观察到，近年来，人们对个性化学习的研究不断深入，其研究范围也逐渐扩展。然而，从一开始的关注学习风格，到随后的学习者认知水平，再到现在的学习情绪研究以及各种个性化理论的不断涌现，都没有出现被广泛认可的高效学习系统，因此个性化学习的研究仍处于探索阶段，展现了广阔的发展前景。在这个过程中，大数据、云计算、人工智能等先进技术的崛起进一步拓展了个性化学习技术。因此，要想更好地实现对学习者特征差异的动态适应，研究者就需要不断整合这些先进技术。本书的研究价值体现在以下两个方面：

第一，在系统设计方面，本书以建构学习主义为理论指导，严格遵照国际和国内学习者信息元数据规范设计用户模型、领域模型等，构建标准化的个性化学习系统模型，以增强个性化学习系统的通用性和可移植性，争取打破国内个性化学习系统研究各自为政、单打独斗的局面，提供标准模型支持，以促进个性化学习系统的设计与实现。

第二，在实际应用方面，本书能够为学习者提供高度精准的个性化学习服务，通过深入了解学习者自身的认知结构、学习风格等学习特点和行为倾向，采用相应的服务推送策略，巧妙地呈现适应性的个性化学习路径和资源，对智慧学习和终身学习系统的关键技术研究发挥重要作用。此外，本书还能够提升在线学习的质量和效率，减少信息迷航、优化学习时间和“认知过载”现象，激发学习者学习兴趣，并增强在线学习系统黏着性，避免学习者半途而废。

1.4　研究内容

个性化学习系统是一门充满潜力的研究领域，已经取得一些初步成果，展现了在广泛应用方面的前景。然而，现有研究在系统支持模型建构方面仍存在较大的不足。随着大数据、云计算和人工智能等技术的发展，个性化在线学习系统将迎来新的发展契机。

1.4.1　研究方向

本书将从原型系统研发、模型建构、评价反思和实证研究等方面推动该研究方向的进展，具体内容如下：

第一，以建构学习主义为指导，分析已有的各种在线学习系统的优劣，关注点集中在对学习风格和学习者的认知结构进行量化和形式化表示，以及对各类学习资源进行标准化和量化表示上，总结当前系统的主要不足，提出改进的方法和策略，以此作为个性化精准推送服务系统的关键技术。

第二，在对常见的几种系统参考模型（如 AEHS、AHAM、DHRM 等）进行综合分析的基础上，以大数据处理技术为驱动、以构建自适应学习系统的参考模型为目标，根据相关建模标准（如 CELTS、IEEE 等）、认知理论、学习风格理论（如 Felder-Silverman 学习风格模型）等建立标准化的用户领域模型。

第三，深入研究系统的实现机制（包括系统架构设计、系统实现的主要关系模型和对象模型、系统支持的多元化学习资源以及使用的相关技术等方面），特别关注系统资源个性化推送的实现机制，即对学习最新发展领域的诊断、学习活动序列的个性化呈现、相关学习资源和学习内容的展示。

第四，研究系统的学习成效评价，其中学习成效主要包括学习者的学习行为数据，能够对比分析学生在该系统中的学习能否改善网络学习质量、提高学习效率，如在投入更少的时间和点击学习对象次数的情况下，能否提升学习成绩。此外，研究还需进行学习者主观学习的收获对比分析，以了解学习者在系统中学习乐趣、效率、动机、学习成就和满意度等方面的情况，并收集整理相关信息作为系统改进的重要依据。

1.4.2 研究重点

第一，建立个性化学习系统的用户模型是实现适应性学习的基础。本书将根据 IEEE PAPI、IMS LIP、CELTS-11 学习者建模规范等标准，以 Felder-Silverman 学习风格模型和所罗门学习风格量表为基础，推断学习者的学习风格；同时基于概念相关度赋权计分法和布卢姆认知理论，推断用户的知识水平。通过这两个方面，本书将构建更加完善、合理的用户模型，提供动态组织适应性学习资源的个性化学习系统决策依据。

第二，建立个性化学习系统的知识模型是基于用户模型进行知识自动呈现的前提。知识模型可描述不同领域知识的结构，使用概念节点和概念间的联系来表示。每个概念可以具有不同的属性，而具有相同属性的概念可以是不同的数据类型。本书将基于 IEEE LOM 和 Dublin Core 两大元数据标准来构建知识模型，按照学科知识点在章节中的层次式分布设计知识模型，运用人工智能技术中的知识表示方法（如语义框架、本体或知识图谱）实现领域模型的构建。

第三，通过形式化定义学习者的认知结构是用户模型建构的核心。在此基础上，本书依据学习者当前的认知水平准确判断最近发展区，并根据用户模型适应性呈现学习对象和学习活动序列。随着学习的循序渐进，系统将实时根据学习者的学习行为模式和用户通过测试后达到的知识水平来改善用户模型，以更精确地推荐学习资源和学习目标。

1.4.3　创新之处

第一，基于大数据驱动建构学习风格方法。目前，在用户模型建构中，学习风格的推断多数通过主观显性方法（即风格量表）获取。然而，这种方法容易降低推送学习资源的准确性，鉴于此，本书将运用大数据分析方法，构建个性化的学习风格。

第二，运用标准元数据以语义框架的方法建构个性化认知结构。本书以建模标准（如 IEEE LOM、CELTS-3、Dublin Core 等）学习对象元数据为基础，运用语义框架知识表示方法，塑造学习者动态的认知结构，为系统基于用户模型实现知识的个性化呈现提供至关重要的前提条件。

第三，基于学习资源难度分析进行精准推送。本书在构建学习者学习风格和认知结构的基础上，通过知识点之间的层次结构信息及语义相关度计算学习者新旧知识点之间的关联程度，准确找出学习者当前的最近发展区（本书把关联程度最大者作为最近发展区）。在构建学习者学习风格和认知结构的基础上，对该领域的学习资料进行难度分析，根据学习资料对学习者的适应程度进行排名，确保最适合的资源能够准确地推送给学习者。

1.5　研究思路和研究方法

1.5.1　研究思路

为了建立闭环、自适应的个性化学习精准服务体系，本书设计了一个大数据驱动的精准推送系统服务框架。学习资源的智能推荐需要强大的数据处理能力、智能的分析决策能力和精准的推荐策略。如图 1-3 所示，大数据驱动的精准推送系统服务框架分为 4 层。第 1 层是数据层，负责数据获取和存储。数据获取收集的是学生个性化学习过程中的基本数据，包括个人基本信息、登录信息、访问资源信息、学习时长、测试信息、交流互动等各种信息。通过数据感知、数据采集、数据爬取和数据挖掘，这些数据被导入第 2 层，即数据预处理层。数据预处理层负责数据清洗、集成、转换、消减、聚类等大数据操作，以排除干扰数据，精简数据规模，提高数据价值密度。经过预处理的数据进入第 3 层，即分析层，这是系统的核心层。分析层可基于预处理完成的数据，利用大数据统计分析方法提取个性化的标签，再利用提取出来的个性化学习标签进行聚类分析，使具有相似学习风格和认知能力的学习者聚合形成不同类型的学习者群体。本书主要从学习者的学习风格和认知水平这两个方面进行大数据分析。具体来说，对于学习风格分析，本书通过让学习者填写学习风格量表、对学习行为的数据进行分析并参与相关测试，判断学习者的学习风格，并确定学习者对学习服务、学习方式和学习资源的偏好，为个性化推荐不同类型的学习资源提供了条件。对于认知能力分析，本书通过分析学习者与学习资源的交互数据（包括访问资源的内容、时间、频次、作业应答结果、请求帮助的次数等，特别是课程和知识点层次的交互数据），挖掘学习者知识构建的过程，判断学生当前的知识水平，将学习者学习的课程内容建立联系，以便实时、准确地为学生推荐合适的资源。对于学习者的其他特征（如学习情境），本书暂未考虑，可参考赵宏、张馨邈等的研究成果。

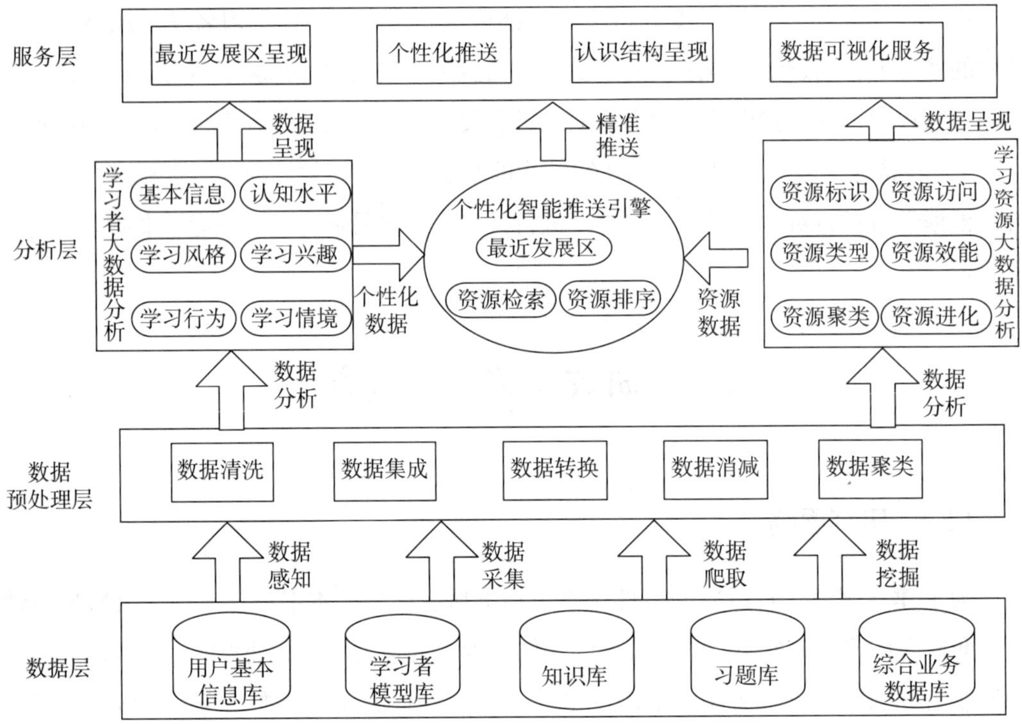

图 1-3　大数据驱动的精准推送系统服务框架

针对学习资源的大数据分析处理主要集中在学习资源的标注和智能描述上。本书通过对学习资源进行分析，运用学习资源的语义建模技术，实现对资源的标题、日期、类型、关键词、创建者、学科、适用对象和适用环境等资源的元数据智能语义描述和标注，方便学习者检索和系统自动检索推荐资源，提高检索和推荐效率。对于资源应用效能的分析，本书则通过对学习者在学习资源使用过程中的评分、点赞、留言和下载次数等行为数据进行动态挖掘，利用建模技术对资源效能进行动态监测和实时分析，根据资源效能实现资源自动排序，遴选优质学习资源，实现资源分类和资源分层，使资源的更新及推荐“有据可依”“有章可循”。

个性化智能精准推送引擎如图 1-4 所示，包括以下内容。

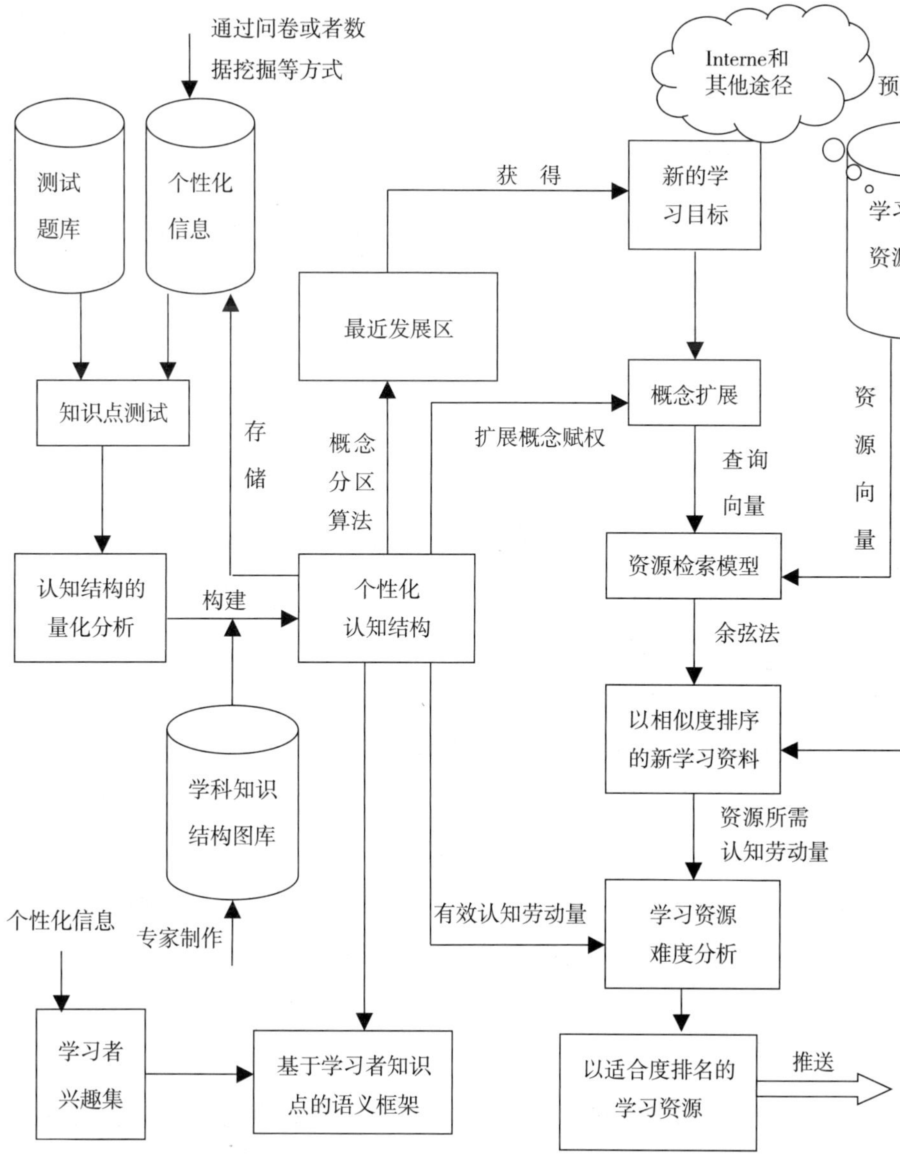

图 1-4 个性化智能精准推送服务引擎

1. 构建学习者个性化的认知结构

传统的知识结构图通常是静态的，适用于表示相对稳定的学科知识体系，然而学习者的认知结构会随着学习时间的深入而变化，因此本书提出了构建动态个性化认知结构的方法。

2. 个性化认知结构对学习新知识点的影响程度

为了度量学科知识点之间的相互关系，本书提出一种结合语义信息和结构信息的概念计算方法，用于衡量学习者已掌握知识对学习新知识的影响程度。

3. 形式化表示并计算出最近发展区

对于学习者新学习目标的推荐，本书提出一种量化分析方法，根据学习者目前的认知水平和认知结构，计算出他学习什么新知识最为适宜。每个未学习的知识点都被计算出一个期望值，范围在 0 到 100 之间，表示学习者以目前的认知水平在正常情况下掌握一个新知识的可能性。

4. 基于个性化认知结构和学习风格进行学习资料的精准推送

本书提出了一种基于个性化认知结构的学习资料的难度分析和量化方法，并以对学习者的合适程度对学习资料进行排序，以达到准确推送，有效减少学习者在判断和搜寻资料时花费的大量精力和时间。

学习资源库的设计和实现包括课件库、多媒体素材库、题库、案例库等内容，而且可以按照学生个性化学习要求提供学习资料和相关习题，自动生成试题并批改。

用户库可记录学生的个人信息，除了基本信息，还包括个性化学习信息，如学习习惯分析结果、单元测试结果、学习能力测试结果。

系统整体设计和实现包括系统界面设计、登录界面设计及实现、师生交流功能、学生交流功能、移动终端支持、系统测试设计、访问流量监测等。

1.5.2 研究方法

本书采用了多种研究方法，包括解释结构模型法、实验研究法、内容分析法、调查研究法、评价研究法、文献研究法等，课题的很多重要环节采用了多种方法，详细描述如下。

第一，在提出问题和研究现状评述阶段，本书主要采用了内容分析法和文献研究法，通过查阅大量文献，分析和总结现有个性化学习系统的优劣，归纳已有系统的优点，找出主要问题并归类，针对每类问题提出针对性的修改意见，并将其作为主要目标运用到本书的个性化学习系统中。例如：针对现有一些个性化系统的非标准化导致的通用性和扩展性问题，本书提出了用国际和国内通用标准建构用户模型和领域模型；针对MOOC 这样拥有海量数据的在线学习系统，本书提出了用大数据分析方法建构学习者学习风格和认知结构，使这些数据发挥应有的作用。

第二，本书采用模型分析法，对常见的几种个性化学习系统参考模型进行了分析，并构建了学习系统参考模型。本书采用文献研究法和解释结构模型法在分析已有系统的基础上，采用标准元数据设计用户模型和领域模型规范，确保系统的通用性和扩展性；采用实验研究法研究学习者在实际的自主学习活动中的学习特征，将其作为构建领域模型和用户模型的主要依据。

第三，在探讨个性化学习系统实现机制时，本书主要采用了评价研究法、文献研究法、调查研究法、实验研究法等对系统进行了学习试验，对系统运行绩效、系统设计、学习效果等进行了评价；采用评价研究法和调查研究法分析学习者在个性化学习系统中的学习情况。

第四，本书在系统开发方面则运用了软件工程的各种方法，包括运用原型化方法满足基本需求以缩短开发周期、使用白盒和黑盒方法测试系统。

第 2 章　数据挖掘及大数据技术研究

2.1　数据挖掘技术概述

随着互联网的普及和大数据时代的到来，信息技术迅速发展，各种传感器、设备和应用程序产生了大量的数据。这些数据包含了丰富的信息和潜在的价值，但由于数据量庞大、结构复杂且难以处理，人们很难从中获取有用的知识和信息。数据挖掘技术的出现满足了人们对于从大数据中发现隐藏模式、提取有用信息和进行预测分析的需求。数据挖掘技术可以从海量的数据中挖掘出有价值的知识，对帮助人们做出更准确的决策、发现新的商业机会、改进产品和服务、提高效率和降低成本具有重要意义。

2.1.1　数据挖掘的发展历史和基本概念

数据挖掘作为一个跨学科领域，包括机器学习、数据库应用技术、统计学、人工智能等多个学科领域的研究成果，具有较为丰富的发展历史。1960—1990 年为早期发展阶段，在这个阶段，数据挖掘的雏形开始形成，统计学、人工智能和数据库领域的研究为数据挖掘的发展奠定了基础，利用规则的方法和利用专家系统的方法逐渐被提出并应用于数据分析和知识提取；1990—2000 年为建立阶段，数据挖掘正式成为一个独立的学科领域，吸引了越来越多的关注，随着大数据和计算能力的不断增强，研究者开始提出更多的数据挖掘算法和模型，如决策树、神经网络、支持向量机等；2000 年至今为应用阶段，随着互联网的兴起和大数据时代的到来，数据挖掘得到了广泛的应用，这个阶段数据挖掘的研究重点在于处理海量数据、开发更高效的算法、解决实际问题。

数据挖掘技术是利用机器学习、统计学习等相关方面的知识和技术，从海量数据中整理、归纳、发现高价值模型或数据的技术，目标是通过自动或半自动的方法来提取数据中的知识，以支持决策制定、预测、分类和发现新见解，已成为有效利用信息资源的方法和途径，被广泛应用在企业管理、市场营销、金融服务、医疗保健、教育等领域。

数据挖掘主要包含以下几个步骤：

第一，数据预处理是数据挖掘的首要步骤。数据预处理包括数据清洗、数据变换和数据规约。数据清洗用于处理缺失值、异常值和重复数据，以确保数据的质量。数据变换涉及对数据进行规范化、标准化的变换，以便更好地与模型配合。数据规约是减少数据集规模以提高计算效率的过程。

第二，特征工程是选择和构建用于训练模型的特征的过程。良好的特征可以显著影响模型的性能。特征工程主要包括特征选择（选择最相关的特征）和特征构建（创建新的特征）。

第三，模型选择涉及选择适当的算法或模型来进行数据挖掘任务，可以基于任务的性质和数据的特点，选择回归、分类、聚类等不同类型的模型。

2.1.2 数据挖掘的主要技术

1. 分类

分类是一种预测建模技术，它通过学习已标记数据的特征和类别之间的关系，来对新的未标记数据进行分类。常见的分类算法包括决策树、朴素贝叶斯（naive bayes）、支持向量机（SVM）、人工神经网络（artificial neural network, ANN）等。

决策树是一种树状结构的模型，它通过对数据集进行逐步分割和判断，最终生成一个树形的决策规则。决策树的构建过程是从根节点开始的，根据特征的不同取值将数据集分割成不同的子集，然后基于子集继续分割，直到满足停止条件。在每个节点上，通过对特征的选择，决策树会根据特征的取值进行分支，形成不同的子节点。最终，子节点上的分类或回归结果即为决策树对新样本的预测结果。决策树的优点包括简单直观、可处理离散和连续特征、可处理多类别问题、可处理缺失值和异常值，但也存在一些缺点，如容易过拟合、不稳定、忽略特征之间的关联性。为了克服决策树的缺点，研究者可以使用剪枝、集成学习等方法来提高决策树的性能。决策树算法的常见变体包括 ID3、C4.5、CART 等。

朴素贝叶斯基于贝叶斯定理和特征条件独立假设，常用于文本分类、垃圾邮件过滤、情感分析等任务。算法的基本思想是通过分析已知类别的训练样本，学习样本中特征与类别之间的概率关系，然后根据这些关系对未知样本进行分类。朴素贝叶斯具有简单且易于实现、对小规模数据表现良好、可解释性强的优势，但也存在着特征独立性假设、零概率问题和对输入数据的分布假设等限制。尽管存在一些限制，但该算法在许多实际问题中仍得到了广泛应用，并具有一定的实用价值。

支持向量机是一种二分类模型，其基本思想是通过寻找一个最优的超平面来对数据进行划分，使不同类别的样本点能够被最大化地分开。在支持向量机中，研究者可将数据点表示为特征空间中的向量，并尝试找到一个超平面，使离超平面最近的样本点（称为支持向量）到超平面的距离最大化。这个超平面可以将不同类别的样本点分隔开，从而实现分类任务。

人工神经网络也称为神经网络，是一种模仿生物神经系统结构和功能的计算模型。它由大量的人工神经元组成，通过连接和传递信息来进行模式识别、分类、回归等任务。人工神经网络模拟了生物神经元的工作原理，每个神经元可接收多个输入信号，通过加权和激活函数的处理，产生一个输出信号，并将输出信号传递给其他神经元。神经元之间的连接权重决定了输入信号对输出信号的影响程度。人工神经网络通常由多个层次组成，包括输入层、隐藏层和输出层。输入层可接收外部输入数据，隐藏层用于处理和提取特征，输出层可给出最终的预测结果。每个层次中的神经元都与下一层次的神经元连接，信息在网络中传递和处理。人工神经网络的训练过程可通过不断调整连接权重来优化网络的性能。常用的训练算法包括反向传播算法（back propagation）和梯度下降算法（gradient descent）。这些算法可通过比较网络输出和真实标签之间的差异，更新连接权重，逐渐调整网络的参数，使其能够更好地适应训练数据。人工神经网络有着能够处理非线性关系、学习能力强、拥有并行处理能力等优点，在许多领域被广泛应用，如图像识别、语音识别、自然语言处理、预测分析等。随着深度学习的兴起，基于人工神经网络的深度神经网络成为当前机器学习和人工智能领域的研究热点。

2. 聚类

聚类是将数据对象划分为相似的组或簇的技术。聚类算法通过衡量数据对象之间的相似性，将相似的对象归为一组，不相似的对象归为不同的组。常见的聚类算法包括 *K* 均值聚类、层次聚类、DBSCAN（density-based spatial clustering of applications with noise）等。

K 均值聚类算法可以将数据集分成 *k* 个不重叠的簇，每个簇的中心点代表了该簇的特征。这一算法的突出优势在于原理简单、应用高效，非常适合对规模较大的数据进行处理，在很多领域取得了较好的应用效果，包括数据分析、个性化推荐、数据分类、图像识别等。

层次聚类是一种利用相似度的聚类方法，它将数据集中的对象按照一定的标准（如距离或相似度）分成若干个组，形成一棵层次结构树。通俗地说，层次聚类就是逐步合并相似的数据对象，直到形成一棵树。常用的层次聚类算法有两种：凝聚式层次聚类（AGNES）和分裂式层次聚类（DIANA）。凝聚式层次聚类是一种自下而上的方法，该方法假设每个数据点都是一个单独的类别，逐渐将相似的点合并成更大的类别，直到所有数据点都归为同一个类别。在具体实现过程中，凝聚式层次聚类使用一个距离矩阵来描述所有数据点之间的关系，并迭代合并距离最小的两个类别，直到满足预先设定的停止条件。分裂式层次聚类是一种自上而下的方法，该方法假设所有数据点都属于同一个类别，逐渐将区域划分为越来越多的子类别，直到每个子类别只包含一个数据点。在具体实现过程中，分裂式层次聚类会首先选择一个聚类节数 k，然后迭代将数据点分配到 k 个类别中，并计算类别之间的距离，最后将所有数据点视为一个聚类，递归地划分子类别。层次聚类在处理小规模数据集时，通常具有较好的聚类效果。大规模数据集由于其时间和空间复杂度较高，不太适合使用层次聚类算法。

DBSCAN 算法的核心思想是通过定义邻域和密度来划分数据集。具体步骤如下：第一，选择一个数据点作为起始点，并找出其邻域内的所有点，若邻域内的点的数量大于或等于设定的阈值，则该点成为核心点，对于每个核心点及其邻域内的点，研究者可将其归为同一个聚类；第二，继续处理邻域内的点，若该点也是核心点，则将其邻域内的点合并到当前聚类中；第三，重复以上步骤，直到所有的数据点都被访问过；第四，将未归类的点标记为噪声或者离散点。在 DBSCAN 算法中，有两个重要的参数需要设置：邻域半径（ε）和最小邻域点数。邻域半径决定了邻域的大小，用于确定邻域内的点；最小邻域点数指定了核心点的条件，只有邻域内的点数量达到该阈值，才将该点作为核心点进行聚类。与传统的基于距离的聚类算法（如 K 均值聚类）相比，DBSCAN 具有不需要事先指定聚类个数、能够发现任意形状的聚类、对噪声数据具有鲁棒性等优势。

3. 关联分析

关联规则挖掘是常见的数据挖掘技术之一，用于发现数据集中的频繁项集和关联规则。它可以帮助研究者了解数据中的相关性，从而发现隐藏在数据中的有价值的信息。关于关联分析的方法，Agrawal 等在 1994 年提出了著名的 Apriori 算法[①]，J. Han 等

① AGRAWAL R，SRIKANT R. Fast algorithms for mining association rules[C]// In Proceedings of the 20th International Conference on Very Large Data Bases，San Mateo：Morgan Kaufmann，1994：487-499.

提出了 FP-growth 算法。①

Apriori 算法的基本思想是基于频繁项集的性质进行逐层搜索和剪枝，从而高效地发现频繁项集和关联规则，包含以下步骤：首先，算法会扫描整个数据集，统计每个项的出现频率，以确定每个项的支持度，根据支持度阈值，算法会生成候选项集（即包含一个或多个项的项集），初始的候选项集是单个项的集合；然后，通过逐层搜索和剪枝的方式，算法会根据候选项集生成频繁项集，根据频繁项集生成更高阶的候选项集，计算支持度并筛选频繁项集；最后，基于频繁项集，算法会生成关联规则，对于每个频繁项集，算法会生成所有可能的非空子集，并计算每个子集的置信度，若置信度满足预设的置信度阈值，算法则将该关联规则输出。

与 Apriori 算法相比，FP-growth 算法具有更高的效率。FP-growth 算法的主要思想是通过构建 FP 树（frequent pattern tree）来高效地表示和压缩事务数据集，然后利用该树来挖掘频繁项集。相对于 Apriori 算法，FP-growth 算法的优势在于它只需要扫描两次数据集，一次用来构建 FP 树，另一次用来挖掘频繁项集。这种优化使 FP-growth 算法能够处理大规模的数据集，并且由于不需要生成候选项集，避免了候选生成和测试的过程，减少了计算的复杂度。

4. 粗糙集方法

粗糙集是一种用于不确定性和模糊性数据处理的数据挖掘方法，它最初由波兰学者 Pawlak 提出，针对信息系统中不确定性和模糊性知识进行分析和处理。粗糙集理论认为，一个属性对于区分某些对象是可以完全判断的，对于其他对象则不能完全判断，只能用模糊或不确定的概念来描述。该理论的基本思想是将数据集中的样本分为不同的等价类，并从中确定所需的规则和决策。其中，等价类是指具有相同属性取值的样本集合；规则是指在数据集中取值范围不完全相同时，某些属性取值与目标变量的关联规律；决策是指通过不同属性条件下给定目标变量的可能取值，找到最优的决策规则。粗糙集是一种天然的数据挖掘或知识发现手段，与基于理论的数据挖掘方法等其他处理不确定性问题的方法相比较，粗糙集最显著的区别是它不需要提供问题所需处理的数据集合之外的任何先验知识，在处理不确定性问题时注重信息粗糙度的度量和信息的精炼，具有较强的可解释性和适应性，而且与处理其他不确定性问题的理论有很强的互补性。

---

① HAN J，PEI J，YIN，Y. Mining frequent patterns without candidate generation[C]//In Proceedings of the 2000 ACM SIGMOD International Conference on Management of Data（SIGMOD '00），Association for Computing Machinery，2000：1–12.

5. 模糊技术

模糊数据挖掘技术是一种用于处理模糊信息和不确定性的数学和计算方法。它基于模糊集合理论，通过模糊逻辑和模糊推理来处理模糊和不确定的问题。模糊集合是一种对现实世界中模糊和不确定性概念进行建模的数学工具。与传统的集合论中的集合不同，模糊集合允许元素具有一定的隶属度（membership degree），隶属度表示元素属于集合的程度。这样，模糊集合可以用来描述模糊和不确定的概念，如高、中、低等。

模糊技术主要包括以下几个方面的内容：

（1）模糊集合。模糊集合是模糊技术的基础，它通过隶属函数来描述元素的隶属度。常见的隶属函数包括三角隶属函数、高斯隶属函数等。

（2）模糊逻辑。模糊逻辑是一种扩展了传统二值逻辑的逻辑系统，它允许命题具有模糊的真值。模糊逻辑中的运算包括模糊与、模糊或、模糊非等。

（3）模糊推理。模糊推理是基于模糊逻辑进行推理的过程，它通过模糊规则和模糊推理机制来推导模糊的结论。常见的模糊推理方法包括模糊关联规则、模糊推理系统等。

（4）模糊控制。模糊控制是应用模糊技术进行控制的方法，它通过建立模糊规则和模糊推理系统来实现对模糊和不确定性的控制。模糊控制常用于工程领域，如模糊控制系统用于汽车的自动驾驶。

模糊技术在各个领域都有广泛的应用，它能够有效地处理模糊和不确定的信息，提供了一种灵活、可解释性强的方法来处理现实世界中的复杂问题。

2.2　数据挖掘技术发展现状研究

数据挖掘技术在中国的发展历程可以追溯到 20 世纪 90 年代末。随着互联网和移动互联网等新型信息技术的快速发展以及物联网、智能制造等新业态的兴起，大数据时代的到来促进了数据挖掘技术的发展和应用。近年来，政府、企业和学术机构之间积极探索数据挖掘技术在实际应用中的创新，取得了显著成果。在数据挖掘算法与模型方面，曾祥海等提出了一种基于鲁棒性的稳定数据挖掘算法，能够应对噪声和异常数据的影响。[①]

① ZENG X，LI Y，QIN J，et al. A robust stability-based clustering algorithm for data mining. Data Mining and Knowledge Discovery，2019，33（5）：1417-1446.

2.2.1 数据挖掘技术在中国的研究重点与领域

中国的数据挖掘研究涵盖了广泛的领域，包括但不限于以下几个方面：

第一，金融行业。金融行业一直是中国数据挖掘技术的研究热点领域之一。研究者关注的问题包括风险评估、投资决策、异常检测、信用评级等。例如：深度学习被广泛应用于股票价格预测、市场波动分析、投资组合优化等方面，基于各种算法和模型的金融风险管理系统也得到了广泛应用。

第二，医疗行业。医疗行业是数据挖掘技术另一个重要的应用领域。研究者关注的问题包括疾病预测、诊断和治疗辅助、药物设计和发现等。例如：基于机器学习和深度学习的医学影像分析已经发展成熟，并广泛应用于肿瘤诊断、红外图像分析、眼底图像分析等方面；大数据技术也被应用于疾病监测、公共卫生管理等方面。

第三，互联网行业。电子商务和社交网络等互联网领域也是中国数据挖掘技术的重要应用领域之一。研究者研究的问题包括推荐系统、用户行为分析、社交网络分析等。例如：基于隐语义模型的商品推荐算法、基于图模型的社交网络分析、基于标签的用户兴趣建模等都得到了广泛应用。

第四，物联网行业。物联网是连接万物的网络，也是中国数据挖掘技术的新兴应用领域。研究者关注的问题包括数据管理、实时流处理、设备控制等方面。例如：基于深度学习的物联网异常检测算法、分布式流计算引擎、机器学习边缘计算等都是在物联网领域的应用中得到广泛应用的技术研究。

第五，教育行业。在教育领域中，数据挖掘技术可以用于评估和检测教学质量，并根据评估表现提供个性化的学习建议。个性化学习是指针对不同学生的学习内容、学习方式和学习进度进行个性化制定，以更好地满足学生需求。数据挖掘在个性化学习领域中的应用主要包括以下几个方面：通过分析学生的学习历程、作业表现和考试成绩等数据，找出学生可能存在的学习困难，进而提供相应的帮助和指导；通过分析学生的学习兴趣、知识水平和学习风格等数据，推荐个性化学习资源，包括教材、视频、练习题等；通过分析学生的学习历程、作业表现和考试成绩等数据，预测学生在未来某段时间内的成绩，进而提供有针对性的评估和改进建议；通过分析学生的学习数据，挖掘学习过程中的有效策略，同时发现存在的问题和改进的空间。

2.2.2　数据挖掘技术在中国的研究成果和创新

中国的研究者在数据挖掘算法和模型开发方面取得了很多创新成果。下面列举一些典型案例。

近年来，基于深度学习的图像识别和推荐系统方案取得了巨大进展。例如：世界人脸识别竞赛（face recognition vendor test）评选的胜出方就来自位于中国的商汤科技。商汤科技利用深度学习算法实现了性能优异的人脸检测、识别和跟踪。此外，阿里巴巴和腾讯等互联网公司也利用深度学习算法打造了自己的推荐算法和图像识别应用。

时空数据处理在物联网、智能交通、城市规划等领域都受到了广泛关注。中国的研究者利用 GPS 等传感器数据，基于聚类、分类、关联分析等技术，实现了时空数据的轨迹分析和预测。例如：中科院计算所开发的移动轨迹挖掘系统（mobility data mining）可以实现基于 GPS 轨迹数据进行用户行为分析、出行模式分类和路径预测等功能。

图结构分析是社交网络分析和信息传播分析的基础。中国的研究者结合社交网络和知识图谱等多种图结构，利用社区发现、影响力传播和节点重要性评估等不同算法，实现了高效的图结构分析。例如：清华大学的分布式图计算框架 GraphX、北京航空航天大学的社区检测算法等都是在图结构分析领域取得重要进展的研究成果。

2.2.3　发展趋势

数据挖掘的发展趋势主要包括以下几个方面。

第一，多模态数据挖掘。随着物联网和智能设备的普及，不同类型的数据（如图像、文本、声音等）会呈现多模态特征。未来中国的数据挖掘研究将聚焦于多模态数据挖掘，研究如何从多种数据源中提取有价值的信息，并融合多模态数据进行更准确的分析和预测。

第二，增强学习与深度强化学习。增强学习在处理决策问题上具有潜力，将成为中国数据挖掘领域的重点研究方向之一。结合深度学习算法，中国研究者将进一步探索如何利用强化学习技术解决复杂的决策问题，如自动驾驶、智能推荐等。

第三，隐私保护与安全性。中国的数据挖掘研究者将关注数据隐私保护和安全性问题。在大数据时代，如何在数据挖掘过程中确保用户隐私不被侵犯以及防止恶意攻击和数据泄露等安全威胁，将成为未来发展的重点。

第四，可解释性和可视化。随着数据挖掘应用的普及，模型的可解释性和结果的可视化需求逐渐增加。中国研究者将致力于开发能够解释数据挖掘模型和算法内部运行机制的方法，并研究如何通过可视化手段有效地将数据挖掘结果传达给用户。

第五，分布式与边缘计算。随着数据规模和计算复杂度的增加，分布式和边缘计算将成为数据挖掘技术发展的重要趋势。中国的研究者将探索如何在分布式环境中高效地进行大规模数据挖掘，并结合边缘计算技术，实现在边缘设备上的实时数据挖掘和决策。

2.3　大数据技术概述

大数据（big data）这一术语的兴起可以追溯到 20 世纪 90 年代末。随着互联网的普及和数字化信息的快速增长，传统的数据处理方式已经无法满足海量数据产生和处理的需求，越来越多的研究和讨论开始围绕大量数据及其相关问题展开。2001 年，美国信息科技公司 Meta Group 的分析师 Doug Laney 首次提出了“3V 模型”，即用 volume（数量）、velocity（速度）与 variety（多样性）三个特点来描述大数据的特征，为后来大数据的发展提供了理论框架。随着数据规模的不断增加，2008 年谷歌推出分布式文件系统 GFS（google file system）和 MapReduce 计算模型。MapReduce 模型可将计算任务分解成独立的子任务，通过 GFS 运行在若干个廉价的硬件上，使大规模数据的存储和处理成为可能，推动了大数据技术的快速发展。2011 年，McKinsey 在 EMC World 大会首次提出了“Big Data”这一概念，强调了大数据成为创新、竞争和提高生产力的前沿以及如何充分利用大数据来推动社会的发展与应用。

进入 2012 年，“大数据”开始逐渐成为人们广泛讨论的焦点，用以定义和描述信息爆炸时代产生的海量数据。这一时期，数据的快速增长已经变得不可忽视，从企业到个人，无论是在线活动、社交媒体互动、交易记录，还是传感器产生的数据，都为大数据提供了源源不断的信息。公开数据显示，2013 年百度拥有的数据量高达 EB（exabyte）级别，阿里巴巴和腾讯的数据量已达到 PB（petabyte）级别。此外，金融、教育、交通等领域的数据存储量也已经达到 PB 级别以上，全球数据量每年翻倍增长，2010 年已进入 ZB（zettabyte）时代，2020 年全球数据总量高达 44 ZB。数据的爆炸式增长使大数据技术和处理方法变得尤为重要。

海量数据的数据类型可大体分为结构化数据、非结构化数据和半结构化数据。结构化数据指明确定义数据的存储格式并按照一定规则进行存储的数据类型，便于计算机进行有效处理、分析和管理，常见的结构化数据包括关系型数据库数据、表格数据等。非结构化数据指没有明确数据格式的数据或不规则的语义和语法，内容可能是自由文本、图像、音频或视频，通常占据大量的内存空间，不容易通过简单的规则或表格进行提取和解释，通常需要利用自然语言处理、文本挖掘等技术进行数据分析，处理起来相对复杂。半结构化数据是介于结构化数据和非结构化数据之间的一种数据形式，具有不严格的模式化结构，允许在不影响整体数据结构的情况下灵活地添加新字段或标记，具有一定的扩展性和灵活性，常见的半结构化数据文件包括日志文件、电子邮件等。这些不同类型的数据需要不同的处理方法和工具。大数据技术的目标是高效地收集、处理、存储、分析和利用这些数据，方法包括分布式计算、数据存储系统、数据处理框架、机器学习和人工智能等领域的创新和应用，以应对海量数据带来的挑战。

收集不同类型的数据并进行数据处理是大数据的关键步骤，可获得多样化的信息并支持广泛的分析。传统数据主要涉及结构化数据，这类数据规模相对较少且有明确的数据格式，如表格数据；而大数据涉及多种类型的海量数据，加大了数据收集和处理的难度。针对这一问题，研究者可使用一系列方法进行数据处理，大体处理流程如图 2–1 所示。

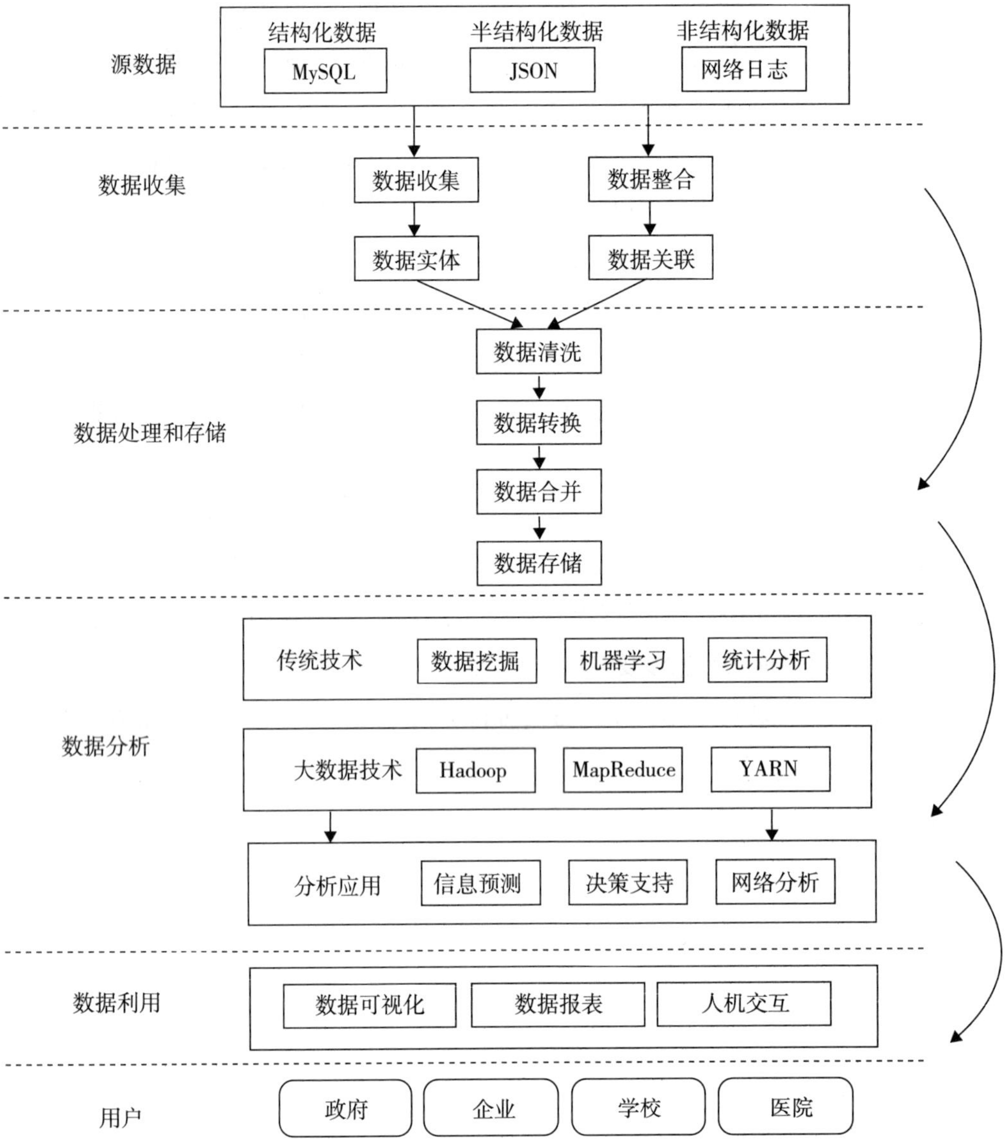

图 2-1　大数据处理流程示意图

2.3.1　数据收集

数据收集是整个数据处理流程的关键步骤，会直接影响后续数据处理、分析和利用的质量和效果。为确保数据收集的实用性和有效性，研究者首先需要定义数据收集的需求和目标，这意味着研究者要清楚地知道为什么需要这些数据，以及这些数据将用于什么样的分析和决策。

明确数据需求之后，研究者就要具体确定所需的数据类型、格式、频率、时间范围和用途，这有助于制定合适的数据收集方案。同时，在数据收集时，研究者需要建立一个明确的数据收集指导方针，以确保后续采集的数据能够满足分析和挖掘的要求。在数据收集过程中，对数据源的识别是至关重要的，大数据环境下的数据源种类多样，可能包括社交媒体数据、日志信息、内部系统产生的数据、传感器数据、外部数据供应商等。对于不同的数据源，研究者需要了解其特点和数据来采取适用的数据收集方法。使用适当的数据收集工具和技术也是必要的，这涉及数据的收集、整合和关联，确保能够高效地从各种来源获取数据。

确定了数据源和采集工具后，研究者需要设计详细的数据采集策略，包括制定采集频率、采样率、数据传输协议等，以最大程度地满足数据分析和挖掘的要求。通过合理而有效的数据收集，研究者可为后续的数据处理和存储提供可靠的基础。综上而言，大数据环境下的数据收集是一个精心设计和周密规划的过程，需要明确需求，选择合适的工具和技术，以制定详细的策略。一个合理有效的数据收集，可为后续的数据处理、存储、分析和应用打下坚实的基础。

2.3.2　数据处理和存储

数据处理和存储阶段旨在确保数据的质量、可用性和适应性。研究者首先需要对数据进行数据清洗和预处理，包括处理原始数据中的噪声、异常值、缺失值和重复值等问题，确保数据的准确性和一致性。之后，研究者要对数据进行转换、特征工程和标准化，以供后续分析使用。Python 中的 NumPy、Pandas 和 Matplotlib 等工具为数值计算提供了多维数组操作。NumPy 的函数可进行缺失值检测，以便数据能够通过转换进行数值计算；Pandas 提供了强大的数据结构（如 data frame），可以用于加载数据、展示数据的基本信息以及补充缺失值；Matplotlib 可用于绘制图表，帮助数据分析人员更直观地分析数据，进一步识别和验证数据的缺失情况。通过合理利用这些工具，数据清洗和转换能够更高效、准确地进行。

接下来，研究者可选择合适的数据特征和具有一定规模的存储系统，在大数据环境下，研究者通常采用分布式、可扩展的文件系统，如 Hadoop 分布式文件系统（hadoop distributed file system）、Amazon S3（simple, storage, service）等，这些系统能够有效地存储大量数据，并具备良好的可靠性和扩展性，能够满足大数据处理的需求。在选择存储系统之后，研究者需要对数据进行合理的存储和组织，将清洗好的预处理数据按合适的格式存储到存储系统中，同时需要设计合理的数据组织结构（如字段、键值对、表格等）来确保数据的可访问性和高效查询，以便后续的分析能够有效地进行。综上而言，研究者通过数据清洗、预处理、选择合适的存储系统，能够为后续的数据分析和应用奠定基础。

2.3.3 数据分析

数据分析阶段需要从经过预处理和存储的数据中提取有价值的信息，优化业务流程并解决问题。数据分析方法通常分为传统技术和大数据技术。

传统数据分析通常包括假设检验、统计分析、回归分析等统计学方法。这些方法适用于小规模数据，能够分析数据的特征、关系和趋势，然而在处理大量、非结构化、高纬度数据等方面仍有较大难度。相比之下，大数据技术能够很好地处理海量、多样化数据。例如：分布式处理框架（如 Hadoop 和 Spark）能够并行处理大规模数据集；MapReduce 分布式运算程序提供了高效的大规模数据处理能力。大数据技术还可以通过实时流处理技术（如 Kafka 和 Flink 产生的数据流）进行实时数据分析与反馈，对业务变化做出及时响应。

分析应用可将经过数据分析得到的结果应用于实际业务场景，以发挥数据价值并指导业务发展。这个阶段涵盖了信息预测、决策支持和网络分析等关键方面。信息预测可在历史数据和趋势分析的基础上，为企业提供未来发展的参考，通过深入挖掘数据中的模式和规律，预测市场趋势、产品需求等，帮助企业制定战略规划，以更具前瞻性地应对未来的挑战。决策支持可通过深入观察和分析数据，为决策者提供有价值的信息和见解，这些信息能够支持决策者在关键问题上做出明智的选择，从而为企业提供更明智的战略和运营方向。网络分析能够识别关键的社群结构、网络节点、信息传播路径等，从而优化营销策略，在风险管理等方面提供预警，可以在社交网络、生态系统等多个领域发挥作用。分析应用旨在将数据分析结果转化为实际应用，以推动企业或政府决策，提高业务效率。

大数据技术与深度学习相融合推动着数据分析的进步。深度学习算法可以对海量数据进行处理，从中挖掘潜藏的信息。例如：Zaharia 等通过一种基于行为序列的深度学习模型，用于电子商务推荐系统中的用户行为分析和推荐；① Carbone 等提出了一种深度学习模型用于预测广告点击率。② 模型结合兴趣抽取和兴趣进化的概念，以更好地建

---

① ZAHARIA M，XIN R S，WENDELL P，et al. Apache spark：a unified engine for big data processing[J]. Communications of the ACM，2016，59（11）：56-65.

② CARBONE P，KATSIFODIMOS A，EWEN S，et al. Apache flink：Stream and batch processing in a single engine[J]. The Bulletin of the Technical Committee on Data Engineering，2015，38（4）：28-38.

模用户的兴趣演变过程，从而提高点击率预测的准确性。深度学习还可以通过图像识别技术进行质量检测和产品分类，为数据分析提供了更高的效率和精度。

2.3.4　数据利用

数据利用是将经过分析的结果以直观、易懂的方式展现出来，这个阶段主要包含数据可视化、数据报表、人机交互三个方面，可以直观地理解复杂数据，发现数据间的关联和趋势。

数据可视化可将数据以图、表、前端网页等形式呈现出来，帮助用户更直观地理解数据，有助于展示数据之间的关系，使复杂的信息变得清晰且易于理解。常用的数据可视化工具包括 Fine BI、Superset 等，它们能够将复杂的数据转化为易于理解的视觉信息，从而支持用户在数据中发现价值。

数据报表可将数据编写成静态或动态的文档，这些报表可包含图形、表格和文本，用于汇总与传达数据分析的关键信息，有助于快速了解业务指标和趋势。数据报表的制作借助于多种工具（如 Google Sheets、FineReport 等），可以将复杂的数据以清晰易懂的数据形式呈现给用户，促进有效的业务洞察和行动。

人机交互可提供交互性的界面，使用户能够探索数据并进行提问，深入了解数据并获取所需信息。界面通常包括仪表盘、搜索功能、过滤功能、可视化工具等，通过人机交互设计，用户可以与数据进行直观的互动，满足不同的需求。

数据利用阶段通过数据可视化、数据报表和人机交互的形式，可将数据分析的结果转化为容易理解或者可操作的形式，使用户能够更好地理解数据，推动数据驱动的决策普及与应用。

综上所述，这些工具和方法不仅提高了数据的可用性，还促进了大数据技术的广泛应用和发展。这一系列的数据处理方法可将复杂的数据分析结果以直观、易懂的方式展示出来，使非技术人员也能够理解和运用这些数据。特别是在大数据时代，数据量庞大且复杂多样，传统的数据处理和分析方法已经无法胜任。大数据技术的出现和发展，使处理大规模数据变得更高效。大数据技术不仅是数据处理的工具，更是一种数据革命，它能高效处理海量、多样化的数据，提取有价值的信息，并支持智能决策。这种技术不仅改变了数据的管理方式，还对商业、科学和社会等领域产生了深远影响，推动着创新和进步。

2.4　大数据技术发展现状研究

当谈论大数据技术的发展现状时，研究者需要深入了解大数据技术的核心组成部分以及大数据技术在各个领域的应用。如今，大数据技术已从数据的采集、存储、处理向着分析和应用的方向发展，不断推动着数据时代的创新。

在 2000 年以前，数据处理主要集中在传统的数据库管理系统（DBMS）上，面对的数据总量相对较少，数据存储和处理能力有限。随着互联网的发展，数据总量不断增加。2004 年，谷歌推出了 MapReduce，开创了处理大量数据的先河。这种基于分布式计算的框架能够处理海量数据并进行并行计算。面对数据规模呈现的指数级增长，Apache 软件基金会于 2006 年发布分布式计算平台 Hadoop，Hadoop 可以使用编程模型在计算机集群上对大量数据进行分布式处理。随着实时数据处理需求的增加，2014 年之后，流处理技术得到了广泛发展，如 Apache Storm、Apache Flink、Apache Spark 等，这些流处理框架能够以低延迟高效处理数据流，为实时决策提供了支持。同时，以 Spark 为代表的内存计算技术极大地提升了数据处理速度，加速了分析过程，使流处理技术能够实现毫秒级甚至微秒级的数据处理。

如今，深度学习技术的快速发展与大数据的广泛应用相结合，为机器学习和人工智能带来了新的突破。大数据技术作为深度学习的基石，为模型提供了多样化的训练数据，促进了深度学习模型的不断优化。深度学习算法的高效处理能力和复杂模型的训练需要大量的数据，大数据技术则提供了这样的资源，共同推动了人工智能技术的创新和应用。深度学习技术的不断发展也反过来为大数据技术的发展提供了更高效的解决方案，形成了一个良性循环，推动了整个信息时代的发展和进步。

2.4.1　云计算

大数据技术的发展需要足够的计算和存储能力以处理海量数据，云计算平台提供了这样的能力，可为大数据技术提供必要的基础设施，如 AWS、Azure、Google Cloud 等提供了大规模的计算、存储和网络资源，使大数据处理变得更加经济高效，用户可以根据需要弹性地配置和使用资源。云计算平台以高效的计算资源调配和管理以及弹性的扩展性，为大数据的存储、处理、分析提供了灵活的解决方案，显著降低了大数据处理的成本。

云计算提供了大规模数据的存储解决方案，如分布式文件系统和 NoSQL 数据库。这些存储系统可以满足海量数据增长的存储要求，使大数据的存储和备份变得更为便捷，能够保证数据的安全性和可靠性。云计算为大数据技术提供了灵活的计算资源，使大规模数据的并行处理成为可能，极大地加速了数据处理的速度。云计算提供了平台即服务（PaaS）和软件即服务（SaaS）等功能，允许用户在云上部署和托管大数据应用。这消除了部署和管理大数据基础设施的烦琐任务，使用户能够更专注于数据分析和应用的开发。

总体来说，云计算为大数据技术的发展提供了基础设施和支撑，大数据应用对计算、存储、网络等方面的性能提出了更高的要求，推动着云计算技术的创新和升级。云计算提供了大数据处理所需的底层设施和平台，使大数据技术得以广泛应用，为用户提供了更加便捷和高效的数据处理能力。

2.4.2　分布式文件系统

分布式文件系统（distributed file system, DFS）是大数据存储数据的基础，其中 HDFS（hadoop distributed file system）是大数据技术中较为知名且应用广泛的分布式文件系统。分布式系统是指多台计算机或节点通过网络连接在一起，共同完成特定任务。分布式系统可以分散计算和存储资源，意味着研究者可以使用很多的廉价机器来组成分布式系统，在提高扩展性的同时降低使用成本。

HDFS 具有分布式、高容错、高吞吐等特点，最初受到 Google 的 GFS 启发，后来在设计上做了一些改进以适应不同环境。HDFS 通过将大文件切分成多个数据块并分布式存储在不同的机器上，以实现高容错性，确保在某些节点出现故障时也能保持数据的完整性和可用性。模型结构如图 2–2 所示。

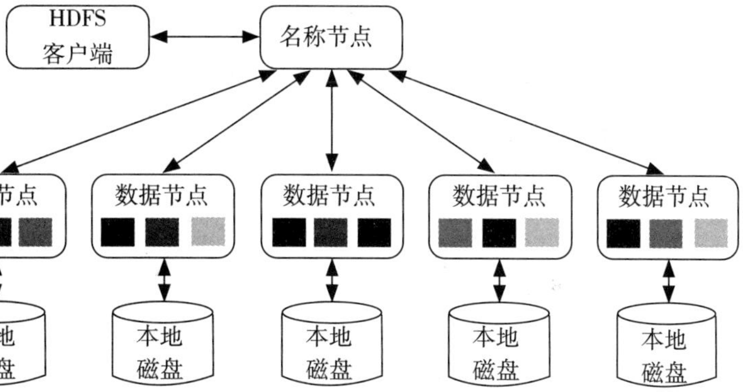

图 2–2　HDFS 结构图

在图 2–2 中，HDFS 处理数据时被分为两个方面：节点名称和数据节点。名称节点负责管理元数据信息，元数据包括文件系统的目录结构、文件名、文件的大小等。元数据保存在内存中，关机时内存中的元数据就消失了，开机时每个数据节点会向名称节点汇报自己持有的数据块信息。数据节点负责实际数据的存储和读写，名称节点不存储数据。客户端的一切请求都要先询问名称节点，客户端在读取或写入数据时，会向数据节点请求文件写入操作，名称节点返回可用的数据节点列表，客户端选择一个数据节点作为目标，并将数据块发送到该数据节点，该数据节点将数据存储在本地磁盘中。

HDFS 使用分块存储机制，将文件切分成固定大小的数据块，默认大小为 128 M。这些数据块被分布式存储在集群的不同节点上，每个数据块通常有多个副本，分布在不同的节点和机架上，确保了数据的安全性和容错性。HDFS 会动态管理数据块的副本数量保持在设定的副本数目。这种存储机制有助于提高数据的读取效率，当一个节点或副本不可用时，系统仍然能够从其他节点或副本读取数据，保证了数据可用性。

次要名称节点是 Hadoop HDFS 的一个辅助组件，其主要作用是辅助名称节点进行元数据的定期合并和检查点创建，以维护 HDFS 文件系统的稳定性。虽然名字中有“次要”，但次要名称节点不是名称节点的备份节点，而是辅助名称节点的工具，能够帮助减轻名称节点的压力并优化文件系统的性能。

2.4.3 MapReduce

MapReduce 是一种分布式计算模型，用于处理大型数据集的并行计算框架。MapReduce 的核心思想是“分而治之”，它将大规模的数据处理任务分解成若干个子问题，每个任务独立运行处理，使每个子问题变得简单且可管理。Map 阶段可将复杂的数据拆分为多个小块，拆分的前提是子问题之间可以并行计算，相互没有依赖关系。然后，每个小块独立处理。Reduce 阶段可将这些子问题的结果合并起来，得到最终的输出。这种分而治之的策略使处理大规模数据变得高效且易于扩展，符合分布式计算的特性，能够充分利用集群中的多台计算机资源。MapReduce 的结构运行如图 2-3 所示，体现了 MapReduce 的核心思想。

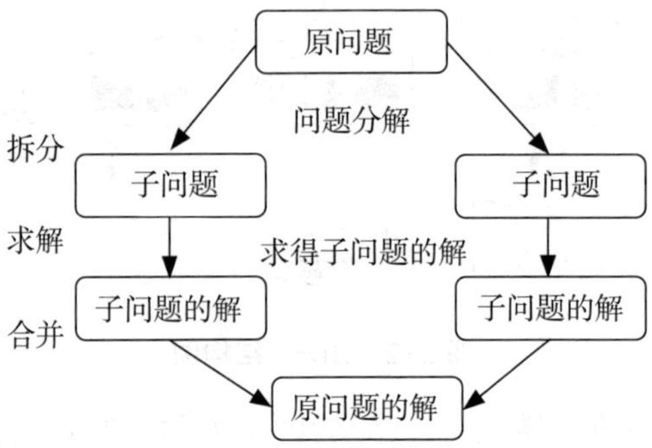

图 2-3　MapReduce 的结构运行图

MapReduce 主要解决了大规模数据处理问题。随着互联网的发展与移动智能设备的普及，数据量呈指数级增长，传统的数据处理方法无法高效地处理海量数据，导致了数据处理效率低下、成本高等一系列问题。MapReduce 能够处理海量数据并实现并行计算。随着数据量增加，MapReduce 可以通过增加计算节点，来平行地处理海量数据，而无须改变底层系统架构。MapReduce 具有容错机制，可在计算节点发生故障时重新分配任务，以确保任务的正常运行，提高了数据处理过程的可靠性。MapReduce 通过并行处理数据，使处理大规模数据变得高效。它可以利用每台计算机的处理能力和多台计算机的计算资源，加速数据处理过程，高效地处理大规模数据，保证数据的正确性和可靠性。

MapReduce 作为最早的大数据处理框架，如今却逐渐退居二线，这归因于它的一系列缺点以及新兴技术的发展。MapReduce 的缺点如下：第一，MapReduce 以批处理为基础，适用于大规模离线数据的处理，但在处理实时数据或低延迟的应用时，高延迟的特性限制了 MapReduce 在进行实时数据分析和处理时的应用；第二，MapReduce 在运行过程中会将中间结果存入磁盘，进行大量的磁盘读写操作，当进行大规模数据处理时，磁盘读写速度相对较慢，从而影响整体处理效率；第三，MapReduce 的编程模型相对于底层，需要开发者理解 Map 和 Reduce 的概念并编写复杂的代码来实现数据处理的逻辑，这使整个开发过程较为烦琐；第四，MapReduce 适用于大规模数据处理，但在处理小规模数据时，其启动、初始化和执行的开销可能超过实际数据处理本身，导致低效率；第五，MapReduce 对于流式数据的处理需要额外的技术实现，它不能直接处理实时数据流或流式事件。这一系列缺点导致 MapReduce 逐渐退居二线，目前被 Apache Spark、Apache Flink 等框架所取代。

Apache Spark 是一种基于内存的计算框架，以迭代式计算来加速处理，避免了 MapReduce 中频繁的磁盘读写，显著提高了处理速度。Spark 使用 DAG（有向无环图）调度模型，能够优化多个阶段的任务执行顺序，减少任务之间的依赖，进一步提高计算效率。相较于 MapReduce，Spark 还提供了丰富的计算模型，包括批处理、流处理、交互式查询和机器学习，满足了不同应用场景的需求。

Apache Flink 可将批处理和流处理整合在统一的框架中，实现无缝切换，灵活应对不同处理需求。Flink 的流式计算引擎设计了低延迟和高吞吐量，适用于实时数据处理。与 MapReduce 相比，Flink 能够更快地处理流式数据，实现更低的处理延迟。Flink 针对迭代计算提供了特定的优化，可通过增量迭代来降低迭代计算的开销。这种优化使 Flink 在处理图算法、机器学习等迭代计算场景中效率更高。

综上所述，尽管 MapReduce 作为最早的大数据处理框架在大数据处理领域逐渐退居二线，但 MapReduce 仍然是大数据技术发展重要的基础知识之一。了解 MapReduce 的基本原理是理解其他现代大数据处理框架的基础。学习 MapReduce 能够帮助理解分布式计算的核心概念，从而更好地理解和应用现代大数据处理技术。

2.4.4 通用资源管理系统

通用资源管理系统（YARN）在大数据处理中的作用主要体现在资源管理、作业调度和支持多种应用框架上。它允许多个程序共享一个集群，能够根据需求动态分配资源，提高集群资源的使用率。YARN 主要包含三大模块：Resource Manager（资源管理器），Node Manager（节点管理器），Application Master（应用程序管理器）。运行过程如图 2-4 所示。

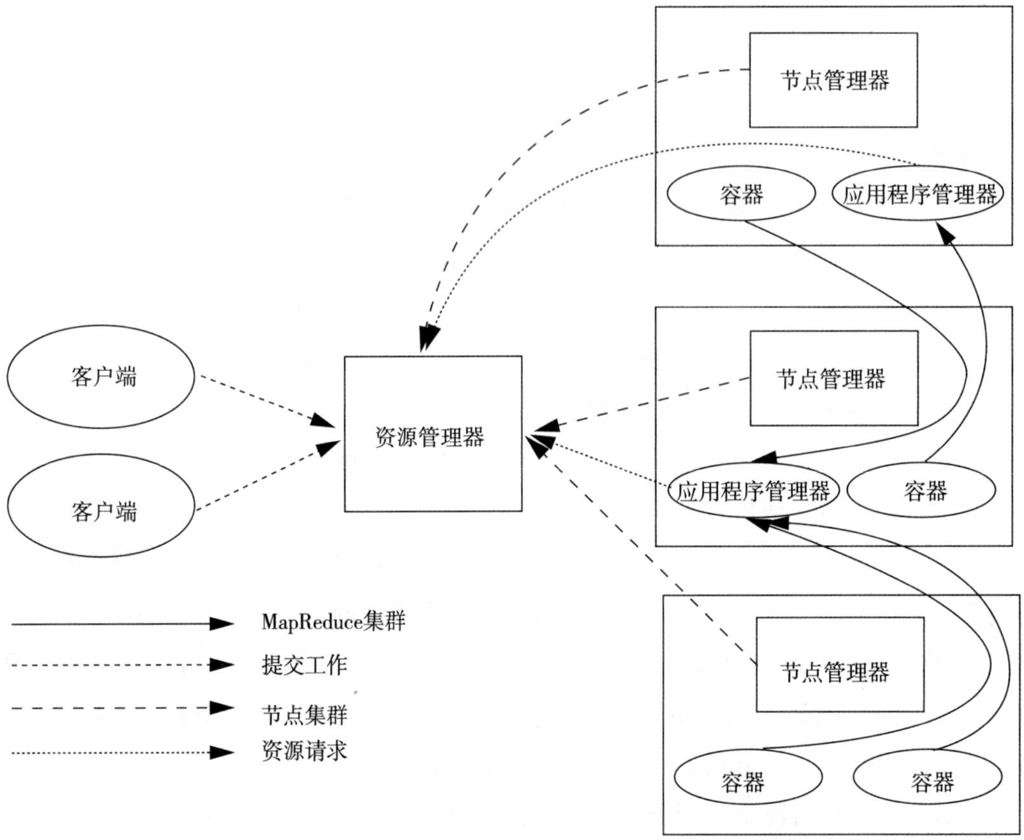

图 2-4 YARN 运行框架

节点管理器运行在集群中的每个节点上，负责监控该节点的资源使用情况（如 CPU、内存、磁盘）以及容器的生命周期，同时接收来自资源管理器的指令，在节点上启动和管理容器，负责执行应用程序的任务，并向资源管理器汇报资源使用情况。

应用程序管理器由每个应用程序动态生成，负责协调和管理该应用程序的执行。应用程序管理器可向资源管理器注册并请求资源，为应用程序申请和分配容器。应用程序管理器会监控容器的执行进度、错误处理和资源的利用情况，以确保应用程序的有效执行。应用程序管理器是应用程序与 YARN 资源管理器之间的中间层，负责应用程序级别的资源调度和协调。

资源管理器是 YARN 的核心组件，运行在集群的主节点上，负责整个集群的资源管理和调度。资源管理器维护了集群的资源池，接受来自客户端或应用程序管理器的资源请求，并分配资源给应用程序。资源管理器可监控节点管理器的健康状态和资源利用情况，并通过容器的分配和释放来实现资源的动态管理。资源管理器是集群级别的资源协调者，能够确保资源被高效地分配和利用。

2.4.5　分布式文件系统

分布式文件系统（Hadoop）是一个开源的分布式计算框架，也是 Apache 旗下关于大数据的生态系统，旨在处理大规模数据集，它的核心组件包括 HDFS、YARN、MapReduce 等，这些组件构成了完整的大数据技术生态系统，如图 2–5 所示。

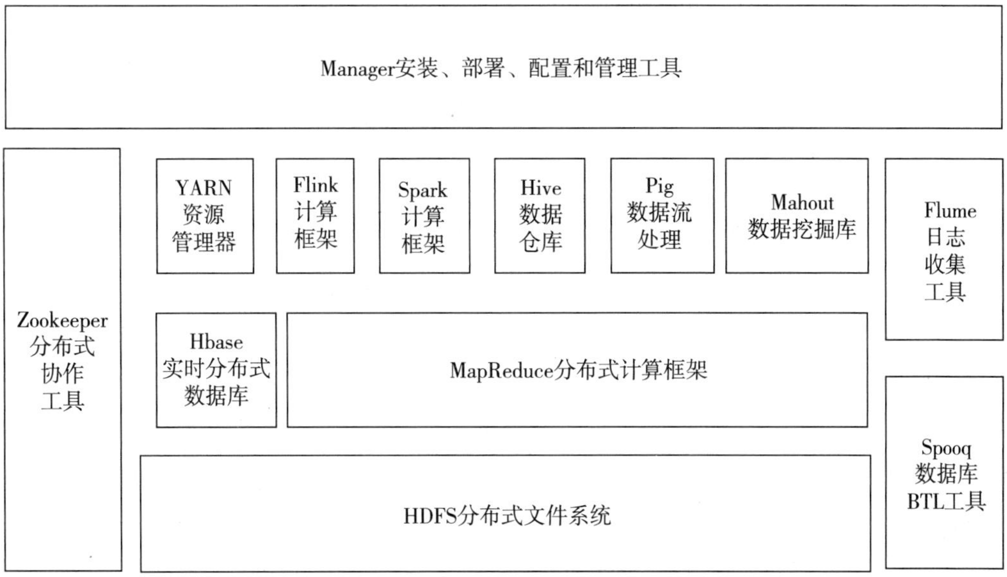

图 2–5　Hadoop 生态系统

Hadoop 生态系统作为大数据技术发展的基础架构，提供了一个开放源代码的平台，解决了大数据的存储、处理和分析问题，为大数据处理奠定了基础。目前 Hadoop 生态系统可以处理多种数据类型，包括结构化、半结构化和非结构化数据，满足了不同数据类型的处理需求，使大数据技术更具适用性。同时，Hadoop 基于廉价硬件构建，降低了大规模数据处理的成本，使中小企业也能够利用大数据技术，推动了数据驱动的创新和业务发展。

总体来说，Hadoop 生态系统的发展和创新持续推动着大数据技术的发展，为企业和研究机构提供了强大的数据处理和分析工具，成为大数据时代的核心技术。

2.5 数据挖掘及大数据技术在教育领域的应用研究

大数据技术和数据挖掘密切相关，在现代数据处理和分析中能够推动数据的驱动决策。大数据技术提供了高效的数据存储、处理和计算能力，数据挖掘是从大量数据中提取有用信息、模式和关系的过程。大数据技术为数据挖掘提供了基础，能够处理和存储大规模、多样化的数据，为数据挖掘提供了丰富的数据来源。数据挖掘算法可以利用大数据技术的高效处理能力，从海量数据中提取模式、关联、趋势等信息。总体而言，大数据技术和数据挖掘相辅相成，数据挖掘离不开数据，数据分析离不开数据挖掘。

2.5.1 数据挖掘及大数据技术在教育领域的意义

随着数字化的到来，教育领域面临日益增长的教育数据，如何高效地利用这些数据成为当今教育领域的热门话题。大数据技术和数据挖掘作为强大的工具和技术，逐渐成为解决这一问题的关键。大数据和数据挖掘技术可以对学生的行为数据（包括学习历史、学术表现、学习风格等）进行处理分析，从而提高学习质量，为每个学生设计出个性化的学习路径，推动教育领域朝着智能化、高效化的方向发展。

大数据技术通过分析课堂教学的各种因素（如教师的教学方法、学生的参与度、教材的使用情况等），可以帮助教师评估教学质量，及时发现问题并做出调整，以提高教学效果，满足学生的学习需求，促进教育体系不断优化。大数据技术通过处理海量的教育数据，可以为决策者提供全面的信息支持。基于大数据分析的决策支持系统可以帮助学校优化资源分配，实施有效的教育策略。

数据挖掘和大数据技术可以深入研究教育现象、学生学习行为、教学方法的效果等。这种深入了解可以为制定教育政策、改革教育体制提供事实依据，促进教育系统不断创新和进步。综合而言，数据挖掘及大数据技术在教育领域的应用能够实现教育个性化、智能化、高效化的目标。通过充分利用大数据的优势，教育可以更好地适应学生多样化的需求，提高教学质量，推动教育事业向更高水平迈进。

2.5.2　传统教学环境下的研究进展

传统教学环境通常指的是传统的面对面课堂教学模式，这种模式是教育领域长期以来主流的教学方式。在传统教学环境中，教师通过面对面的授课向学生传授知识，学生则在课堂上倾听讲解、参与课堂讨论、完成作业和考试等。由于这些数据大多为纸质类型，实现数据挖掘需要进行一系列的数字化处理和转换步骤，这样计算机系统才会进行分析，处理流程如图 2−6 所示。

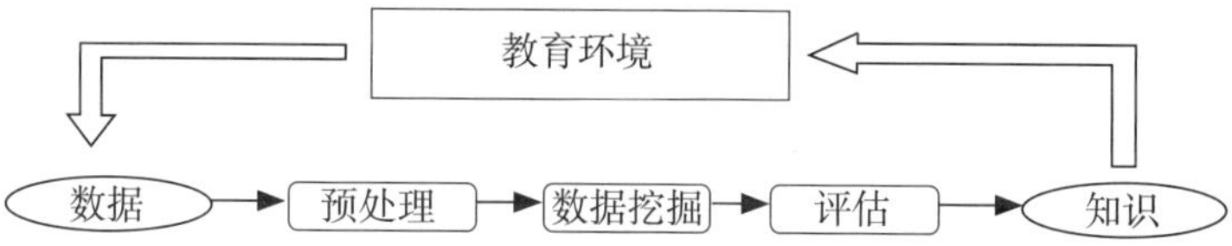

图 2−6　教育领域数据处理流程图

传统的教学方法可通过使用统计学或者机器学习的方法对学生的行为数据进行分析，并基于这些分析结果为每个学生制定个性化的学习路径。例如：对于数学课程，根据学生在不同数学概念上的掌握情况，教师可以为不同水平的学生设计不同难度和深度的练习题，以满足他们的学术需求。传统的教学方法还可以通过大数据分析学生的历史学习行为（如作业完成情况、课堂参与情况、考试成绩等），并结合数据挖掘技术，预测学生未来的学习行为。如果预测出某些学生可能在某一概念上遇到困难，教师可以提前进行干预，针对性地进行讲解和辅导，帮助学生克服困难。Godwin 等对课堂上学生的行为进行观察并统计数据，利用决策树和回归树，建立了预测模型，可以预测学生在不同教学形式下分心的可能，有助于教师提前了解学生可能分心的情况，进而采取相应的教学策略来提高学生的注意力。[①] Jin 等通过收集学生的英语成绩，将可视化技术与关联规则和聚类算法相结合，直观地展示了英语成绩数据的分布情况（包括整体分布、集中趋势、离散程度等），能够帮助教师和教育决策者快速了解学生英语成绩的整体情况，有助于调整教学策略或为学生提供针对性的辅导。[②]

综上所述，对于传统的教学环境，通过大数据技术和数据分析对学生课程内容的反馈和理解情况，学校可以优化课程设计，调整课程难度和教材选择，提高教学效果。

---

① GODWIN K，ALMEDA V，PETROCCIA M，et al. Classroom activities and off-task behavior in elementary school children[J]Proceedings of the Annual Meeting of the Cognitive Science Society，2013，35（35）：2428-2433.

② JIN H，WU T，LIU Z，et al. Application of visual data mining in higher-education evaluation system[C]//2009 First International Workshop on Education Technology and Computer Science. IEEE，2009，2：101-104.

利用成绩统计、问卷调查等方式，学校可以实时评估教学效果，了解哪些教学方法更有效，以便及时调整教学策略。

2.5.3 开放式网络教学环境

开放式网络教学环境是指利用互联网技术构建的学习和交流空间，如慕课网、在线学习网、网易云课堂等，它们包含丰富的学习资源和个性化的学习体验。这种环境鼓励学生自主学习和创新，打破了时间和空间的限制。这种学习方式具有灵活性，可以根据个人的节奏和需求进行学习，能结合多种媒体形式，如视频、音频、图文等。通过在线交流、讨论和作业，学生能与教师和同学进行互动，获得及时反馈。网上学习的形式多样，可以结合传统课堂教学，适用于不同层次和领域的学习，促进了教育的现代化和个性化。

相较于传统教学环境下进行数据分析的烦琐性与获取数据种类的局限性，网上学习平台可以直接获取学生的学习行为、观看时长、考试成绩等数据。在开放式网络教学环境中运用大数据技术，通过分析海量学生数据，系统能够算出每位学生的学习习惯，为每个学生量身定制学习路径和内容，提高了学习的针对性和吸引力。大数据分析通过监测和评估学生的学习进度、作业完成等情况，可以及时给予反馈和建议，同时识别学生在学习过程中可能存在的问题，有助于学习者及时纠正这些问题，提高学习能力。Rabbany 等使用网络分析法对学生管理系统论坛上的对话、发帖数量、主题进行了评估，使教师可以迅速了解学生讨论的热点话题。[①]Cheung 等通过获取学习者观看课程的描述文本及上下文信息，使用特征袋算法模型计算了学习者的隐特征向量，能够给学习者推荐合适的学习资源。[②]Gao 等将学生在学习编程过程中的行为进行了统计，使用差分序列挖掘算法预测学生考试成绩。[③]

数据挖掘和大数据技术能够深入挖掘学生的学习偏好，为教育者提供依据，设计个性化的学习推荐策略，满足每个学生的独特需求。

---

① RABBANY R，ELATIA S，TAKAFFOLI M，et al. Collaborative learning of students in online discussion forums：A social network analysis perspective [J]. Educational data mining：Applications and trends，2014：441-466.

② CHEUNG M，SHE J. Bag-of-features tagging approach for a better recommendation with social big data[C]//Proceedings of the 4th International Conference on Advances in Information Mining and Management（IMMM’14），2014：83-88.

③ GAO G，MARWAN S，PRICE T W. Early performance prediction using interpretable patterns in programming process data [C]//Proceedings of the 52nd ACM technical symposium on computer science education，2021：342-348.

综上所述，数据挖掘及大数据技术在教育领域具有广泛的应用，如个性化学习推荐系统、学生行为分析和干预、课程优化和改进、在线教育平台的个性化服务等。数据挖掘及大数据技术为教育的创新和教学质量的提高提供了强有力的支持。随着技术的不断进步和数据的不断积累，数据挖掘和大数据技术在教育中的作用将变得更加显著，为教育领域的发展提供更多可能。

第3章 学习者画像技术研究

一般认为，学习者画像的概念来源于用户画像，学习者画像是用户画像在教育领域中的创新应用和尝试。学习者画像以刻画和呈现学习者信息全貌为特点，近年来已成为教育技术学领域的研究热点。学习者画像是指对学习者的特征、行为和需求进行综合分析和描述的过程。这种描述通常包括学习者的个人信息、学习历史、学习行为和学习成果等数据，旨在描绘学习者的整体特征和学习需求。学习者画像的构建可以让在线教育中原本无序、繁杂的数据变得有序，让原本教师缺少视觉线索、难以判断学习者参与度的现状有望得到缓解。随着数据分析和人工智能技术的发展，学习者画像将更加精细和个性化，为教育领域带来更多的创新和改进。

学习者画像的作用有以下几点：第一，可以帮助教育机构和个性化学习平台更好地理解学习者，从而提供更加个性化和有效的教学和学习支持；第二，可以为教师和教学管理者提供决策支持，通过分析学习者的学习历史、学习行为和学习成果，教师和教学管理者可以更好地了解学生的学习状况和需求，有针对性地调整教学内容和教学方法，提高教学效果；第三，学校和教育机构可以通过学习者画像更好地了解学生的特点和需求，为学生提供个性化的辅导和管理服务，帮助学生更好地发展和成长；第四，通过对学习者的整体特征和需求进行分析，可以更好地了解教育系统中的整体情况和问题，为教育政策的制定提供参考依据。

本章将从线上学习行为分析、线下学习行为分析、个性化表达和度量方法研究、认知结构的构建方法研究和学业预警机制研究五个方面来展开研究。

3.1 线上学习行为分析

随着教育信息化的进步，在线学习平台的不断完善提供了更多的学习资源、学习工具和学习交流模式，可以满足学习者的各类学习需求。平台还积累了大量行为数据，这些数据可以用于分析在线学习行为。

3.1.1　在线学习行为理论

在线学习行为涉及计算机科学、教育学、行为学等多个领域的知识，因此在展开研究之前，研究者要先对在线学习行为的概念进行界定。本节涉及的行为理论主要包括行为科学理论和行为主义心理学。

1. 行为科学理论

行为科学就是研究人类行为的交叉性、综合性的学科。行为科学的理论来源于多学科成果，包括心理学、社会学、人类学等。行为科学认为，行为是指由个体在特定环境下采取的、有目的的、能够被观察或测量的活动或表现，是人和环境交互作用的结果。行为科学以揭示人类共同的行为特征和依据为主要内容，其研究对象是行为规律而非特定的行为；行为科学的目的是预测、引导和调控个人及社会行为，为社会发展作出贡献，这是行为科学的价值所在。与心理学不同的是，行为科学更关注外显的、可观察的行为活动。目前公认的理论认为，人的行为由 5 个基本要素构成，即动机、能力、环境、情绪和认知。其中，动机是指促使人进行某种行为的内在驱动力或目标；能力指个体具备完成某种行为所需的技能、知识和资源；环境是指个体所处的外部条件和情境，包括社会环境、文化环境、家庭环境、工作环境等；情绪是指个体的情感状态，包括愉快、不愉快、焦虑、愤怒等；认知是指个体对信息的处理和理解能力，包括知觉、注意、记忆、思维和决策等。

2. 行为主义心理学

行为主义心理学起源于 20 世纪初美国的一个心理学流派，该流派的创始人是华生（1913 年），他以巴甫洛夫条件反射学说为基础创立了该流派，主要代表人物有华生、托尔曼、斯金纳等。华生认为，人们要抛弃一切主观的术语（如感觉、意念、愿望），用刺激和反应的术语来解释行为。他建立了行为公式 S—R，并指出，行为是有机体为了应对环境而产生的一种反应系统，无论这个系统是简单还是复杂，它的基本单位始终是刺激（S）和反应（R）之间的联系。①

托尔曼提出了目的行为主义，他认为所有行为都是指向某种目的的，强调行为的整体性和认知性，反对在分子水平上研究行为。他建立的行为公式为 S—O—R。托尔曼认为，在 S 和 R 之间会有一个中间变量 O，S（环境事件）会引起个体内部的一系列

---

① WATSON J B. Psychology as the behaviorist views it[J]. Psychological review，1913，20（2）：158.

无法观测的过程，这些过程又促使个体产生行为，中间变量是介于环境事件和行为之间的心理过程，不过中间变量是操作定义的，它必须系统地与可观察的事件联系起来，要求注意有机体的内部因素在行为中的作用。①

斯金纳是新行为主义理论的创始人之一，新行为主义理论修正了华生的极端观点。斯金纳提出的是操作行为主义理论，其建立的行为公式为 S—R—S′，其中 S′代表行为的结果又重新塑造了新的行为。② 斯金纳新行为主义学习理论的核心概念之一就是操作性条件反射。在斯金纳箱实验中，实验的目的是通过观察动物在特定环境中的行为表现，研究动物行为的条件化、强化和学习过程，从而深入理解动物行为的心理机制和规律，有效地控制有机体的行为。在给予一种加强的刺激之后，任何操作反应都会有一种反复发生的趋势。如果在操作型行为发生后没有强化刺激物出现，那么这一反应就会消退。

3. 学习行为

彭文辉等学者在其研究中认为，学习行为指个体通过经验和实践，获取新知识、技能或行为方式的过程。③ 学习行为既包括人们可以观察和测量的外显行为（如阅读、练习等），又包括内隐的思维活动（如记忆、分析等）。学习行为的主体是进行学习的个体，行为的客体是学习的对象或内容，包括知识、技能、态度、价值观、行为习惯、情感和情绪等。学习行为分为线下和线上学习行为，其中线下学习属于传统教学模式，线上学习是近年来兴起的新型学习途径，二者的区别在于以下几点：一是学习环境的不同。线下学习在现实（学校、教育机构等）中进行，线上学习一般在网络空间进行。二是交互方式的不同。线下学习是面对面同步交流，有及时反馈；线上学习通常于在线学习平台进行，是异步交流。三是自主性的不同。线下学习通常由教师来把控学习进度和内容，线上学习则凭借学习者自己的喜好和兴趣选择学习目标，同时涉及学习者个人的自我管理能力的差异，在线上学习中自主性较强的学习者比自主性较差的学习者能够获得更好的学习效果。对于在线学习行为而言，当前没有明确的定义。一般情况下，人们认为利用互联网技术，为了实现学习者个人的学习目标或者满足个人的学习需要，使用在线学习平台进行学习的行为就是在线学习行为。也有研究者认为，远程学习行为、线上学习行为、各类在线学习方式等皆隶属于在线学习行为范畴。对于在线学习行为的概

---

① EDWARD C T. 动物与人的目的性行为 [M]. 纽约：艾泼雷顿一世纪一克罗夫茨出版公司，1932.

② SKINNERB F. 有机体的行为 [M]. 纽约：阿普尔顿出版社，1938.

③ 彭文辉，杨宗凯，刘清堂 . 网络学习行为系统概念模型构建研究 [J]. 中国电化教育，2013（9）：39-46.

念，学者各有解释，但是在实际应用中，均涉及以下几个要素：一是线上或者远程，即学习行为需要用到互联网工具（如计算机、平板电脑、移动设备等）；二是主体为学习者，该行为主体的行为目标是达到或满足自身的学习目标和需求；三是在所采用的学习工具（线上或远程）上进行点击操作、与其他学习者交互、完成课程任务等。

对于本书而言，学习行为主要限定于在线学习行为上，指学习者为了达到某个学习目标，在互联网的环境下于在线学习平台（如 MOOC）上进行的一切与学习有关的操作（动态）行为。在线学习与线下课堂教学最大的不同在于，教师无法及时掌握学习者的学习状态，不能做到实时反馈、及时更正教学方式和做出干预，并且线上教学无法根据学习者不同的受教育程度、学习目的等个体差异性进行因材施教的个性化教学。因此，基于获得的行为数据集，研究者可对其进行特征提取，得到在线学习行为特征（如活跃天数、视频观看次数等），并对这些特征进行量化处理，挖掘出有价值的信息，构建在线学习行为模型，预测学习者的在线学习效果，并将结果反馈给教师和学习者，使线上教学也能够因材施教、个性化教学、及时干预，获得更好的学习效果。

行为科学理论认为，人的行为受行为动机的支配，即个体的行为受到内在动机和外在激励的影响。这些动机和激励会驱使个体去实现特定的目标，并采取一系列活动和行为来达成这些目标。行为科学理论致力于研究人的行为产生和发展的规律，通过对行为背后的动机、激励和心理过程进行分析，以预测和控制人的行为。这一理论的扩展内容包括对行为动机和激励的深入探讨，以及对行为产生和发展规律的详细研究，以便更准确地预测和控制人的行为。本书以上述理论为基础，通过学习者的在线学习行为特征探究行为对学习效果的影响，并利用这些行为特征预测最终在线学习效果。

3.1.2 在线学习行为分析

针对在线学习效果欠佳这一现象，专家学者将研究重点放在在线学习行为分析方面。对于在线学习行为特征研究，Mona 构建了在线学习行为系统的概念模型，并对行为特征进行了层次划分，包括操作行为层、认知行为层、协作行为层、问题解决行为层，开启了国内对在线学习行为的研究；[①] 沈晓平和郑春芳收集了学习者的多变量数据（包括反应变化的位置和行为模式的信息），并对这些数据进行了分析，以比较不同学习者特征的表现；[②] Ran 等运用聚类分析方法进行教育数据挖掘，对韩国某高等教育学

① ALKHATTABI M. Empirical Investigation into Motives for Choosing Web-based Distance Learning Programs[J]. International Journal of Distance Education Technologies（IJDET），2016，14（3）76-90.

② 沈晓平，郑春芳 . 大学生网络学习行为特征研究 [J]. 教育理论与实践，2017，37（21）：15-17.

院的 612 门课程学习者的行为特征进行了提取分析；[①] Yan 和 Au 以 MOOC 课程学习模块分类，探索了各种行为指标对学习结果的预测效果。上述研究理论或实验虽然充足，但是在选取行为特征时不够全面，也没有对特征进行量化处理，对后续长远研究缺乏适应性。[②]

在线学习行为分析方法涵盖了统计分析、语义分析，内容分析、数据挖掘、社会网络等多种分析方法。Natek 等利用数据挖掘工具 Weka 中的决策树算法，讨论了学习者个人信息、学制类型、学习活动、平时成绩四个因素与最终学习效果之间的关系和影响程度。[③] Alkhattabi 为提升学习效果，挖掘并分析了学习行为和学习效果之间的关联，并构建了学习效果评价模型。[④] 沈晓平等采用结构方程模型分析了大学生的在线学习行为，发现对学习行为的影响由高到低依次为感知易用性、感知有用性、外界因素。[⑤] Korosi 等通过逻辑回归分类模型分析了学习行为特征，预测了学习表现，为学习者提供了个性化建议，优化了学习过程，提高了学习效果；然后他对学习者的学习表现进行了预测，计算出学习行为特征与学习效果之间的关系，提出用 SPOC 指导学习者学习行为的建议。[⑥] Yan 等采用三层前馈神经网络的机器学习模型和共轭梯度算法，对学生的网络学习行为特征与课程成绩进行了相关分析，他们通过分析学习者的学习行为数据，建立了成绩预测模型，这一模型可以在一定程度上揭示学生的学习行为特征与课程成绩之间的关系，从而为教育工作者提供一种辅助工具，帮助教育工作者更好地了解学生的学习状态，为学生提供个性化的学习指导和支持。[⑦] 一些研究还应用了基于相关性的特征选择方法 [如卡方（X）、互信息（MI）、信息增益、快速相关滤波器（FCBF）、relief、Pearson 相关系数等]，选择与目标值最相关的特征，丢弃不相关和有噪声的属

① RAN J，ZHANG G Y，ZHENG T，et al. Logistic Regression Analysis on Learning Behavior andLearning Effect Based on SPOC Data[C]// 2018 13th International Conference on Computer Science & Education（ICCSE），2018.

② YAN N，AU O T S. Online learning behavior analysis based on machine learning[J]. Asian Association of Open Universities Journal，2019.

③ NATEK S，ZWILLING M，et al. Student Data Mining Solution-Knowledge Management System Related to Higher Education Institutions[J]. Expert Systems with Applications，2014，41（14）: 6400-6407.

④ ALKHATTABI M. Empirical Investigation into Motives for Choosing Web-based Distance Learning Programs[J]. International Journal of Distance Education Technologies（IJDET），2016，14（3）76-90.

⑤ 沈晓平，郑春芳 . 大学生网络学习行为特征研究 [J]. 教育理论与实践，2017，37（21）: 15-17.

⑥ KÓRÖSI G，ESZTELECKI P，FARKAS R，et al. Clickstream-based outcome prediction in short video MOOCs[C]//2018 International conference on computer，information and telecommunication systems（CITS）. IEEE，2018 : 1-5.

⑦ YAN N，AU O T S. Online learning behavior analysis based on machine learning[J]. Asian Association of Open Universities Journal，2019.

性，适用于任何机器学习模型。上述研究讨论了很多分析方法，并做了实验验证，但都缺乏对在线学习行为的量化分析。

在学习行为量化方面，洪宇等提出一种基于鼠标滑动运动学规律的“满意度”量化分析和预测方法，可利用鼠标滑行轨迹过程中的动力学能量，间接预测人类思维活跃程度，从而估计用户满意度。① 伍文燕基于 ARSIAS 编码系统，对学习视频进行了编码及数据分析，以促进师范生教学技能的提升。② 陈建新等开发了一套评估学生学习行为的量化系统（包括居家日常表现因子、课业完成质量表现因子、学校帮扶措施利用表现因子），以定期对全体学生进行评估，及时采取相应措施帮助处于不利学业状态的学生。上述研究对行为进行了量化处理，但其方式都较为单一，只采用了均值、损益因子的方式或只针对一种行为进行了研究，缺乏对行为特征选取的全面性和逐一量化。

以上研究选取的特征还有待完善、全面和深入，对在线学习行为特征的量化研究有所不足，无法利用数据挖掘技术分析在线学习行为特征，对学习效果的影响只能进行简单的相关分析，无法深入研究，量化方法较为单一，没有针对行为特征的特点选择合适的量化方式。综上所述，对在线学习行为特征进行准确选取、合理量化与分析是必要的。

上述研究大多直接利用了统计特征（如观看视频时长和下载学习资源数量等），采用统计学的方法或数据挖掘的方法对学习效果进行预测。但是，以上研究采用的行为特征不够全面，缺少完善的在线学习行为模型。为了获得更准确的预测效果，本书提供了一种更加全面、完善的行为模型，以达到精准预测的目的。

3.1.3 相关技术

学习者的在线学习过程中必然会产生大量的学习行为数据，如何利用这些行为数据并运用合适的机器学习、数据挖掘等技术构建合理的学习效果预测模型，一直是大数据领域的热点问题。

1. 数据挖掘

随着互联网的不断发展，在线学习平台积累了越来越多的行为数据，这些数据中

① 洪宇，王剑，王凯，等．面向满意度预测的滑鼠行为量化分析方法 [J]. 计算机学报，2015，38（10）：2064-2075.

② 伍文燕，张振威．行为科学理论及其对网络学习行为分析的启示 [J]. 中国教育技术装备，2017（18）：114-115，120.

存在着很大的教育价值，从这些数据中挖掘隐藏的、具有潜在规律的、人们事先不知道的有用信息和知识的过程就是数据挖掘（data mining），主要流程如图 3-1 所示。

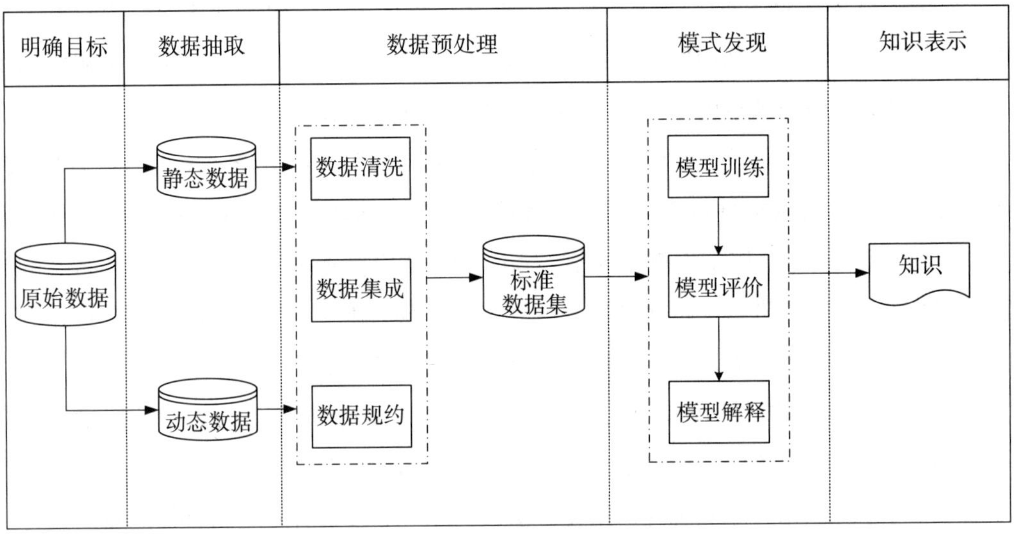

图 3-1 数据挖掘流程

由图 3-1 可知，数据挖掘可分为五个阶段，下面是数据挖掘各个阶段的具体内容：

（1）明确目标。确认要利用数据挖掘解决什么问题，这是数据挖掘成功的基础。

（2）数据抽取。收集与数据挖掘目标有关的数据集，但不是所有数据都可以进行数据挖掘，需要消除无效和冗余数据，从中选择有效的数据。

（3）数据预处理。由于获得的数据存在不一致、缺失值等问题，无法直接用于分析，因此在进行数据分析之前，研究者需要进行预处理。预处理包括数据清洗、数据集成、数据规约等步骤。首先，研究者对数据进行审查和校验，这个过程旨在清洗掉“脏数据”，检查数据一致性，并处理缺失值和无效值等问题，防止“脏数据”影响数据挖掘过程；然后将数据源彼此独立、特征和格式不同的数据进行集成，主要解决数据的分布性和异构性问题；接着将数据进行标准化处理，消除数据间不同的量纲和取值范围差异，这个过程有助于确保数据的准确性和可比性；最后进行数据规约，尽可能保留数据的原始信息，最大限度地精简数据集。

（4）模式发现。选择合适的算法挖掘已经被处理转换过的数据，对模型进行训练，构建相应的数据模型，对模型依据一定的评估指标进行评价和解释。

（5）知识表示。经过以上步骤，研究者最终会得到目标所需的有用信息和知识。

2. 数据泛化

从数据分析的角度来看，数据挖掘分为描述性挖掘和预测性挖掘。其中，描述性挖掘着眼于对数据进行简明扼要的描述，并提供数据的相关性质和特征。数据泛化则是其中一种描述性挖掘的方法，它通过对数据进行处理，从而得到简洁的数据描述信息。一般来说，数据泛化的方法有两种。一种是通过将相对低层次的值（如年龄的具体数值）替换为较高层次的概念（如青年、中年和老年），从而对数据进行概括和汇总，这种处理方式有助于保护个人隐私和敏感信息，同时能够减少数据的复杂性。另一种数据泛化的方法是通过减少维度，在设计较少维度的概念空间中对数据进行汇总（如在对学生进行组群时，删除生日和电话号码等属性），这种方法产生了一种数据泛化的形式——概念描述。作为一种数据挖掘任务，概念描述可产生数据的特征和比较描述。

概念描述的面向属性的归纳（attribute oriented induction, AOI）的基本思想如下：首先使用数据库查询与收集任务相关的数据；然后根据任务相关数据中每个属性的不同值的个数进行泛化，通过生成广义关系的结果，为用户提供可映射到不同形式（如图表或规则）的数据展示。在 AOI 中，属性被视为概念描述的基本组成部分，不同属性之间的关系和特征则成为构建概念描述的重要依据。AOI 的目标是基于属性之间的规律，发现属性之间的内在联系，从而形成对概念的描述和归纳。这种方法有助于理解数据中属性之间的关系，从而更好地理解数据的特征和规律。AOI 在数据挖掘和知识发现领域有着重要的应用，能够帮助人们从数据中挖掘有用的信息和知识。面向属性归纳的基本操作是数据泛化，基本步骤和方法有数据聚焦、属性删除、属性泛化、属性泛化阈值控制、广义关系阈值控制、泛化的表示。

（1）数据聚焦，即选择和当前分析相关的属性和维度。选择相关的数据集可以使挖掘更有效，同时使产生的结果更有意义。在描述性挖掘过程中，过滤不相关或弱相关属性可以提高泛化效率。经执行数据挖掘查询语言后，研究者可获取到与任务相关的数据集，这些数据集被称为初始工作关系，也是要进行归纳的数据。

（2）属性删除。如果初始工作关系的某个属性包含大量不同的值，研究者应该在以下两种情况下删除该属性：一是在该属性上未发现泛化操作符，无法泛化，保留该属性会与产生简洁规则的目标相悖；二是该属性较高层概念可以通过其他属性表示，删除该属性相当于对其进行泛化操作。

（3）属性泛化。属性泛化是一种处理具有不同取值的属性的重要方式，其过程可以使用泛化操作符进行转换。如果属性泛化得过于深入，会导致泛化过度；如果属性泛化得不够，会导致泛化不足。这些情况都会导致生成的规则信息量不充分。在处理属性泛化时，研究者需要注意有效的控制，确保泛化达到适当的层次。

（4）属性泛化阈值控制。属性泛化阈值指允许属性的不同取值个数达到的最大值，如果超过这个阈值，就需要进一步对属性进行删除或泛化操作。研究者可以对每个属性设置一个阈值，或者对所有的属性设置同一个阈值。通常，数据挖掘系统都有默认的属性阈值范围，一般为 2 ～ 8，用户或专家可以根据需要指定或调整这个阈值。增大阈值可以减少泛化的程度，降低数据的泛化层次；降低阈值可以进一步泛化数据，提高数据的归纳能力。

（5）广义关系阈值控制。若广义关系中不同元组的个数超过该阈值，则应继续泛化；否则应不再泛化。数据挖掘系统可以提供该阈值（默认取值范围为 10 ～ 30），或者由专家控制。在实际的操作中，用户可以根据需求来决定使用哪一种控制方法，然后根据需要进行调整。

（6）泛化的表示。泛化是一种处理原始数据集的方式，这种方式可以得到泛化关系。通常，研究者可以将泛化关系直接呈现给用户作为最终的概念描述，也可以用交叉表、饼状图、柱状图、曲线或量化特征规则等，对泛化结果进行更加直观或抽象的描述。

面向属性归纳的基本算法如表 3-1 所示。

表 3-1　面向属性归纳的基本算法

输入：DB，关系数据库；DMQuery，数据挖掘查询；a_list，属性列表（包含属性 ai等）；Gen（ai），属性 ai上的概念分层或泛化操作符集合；a_gen_thresh（ai），每个属性 ai泛化阈值。 输出：主广义关系 *P*。

方法：
1. $W \leftarrow$ get_task_relevant_data(DMQuery, DB) //工作关系 *W*存放任务相关数据
2. prepare_for_generalization(W) //该步的实现如下：
（1）扫描 *W*，收集每个属性 ai的不同值（注意：如果 *W*很大，可以通过考察 *W*的样本来实现）。
（2）对于每一个属性 ai，根据给定的或默认的属性阈值，确定 ai是否应当删除；如果不删除，则计算它的最小期望层次 Li，并确定映射对（v,v'），其中 v是 *W*中 ai的不同值，而 v'是 v在层 Li上的泛化值。
3. $P \leftarrow$ generalization(W) //通过用映射中对应的 v'替换 *W*中每个 v值，累计 count并计算所有聚集值，导出主广义关系 *P*。这一步可以用以下两种方法之一有效地实现：
（1）对于每个广义元组，通过二分检索将它插入主关系 *P*中。若元组已在 *P*中，则简单地增加它的 count并相应地处理其他聚集值；否则，将它插入 *P*。
（2）在大部分情况下，由于主关系不同值的个数很少，因此可以将主关系编码作为 *m*维数组，其中 *m*是 *P*中的属性数，而每个维包含对应的泛化属性值。如果有的话，可将数组的每个元素存放在对应的 count和其他聚集值中。广义元组的插入通过对应的数组元素上的度量聚集进行。

3. 相关性分析

数据挖掘比较常见的手段是相关性分析，主要用于探究多元数据变量间的相关性和相互影响程度，并进行相关分析解释。相关性分析是一种统计方法，用于衡量两个或多个变量之间的相关性或关联程度。在相关性分析中，研究者需探索不同变量之间的关系，以确定它们之间的相关性强弱及方向。这种分析有助于揭示变量之间的潜在关联，从而帮助我们理解数据或现象的内在结构 。下面对相关性分析中的 Pearson 相关检验进行说明。

设二元总体（X,Y）的分布函数为 F（X,Y），方差分别为 var（X）和 var（Y），总体协方差为 cov（X,Y），总体相关系数的定义为

$$\rho_{XY}=\frac{\operatorname{cov}(XY)}{\sqrt{\operatorname{var}(X)}\cdot\sqrt{\operatorname{var}(Y)}} \tag{3-1}$$

设（X_1,Y_1），（X_2,Y_2），⋯，（X_n,Y_n）为选自每个二元总体（X,Y）的独立样本，样本的相关系数为

$$r_{XY}=\frac{S_{XY}^2}{\sqrt{S_X^2}\cdot\sqrt{S_Y^2}} \tag{3-2}$$

式中：S_X^2 和 S_Y^2 分别为样本 X 和样本 Y 的方差；S_{XY}^2 为样本 XY 的协方差。通常情况下，由样本计算的 r_{XY} 不为 0，即使在随机变量 X,Y 独立的情况下也不为 0。因此，当 $\rho_{XY}=0$ 时，用 r_{XY} 去度量 X,Y 的关联度没有实际意义，需要做假设检验：

$$\begin{cases}H_0:\rho_{XY}=0,\\ H_1:\rho_{XY}\neq 0\end{cases} \tag{3-3}$$

可以证明，当（X,Y）为二元正态总体，且 H_0 为真时，统计量

$$t=\frac{r_{XY}\sqrt{n-2}}{1-r_{XY}^2} \tag{3-4}$$

其中，服从自由度为 $n-2$ 的 t 分布。

利用统计量 t 服从自由度为 $n-2$ 的 t 分布的性质，研究者可以对数据 X,Y 的相关性进行检验。因为相关系数 r_{XY} 被称为 Pearson 相关系数，检验方法也被称为 Pearson 相关检验。

3.2 线下学习行为分析

在课堂教学中，教师需要关注每个学生的课堂学习行为的变化情况来调整教学进度和学习策略，提高教学质量。然而，目前的课堂存在多种原因，使教师很难满足每个学生的个性化学习需求，难以根据每个学生的学习特点进行有针对性的教学；此外，时间和空间的限制也可能影响学习的灵活性和自主性，这在一定程度上影响了教育教学质量的提升，阻碍了学生的发展。近年来，互联网的普及和高速稳定的网络连接为在线教育提供了基础设施，大数据和人工智能技术能够帮助在线教育平台分析学生的学习数据，提供个性化的学习建议和诊断，为提高教育教学质量带来了新的思路和方法。

3.2.1 学习特征要素分析

学习者特征由平台收集的学习者基本信息和其他特征组成，课程教学活动特征则是在教学过程中获取的关于学习者的各种数据，其中包括平台学习数据特征和课程学习成果特征。学习者的特征分布如表 3-2 所示。

表 3-2 学习者的特征分布

特征分布	要素
学习者基本信息	性别，年龄，专业类型，地区，身份
资源访问行为	访问课程公告、评分规则、课件列表、课时内容、测验作业列表、测试作业内容、论坛列表、帖子内容的次数
视频观看行为	观看视频的数量、次数、时长，涉及的单元数，观看其他视频的时长、次数，完整观看视频的次数
任务提交行为	提交作业次数，作业时长，提交测试次数，测试时长
交互协作行为	发帖数，回帖数，帖子长度，点赞数
学习结果数据	作业成绩和测试成绩

1. 学习者基本信息

学习者基本信息指每个学习者的人口学特征和背景。在学习者开始学习之前，研究者可以通过查询在线学习平台的学员注册信息等方式获得人口学特征。无论学习者采用哪种方式进行学习，人口学特征都被认为是学习者重要的特征之一。人口学特征通常包括学习者的性别、年龄和学习环境等基本信息，这些特征可以准确反映每个学习者的年龄和学习背景，并成为实施各种个性化学习技术支持和服务的重要依据。

2. 学习行为特征

研究者将在线学习行为的各种特征集合定义为学习者在线学习过程中表现出的行为特征。在线学习行为分为多个维度，如资源访问行为、视频观看行为、任务提交行为和交互协作行为。学习行为数据主要来源于学习者访问课程资源的次数、完成作业或课程测试等在线学习任务的数据、论坛上用户发帖或平台回帖的交互程度数据以及平台用户登录的时长。通过这些数据，研究者可以对学习者进行数据量化分析，统计每个学习者在线参与课程学习的程度。

3. 学习结果特征

学习者的学习结果可以在学习过程结束后迅速得到，其中作业成绩和测试成绩是主要指标。这些成绩可以客观地评价学习效果，也是评判学习者学习结果好坏的重要标准。学习结果特征还可以提供有关学生实际学习效果的信息。

3.2.2　特征划分

本书从人口统计特征、个人特征、学习环境和学习投入四个方面来研究学业表现影响因素，共采集 21 个特征，具体如表 3-3 所示。

表 3-3　学业表现预测模型的变量

四个方面	特征
人口统计特征	性别、民族、地区、城乡、家庭状况、是否为独生子女
个人特征	年级、专业、年龄、是否为学生党员、心理状况、高考成绩、应往届生、体测成绩
学习环境	图书馆、寝室、其他地方
学习投入	每月参加学术讲座次数、每周图书借阅次数、每周学习时长、习题完成情况

本书使用 SPSS Modeler 分析学业表现影响因素。SPSS Modeler 是由 IBM 公司开发的用于数据挖掘和预测分析的软件工具，提供了多种建模技术（包括回归分析、决策树、聚类分析、关联规则等），用户可以根据具体问题选择合适的建模方法进行预测分

析。SPSS Modeler 能够以工作流的方式将数据源的选取、字段的选取、建模以及输出结果等处理过程以可视化的方式呈现。

使用比较广泛的分类算法包括决策树算法、贝叶斯网络算法、神经网络算法和支持向量机算法，本书将分别运用这四种算法对学生数据进行分析评估。

3.2.3 模型分析

本书将收集到的学生信息数据导入 SPSS Modeler 中进行建模分析，在 SPSS Modeler 中的“分区”节点中将总数据量的 85% 设置成模型训练集，剩下的 15% 作为测试集进行实验；在“类型”节点中将四个方面的 21 个影响因素设置成输入，学业表现作为因变量进行建模分析。本书分别选择决策树、贝叶斯网络、支持向量机和神经网络四种分类算法对学业表现的运行结果进行探讨，总体工作流程如图 3-2 所示。

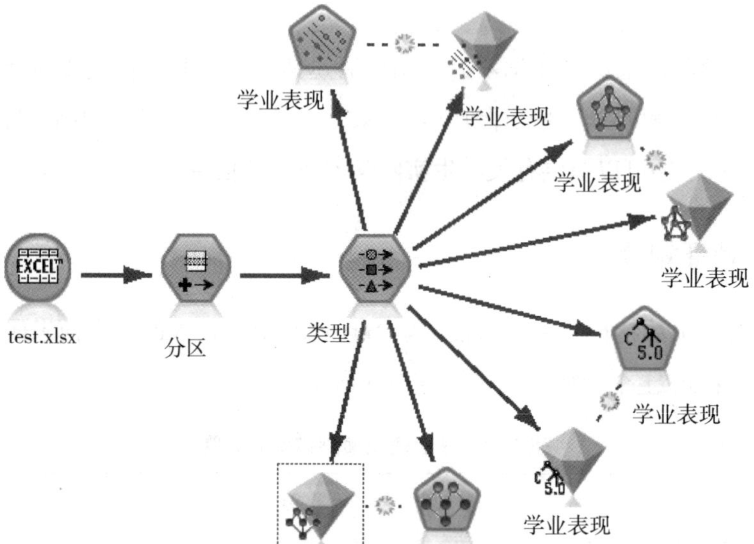

图 3-2　总体工作流程图

通过不同的方法对学业表现进行建模分析，实验结果所呈现的方式各不相同，其中决策树 C5.0 算法的运行结果以树状图的方式呈现，如图 3-3 所示。图 3-3 中最左端的节点代表着学生的学业表现，决策树算法将影响学业表现的因素分成 4 层，共 9 个节点。

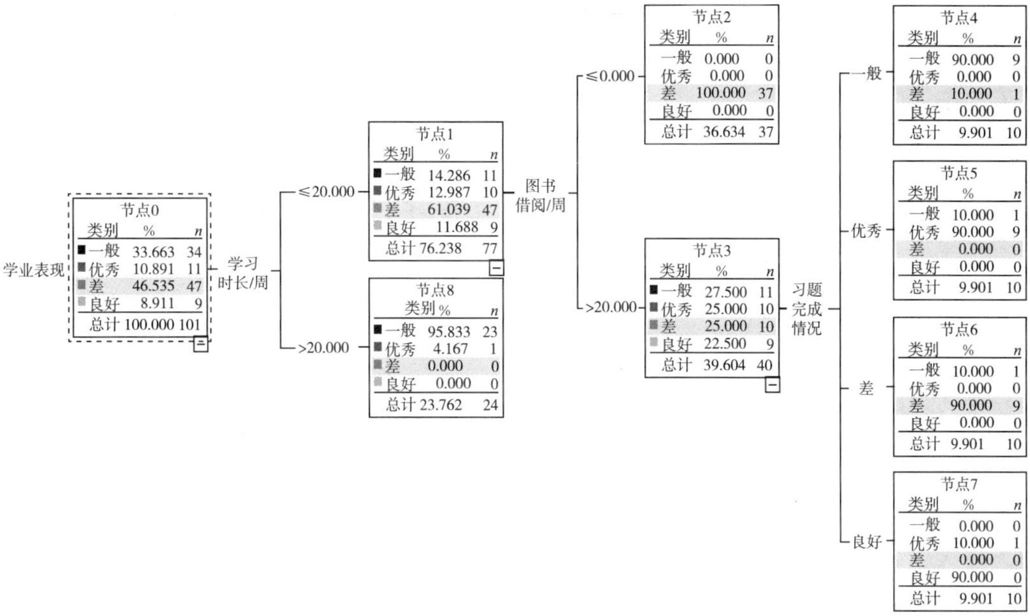

图 3-3　决策树 C5.0 算法的运行结果

运用决策树 C5.0 算法探索对学业表现影响最大的三个因素，结果如图 3-4 所示。

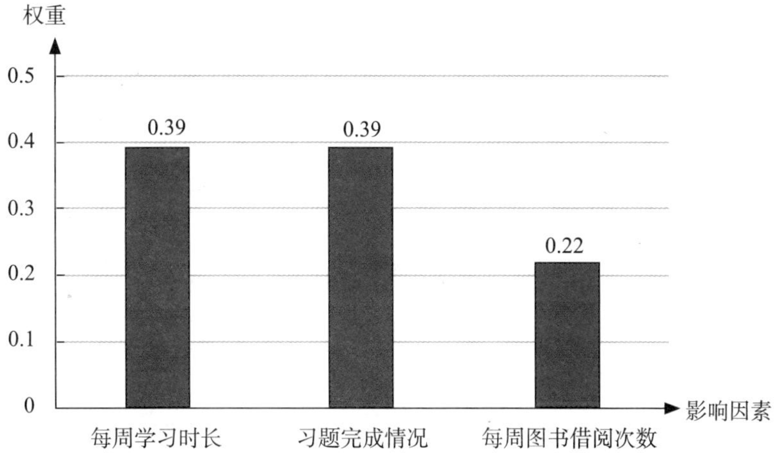

图 3-4　决策树运行结果

通过决策树算法对所有影响因素的分析可得出以下结论：影响学业表现最大的两个因素分别是每周学习时长和习题完成情况，权重大小都为 0.39，说明了每周学习时长和习题完成情况会直接影响学生的学业表现；每周图书借阅次数的影响最小，权重大小仅为 0.22，表明学生每周图书借阅次数对学业表现的影响一般。

在贝叶斯网络模型中，学业表现与影响因素之间以有向无环图的方式展现，最左端节点为目标节点，即学业表现，其他节点依据对学业表现的影响大小进行分层排列。

根据各因素之间的内在关系，其他因素节点之间以有向边连接，每一条边都代表着该因素对上一个因素节点的影响概率，从左往右相乘所得概率值为最右端的因素节点对学业表现的影响概率大小。贝叶斯网络算法的运行结果如图 3–5 所示。

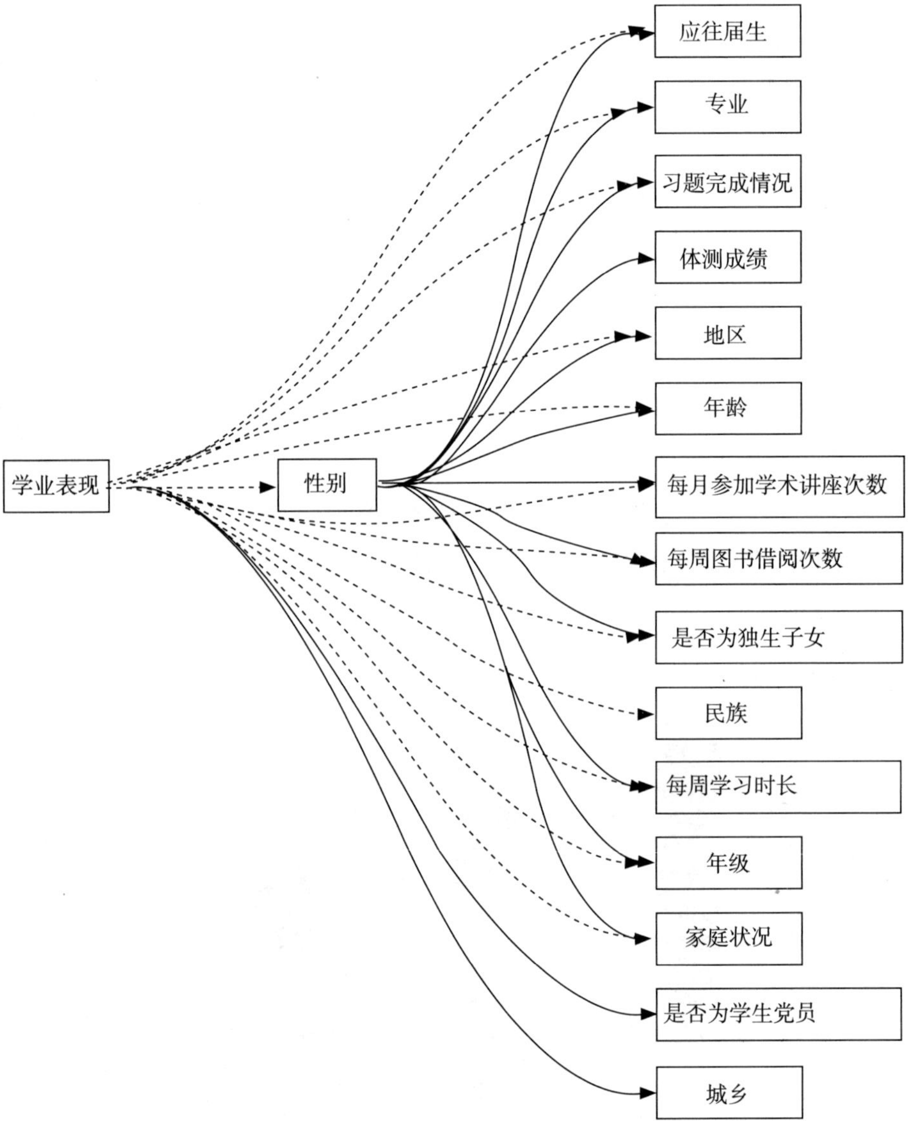

图 3–5　贝叶斯网络算法运行过程

本书通过贝叶斯网络预测模型研究性别对学业表现的影响，结果如表 3–4 所示。由表 3–4 可以看出，性别与学生的学业表现有着明显的联系，特别是在学业表现“一般”的人群中，性别的差异表现得尤为明显。学业表现“一般”的学生中女生所占比例为 71%，说明女生较男生而言拥有较强的自控力，更适应目前中国高校的教学方式。

表 3-4　性别对学业表现的影响

学业表现	概率	
	男	女
一般	0.29	0.71
优秀	0.55	0.45
差	0.60	0.40
良好	0.67	0.33

神经网络主要通过分析多因素的联合作用对学业表现的影响来建立模型。采用神经网络算法进行学业表现预测运行的结果如图 3-6 所示，最右端为目标变量学业表现，最左端为学业表现影响因素。该模型共分为三层，其中隐含层包含 6 个神经元。

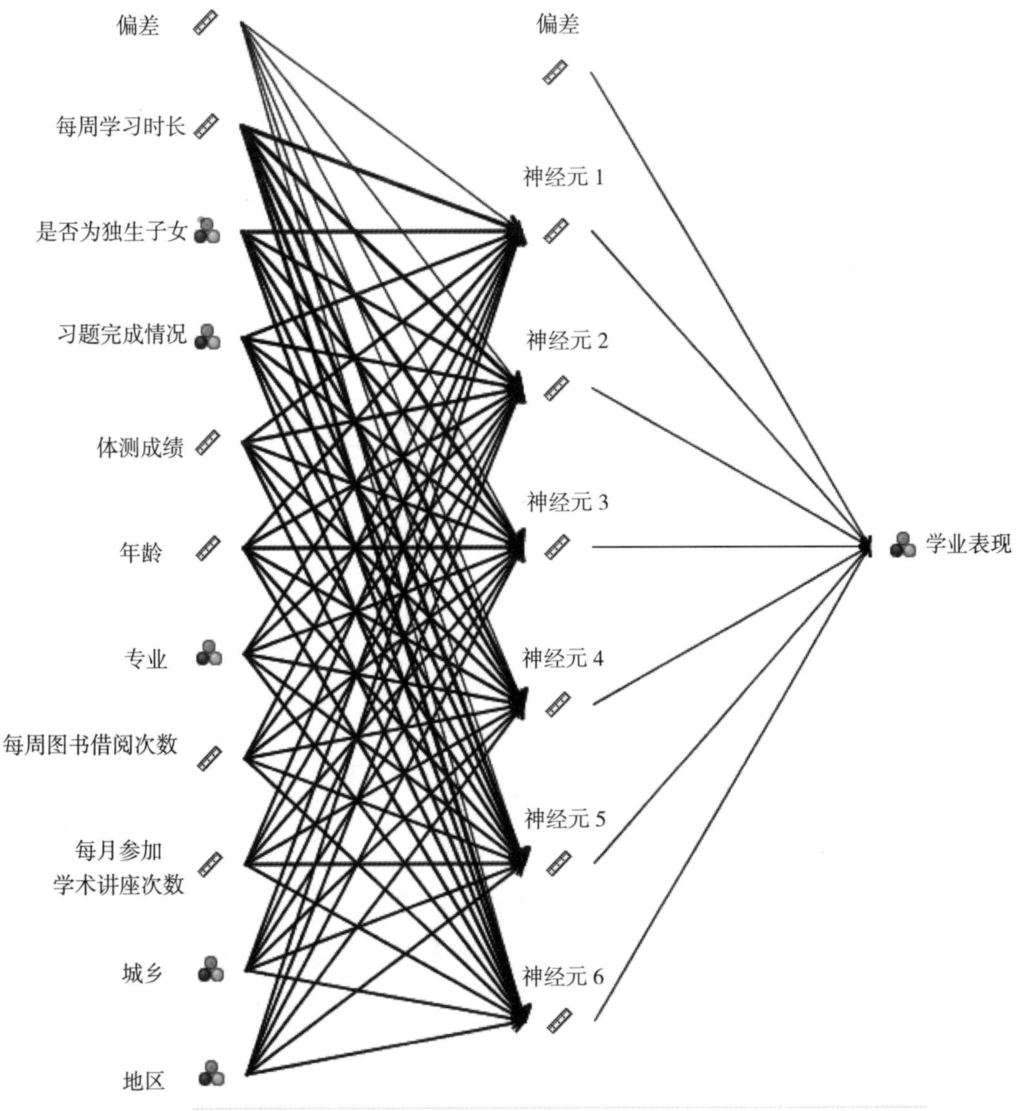

图 3-6　神经网络算法运行过程

基于神经网络算法的影响因素重要性分析的结果如图 3-7 所示，本书对小于平均值 0.05 的影响因子忽略不计。通过神经网络算法对影响学业表现的因素分析可知，对学业表现影响最大的三个因素分别是每周学习时长、习题完成情况和体测情况。

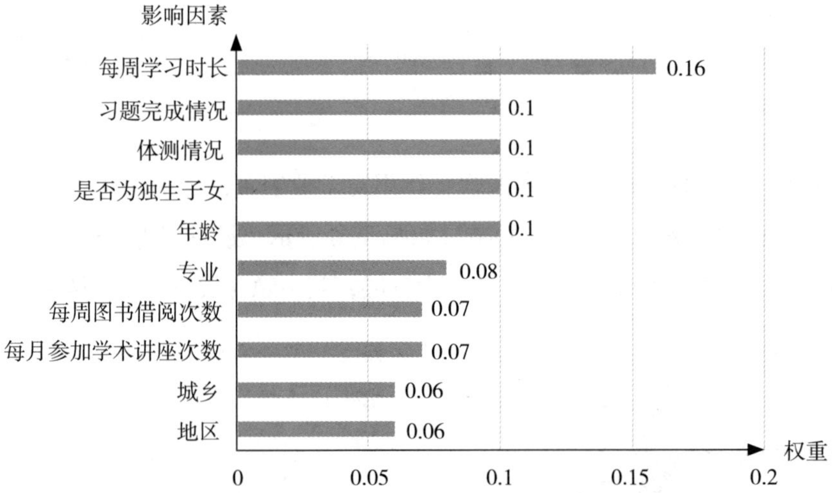

图 3-7　基于神经网络算法的影响因素重要性分析

基于神经网络的学业表现分类准确率如表 3-5 所示。其中，神经网络在学业表现“一般”和“良好”的人群分类上准确率均达到 100%，在表现“优秀”的人群上预测率最低，为 60%，总体准确率为 91.7%。

表 3-5　基于神经网络的学业表现分类准确率

观测值	预测值			
	一般	优秀	差	良好
一般	100.0%	0.0%	0.0%	0.0%
优秀	0.0%	60.0%	20.0%	20.0%
差	0.0%	0.0%	90.9%	9.1%
良好	0.0%	0.0%	0.0%	100.0%

在运用支持向量机模型对影响学业表现的因素进行分析时，本书同样对于影响因素小于平均值 0.05 的影响因子忽略不计，对学业表现影响较大的 10 个因素如图 3-8 所示，其中对学业表现影响最大的三个因素为习题完成情况、性别和家庭状况。

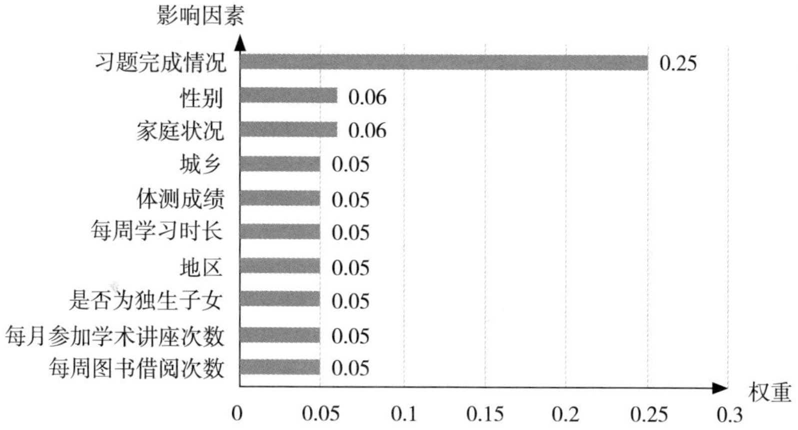

图 3-8　基于支持向量机的影响因素重要性

本书运用上述四个算法，对影响学业表现的 21 个因素进行影响程度计算，结果如表 3-6 所示。

表 3-6　四个模型分析的结果

影响因素	决策树	贝叶斯网络	神经网络	支持向量机
性别	<5%	20%	<5%	6%
民族	<5%	5%	<5%	<5%
地区	<5%	5%	6%	5%
城乡	<5%	<5%	6%	5%
家庭状况	<5%	5%	<5%	6%
是否为独生子女	<5%	5%	10%	5%
年级	<5%	5%	<5%	<5%
专业	<5%	5%	8%	<5%
年龄	<5%	5%	10%	<5%
是否为党员	5%	<5%	<5%	<5%
心理状况	<5%	<5%	<5%	<5%
高考成绩	<5%	<5%	<5%	<5%
应往届生	<5%	5%	<5%	<5%
体测成绩	<5%	5%	10%	5%

续 表

影响因素	决策树	贝叶斯网络	神经网络	支持向量机
图书馆	5%	<5%	<5%	<5%
寝室	<5%	<5%	<5%	<5%
其他地方	<5%	<5%	<5%	<5%
每月参加学术讲座次数	<5%	5%	7%	5%
每周图书借阅次数	18%	5%	7%	5%
每周学习时长	30%	5%	16%	5%
习题完成情况	32%	5%	10%	25%

3.2.4 模型评估

为提高模型的预测精度，本书采用 5 折交叉验证方法对各模型进行了训练和预测。将 5 次实验结果的平均值作为模型评估指标相应的值，可以避免由于数据集划分不合理而导致模型在训练集上过拟合。准确率是指被分类模型正确分类的样本数占总样本数的比例；召回率指被正确预测为正例的样本数占实际正例样本数的比例；*F*1 值是综合考虑准确率和召回率的指标，它是准确率和召回率的调和平均数，*F*1 值越高，分类模型越有效。以上四种算法的准确率、召回率和 *F*1 值如表 3–7 所示。

表 3–7 四种模型的准确率、召回率和 *F*1 值

评估指标		类别			
		贝叶斯网络	决策树	支持向量机	神经网络
准确率	训练集	67%	70%	85%	95%
	测试集	76%	73%	83%	92%
召回率	训练集	70%	66%	70%	85%
	测试集	80%	82%	85%	90%
*F*1值	训练集	77%	73%	80%	81%
	测试集	75%	76%	81%	84%

表 3-7 呈现了四种算法模型在训练数据集和测试数据集上的实验结果。结果表明，在测试数据集上，神经网络模型的分析效果最优，其次是支持向量机。为了构建更准确的成绩预测模型，本章后续研究过程将集中于改进神经网络算法模型。

3.3　个性化表征和度量方法研究

学习行为可以分为可测量和观察的外显行为以及包括记忆、分析等思维活动的内隐行为。[①] 在线学习行为指发生于网络学习环境中的与学习有关的行为。根据行为科学理论和行为主义心理学，在线学习行为的要素可由人类行为五要素（行为主体、行为客体、行为环境、行为手段、行为结果）引申成六要素：行为主体、行为客体、行为环境、行为工具与手段、行为过程、行为结果。其中，行为主体指学习者；行为客体指在线学习平台或者平台上的数字化学习资源等；行为环境指学习场景，即在线学习平台；行为工具与手段指学习者在学习平台上采用的学习工具和使用方法等；行为过程指学习者在线学习的阶段性表现；行为结果指学习者最终的学习效果。

下面主要针对行为工具与手段和行为过程中外显的在线学习行为特征进行分析。

3.3.1　在线学习行为特征的提取

根据行为科学理论，学习者会出于自身需要使用在线学习平台进行学习，行为科学关注的是可观察、可测量的外显的行为活动。在线学习过程中，学习者的操作是可以被观察和量化的，因此在线学习行为分析应以网络操作为突破口，通过对学习者的学习操作进行观察、描述、细化来加以研究。

学习者在学习平台上进行在线学习时，会产生一系列不同的行为，从而产生不同的学习效果，其中行为主体、行为客体、行为环境、行为结果具有普遍性，但是每个学习者所采用的行为工具和手段以及行为过程都具有独特性。根据六要素中的行为工具和手段以及行为过程，本书将在线学习行为划分为课程访问情况、视频观看情况、作业表现、平时表现和互动情况五个类别，并根据行为科学和行为主义心理学等理论提取总计 19 个特征，特征值采用中心趋势度量的三个常用值，如表 3-8 所示。

① 沈林豪，唐海，李贵荣，等.在线学习系统：个性化认知结构的构建 [J]. 牡丹江师范学院学报（自然科学版），2023（3）：35-40.

表 3-8　在线学习行为特征

特征类别	行为特征	描述	特征值（下划线为所选阈值）
课程访问情况	签到率	学习者在教师发布的签到应到次数里的实到次数	80%
	活跃天数	学习者到当前周有行为记录的天数	中位数，众数，平均数
	浏览评分规则	学习者浏览课程的评分规则的总次数	中位数，众数，平均数
课程访问情况	访问时长	学习者登录学习平台的时长	中位数，众数，平均数
	学习资源下载	学习者下载学习资源（如 PPT等）的次数	中位数，众数，平均数
	论坛访问次数	学习者访问论坛的总次数	课程更新次数
	浏览课前信息	学习者浏览正式课程前公告等信息的总次数	中位数，众数，平均数
视频观看情况	观看次数	学习者观看视频的次数	中位数，众数
	是否完整观看	学习者是否完整观看视频	众数
	重复观看次数	学习者重复观看视频的次数	中位数，众数，平均数
	是否倍速观看	学习者观看视频是否倍速播放	1
	观看时长	学习者观看视频的累计时长	众数
作业表现	作业是否提交	学习者每一次的作业是否提交	作业次数
	作业是否重复	学习者作业是否重复提交	1
	作业提交时刻	教师发布作业的时间和学习者提交作业的时间差	中位数
平时表现	章节测试成绩	学习者每一课程章节结束时的小测验里所得分数	{优秀，普通，合格，不合格}
	作业成绩	学习者每次作业得到的成绩	{优，良，差}
互动情况	帖子内容总长度	学习者在论坛发帖的内容字符数	帖子内容贡献率
	帖子深度	学习者在论坛发帖得到回帖以及回帖的回帖等	帖子数量贡献率

根据美国教育心理学家加涅对学习结果的分类，通过互动进行学习既符合言语学习又符合态度这一类别，即学习者通过语言表达的知识及对习得的知识对自己与他人的反馈；课程访问、视频观看符合认知策略这一类别，即学习者调控认知过程的方法、学

习策略；作业和平时表现符合智慧技能和动作技能类别，即学习者运用所学知识实际操作及通过一定练习获得的能力。表 3-8 列出的 19 个行为特征基本覆盖了现有的在线学习平台的全部动态行为（本书未涉及各个行为发生的时间点），未列入的其余特征可以认为是表 3-8 所列特征的变形、延伸或者合并。其中，课程访问情况、视频观看情况与互动情况均为学习者所采用的工具与手段，属于六要素中的行为工具与手段；作业表现与平时表现为学习者阶段性得到的结果，属于行为过程。

3.3.2　行为特征的量化

下面对表 3-8 所列出的行为特征逐一进行量化，并给出特征阈值的选取依据。

1. 课程访问情况

在课程访问情况中，签到率可以反映学习者最基本的学习情况，公式如下：

$$A_i = \frac{\sum_{j=1}^{k} m_{ij}}{\sum_{j=1}^{k} n_{ij}} \; (i=1,2,\cdots,s; j=1,2,\cdots,k) \tag{3-5}$$

式中：A_i 为第 i 个学生的出勤率；m_{ij} 为第 i 个学生第 j 次出勤的次数；n_{ij} 为第 i 个学生第 j 次未缺勤的次数；k 为教师考勤总次数；s 为学生总人数。考虑到偶然情况和突发事件等因素，结合专家建议，本书将签到率达到 80% 的学习者记为 1，未达到的记为 0。

活跃天数能够体现学习者是否在登录课程学习。一般情况下，课程持续的天数是学习者应当上线活跃的天数，设为 a，取其众数 a_0 为阈值。相较于中位数和平均数，众数能够表示一组数据的集中趋势，不会受到极端数据的影响，代表大部分学习者的正常活跃天数；中位数表示一组数据的中等水平，平均数表示一组数据的平均状况，但是两者很容易受到极端值的影响，所以选取众数作为阈值。若出现多个众数，研究者可以选用中位数作为备选阈值，或者对多个众数再次进行阈值选取、分类讨论，下同。将学习者实际活跃天数记为 A，若 $a_0 \geqslant a$，表达式为

$$\text{活跃天数}=\begin{cases} \text{高活跃}, & A > a_0 \\ \text{中等活跃}, & a < A \leqslant a_0 \\ \text{低活跃}, & A < a \end{cases} \tag{3-6}$$

若 $a_0<a$，则表达式为

$$活跃天数=\begin{cases}高活跃, & A \geqslant a \\ 中等活跃, & a_0 \leqslant A < a \\ 低活跃, & A < a_0\end{cases} \tag{3-7}$$

访问时长能够反映学习者对课程的学习程度和对学习目标的掌握程度。由于学习者登录学习平台会出现未登录、长时间挂机甚至仅注册不学习等现象，因此不能选用平均值作为特征阈值。由于学习方式为在线学习，学习者登录在线学习平台的时间和时长较为随机，而众数是集合里出现的最为频繁的数值，因此对比众数而言，采用中位数作为阈值更合适，大于中位数的认为访问时长过长，等于中位数（由于中位数可能不是数据中真实存在的数据，因此设置中位数 ±1 的误差）的认为访问时长适中，小于中位数的认为访问时长过短。

学习资源下载次数反映了学习者对于课堂内容的巩固情况以及学习自觉性。本书将下载次数从低到高排序，取中位数作为阈值，中位数表示学习资源下载次数的中等水平，不会受到极大值、极小值的影响，更具有代表性。本书将次数大于或等于中位数的记为“下载次数多”，小于中位数的记为“下载次数少”。

考虑到大部分学习者可能不喜欢发帖或回帖，但是又会关注论坛的动态，设置论坛访问次数这一特征可以体现学习者对论坛交流情况的关注度。本书以课程更新次数 n 为标准值，大于或等于 n 的认为对论坛关注度较高，记为 1；否则记为 0。

2. 视频观看情况

在视频观看情况中，观看次数能够体现学习者的学习投入情况。一般情况下，视频的总个数被当作学习者最少应当观看的次数，设为 t，全部学习者观看次数的众数记为 t_0。若出现多个众数（排除极端情况，如观看次数为 0），则采用中位数为候补阈值，设为 t_0'。学习者实际观看次数记为 T，若 $t_0 \geqslant t$，表达式为

$$观看次数=\begin{cases}多, & T > t_0 \\ 正常, & t < T \leqslant t_0 \\ 少, & T < t\end{cases} \tag{3-8}$$

若 $t_0<t$，表达式为

$$观看次数=\begin{cases}多, & T \geqslant t \\ 正常, & t_0 \leqslant T < t \\ 少, & T < t_0\end{cases} \tag{3-9}$$

重复观看次数的阈值为众数。平均数能够代表一组数据的平均情况，但极易受到极端值的影响，如果出现偏大数或者偏小数，平均数将会被抬高或降低，尤其对于在线学习平台，难免会出现学习者误触或随意点击的情况，容易造成极端值的出现。取众数能够排除学习者随意点击视频或者误触造成的重复次数，更能反映学习者重复观看视频的集中趋势，即一般情况下学习者会重复观看几次视频。重复次数大于阈值的记为多次重复，等于阈值的记为正常重复，小于阈值的记为较少重复。若出现没有众数或众数不唯一的情况，则采用中位数作为备选阈值。

观看时长可以反映学习者对课程的掌握程度。设视频总时长为 l，即学习者应该观看的时长；取众数为 l_0，学习者实际观看时长为 L。若 $l_0 \geqslant l$（有反复观看情况），则表达式为

$$\text{观看时长}=\begin{cases}\text{长}, & L>l_0\\ \text{正常}, & l\leqslant L\leqslant l_0\\ \text{短}, & L<l\end{cases} \tag{3-10}$$

若 $l_0 < l$，则表达式为

$$\text{观看时长}=\begin{cases}\text{长}, & L\geqslant l_0\\ \text{正常}, & l_0<L\leqslant l\\ \text{短}, & L<l_0\end{cases} \tag{3-11}$$

3. 作业表现

在作业表现中，作业是否提交的阈值记为 m，m 表示教师布置的作业次数，即学习者应当完成的作业次数。学习者提交作业次数达到阈值，即每一次作业都完成并提交，可将其记为优秀；参考日常教学的实际情况和专家建议，本书将达到阈值 70% 的记为一般，其他的记为不合格。

在线学习平台上的作业可以重复提交，重复提交的原因有作业有错误需要修改再次提交、完善之前的作业、作业提交错误、应教师新的要求再次提交等。依据行为主义心理学，学习者一定是在某种刺激下经过一系列复杂的中间过程或某种行为结果，才会产生新的行为结果。一般情况下，重复提交作业反映了学习者的自觉性（中间过程）和完成作业后的反思（提交作业后的某种结果）等正面因素，但也存在学习者粗心、态度不认真、抄袭作业等负面因素，具体原因难以区分。本书将作业是否重复这一特征的阈值设为 1，若学习者重复提交了作业则记为 1，否则记为 0。

作业提交时刻能够体现学习者的自我效能感。设作业提交期限为 d 天，取 d 天的

中间值 d'（如 d=10，则 d'=5，有余数时四舍五入），对作业提交时刻进行升序排序，学习者作业提交时刻记为 Job，由于在线学习平台学习者的学习时间各不相同，因此取其中位数 Job_{sub}。若 $Job_{sub}<d'$，则表达式为

$$\text{作业提交时刻}=\begin{cases}\text{积极}, & Job \leqslant Job_{sub} \\ \text{一般}, & Job_{sub} < Job \leqslant d' \\ \text{不积极}, & Job > d'\end{cases} \tag{3-12}$$

若 $Job_{sub}>d'$，则表达式为

$$\text{作业提交时刻}=\begin{cases}\text{积极}, & Job \leqslant d' \\ \text{一般}, & d' < Job \leqslant Job_{sub} \\ \text{不积极}, & Job > Job_{sub}\end{cases} \tag{3-13}$$

4. 平时表现

在平时表现中，章节测试成绩能够体现学习者对于这一章节内容的掌握情况。章节测试成绩满分为 100 分，大于或等于 90 分的为优秀，[80,89] 区间内的为普通，[60,79] 区间内的为合格，小于 60 分的为不合格。假设总共有 x 个章节测验，取各章节测验等级的众数决定总体章节测验的成绩。取众数是由于所有章节测验中出现次数最多的等级更能真实地反映学习者总体章节测验的成绩，若各等级恰好均分，则记为合格；若出现三个众数，可分情况讨论：

（1）若三个众数分别为优秀、普通、合格，则可记为普通；

（2）若三个众数分别为优秀或普通、合格、不合格，则可记为合格。

若出现两个众数，可视情况将其章节测试成绩记为两个等级里较低的等级。例如：若出现普通和合格两个众数，则取合格作为其章节测验成绩，或可依据其是否有优秀或不合格的成绩再次进行界定。

作业成绩可以表示学习者对待课程的态度。设作业布置总次数为 y，教师对学习者提交的作业进行评定，评定等级分为“优、良、差”，若是按百分制，则大于或等于 80 分的为优，[60,79] 区间的为良，小于 60 的为差。取所有作业等级的众数为学习者整体作业成绩，若各等级恰好均分或者出现多个众数，则作业成绩记为良。

5. 互动情况

在互动情况中，帖子内容总长度的阈值为帖子内容贡献率的中位数，帖子内容贡

献率的计算公式如下：

$$C_{ij} = \frac{f_{ij}}{\sum_{j=1}^{n} f_{ij}} (i = 1, 2, \cdots, m; j = 1, 2, \cdots, n) \tag{3-14}$$

式中：C_{ij} 为第 i 个学生第 j 个帖子的字数在个人总帖子里的贡献率；f_{ij} 为第 i 个学生的第 j 个帖子的字数。

帖子深度阈值为帖子数量贡献率的中位数，帖子数量贡献率的计算公式如下：

$$C_{i} = \frac{\sum_{j=1}^{n} f_{ij}}{\sum_{i=1}^{m} (\sum_{j=1}^{m} f_{ij})} (i = 1, 2, \cdots, m; j = 1, 2, \cdots, n) \tag{3-15}$$

式中：C_i 为第 i 个学生的发帖或回帖数量在全部学生总发帖或回帖数量的贡献率；f_{ij} 为第 i 个学生第 j 个帖子的数量；m 为学生人数；n 为帖子数量。

余下其他行为特征的量化与上述特征所做量化过程大致相似，不再赘述。

3.3.3　数据集与数据预处理

1. 数据集

本书收集了 2020—2021 学年第一学期某高校的学生在 MOOC 平台上学习某课程时的行为数据、某平台上的作业成绩以及最终线下考试的成绩。由于客观条件的限制，本书无法收集到表 3-8 所列全部行为特征的数据，只收集到包含 14 个行为特征的数据集，但是能够完全覆盖这 14 个特征的数据量也较少，最终只抽取到 115 条数据，均为有效数据，包括学生个人信息、学生的学习行为数据及最终考试成绩。本书将最终考试成绩视为学习者的学习效果，部分行为特征数据见表 3-9。

表 3-9　部分行为特征数据表

姓名	最终成绩	时间	学习行为类型
陈 *	96	2020-10-16 14：16：17	视频观看
饶 *霞	89	2020-10-29 15：53：23	资源下载
王 *	78	2020-10-29 17：05：19	提交作业
谢 *	68	2020-10-21 18：35：54	章节测试
周 *	57	2020-11-10 16：01：39	视频观看

2. 数据预处理

（1）数据离散化。在课程原始数据中，最终成绩为百分制，为方便后续训练数据对最终学习效果的预测，本书将数据进行了离散化，成绩在区间 [90,100] 的划分为 A 等级，在区间 [80,89] 的划分为 B 等级，在区间 [60,79] 的划分为 C 等级，在区间 [0,59] 的划分为 D 等级。本书按照表 3−8 所示的行为特征和对应阈值以及前面提到的行为特征量化处理办法对数据进行了预处理。经预处理后的部分行为特征与最终成绩如表 3−10 所示。

表 3−10　预处理后部分在线学习行为特征与最终成绩

等级	签到率	活跃天数	观看次数	作业提交时刻	章节测试成绩	…
A	1	高	多	积极	优秀	…
A	1	高	多	积极	优秀	…
B	1	高	多	积极	优秀	…
B	1	中	多	积极	优秀	…
C	1	中	正常	一般	普通	…
C	0	低	少	不积极	合格	…
C	1	中	正常	一般	合格	…
D	1	低	少	不积极	不合格	…
D	0	低	少	不积极	合格	…
…	…	…	…	…	…	…

（2）数据标准化。后续实验需要对数据进行标准化处理，考虑到在线学习行为特征经量化后变为离散变量，后续实验所需要的数据为数值型数据，本书按照表 3−11 根据不同程度进行了序列编码。序列编码可对具有 n 个类别的特征手动定义字典映射到 [0，$n-1$] 的整数，适用于类别有内在顺序的特征。序列编码没有增加维度，方便在编码处理后对数据进行标准化处理。

表 3-11　序列编码字典

特征值	序列编码
低 /短 /少 /不积极 /差 /不合格 /0	0
中 /一般 /正常 /良 /合格 /1	1
高 /长 /多 /积极 /优 /普通	2
优秀	3

由于不同类别的数据间量纲、属性不统一，因此本书需要对数据进行标准化处理。数据标准化常用的两种方法为 Min-max 标准化、Z-score 标准化。

Min-max 标准化也叫作极差标准化，是一种线性变换方法，用于对原始数据进行规范化处理，可将原始数据对应的线性映射在 [0,1] 区间。计算公式如下：

$$x^* = \frac{x - \min}{\max - \min}(x\text{为正指标})$$
$$x^* = \frac{\max - x}{\max - \min}(x\text{为负指标}) \tag{3-16}$$

式中：x 为原数据；min、max 分别为数据样本的最小值和最大值；x^* 为标准化后的数据。需要注意的是，该方法对异常值比较敏感，因为它会缩小原始数据的范围，导致在数据中存在异常值时，其他数据的变化可能被压缩或放大，从而影响标准化的效果。此外，当原始数据集中在某个区间内时，使用 Min-max 标准化可能无法有效改善数据分布情况。

Z-score 标准化可根据原始数据的均值和标准差进行标准化处理，使标准化后的变量落入 [-1,1] 之间。计算公式如下：

$$x^* = \frac{x - \mu}{\sigma} \tag{3-17}$$

式中：x 为原数据；μ 为数据平均值；σ 为数据标准差；x^* 为标准化后的数据。相对于 Min-max 标准化，Z-score 标准化对于异常值的影响较小，因为它可基于原始数据的均值和标准差进行标准化，而这些统计量对异常值的影响较小。此外，该方法还可以避免数据中存在特别大或特别小的值对标准化结果产生过大或过小的影响。

后续实验将视情况对数据标准化方法进行选取。

3.3.4 相关性分析

为了更清楚、直观地展示行为特征和最终成绩之间的关系，本书对获得的每一个行为特征进行了单因素分析和多特征分析，借助柱状图、散点图、折线图、堆积条形图等可视化手段获得每一个行为特征与学习效果之间的相关性，得到不同等级学习者的不同的行为特征特点或共同点、不同的特征对最终等级的影响程度以及多个特征共同作用下对最终学习效果的影响，从而为构建在线学习行为模型打下基础。

1. 单因素分析

在进行单因素分析之前，本书对各个等级的人数分布进行了统计，如图 3-9 所示。

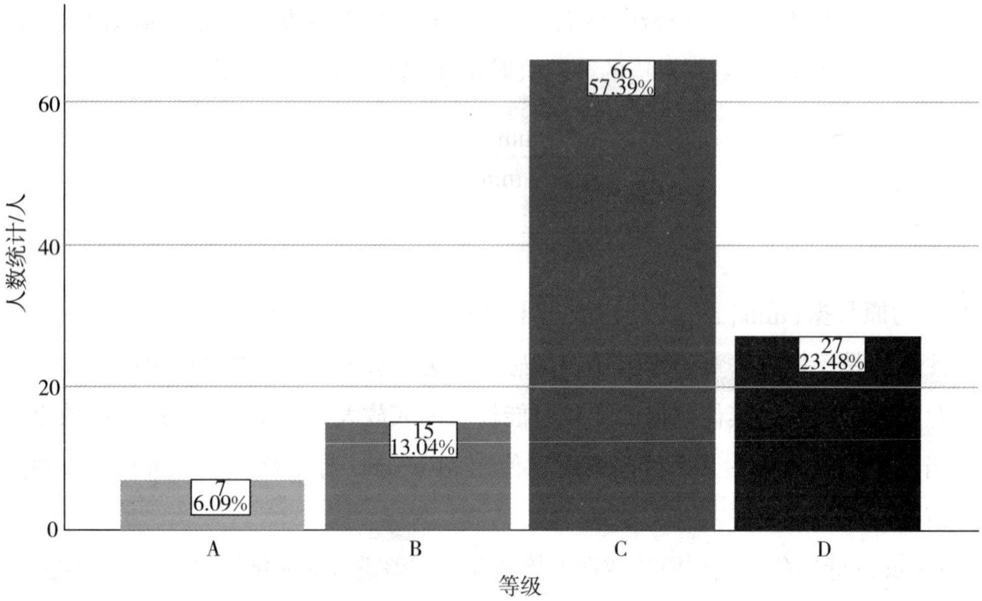

图 3-9　等级分布图

根据图 3-9 可知，该数据集成绩类别主要集中在 C 等级，共 66 人，占比 57.39%；其次是 D 等级，共 27 人，占比 23.48%；接着是 B 等级，共 15 人，占比 13.04%；最后是 A 等级，共 7 人，占比 6.09%。整体表现为两端较少，而中间部分较为集中，基本符合正态分布，是课程教学的正常结果。

本书利用 Python 编程来生成各个特征与学习效果的热力图（采用皮尔逊相关系数），如图 3-10 所示。

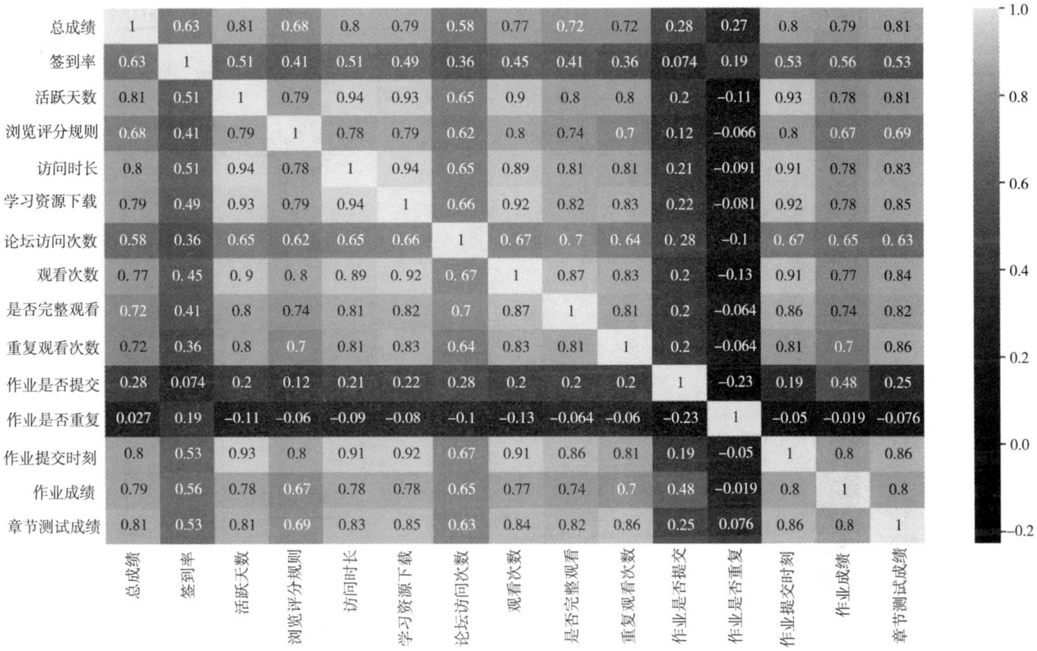

图 3−10　各个特征与总成绩的热力图

由图 3−10 可知，活跃天数和章节测试成绩与最终成绩的相关性最高，均为 0.81；作业提交时刻与访问时长，相关系数为 0.8；作业是否提交与最终成绩的相关性较弱，相关系数为 0.28；作业是否重复与最终成绩几乎不相关，相关系数为 0.027。

（1）课程访问情况。在课程访问情况中，活跃天数与访问时长的柱状图如图 3−11 所示。对于活跃天数，由图 3−11 可看出，活跃天数高的学习者最终等级为 A 或 B，其中等级为 A 的学习者全部为高活跃，等级为 B 的学习者有 80% 为高活跃。C 等级和 D 等级学习者在高活跃均无分布，全部分布在中活跃和低活跃，其中等级 C 在中活跃与低活跃均有分布，但 C 等级学习者更多分布在低活跃区域，占比 51.5%，在中活跃区域占比 48.5%；D 等级学习者全部为低活跃。访问时长与活跃天数有相似的结论，区别在于 B 等级学习者长访问时长比活跃天数占比更多，而 C 等级也有 1.5% 的占比分布在长访问时长。这说明即使活跃天数不高，学习者的访问时长也不一定短，存在活跃天数不高但是在线访问时长足够长的现象。

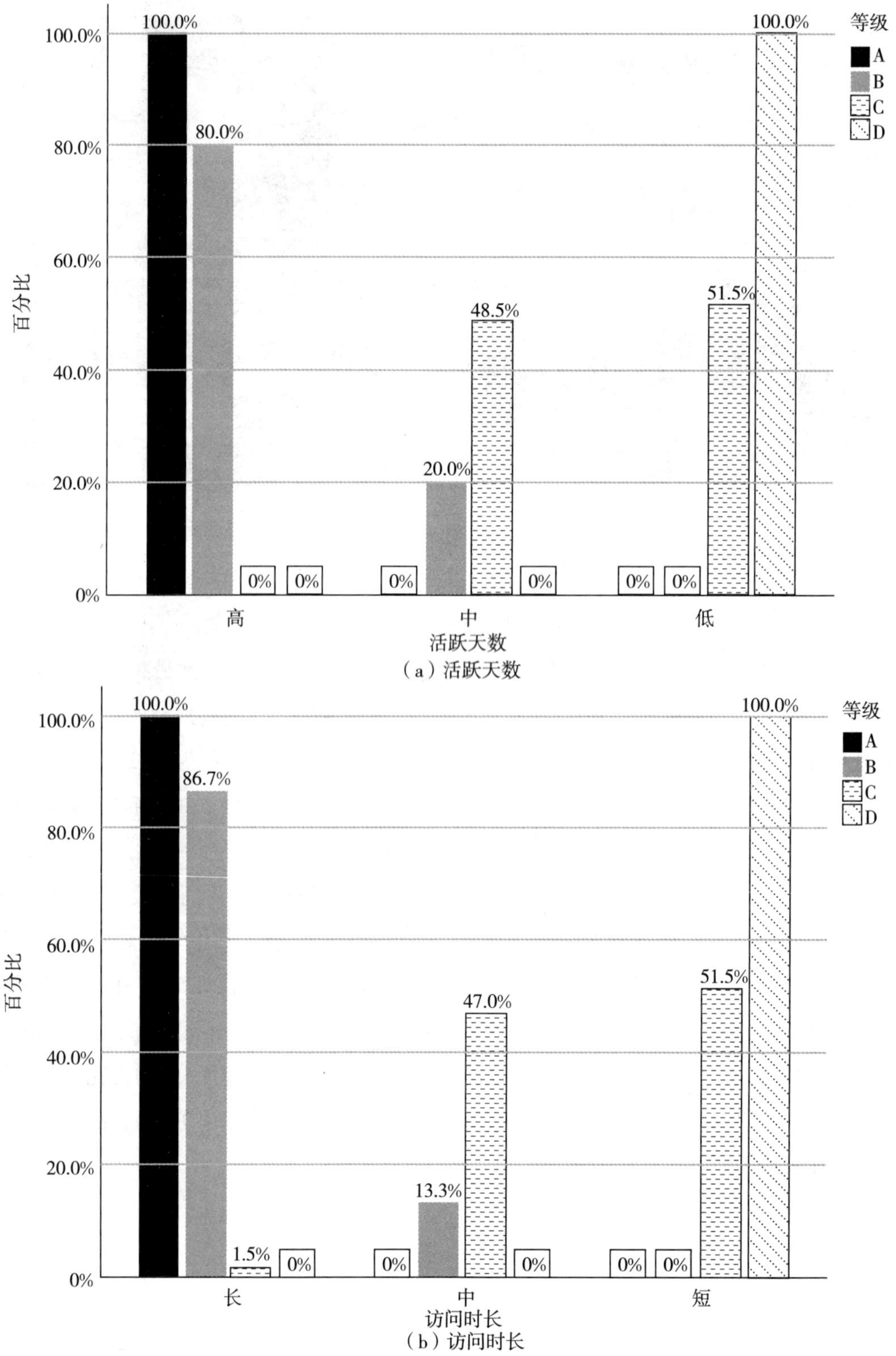

图 3-11　活跃天数与访问时长柱状图

图 3-12 为签到率、浏览评分规则、论坛访问次数三个特征的折线图。签到率和浏览评分规则全部达到阈值标准的学习者均分布在 A 和 B 等级，转折点在 C 等级处出现，签到率下降较为缓慢，并且没有完全达不到标准的等级，说明学习者基本能完成签到这一项任务；浏览评分规则在 C 等级处出现迅速下降的情况，完全没有达到标准的均为 D 等级学习者，说明对于评分规则不够重视的学习者基本分布在 C 等级和 D 等级。对于论坛访问次数，所有等级学习者都没有完全达到标准，最高点出现在 B 等级，A 等级在该特征上低于 B 等级，最低点（即无人达到标准）在 D 等级，C 等级学习者依旧保持在中间状态。可见，访问论坛次数较多的学习者多分布于 A 和 B 等级，说明对于论坛交流状况较为关注的学习者的最终学习效果会更好。

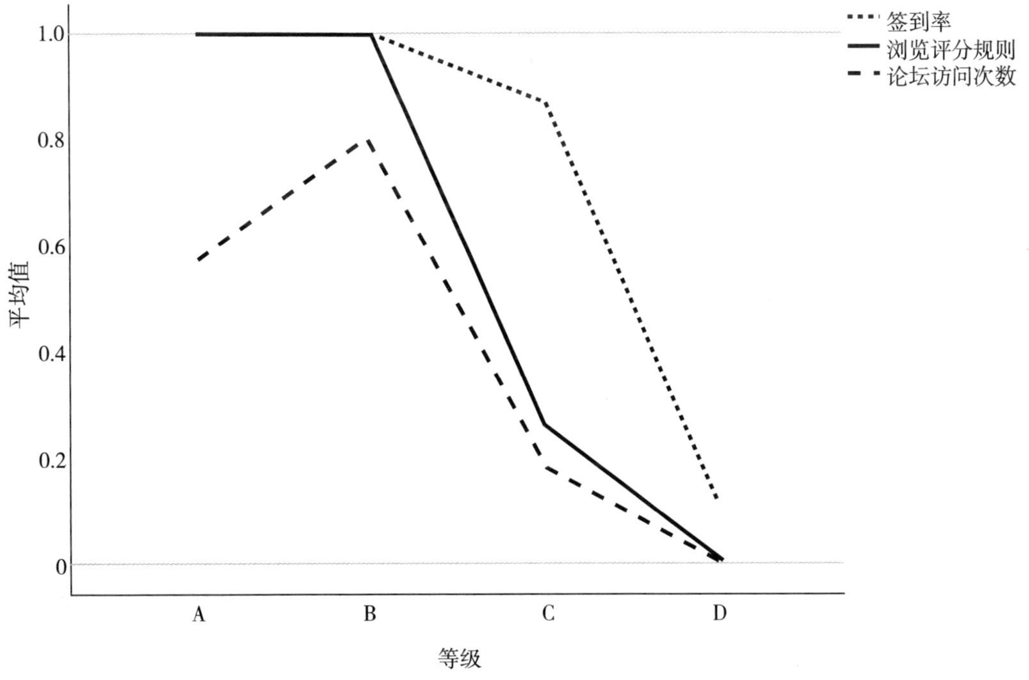

图 3-12　三个特征折线图

图 3-13 为学习资源下载折线图。下载次数较多的学习者最终等级均分布于 A 和 B 等级，A 等级学习者全部为多次数下载，少量 B 等级学习者的下载次数为一般次数。随着资源下载次数由多到少，等级 A 与 B 的学习者人数占比急剧下降，等级 C 和 D 的学习者人数占比则明显上升，其中等级 D 学习者完全为少次数下载，等级 C 学习者在一般下载次数和少下载次数均有分布，但是更多分布在少下载次数。下载学习资源的次数能够体现学习者对于学习资源和课程的重视程度，学习资源下载次数多更能取得较好的等级（获得更好的学习效果），反之则会取得较差的等级。

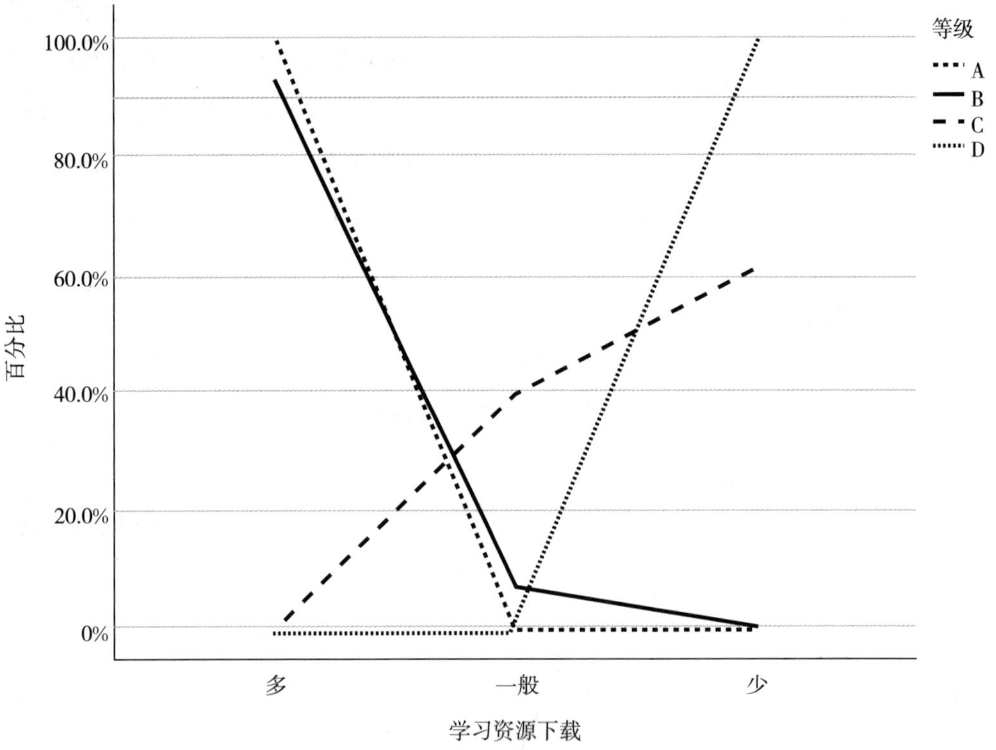

图 3-13　学习资源下载折线图

（2）视频观看情况。在视频观看情况中，三个特征皆用柱状图来表示，如图 3-14 所示。三个特征的共同点在于：达到特征高标准的均分布在 A 等级，完全不达标的均分布在 D 等级，分别属于两个极端；C 等级则处于中部区域，既有达标的也有不达标的。

由图 3-14（a）可知，较多观看次数的学习者均分布在 A 和 B 等级，A 等级学习者全部达到较多观看次数标准，少量 B 等级学习者未达到较多观看次数标准。正常观看次数的学习者分布于 B 和 C 等级，较少观看次数的学习者大多分布于 C 等级及以下。这说明，学习者在观看次数较多或正常时，完全可以避免挂科情况（即取得 D 等级），观看频次较少时只能获得较低的等级。

由图 3-14（b）可看出，A 和 B 等级学习者全员达标，小部分 C 等级学习者也达到了标准；未达标的学习者依旧分布在 C 和 D 等级。这说明若学习者能够达到完整观看的标准，最终学习效果至少能够达到及格，没有完整观看视频的学习者则只能取得 C 或 D 等级。

在图 3-14（c）中，A 与 B 等级学习者首次出现较大差异，较多重复观看次数的学习者分布在 A 和 B 等级，A 等级学习者全部达到较多重复观看次数阈值，正常重复观看次数有 80% 分布在 B 等级，较少重复观看频次的学习者最终等级为 C 等级和 D 等级。重复观看频次能够体现学习者坚持学习和复习的情况，如果学习者能够不断复习并巩固学习内容，那么他最终的学习效果会很好，反之只能取得较差的学习效果。

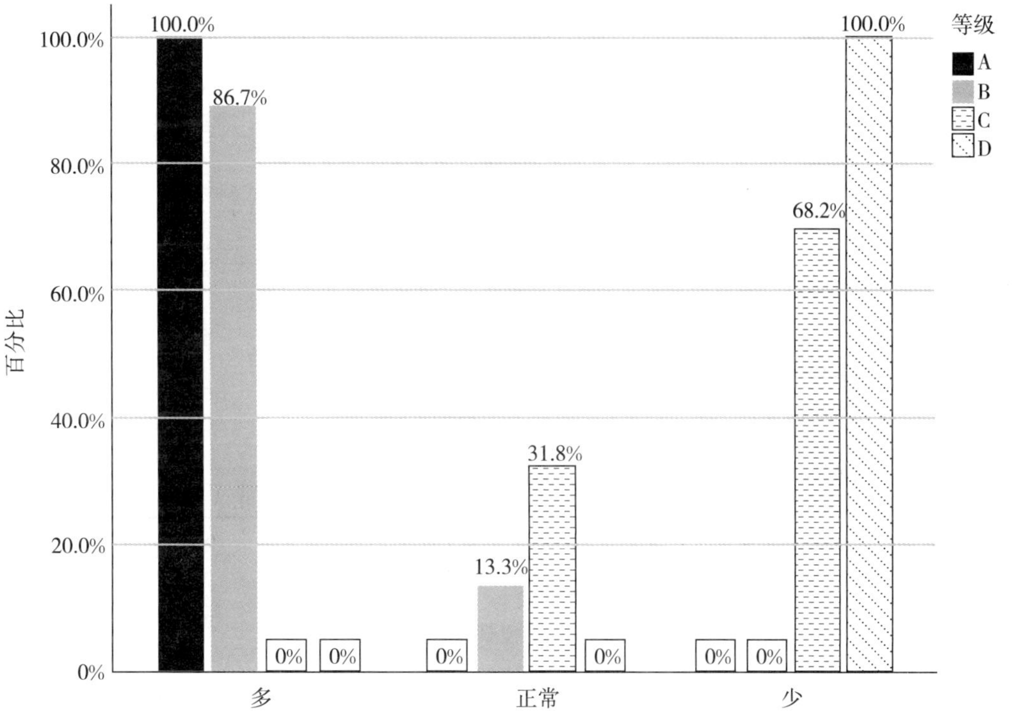

（a）观看次数

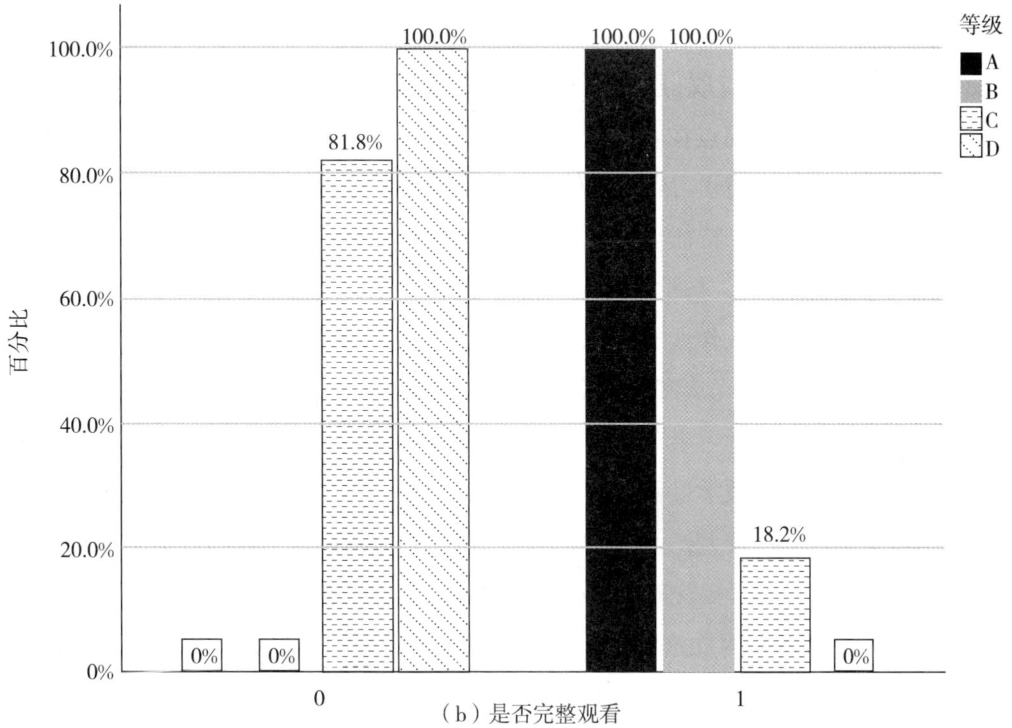

（b）是否完整观看

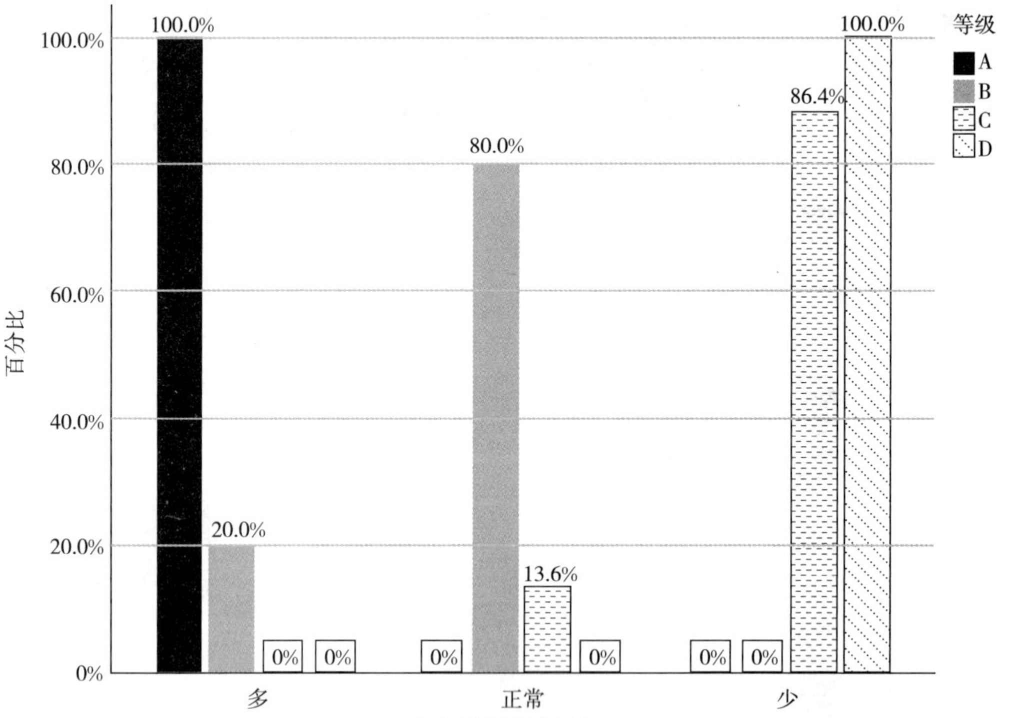

（c）重复观看次数

图 3-14 视频观看情况

（3）作业表现。作业表现的统计结果如图 3-15 所示，在图 3-15（a）中，作业全部提交的学习者均分布于 A 等级，从 B 等级开始出现下降趋势，说明大部分学习者的作业都会提交，D 等级学习者也未出现作业提交完全不达标的现象，但是这部分学习者即便提交作业却依旧没有取得理想的学习效果，原因在于可能存在抄袭作业等负面情况。作业是否重复的最高点在 C 等级，最低点在 D 等级，也有少部分 A 和 B 等级学习者重复提交作业，这表明学习者对于作业的态度端正并且在有反思的情况下，最终学习效果也会较好。根据各个特征与最终成绩的热力图成像显示，作业是否重复与最终学习效果的相关系数为 0.027，与学习效果呈极弱相关。

在图 3-15（b）中，作业提交积极的学习者最终等级均分布于 A 和 B 等级，但是也存在 6.1% C 等级的学习者积极提交作业。作业提交时刻一般的学习者均分布于 C 等级，提交作业不积极的学习者分布于 C 等级以及 D 等级。C 等级学习者在积极、一般、不积极均有分布，这是教学过程中的常规现象，也是大部分学习者常见的状态。C 等级学习者学习主动性波动较大，可塑性也较大，教师可适当加以引导和鼓励，来提高学习者的最终学习效果。对于提交时刻积极的学习者，其学习态度也是积极的，能够完成作业的自我效能感较高，因此这部分学习者学习效果较好；对于提交时刻不积极的学习者，其学习态度是消极的，自我效能感也较低，最终学习效果也会较差。

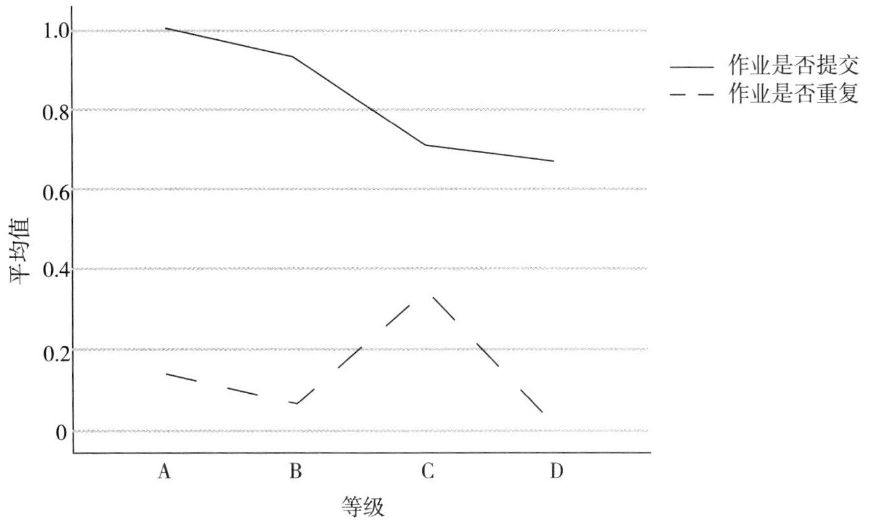

（a）作业是否提交与作业是否重复

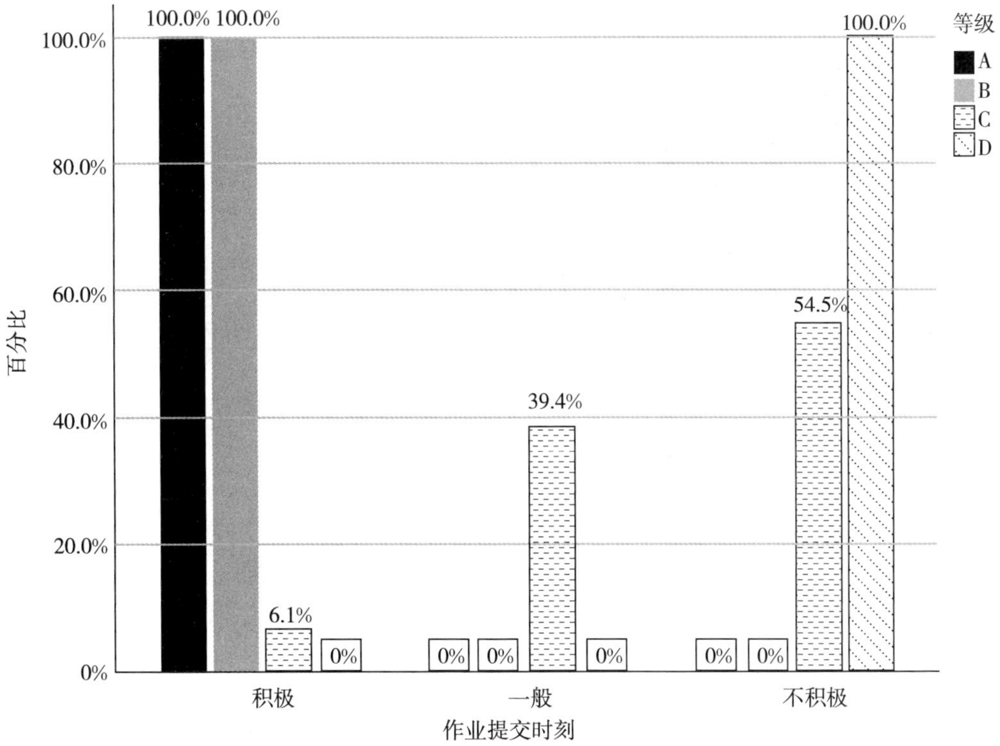

（b）作业提交时刻

图 3-15　作业表现

（4）平时表现。在图 3–16 中，作业成绩为优的学习者最终等级几乎全部为 A 和 B，其中 A 等级学习者的作业成绩优秀占比 100.00%，B 等级学习者占比 93.33%，还有 15.15% 的 C 等级学习者；作业成绩为良的学习者大多分布于 C 等级；作业成绩为差的学习者更多地分布于 D 等级。作业是能够体现学习者对本门课程学习的态度、掌握程度的即时性检验效果的特征。本书所选课程布置了 5 次作业，根据量化方法可知，A 等级的学习者作业成绩全部为优，有 6.67% 的 B 等级学习者 5 次作业成绩为良。由作业成绩可知，A、B 等级学习者存在一定差距，A 等级的学习者的知识掌握程度更高，教师对于 B 等级学习者可稍加敦促，该等级的学习者自身也应当多加反思。作业成绩为优的学习者所占百分比最大，作业成绩为差的学习者次之，作业成绩为良的所占百分比最小，可见作业成绩为优和作业成绩为差的学习者对待作业的态度呈现两个极端，作业成绩为良则属于中间部分，也是多数学习者的现状。

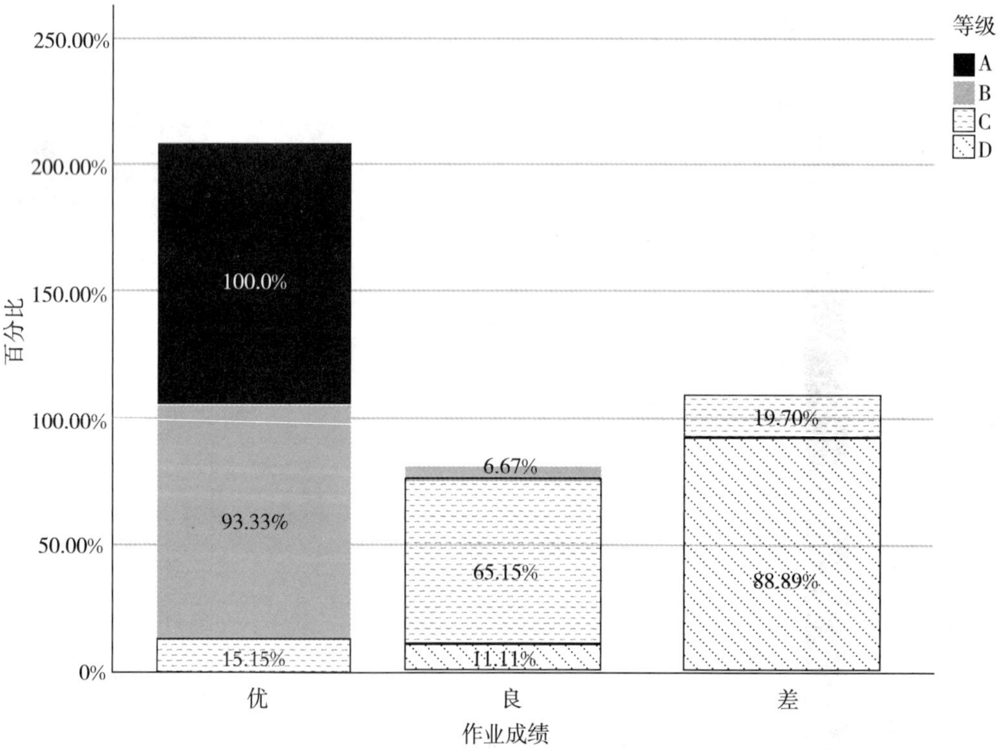

图 3–16　作业成绩堆积条形图

在图 3–17 中，横轴为章节测试的章节数，纵轴为章节测试成绩，虚线为该学习者的最终成绩。本书在四个等级中各选取了一名代表性学习者进行分析。学生 A 的章节测试成绩均匀分布在虚线两侧，且各个测试成绩相差较小，说明其成绩基本真实，与最终成绩相符。章节测试成绩与最终成绩相差无几、基本达到 90 分左右的学习者学习效果也最好，说明这类学习者真正掌握了所学知识并能够运用，最终成绩能够达到 A 等级。学生 B 的章节测试成绩与最终成绩基本吻合，但与学生 A 相比成绩分布不够均匀，有些许起伏。学生 C 与学生 D 的章节测试成绩与最终成绩均不相符，该部分学习者章节测试成绩大多分布于高分段（80 ～ 100 分），最终成绩却只是刚及格甚至不及格，说明存在作弊等不良现象，该部分学习者的学习态度有待端正。根据对该特征的分析可知，即使章节测试的成绩表现很好，最后线下期末考试的结果也不一定良好，甚至会出现不及格，如果章节测试的成绩表现较差，最终学习效果也不会有很好的表现。

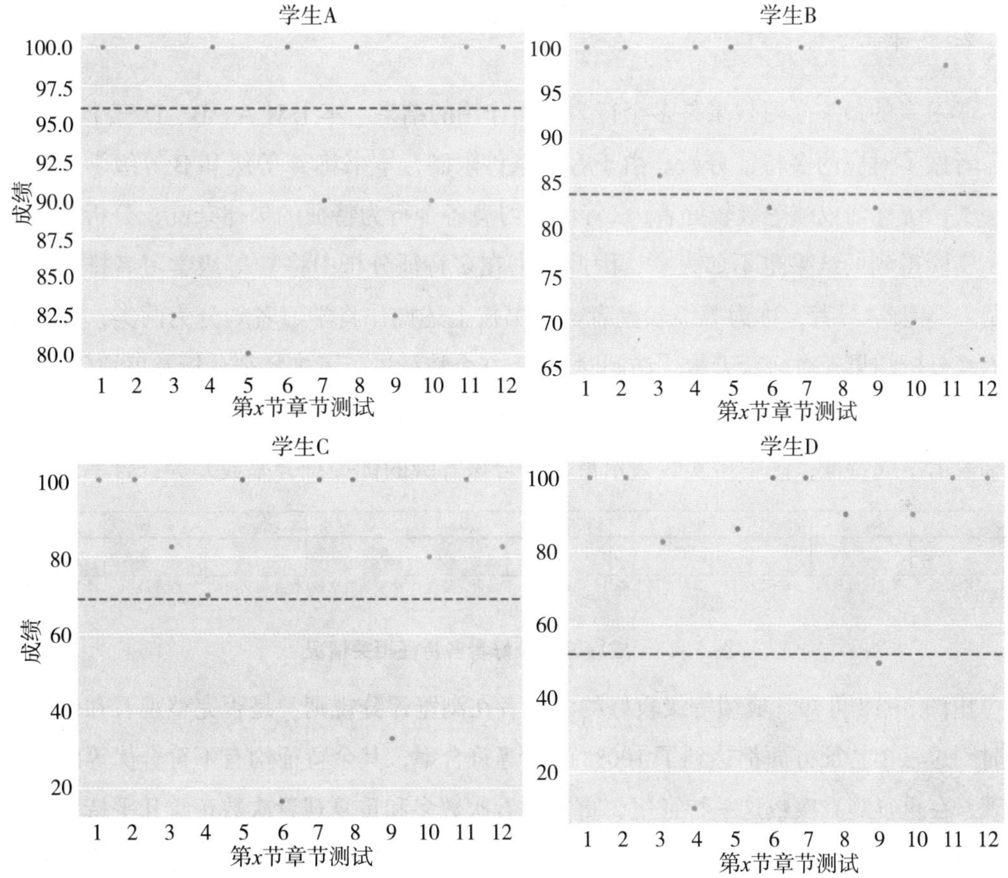

图 3-17　章节测试散点图

综上所述，本书分析了单个行为特征与学习效果之间的相关性。对于学习者而言，除了作业是否重复和论坛访问次数，其他 12 个特征全部达到阈值的学习者必然学习效果较好，完全达不到阈值的学习者学习效果较差。根据热力图成像显示，大部分特征与学习效果均为正相关，相关性强弱也不同：活跃天数、访问时长、作业提交时刻、章节测试成绩的相关系数均大于或等于 0.8，呈极强相关；签到率、浏览评分规则、学习资源下载、观看次数、是否完整观看、重复观看次数、作业成绩的相关系数均超过 0.6，为强相关特征；论坛访问次数的相关系数为 0.58，为中等相关特征；作业是否重复和作业是否提交的相关系数分别为 0.027 和 0.28，为不相关和弱相关特征。在后续工作中，考虑到对多特征的叠加分析以及为了得到较好的分析效果，本书结合专家建议，将特征数量限制在 10 个以内，又依据对各个单因素的分析，将不相关、弱相关、中等程度相关以及签到率这些特征剔除，保留了强相关与极强相关的行为特征。学习者的学习效果并非只由单个特征决定，而是由多个特征共同决定，因此本书需要进一步对多特征进行分析。

2. 多特征分析

学习者的最终学习效果是多个行为共同作用的结果。本书对 A、B、D 三个等级的学习者做了对应的多特征分析。由于客观条件限制，本书将 A 等级和 B 等级学习者归为一类，统称为成绩等级较好者；C 等级学习者各个行为特征的规律杂乱，分析价值较小，实验得到的结果也不如人意，因此本书在多特征分析中将 C 等级学习者排除，只保留 D 等级学习者，称为等级较差者。本书按上述操作将学习者划分为两类，并根据单因素分析结果，对活跃天数、访问时长等 10 个特征进行了多特征分析及可视化表示，结果如图 3–18 和图 3–19 所示。图中的纵轴表示每个特征的人数百分比（单位：%），横轴表示不同特征，图中粗实线表示最低符合该等级的优等符合率或差等符合率。

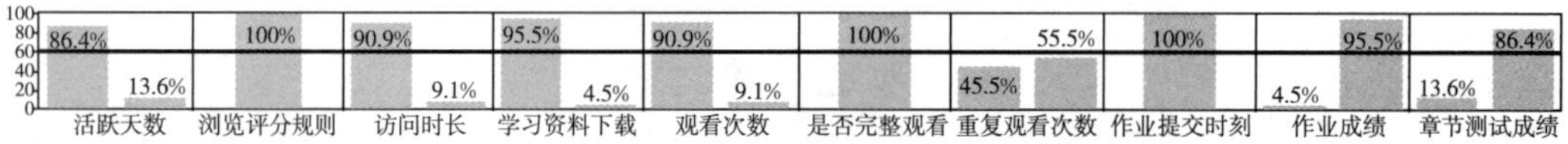

图 3–18　成绩等级较好者各特征相关情况

由图 3–18 可知，成绩等级较好的学习者在浏览评分规则、是否完整观看和作业提交时刻这三个特征方面都达到了 100% 的优等符合率，其余特征均有不符合优等的情况出现，在重复观看次数这一特征里，重复观看次数多和重复观看次数正常几乎持平，但是重复观看次数多的学习者依旧占少数；最低优等符合率为 60%，说明等级较好的学习者里最多仅有 4 个特征没有达到优等，但是即便行为特征没有达到优等的学习者，也达到了中等水平，没有差等特征出现。由图 3–19 可知，成绩等级较差的学习者在活跃天数、浏览评分规则、访问时长、学习资源下载、观看次数、是否完整观看、重复观看次数、作业提交时刻这 8 个特征方面都达到了 100% 的差等符合率，其余 2 个特征均有不符合的情况出现，极少数的学习者有中等水平特征出现，且集中在平时表现这一特征类别；最低差等符合率为 80%，说明等级较差的学习者最多只有 2 个特征没有达到差等。

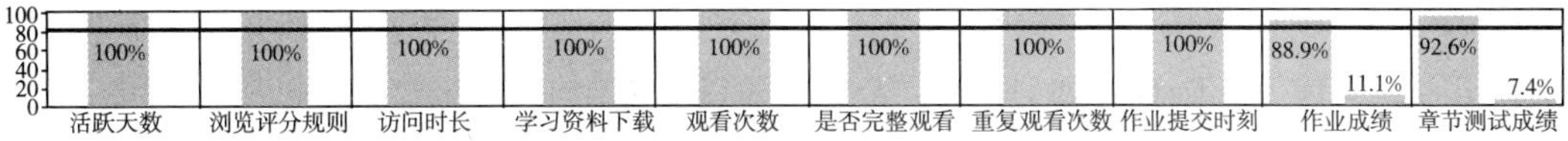

图 3-19　成绩等级较差者各特征相关情况

综上所述，如果浏览评分规则、是否完整观看和作业提交时刻这三个特征都能达到 100% 的优等符合率，其余特征的等级有所浮动，但浮动幅度较小，或者学习者满足最低优等符合率，即学习者有 6 个特征均达到优等，那么其最终等级较好的可能性较大（最终学习效果为 A 或 B 等级）；如果学习者在活跃天数、浏览评分规则、访问时长、学习资源下载、观看次数、是否完整观看、重复观看次数、作业提交时刻这 8 个特征都达到了 100% 的差等符合率，或者学习者满足最低差等符合率，即学习者有 8 个特征均为差等，那么其最终等级较差的可能性较大（最终学习效果为等级 D）。

3.4　认知结构的构建方法研究

学习者拥有的知识多种多样，若构建学习者完整认知结构，数据量会非常庞大。考虑到学习者已有的知识是不同的，而且学习者在学习新知识时，通常以新知识所在学科范围为界限，因此把学习者的认知结构按照学科来划分可以有效降低运算维度，减轻系统负担，提高运行效率。

3.4.1　学科知识结构的形式化定义

学科知识的组织形式通常是有序的多个章节，每个章节由若干知识点构成，知识点是有前后顺序的，是相互关联且相互影响的。本书首先对知识及知识点之间的关系作形式化定义，然后在此基础上度量知识点之间的关联和影响。

认知结构本质上是一种知识的有向图表示形式，其中知识点为图的节点，关系则为有向图的边。本书以有向图的形式表示学习者认知结构中已有知识以及相互关系，并作如下定义：

定义 3.1：元知识点。元知识点就是不能再分割的知识点，如中学物理中的质量、距离、时间等。

定义 3.2：复合知识点。复合知识点是由某些相关知识点构成的知识点，如加速度、能量、动量等。元知识点和复合知识点统称为知识点。

定义 3.3：前导关系。对于学科全体知识点集合 Σ，假定 $t_i \in \Sigma$，$t_j \in \Sigma$，序偶 $<t_i,t_j>$ 表示在学会 t_i 之后才允许学习 t_j。若存在 t_k，使 $<t_i,t_k>$ 与 $<t_k,t_j>$ 同时成立，

则称序偶$<t_i,t_j>$为祖孙前导关系，即$<t_i,t_j>\in R_{GC}$；反之，若不存在t_k使$<t_i,t_k>$与$<t_k,t_j>$同时成立，则称序偶$<t_i,t_j>$为父子前导关系，即$<t_i,t_j>\in R_{PC}$。

定义 3.4： 前导知识点集。若有知识点集$T\subseteq\Sigma$，对于$\forall t_i\in T$，$\exists t_j\in\Sigma$，使$<t_i,t_j>$成立，则称T为t_j的前导知识点集，记为P（t_j）。若$<t_i,t_j>\in R_{PC}$，则称T为t_j的1级前导知识点集，记为$1_P(t_j)$；若$<t_i,t_j>\in R_{GC}$，则称T为t_j的k级前导知识点集，记为k_P（t_j），其中k为t_i和t_j之间的最短路径长度。

定义 3.5： 后继知识点集。若存在集合$T\subseteq\Sigma$，对于$\forall t_j\in T$，$\exists t_i\in\Sigma$，使序偶$<t_i,t_j>$成立，则称T为t_j的后继知识点集，记为S（t_j）。若$<t_i,t_j>\in R_{PC}$，则称T为t_j的1级后继知识点集；若$<t_i,t_j>\in R_{GC}$，则称T为t_j的k级后继知识点集，其中k为t_i和t_j之间的最短路径长度。

定义 3.6： 知识点序列图。知识点序列图是一个有向无环图，$G=$（V,E,R），V和E分别是图中节点和边的集合，R是知识点之间直接关系构成的序列，表示学习的方向和路径。

3.4.2 个性化认知结构的定义

知识点序列图以学科知识结构为内容构建。一方面，学科知识结构是十分稳定的，短时间内不会发生大的变化，这种稳定性对于领域专家构建知识点序列图非常有利；另一方面，学习并不是止步不前的，个人的认知能力也不是一成不变的，因此认知结构需要不断更新。研究者通过在相对稳定的学科知识结构基础上定义知识点，对知识点序列图中节点和节点之间的关系以语义框架的形式表示，可以使认知结构的构建符合个性化学习的要求。

定义 3.7： 个性化认知结构。个性化认知结构（personalized cognitive structure, PCS）是以学科知识点序列图为基础，通过为节点和节点之间的关系设置属性构成的知识框架。这样，学习者的动态变化可以通过各个属性值的实时更新来实现。

节点的语义框架具有以下属性：

第一，节点名称。节点名称通常是学科知识术语或概念名称。

第二，认知层级。按照布卢姆的教育目标分类法，认知领域的目标可分为6个层级，即记忆、理解、应用、分析、综合和评价。通过这种方式对节点进行划分，系统能够明确学习者掌握该知识点应达到的认知层级，由领域专家根据教学大纲的相关要求给出。

第三，习题集。习题集是围绕本知识点并按照认知层级的要求所生成的，可用于练习和测试。

第四，评分标准。评分标准需要对习题集中的各习题给出一个标准答案，包括得分点和分值。

第五，成绩。成绩就是完成习题后的得分情况。随着学习过程的进行，每一次测试的成绩会不断发生变化。

第六，可学习阈值。只有当知识点的前导知识的成绩加权平均值不小于此阈值时才建议学习该知识点，用于指导学习进程。

第七，可通过阈值。只有当知识点测试成绩不小于该阈值时才建议离开本知识点，用于指导学习进程。

节点之间关系的语义框架具有以下两个属性：

第一，关系名称。关系名称用于节点之间关系的简要概括，如熊猫"是一种"哺乳动物，它"吃"竹子等。

第二，影响程度。影响程度是指人们在学习过程中，已有知识的掌握情况对新知识的学习会有多少影响。知识点之间的影响程度如何表示和计算是个性化在线学习系统的重点和难点。

知识点序列图的每一个知识点是节点框架的一个实例，每一个序偶则是关系框架的一个实例。

3.4.3　个性化认知结构节点的分层

学习的过程应符合人们的认知规律，即前后有序、由浅入深、层层推进等。这种规律要求每个节点和其前导知识节点或后继知识节点处于不同的层次，每个节点总是指向其后继节点。个性化认知结构表示的是知识点及知识点之间的关联，本质上是有向无环图。为了使个性化认知结构符合学习过程的有序性，每个知识节点需要分布在合适的层次，这种层次结构信息对知识点之间的影响程度的度量非常重要，因此需要对节点进行分层。[①]

定义 3.8：层次图。令有向无环图 $G=(V,E)$，当且仅当

$$V = L_1 \cup L_2 \cup \cdots \cup L_n \quad \left(L_i \cap L_j = \varnothing, i \neq j\right)$$

对于 $\forall(u,v) \in E$，若 $u \in L_i, v \in L_j$，$i < j$，则图 G 被称为层次图，其中 n 是层次图的高度，宽度则是统计每一层的节点数后取的最大值。

① 陈建新，唐海．有向无环图分层算法研究 [J]. 华中师范大学学报（自然科学版），2008（3）：359-363.

目前广泛应用的有向无环图分层算法包括 LPL（longest path layering）算法、Coffman−Graham 算法以及 NSA（network simplex algorithm）算法。LPL 算法确保了节点分层的最小高度，Coffman−Graham 算法可在给定宽度的约束条件下尽量优化高度，NSA 算法的优化目标是在节点分层时添加最少的辅助节点（亦称哑节点）。

实验原始数据为随机生成的 1 000 幅有向无环图，结果显示三种算法各有优缺点，如表 3−12 所示。

表 3−12　节点分层算法的比较

比较项目	LPL	Coffman−Graham	NSA
高度限制	有	有	无
宽度限制	无	有	无
高度 × 宽度	大	最大	最小
总边长	最大	较大	确保最小
运行时间	最快，线性时间	比 LPL稍慢	近似多项式时间

从运行时间来看，LPL 算法最快，该算法实质上是图的深度优先遍历，保证了线性运行时间，复杂度为 $O(|V|)$。Coffman−Graham 算法的思想是尽量把长边置于底层，其时间复杂度为 $O(|V|)$。NSA 在最坏情况下运行需要指数时间，但是目前尚未证明 NSA 平均运行时间不是多项式时间。在算法效果方面，以增添的哑节点数目以及层次图所占面积为标准，NAS 算法在添加哑节点方面表现最好，如图 3−20 所示。

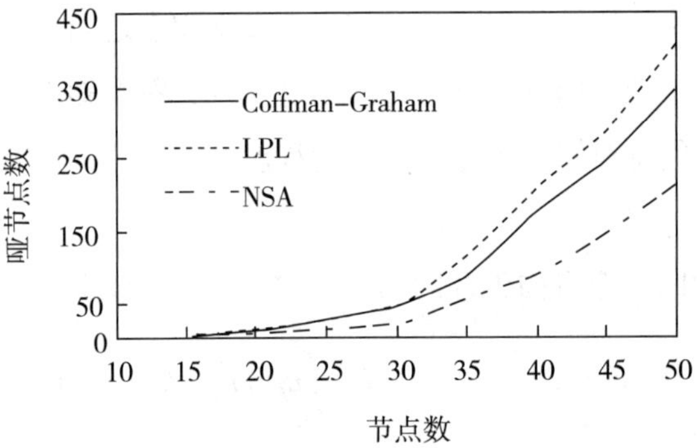

图 3−20　三种算法添加节点数目的比较

三种算法对于分层的高度和宽度乘积的比较如图 3−21 所示，得益于添加了最少的哑节点，尽管对于层次图的高和宽未做明显约束，NAS 算法的表现仍然最好。综合来看，NSA 算法节点分布最为合理，分层效果较好。

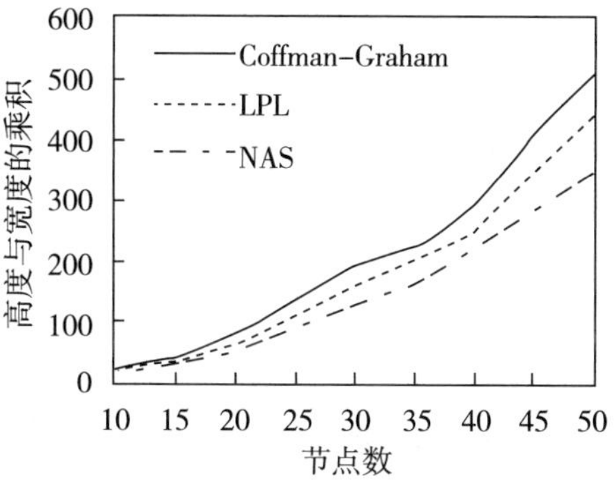

图 3-21　三种算法所得的高度和宽度乘积比较

系统可根据每一次学习者获得的分数实时更新 PCS 数据，并将其以层次图的形式呈现，以便学习者时刻掌握学习进程。图 3-22 是以“生态系统”为主题的 PCS 示例，采用了 NSA 算法进行节点分层。图中节点左上方的数字是学习者完成“习题集”得到的分数，空白节点表示通过测试，阴影节点表示未通过测试。

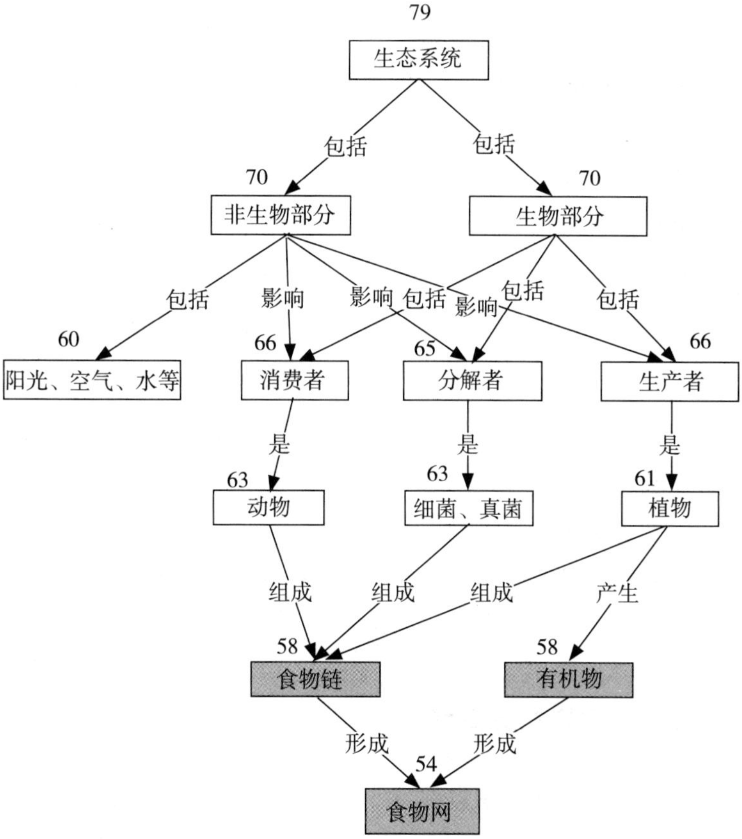

图 3-22　以“生态系统”为主题的 PCS 示例

3.4.4 知识节点的可学习期望

PCS 中的节点可划分为三个互不相交的子集，即已学习节点子集、可学习节点子集、不可学习节点子集。

定义 3.9：已学习节点子集（subset of learnability, SOL），即由个人已掌握的知识点构成的集合。

定义 3.10：可学习节点子集（subset within learnability, SWL），即以学习者当前的认知水平可以学习的知识点构成的集合。按照循序渐进的学习规律，可学习节点是已学习节点的后继。

定义 3.11：不可学习节点子集（subset beyond learnability, SBL），即以学习者当前的认知水平不适合学习的知识点构成的集合。

从以上三个子集的定义可知，个性化学习系统推送的学习目标应在可学习节点子集里。子集划分的依据是个性化认知结构划分的关键所在，为此本书作如下定义。

定义 3.12：可学习期望值，即以学习者当前的认知结构，在正常的学习情况下学会新知识点的可能性的度量。当可学习期望值不小于设定的“可学习阈值”时，则建议进入该知识点学习。

要计算出可学习期望值并实现 PCS 的节点划分，研究者必须考虑已学习知识节点对尚未学习知识的影响程度，这种影响包括两方面因素：一方面是 PCS 中知识节点的层次结构信息，即节点之间的前导和后继关系，通常情况下直接前导节点比间接前导节点的影响大，这部分影响可以参考基于层次的语义相关度的计算方法；另一方面是知识点之间的关联强度，建构主义认为学习过程就是新旧知识间建立各种关联的过程，而每个前导知识点对于同一后继知识点的关联强度是不一样的。例如：“牛顿第二定律”的直接前导知识节点为“加速度”“作用力”和“质量”，如果只考虑层次性信息，那么三者对该定律的学习影响都是一样的；如果按照人们的学习经验，对于“牛顿第二定律”的学习来说，掌握“加速度”这个知识点显然比掌握“质量”更关键，因此前者的关联度更大一些。

3.4.5 知识节点间的影响程度

由 PCS 的定义可知，每个知识点都有“认知层级”这一属性，认知层级从低到高可划分为六个级别。从认知学的角度来看，这些级别对应学习者掌握知识点所要付出的劳动代价，即认知负荷。就个人而言，知识点的认知级别越高，对应的认知负荷就越大。

定义 3.13：认知负荷。知识点 c_i 的认知层级所对应的认知负荷记为 load（c_i），按照节点的“认知层级”从 1 到 6 进行量化表示。例如：“牛顿第二定律”的认知层级设置为“评价”，那么 load(“牛顿第二定律”) = 6；“作用力”的认知层级设置为“应用”，那么 load（“作用力”）= 3。

当人们学习某个新知识点时，前导知识点中认知层级越高的知识点对应的认知负荷越大，那么它和新知识点的关联度就越高。

假设有知识节点 c_j，c_i 是 c_j 的 k 级前导知识点集 k_P（c_j）中的一个元素，那么两节点之间的学习关联度由式（3-18）计算：

$$\mathrm{con}\left(c_i,c_j\right)=\frac{load\left(c_i\right)}{\sum_{n-1}^{k} load\left(n\_P\left(c_j\right)\right)} \tag{3-18}$$

式中：$\sum_{n-1}^{k}\mathrm{load}\left(n\_P\left(c_j\right)\right)$ 是 c_j 的 k 级及 k 级以内的前导知识节点所需的认知劳动总和。下面给出一个计算知识节点之间关联度的示例，如图 3-23 所示。

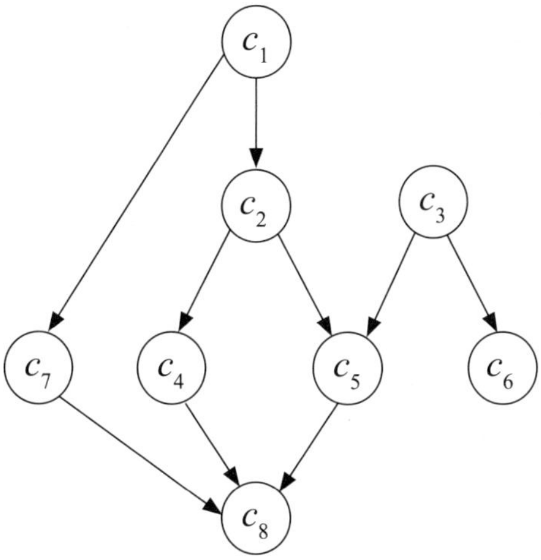

图 3-23　PCS 知识节点之间关联度的计算示例

在图 3-23 中，设节点 c_1 的认知层级为“理解”，c_2、c_3、c_7 的认知层级为“应用”，c_4、c_8 的认知层级为“综合”，c_5、c_6 的认知层级为“分析”。则 PCS 中任意两个节点之间的关联度计算结果可以用如下矩阵表示。

$$
\boldsymbol{M}=\begin{bmatrix}
1 & 1 & 0 & 0.4 & 0.25 & 0 & 1 & 0.1 \\
0 & 1 & 0 & 1 & 0.5 & 0 & 0 & 0.15 \\
0 & 0 & 1 & 0 & 0.5 & 1 & 0 & 0.15 \\
0 & 0 & 0 & 1 & 0 & 0 & 0 & 0.4167 \\
0 & 0 & 0 & 0 & 1 & 0 & 0 & 0.3333 \\
0 & 0 & 0 & 0 & 0 & 1 & 0 & 0 \\
0 & 0 & 0 & 0 & 0 & 0 & 1 & 0.25 \\
0 & 0 & 0 & 0 & 0 & 0 & 0 & 1
\end{bmatrix}
$$

3.4.6 可学习期望的计算

综合考虑知识节点的层次信息和关联度这两方面的因素，任意前导知识节点 c_i 和后继知识节点 c_j 之间的学习影响程度可用式（3-19）计算：

$$
\inf_{\text{pcs}}\left(c_i,c_j\right)=\frac{\left(1+\operatorname{con}(c_i,c_j)\right)\times \operatorname{depth}(\mathrm{DCP})}{\operatorname{depth}(c_i)+\operatorname{depth}(c_j)} \tag{3-19}
$$

式中：$\operatorname{con}(c_i,c_j)$ 为前导知识节点 c_i 和后继知识节点 c_j 之间的学习关联强度；depth（c）是节点 c 在 PCS 中的深度；DCP 为 PCS 中要计算影响程度的两个结点。对于图 3-23 所示的 PCS，其节点之间学习影响程度的矩阵 $\boldsymbol{M}'$ 为：

$$
\boldsymbol{M}'=\begin{bmatrix}
1 & 0.8 & 0.2 & 0.4667 & 0.4167 & 0.1667 & 0.6667 & 0.3143 \\
0.4 & 1 & 0.1667 & 0.8571 & 0.6429 & 0.1429 & 0.2857 & 0.4312 \\
0.2 & 0.1667 & 1 & 0.1429 & 0.6429 & 0.8571 & 0.1429 & 0.4312 \\
0.3333 & 0.4286 & 0.1429 & 1 & 0.375 & 0.125 & 0.25 & 0.6297 \\
0.3333 & 0.4286 & 0.4286 & 0.375 & 1 & 0.375 & 0.25 & 0.5926 \\
0.1667 & 0.1429 & 0.4286 & 0.125 & 0.375 & 1 & 0.125 & 0.1111 \\
0.3333 & 0.2857 & 0.1429 & 0.25 & 0.25 & 0.125 & 1 & 0.5556 \\
0.2857 & 0.375 & 0.375 & 0.4444 & 0.4444 & 0.1111 & 0.4444 & 1
\end{bmatrix}
$$

那么对于新知识点，可用式（3-20）计算可学习知识点：

$$
D_k=\frac{1}{\inf_{k\_\text{num}}}\times\sum_{i=1}^{n}\left(\inf_{\text{pcs}}\left(c_i,c_j\right)\times S_i\right) \tag{3-20}
$$

式中：$\inf_{k\_\text{num}}=\sum_{i=1}^{n}\inf_{\text{pcs}}\left(c_i,c_k\right)$；$n$ 为 c_k 的前导节点数；c_i 为 c_k 的任一前导节点（直接前导或间接前导）；S_i 为学习者通过习题集得到的关于知识点 c_i 的分数。

实验结果如图 3-24 所示，这是以“溶液”为主题的某学习者认知结构，由图可以清晰地看到哪些是已经掌握的知识点、哪些是可学习的新知识点、哪些是不适合学习的新知识点。

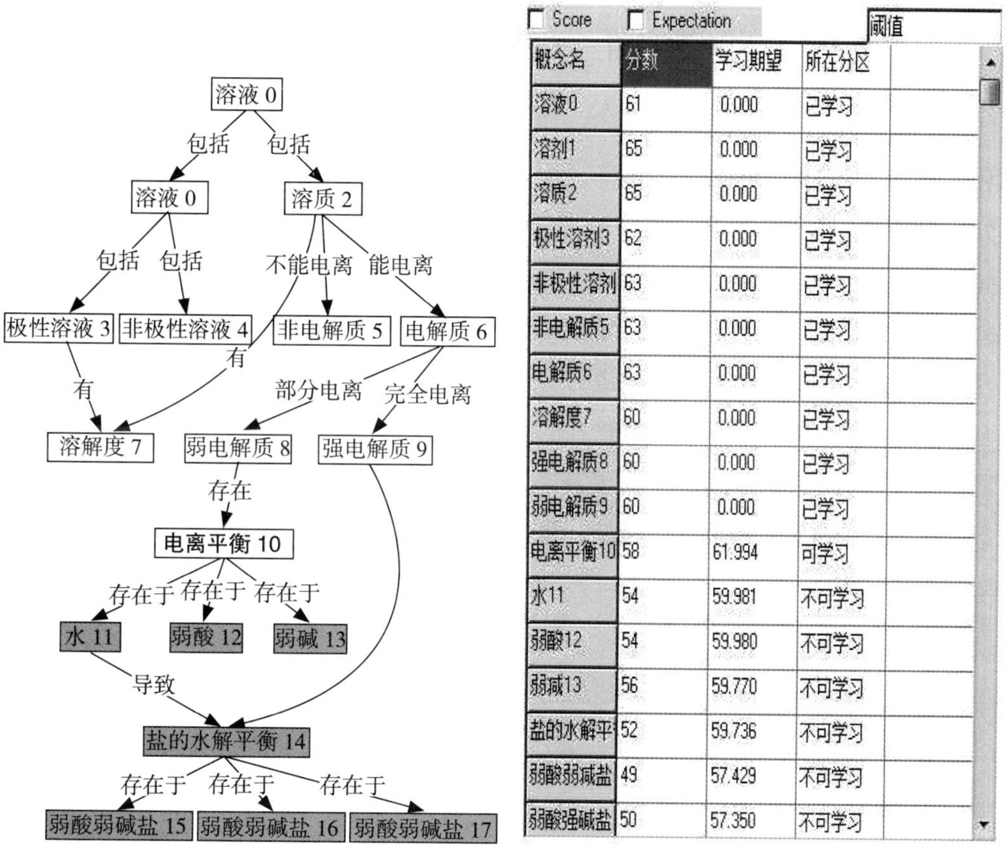

概念名	分数	学习期望	所在分区	
溶液0	61	0.000	已学习	
溶剂1	65	0.000	已学习	
溶质2	65	0.000	已学习	
极性溶剂3	62	0.000	已学习	
非极性溶剂	63	0.000	已学习	
非电解质5	63	0.000	已学习	
电解质6	63	0.000	已学习	
溶解度7	60	0.000	已学习	
强电解质8	60	0.000	已学习	
弱电解质9	60	0.000	已学习	
电离平衡10	58	61.994	可学习	
水11	54	59.981	不可学习	
弱酸12	54	59.980	不可学习	
弱减13	56	59.770	不可学习	
盐的水解平	52	59.736	不可学习	
弱酸弱减盐	49	57.429	不可学习	
弱酸强碱盐	50	57.350	不可学习	

图 3-24　可学习知识的计算示例

3.5　学情预警机制研究

由于学情预警需要对学习者的多方面信息进行分析和判断，因此研究者需要对学情预警做流程化和分块处理。流程化可以使整个预警过程更加规范和标准；而分块处理可以将整个预警过程分解成多个小任务，分配给不同的人员或系统处理，从而提高处理效率。研究者可通过减少人为操作的干扰和错误，来降低预警处理过程中的错误率，实现精准的预警，提高学情预警的效率。本书设计了基于画像的学情预警框架，通过将学情预警流程化，为学情预警提供了清晰的串行指导框架。这一框架首先会进行学生学习情况的画像呈现，可将学生的学习数据以直观的方式展现出来；接着，框架会基于这些画像数据进行深入的学情分析，以识别学生的学习特征和潜在问题；最后，框架会基于学情分析结果进行学情预警，及时发现学生可能面临的学习困难或风险，从而实现基于画像的学情预警。

3.5.1　基于画像的学情预警框架设计

本书基于学习者画像的学情预警，设计了一套具体的预警框架，旨在指导如何有效利用学习者的画像来进行学情预警。首先，研究者需要充分利用学习者的数据进行画像分析和输出。随着学习者的深入学习和时间推移，学习者的数据会不断丰富和变化，因此画像的分析和输出也是一个伴随群体动态变化的过程。在不同的学习阶段，学习者的画像也会不断变化，因此研究者需要及时更新和调整画像分析的方法和指标。然后，研究者需要根据输出的学习者画像进行有针对性的学情分析，总结画像分析出的群体特征，进行学情的归纳和总结。通过这样的学情分析，研究者可以更好地理解学习者的学习特点和潜在问题，为后续的学情预警提供有力的支持。最后，基于学习者画像的学情预警，研究者可以及时调整学习策略，提高学习效果。[①] 基于画像的学情预警框架如图3–25所示。

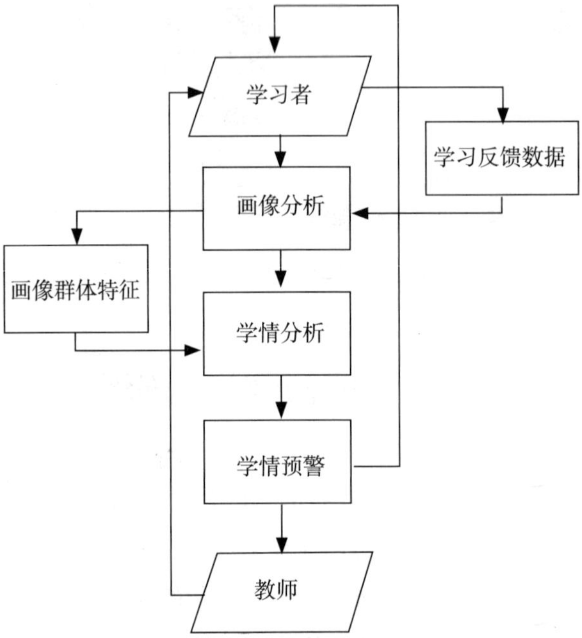

图 3–25　基于画像的学情预警框架

① 沈林豪，唐海，许睿．基于教育数据挖掘的学业表现影响因素研究 [J]. 佳木斯大学学报（自然科学版），2022，40（6）：139-144.

这一框架以学习者为核心服务对象，通过对学习者画像进行构建和分析，得到不同学习者的学习偏好等特点，从而为教育工作者提供更加直观、高效的手段来关注学生的学习状态，为学生提供更有针对性的支持和相应的学情预警策略。在进行在线教育过程中，学习者的状态和行为受时间和社会环境的影响，不断发生变化。因此，学情预警的设计需要具有流动性，能够灵活调整和更新数据，并及时向学习者传达预警信息。为了确保所有学习者都能方便地接收学情预警信息，设计框架必须以学习者为中心，充分利用每个学习者的画像和数据进行分析和预警。为了保证数据分析的准确性和学情预警的动态性，设计框架需要充分利用反馈数据信息进行进一步的学情分析和预警改善。这意味着预警系统需要不断根据学习者的反馈信息进行调整和改进，以确保预警信息的准确性和时效性。在进行学情预警时，研究者需要考虑预警信息的传播载体和呈现方式。大多数学情预警存在于在线教育平台中，因此研究者可以将短信、电子邮件和在线平台的账号消息作为预警信息的传播载体。此外，如果学习者关联了微信和 QQ 账号，预警信息也可以通过社交软件进行通知。预警信息的呈现方式需要简洁直观，以确保学习者易于理解和接受。考虑到在线学习者的年龄、背景和学习能力的差异，预警信息的呈现方式应该通俗易懂，如通过可视化图片和标签来描述学习者的问题所在。这样的呈现方式可以帮助学习者更好地理解自己的学习情况，从而更好地进行调整和改进。

3.5.2　基于画像的学情预警实现方案

本书的研究主要以 MOOC 平台中学习者的底层数据为基础，通过可视化的方式呈现学习者的画像，包括出勤状况、学习时间、交互程度、学习和资源获取偏好以及作业考试成绩五个方面的内容。通过对这些方面的可视化数据进行分析，研究者可以获取关于学习者学情的信息。在此基础上，本书提出了四方面的学情预警，包括学习者的辍课预警、参与度预警、课程和资源选择预警以及学习成绩预警。通过对学情信息进行分析和预警，研究者可以及时发现学习者的问题和困难，为教育者和学习者提供有针对性的帮助和支持，从而促进学习者的学习效果，提升学习体验。预警方案如图 3-26 所示。

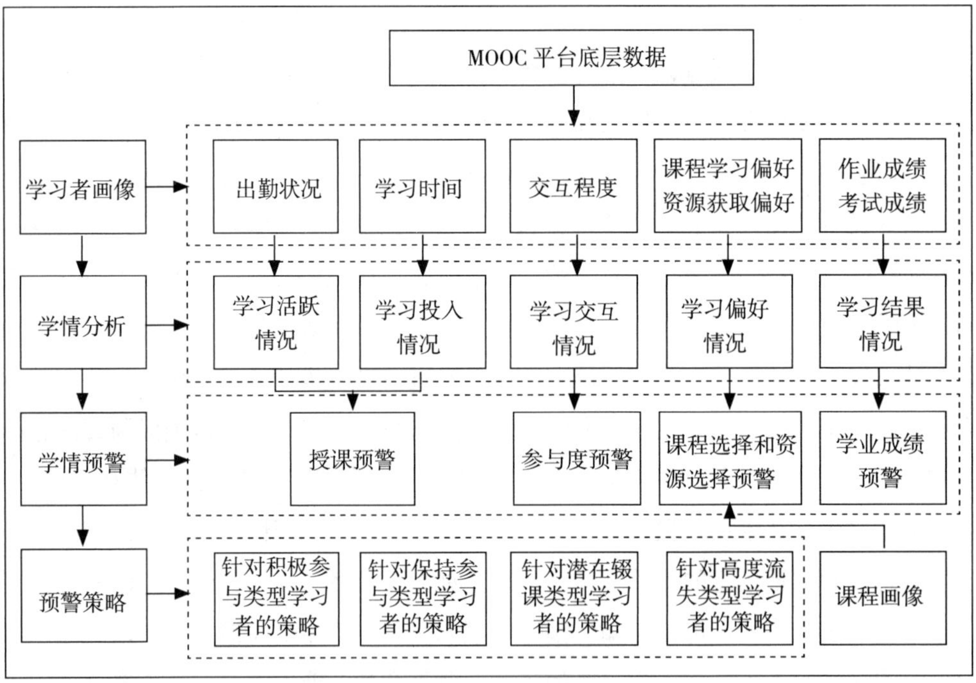

图 3-26　基于画像的学情预警实现方案

1. 基于画像的学情分析

本书的研究主要围绕学习者画像展开，这些画像标签的值反映了学习者群体的特点。通过对这些值进行解释和分析，本书总结了基于画像的学情分析方法。画像分为 5 个维度，每个维度可细分为多个画像标签，这些标签中的值可以反映学习者的学习情况，为学习者的学情分析提供重要参考。基于画像的学情分析主要从五个维度进行归纳：学习活跃情况、学习投入情况、学习交互情况、学习偏好情况和学习结果情况。在统计学习者的出勤状况时，研究者可以利用访问课堂资源次数、提交测试和作业次数等进行分析，以了解学习者在课程学习过程中的活跃程度。在统计学习者的学习时间时，研究者可以利用完成作业和考试的时间、观看课程视频时间等数据，以了解学习者的学习投入情况。通过统计学习者在课程论坛中的帖子交互数量，研究者可以了解学习者的学习交互情况。根据学习者参与课程学习的方式、获取的学习资源、经常访问的论坛等，研究者可以获取学习者的课程学习偏好和资源获取偏好。通过统计学习者的作业成绩和考试成绩，研究者可以了解学习者在学习过程中的作业和考试情况，从而掌握学习者的学习结果情况。

2. 基于学情分析的学情预警

在学习分析领域，学情预警是一项重要的研究方向。目前的学情预警研究主要基于学习者的分类和不同类型学习者的特点，对各类学习者进行预警。一般来说，学情预警主要从两个方面进行：一方面是识别长时间不登录、不出席课堂的容易辍学的学习者，进行预警和干预；另一方面是识别不完成在线作业和测试的学习者，进行预警和干预。本书提出了一种新的学情预警方法，即结合学习者画像进行学情预警，通过对学习者的画像数据进行深入分析，从多个维度找出哪些学习行为影响了学习情况，并进行预警。这种基于学习者画像的学情预警作为一种可视化报警工具，可以在学习有失败风险的情况下进行提醒和监督，帮助教师正确了解学习者的学习状态，从而帮助他们调整自己的学习行为，改善学习效果。通过这种方法，教育者可以更及时地发现学习者的学习困难，以提供更有针对性的学习支持，从根本上解决在线学习过程中的各种负面情况，帮助学习者取得更好的学习成果。这种个性化的学情预警方法有助于提高教学效果，促进学习者的学习动力和积极性。在 MOOC 平台上，学习者留下的数据包含了丰富的学习行为信息，研究者通过对这些数据进行学习者画像的分析，可以深入了解学习者的学习情况。这些数据涵盖了学习者的出勤状况、学习时间分布、与课程的交互程度、课程学习偏好、资源获取偏好、作业成绩、考试成绩等多方面的信息，这些信息对于了解学习者的学习情况、发现教育规律具有重要的价值。基于这些学习者画像信息，研究者可以进行学情分析，将学情分析划分成 5 个维度进行，分别是学习活跃情况、学习投入情况、学习交互情况、学习偏好情况、学习结果情况。根据这 5 类学情，预警机制可以进行 4 方面的预警，包括辍课预警、参与度预警、课程选择和资源选择预警、学业成绩预警。通过对学习者的学习活跃情况和学习投入情况进行分析，研究者可以了解学习者是否放弃课程或者保持参与的情况，从而进行辍课预警。学习者的学习交互情况可以帮助研究者了解学习者在论坛中的参与程度，进而进行参与度预警。学习者的学习偏好情况可以揭示学习者的资源选择和课程学习方式，从而进行课程选择和资源选择预警。学习者的学习结果情况可以帮助进行学业成绩预警，及时发现学习困难并提供支持。具体学情预警维度划分如表 3-13 所示。

表 3-13　学情预警维度

学情分析维度	学情预警
学习活跃情况	辍课预警
学习投入情况	

续 表

学习交互情况	参与度预警
学习偏好情况	课程选择和资源选择预警
学习结果情况	学业成绩预警

3. 生成学情预警策略

学习者画像和课程画像分析是在线学习学情预警策略的重要基础。通过学习者画像的分析，研究者可以了解不同学习者群体的特点，包括学习活跃度、学习偏好、学习交互情况等，为制定个性化的学情预警策略提供重要参考。课程画像反映了学习者所学课程的特点，包括课程难度、学习资源偏好、作业和考试成绩等信息，为学情预警策略提供了补充信息。基于学习者画像和课程画像的分析，学情预警策略将根据学习者群体的特点进行个性化的制定。不同学习者群体可能需要不同的预警策略，因此在不同学习阶段，学习者的画像可能会发生变化，需要不断调整预警策略。这些预警策略将根据学情分析的 5 个维度和学情预警的 4 个维度进行制定，包括辍课预警、参与度预警、学业成绩预警等方面。此外，课程选择和资源选择的预警策略将通过关联规则和序列模型进行课程和学习资源的推荐，以满足学习者的个性化需求。总之，基于学习者画像的在线学习学情预警框架将为教师和学习者提供指导性文件，满足在线学习过程中的个性化学习需求，促进学习效果的提升。这一框架将随着学习者画像的变化而不断调整和优化，以确保预警策略的有效性和实用性。

第 4 章　学习资源建模方法研究

4.1　基于知识图谱的知识表示方法概述

教育始终是社会进步的前提，是国家发展战略的大计。随着社会的发展与科技的进步，中国正在向一个全方位的人工智能时代迈进。智慧教育越来越受到教育界的关注，很多学校开始全面创新教育、教学和学习方式，实现技术对教育的赋能。

学科教育的方式可以为学习者传授不同领域的知识，这些知识的规模巨大，使学习者按照一定顺序进行知识学习成为必然选择。在传统的教学模式中，教师与学习者按照教材章节的顺序进行教学活动，根据各个章节学习目标之间的差异，学科知识体系被划分为若干个部分，但学科知识本质上是一个相互联系的整体。通过构建学科知识图谱，教师可以将庞杂且零散的知识点转化为一个系统化、规范化的知识结构，有助于学习者对于学科知识的理解与掌握；还可通过知识图谱构建学习路径，为学习者提供个性化的学习服务。

学科知识图谱是管理与组织数字教育资源的智能工具，也是教育领域中支持教学活动的重要方式。搭建认知框架是学科知识图谱构建过程的第一步，认知框架由学科知识中的知识点以及知识点之间的关系组成，它采用知识抽取的方法来获得学科资源中的知识点与关系。在认知框架搭建完成后，研究者可通过图数据库对不同标签的数字资源进行组织和管理。学科知识图谱与其他领域知识图谱相比，不仅能够对知识进行有效组织，还能体现学科知识内部的脉络结构。与传统的学科知识组织方式相比，学科知识图谱对学科资源的组织能力更强，并且能在个性化学习中发挥作用。个性化学习的理念是教师针对学习者个体特征不同的情况，运用因材施教的教学方法挖掘学习者的潜力，从而达到帮助学习者提高学习能力的目的。学科知识图谱融合了全面的学科知识点以及对应的知识库，不仅能够在教育数据分析、学科资料整理、学习者画像、学科知识问答系统实现以及学习资源的个性化推荐等方面发挥重要作用，还能促进学习者由简单的知识学习向思维发展进行转变，是促进个性化学习发展的重要手段。

构建学习知识图谱需要从学习资源中抽取知识点与关系，这里的学习资源泛指各类学习活动中所使用的资源，包括习题、教学视频、教学文档、参考文献以及考卷等。随着现代教育技术的发展，在课堂上使用的教学方式也在增加，在保留传统板书的情况下，课堂教学还增加了 PPT 展示、播放教学视频等多种多媒体教学形式。其中，教学视频是使用较为广泛的一类学习资源，与传统面授课程相比，教学视频可以通过反复观看，达到掌握知识的目的。特别是新冠疫情期间，教师与学习者无法进行正常的线下教学活动，各种学习资源由线下学习转移到了远程教育平台，这种线上与线下相结合的方式成为知识传播的媒介。在信息化教学的发展过程中，学习资源的首要形式从课本与试卷等纸质资源逐渐转化为以视频学习资源为代表的多媒体资源。

4.1.1 在线学习资源建模发展现状

随着人们对各类在线资源的需求量日益增多，在线学习资源建模方式也得到了发展。在互联网使用初期，人们并没有专门的模型对在线学习资源进行描述，而是通过使用资源描述框架（resource description framework, RDF）进行替代。资源描述框架是 XML 的一种应用，也是支持结构化元数据编码、交换和重用的基础方式。资源描述框架为需要描述的内容施加了结构约束，提供了表达语义的明确方法，并且能让元数据语义根据使用场景的不同而进行扩充，这也是资源描述框架能进行学习资源描述的原因。

随后，互联网上各种资源的数量出现爆炸性增长，人们却没有对资源标准进行统一，导致在线资源之间的结构显得杂乱无章。此时人们认为，在线资源的秩序应该与线下图书馆馆藏书籍相同，需要一种能够对在线资源进行归纳与整理的方式来解决资源无序的问题。为了方便资源的提供者与网络代理对互联网资源进行描述，人们提出了一个简单的数据元素集 Dublin Core。Dublin Core 中的数据元素根据关系的不同可分为三类：访问点（标题、主题、识别符、作者、其他代理）、便于识别的信息（发布者、日期、对象类型、形式、语言、覆盖范围）和描述对象与其他对象相关联的信息（关系、源）。Dublin Core 的使用规则比较简单，所有元素都是可选与可重复的。Dublin Core 的出现是为了解决文档类资源和文本类学习资源的描述问题，但它没有考虑其他多媒体资源的形式，并且对于资源的描述较为宽泛。

在教育领域，为了协助学习者寻找目标学习资源，人们提出了学习对象元数据（learning object mete-data, LOM）的概念。学习对象元数据是一种描述学习相关技术与教育实体注释的标准，主要内容包括资源的教育、法律以及技术特征的相关信息，并且考虑了资源使用者的文化和语言背景的多样性。通过这种可以让多数人理解的方式对在线学习资源进行描述，学习者之间可以进行更加有效的共享与交流，具体描述内容包括对在线学习资源的概述、资源的生命周期、元数据、技术、教育、权利、关系、注释、分类等 9 个大类和 48 个细则。学习对象元数据对于资源的描述十分全面，然而对于单一类型的在线学习资源，需要进行描述的内容过于庞大，对于非专业人士来说，对 48 项细则进行完善比较困难。

在静态在线学习资源模型日趋完善的情况下，很多研究者开始把目光转向动态的在线学习资源模型。Chenet 等提出了一种情境化的动态泛在学习资源模型，通过根据上下文信息和灵活的内容结构对学习资源进行动态调整，证明了情境化资源能提高学习者的学习成绩和学习效率，在降低学习者认知负荷的同时提高自主学习效率。[①] 余胜泉等针对学习资源大多设计成静态的情况，考虑到将即时、情境、交互、动态的学习资源提供给学习者，提出了泛在学习资源组织和描述框架，描述了学习资源的基本语义属性、情境信息、社会性信息与进化性信息四个方面，为学习资源的有序共建提供了支撑。[②]

对在线学习资源框架进行系统性的理论研究后，人们对于多媒体学习资源的建模研究也逐渐多了起来。对于大数据环境下学习资源存在的描述困难的问题，张吉先等在建设课程学习资源的过程中，提出使用通用类标签描述学习资源模型的通用信息（包括内容标号、内容名称、内容描述与关键字），有助于快速描述学习资源模型，但是描述项目过于精简，对于复杂的多媒体学习资源的区分度存在提升空间。[③] 楚京予以学习资源的难度、功能、形式三个维度对学习资源进行了描述，覆盖了目前主流的学习类、测试类以及辅导类在线学习资源，但模型对于多媒体学习资源的分类，在素材种类层级不再往下细分，对于同类型的多媒体学习资源，描述细节仍有提升的空间。[④]

综合可知，现有的学习资源建模研究工作中对视频类型的学习资源建模研究相对较少，多数模型希望同时适用于所有类型的资源，描述框架通常是大而全。为了明确视

---

① CHEN M，YU Q S，CHIANG K F .A dynamic ubiquitous learning resource model with context and its effects on ubiquitous learning[J].Interactive Learning Environments，2016，25（1）：127-141.

② 余胜泉，王琦，汪凡淙，等 . 泛在学习资源组织和描述框架国际标准研究——暨学习元的国际标准化研究 [J]. 中国远程教育，2021（7）：1-9，76.

③ 张吉先，单永刚，虞江锋，等 . 大数据环境下学习资源元模型的研究与应用 [J]. 中国电化教育，2015，344（9）：71-76.

④ 楚京予，余本功，牛锋 . MOOC 平台下课程资源的组织模型及表示方案研究 [J]. 电化教育研究，2015，36（11）：69-74.

频类学习资源相比于其他形式资源的优势，并对其进行有效利用，我们可以根据视频类学习资源的特点进行小而精的建模工作。

4.1.2 学科知识图谱研究现状

知识图谱作为一种描述知识之间结构的语义网络，最早于2012年由谷歌公司提出，随后被广泛应用于教育、医疗、政务、商业、文化、历史以及网络搜索和智能推荐领域，用来描述实体与实体之间的关系。

知识图谱是图状的且具有关联性的知识集合，通常被用来泛指大规模的知识库。知识图谱中的顶点指的是实体或者概念，连接这些顶点的边代表实体与实体或概念与概念之间的关系，比较有代表性的大型知识图谱如表4-1所示。

表4-1 大型知识图谱简介

知识图谱	实体数 / 万	关系数 / 万	描述语言 / 种
Yago	460	2 400	10
Freebase	6 800	100 000	—
DBpedia	2 800	—	127
Wikidata	2 500	7 000	350
ConceptNet	390	2 800	304
BableNet	1 400	—	271
Google	50 000	250 000	—

知识图谱的典型应用就是互联网的搜索引擎，通过信息检索，人们可以方便、快速地获取信息和知识。搜索引擎不仅能够基于相关规则给用户返回单调的网页，还能够反馈与搜索相关的信息。知识图谱由于可以直观地展示概念与概念之间的关系，因此可以用来展示学科教育中课程的知识结构与知识脉络等信息。早期知识图谱的规模较小，随着信息技术与知识工程的不断发展，知识图谱的应用也越来越多。

在教育领域，知识图谱可用来描述知识点与知识点之间的关系。研究者将相同学科领域的所有知识点以及知识点之间的关系进行连接，就形成了学科知识图谱。在学科知识图谱中，节点既可以是知识点的概念形式，也可以是知识点对应的教材、视频以及考题等实体，节点为学科所包含的各类数据资源提供了有效的组织形式。节点之间通过关系进行连接，关系的类型分为两大类，包括知识点与知识点之间的关系以及数据实体与知识点之间的关系。

在教育领域，近年来已经有许多关于学科知识图谱构建的研究。彭文辉通过分析学科课程，对学习者的作答记录与教材文本内容之间概念的关系进行了研究，提出了一种无监督算法来构建学科知识图谱。①Yang 和 Cai 通过大学课程中知识点的先后关系，利用数据驱动方式对学科知识图谱进行了研究。②Chaplot 等运用自然语言处理技术中的命名实体识别技术，对学习资源进行知识点的抽取，并利用关联规则，对知识点之间的关系进行了挖掘并识别出决定关系的先决条件。③Chen 等利用现有的通用知识图谱作为学科知识图谱数据来源的补充，对知识点之间的关系进行了判断，并以此构建了学科知识图谱。④Chen 等从多视图以及可视化的角度对医学学科知识图谱进行了构建，将传统医学知识用人工智能的方式进行了知识点与关系的抽取，构建出的学科知识图谱为学习者学习与应用医学知识作出了重要贡献。⑤ 学科知识图谱不仅能为学习者提供当前学习的知识结构，还能为个性化学习系统的构建奠定基础。

个性化学习是根据学习者个体情况的不同，在结合教学目标与学习者实际情况的条件下，为学习者提供的针对性学习方式。对于个性化学习来说，学科知识图谱可以支持数字化资源库的建设。伴随着知识图谱研究工作的持续开展，许多学习资源以知识点和关系的形式被存储在知识图谱中，不同的学习者只需从中挑选合适的部分即可。在个性化学习中，教学观念也从传统的以教师为中心转变成以学习者为中心，构建适用于学习者的学科知识图谱模型能巩固以学习者为中心的地位。学科知识图谱能协助学习者完成对知识学习的更新，提升学习者的思维能力，在个性化学习体系中达到终身学习的目的。

与通用知识图谱相比，学科知识图谱是对特定学科知识内容的概括与展示。构建高质量的学科知识图谱需要提高各个流程的构建效率与准确度：首先是学科知识图谱的模式层构建，研究者需要在概念层面上抽象出知识之间的结构关系，描述概念之间的层次体系，构建的方法按照人工参与程度可以分为手工构建、自动构建以及半自动构建，其中半自动构建方式是以计算机为主、学科专家干预为辅的一种应用较为广泛的构建方

---

① 彭文辉 . 网络学习行为分析及建模 [D]. 武汉：华中师范大学，2012.

② YANG SHUANG，CAI XUESONG. Bilateral knowledge graph enhanced online course recommendation[J]. Information Systems，2022，107：102000.

③ CHAPLOT D S，YANG Y，CARBONELL J G，et al. Data-driven Automated Induction of Prerequisite Structure Graphs[C]// The 9th International Conference on Educational Data Mining（EDM 2016），2016.

④ CHEN L，YE J，WU Z，et al. Recovering concept prerequisite relations from university course dependencies[C]//AAAI’17：Thirty-First AAAI Conference on Artificial Intelligence，2017：4786-4791.

⑤ CHEN P，YU L，ZHENG V W，et al. An automatic knowledge graph construction system for K-12 education[C]// Proceedings of the Fifth Annual ACM Conference on Learning at Scale. ACM，2018.

法；然后是学科知识点与关系的抽取，面对早期的非结构化数据，研究者通常采用以专家为主的手工构建规则进行抽取的方式，但是效率很低。随着人工智能技术的发展，特别是卷积神经网络与循环神经网络的出现，使非结构化数据的学科知识抽取效率得到了极大提升。

4.1.3 知识图谱构建方法

专家参与和人工整理是知识图谱构建的早期方法，主要用来构建通用知识图谱。近年来，随着网络资源的丰富，人们对领域内的专业信息需求也越来越急切，对多种数据源采用知识抽取的方式构建多种类型知识图谱的方法被广泛应用。图 4-1 给出了基于知识抽取的知识图谱构建技术架构。

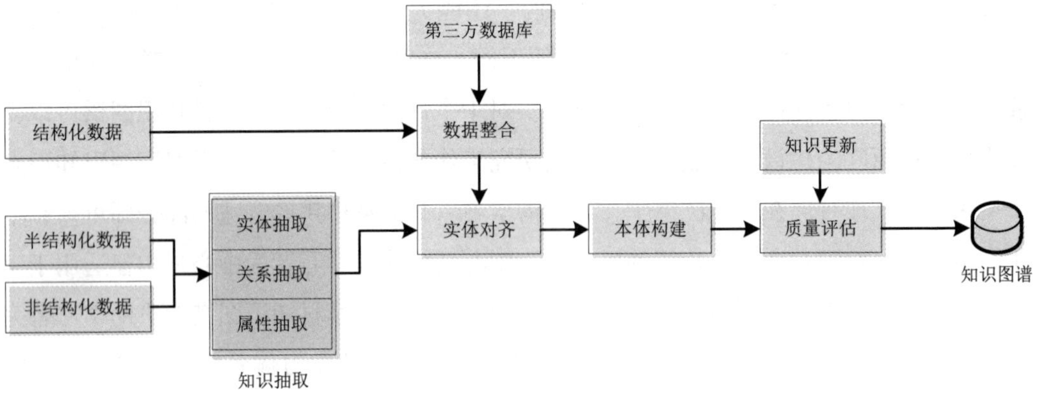

图 4-1 知识图谱构建技术架构

知识抽取指将目标信息（也可称为知识）从不同来源与不同结构的数据源中抽取出来的过程。知识抽取是构建一个合格的知识图谱十分重要的环节，知识抽取结果的好坏也是对知识图谱质量评估的重要标准之一。对于结构化数据（如使用关系型数据库表示和存储的知识），研究者可以直接进行数据整合；对于 HTML 文档、文本类和视频类等半结构化和非结构化数据，研究者则需要利用实体抽取、关系抽取等自然语言处理技术来完成知识抽取的任务。

知识图谱的构建方式依据获取数据以及处理数据的方式的不同，可以分为自顶向下和自底向上两种方式。自顶向下的方式是从最顶层的本体开始构建，基于相关领域的概念构建领域本体，并用相关概念和关系对本体进行补充，以概念层次树形结构对知识图谱进行框架的搭建，后续对数据层面进行完善。自底向上则是从数据入手，从数据中获取实体、属性以及关系等关键信息，再将相关的知识进行归纳组织，抽象成概念，完成数据到本体的构建过程。自顶向下的方式相比于自底向上，需要有领域内的专家进行指导，知识图谱结构完整，但是构建知识图谱的速度比较慢，会耗费较高的时间成本。而自底向上构建知识图谱的速度快，适用于数据量大且不需要非常专业的知识，但是准确性较低，需要根据实际情况选择知识图谱的构建方式。表 4–2 对知识图谱分类、构建和应用之间的关系进行了介绍。

表 4–2　知识图谱构建及应用关系

知识图谱分类	构建方法	构建技术	应用领域
通用知识图谱	自底向上	自动化构建技术	开放领域、网络搜索与智能推荐
领域知识图谱	自顶向下	人工整理、 基于机器学习、 基于深度学习	教育、医疗、政务、商业、金融、文化、历史等

4.1.4　知识点抽取

知识点抽取即学科知识图谱构建过程中的概念抽取，也称为实体抽取、命名实体识别（named entity recognition, NER）。知识点抽取的目的是从数据源中将所包含的课程知识点作为抽取对象，将其进行抽取并进行汇总排序。知识点抽取是构建学科知识图谱的第一步，也是研究学科知识图谱不能忽略的重要步骤。从文本数据中提取知识点时，研究者需要对知识点进行识别和定位。

与其他领域的知识图谱不同，学科知识图谱中的顶点是概念性质的知识点，不需要对知识点进行进一步的类型划分。例如：给定一则新闻“北京时间 3 月 22 日，骑士以 115 ∶ 109 击败篮网”，我们在对此信息进行实体抽取时，新闻中的“北京”“3 月 22 日”“骑士”以及“篮网”都是需要抽取的目标信息，其中“北京”是地点类型实体，“3 月 22 日”是时间类型的实体，“骑士”以及“篮网”是球队类型实体；而在学科知识领域，对于某一知识点“常见的数据结构包括集合、线性结构、树以及图”，研究者在对其进行抽取时，“数据结构”“集合”“线性结构”“树”“图”都属于知识点，不需要进一步分类。

知识点抽取作为构建学科知识图谱过程中的一个重要部分，针对此方向的研究非常多并且已经取得了不少研究成果。按照抽取方式，研究者可以将知识点抽取分成三类：基于规则抽取、基于模型抽取以及基于深度学习方法抽取。

1. 基于规则抽取

在自然语言处理任务早期，由于硬件方面的限制，研究者大多使用基于规则的方法抽取知识点。通过领域专家提出的抽取知识点的规则，研究者可对文本进行遍历，选择符合知识点匹配规则的字段，得到知识点的集合。基于规则的抽取方式对于数据量较小的文本数据较为适用，但随着大数据时代的到来，各类学习资源的数据量也变得巨大，该方法不适合处理大规模的数据集。

2. 基于模型抽取

为了应对大规模数据集的抽取任务，一些专家学者提出利用统计学数学模型的方式对知识点进行抽取。具体做法是对需要进行抽取任务的文本进行标注，对知识点进行打标签。模型在读取文本语料时会一并读入标签数据，并对未标记的文本进行标签的预测。该方法需要大量的标注数据集，并且预测标签与已标记的标签之间需要存在强相关的关系。

3. 基于深度学习方法抽取

随着深度学习在自然语言处理领域应用的进一步加深，深度学习领域中的多种模型与算法也被用于知识点抽取任务。具体做法是将需要执行知识点抽取任务的原始文本转化为以词为单位的词向量，再通过神经网络模型在所有的词向量中识别知识点。

4.1.5 关系抽取

关系抽取的目的是在知识点抽取的基础上，获取文本数据中所有知识点之间的关系。按照抽取方式的不同，关系抽取可以分为基于规则抽取、基于监督学习的方法抽取、基于弱监督学习的方法抽取。

1. 基于规则抽取

在关系抽取的早期研究阶段，抽取方式主要通过领域专家对知识点间的结构进行分析，并制定知识点之间的关系匹配规则，根据这些匹配规则进行手工匹配或自动化的匹配，实现关系的抽取。这种方法由于需要具备专业领域的知识储备，并且针对不同领域的文本数据需要制定新的匹配规则，因此可移植性不强，不适用于多领域与大数据背景下的关系抽取。

2. 基于监督学习的方法抽取

监督学习的方法需要对文本数据进行预先标注，在已有文本数据知识点标准的情况下，对知识点之间的关系进行二次标注，通常可以解决知识点与关系的联合抽取问题。基于监督学习方式的模型可通过将抽取问题转化为分类问题，对不同类型的关系标签进行分类。常见的抽取步骤包括获取原始数据、处理原始数据、数据标注、定义关系类型、选择监督学习模型、模型训练、模型抽取、模型评估。

3. 基于弱监督学习的方法抽取

弱监督学习方法是在监督学习方法的基础上，降低模型对于训练数据的依赖而提出的新方式。通常训练数据量越大，模型对于关系类型的分类识别越精确，但是标注数据需要大量的人力与时间，自动化标注也不能保证标注的可靠性，所以使用较少的训练数据对模型进行训练成为关系抽取方式的研究方向。弱监督模型可以在使用高质量的小数据集作为训练数据的情况下，挖掘数据关系，降低对语料规模的依赖，让模型进行关系抽取的任务。

4.2　学习资源构建标准研究

4.2.1　层次分析法

为了解决日常生活中经常会遇到的决策问题，美国运筹学家 Saaty 教授提出了层次分析法（analytic hierarchy process, AHP），通过分析问题的影响因素，将影响因素按照一定顺序列出，再按照一定的逻辑顺序进行分组，最后分析影响因素之间的内在关联，形成递阶层次结构。同一层级结构可使用两两比较的方式决定每个因素相对于另一因素的重要程度。层次分析法是一种定量与定性相结合的方式，它通过模拟人的分解、综合判断等思维过程，可对各个因素进行评价并加以量化，最后计算得到各因素的重要程度，提高决策的有效性与可靠性。目前，层次分析法已在多个领域得到了应用。

层次分析法的基本方法可分为以下四个步骤：

第一，对问题的影响因素进行分析，按照因素间的逻辑结构建立阶梯层级结构。

第二，对处于同一层级的因素进行两两比较，得到相对重要程度，并构建判断矩阵。

第三，计算元素相对权重。

第四，对各层次元素的权重进行系统合并，按照影响程度的大小对元素进行排序，并进行一致性检验。

1. 建立递阶层次结构模型

在使用层次分析法解决实际问题时，研究者首先需要对问题进行分析，将问题依照一定的准则进行细分，使之变得有条理，并根据这种方式构造具有内部逻辑关系的层级结构模型。复杂的实际问题经层次模型可被划分为一个需要实现的目标以及多个实现目标的方案，我们可以称之为元素，这些元素又可以根据自身的特性进一步分组。处于同一层级的元素会受到上层元素的影响，同时对下层元素起到支配作用。按照元素的类型，元素所处的层级可分为以下三类：

（1）目标层。目标层也可以称为最高层，一般情况下只包含一个元素，代表整个解决办法的预期结果或需要达到的目标。目标层通常与实际问题相结合，提出需要解决的子目标，子目标则可以细化进入准则层。

（2）准则层。准则层也可以称为中间层，包含若干个元素，代表实现目标层所需要受到的约束条件或者中间环节。准则层可由若干个子准则层组成，子准则层间同时存在层级关系。

（3）方案层。方案层也可以称为最底层，通常用来描述受到准则层约束的影响因素、问题的解决方案等。

典型的递阶层次结构如图 4–2 所示。

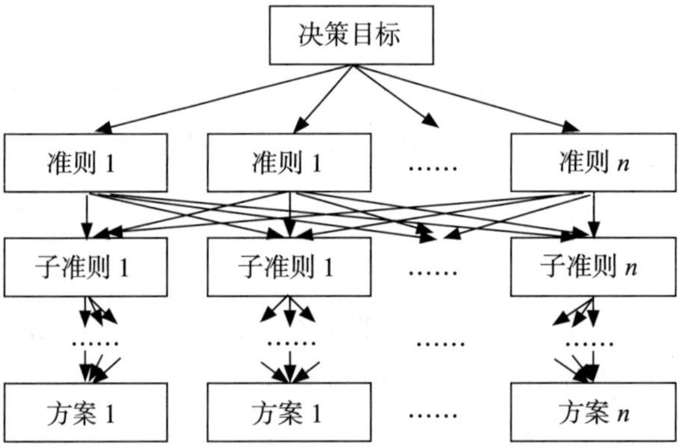

图 4–2　递阶层次结构图

在递阶层级结构中，研究者需要对决策目标进行细化，列出对决策目标有限制作用的不同准则，以及不同准则之间对应的不同方案。一般来说，列出的准则和方案数量越多，对决策目标的描述就越精准。但从数学计算的角度分析，元素过多会导致在判断相对重要程度时，计算量呈几何倍数增长，不利于寻找重要程度高的元素。因此，各层次所包含的元素不要超过 9 个。在模型构建过程中，决策目标与解决方案是必须要有的，准则可以根据实际情况进行忽略。

构建一个合理且高效的递阶层次模型需要对实际问题进行深入分析，把握主要影响因素，舍去可以忽略的“噪声”因素。

2. 比较元素之间的重要程度，构造判断矩阵

各元素在准则层与方案层中的权重占比是不均等的，需要按照一定的主观看法，对元素进行两两比较。具体做法是使用数字 1 ～ 9 对元素的重要程度进行打分（具体的评判标准见表 4–3），并根据打分结果定义判断矩阵 $\boldsymbol{A}=(a_{ij})_{n\times n}$。

通常情况下打分过程由相关领域专家参与，在对问题进行深入研究与了解后，根据自身的经验，公正客观地对各元素进行比较打分。

表 4–3　判断矩阵标度及含义

标度	含义
1	表示两个因素相比，具有相同重要性
3	表示两个因素相比，前者比后者稍微重要
5	表示两个因素相比，前者比后者明显重要
7	表示两个因素相比，前者比后者强烈重要
9	表示两个因素相比，前者比后者极端重要
2，4，6，8	表示上述相邻判断的中间值
倒数	若元素 i 与元素 j 的重要性之比为 a_{ij}，则元素 j 与元素 i 的重要性之比 $a_{ji}=1/a_{ij}$

3. 权重向量计算

根据判断矩阵 $\boldsymbol{A}$，研究者可以计算出各元素的权重向量 $\boldsymbol{W}$，计算方法有方根法、算术平均法、特征向量法与最小二乘法四种，具体计算公式如下：

（1）方根法。

$$\boldsymbol{W}_i=\frac{\left(\prod_{j=1}^{n}a_{ij}\right)^{\frac{1}{n}}}{\sum_{i=1}^{n}\left(\prod_{j=1}^{n}a_{ij}\right)^{\frac{1}{n}}} \tag{4–1}$$

计算步骤如下：

第一，$\boldsymbol{A}$ 中的元素按行相乘得到新向量。

第二，将新向量的每个分量开 n 次方。

第三，将所得向量归一化，得到权重向量。

（2）算术平均法。

$$\boldsymbol{W}_i=\frac{1}{n}\sum_{j=1}^{n}\frac{a_{ij}}{\sum_{k=1}^{n}a_{kj}} \tag{4-2}$$

计算步骤如下：

第一步，$\boldsymbol{A}$ 中的元素按列归一化。

第二步，将归一化后的各列相加。

第三步，将相加后的向量除以 n 即可得到权重向量。

（3）特征向量法。将权重向量 $\boldsymbol{W}$ 右乘判断矩阵 $\boldsymbol{A}$，有

$$\boldsymbol{AW}=\lambda_{\max}\boldsymbol{W} \tag{4-3}$$

式中：$\lambda_{\max}$ 为判断矩阵的最大特征值，存在且唯一；$\boldsymbol{W}$ 的分量均为正分量。最后将求得的权重向量做归一化处理。

（4）最小二乘法。用拟合的方法确定权重向量，使残差平方和最小，建立并求解如下模型：

$$\begin{cases}\min Z=\sum_{i=1}^{n}\sum_{j=1}^{n}\left(a_{ij}w_j-w_i\right)^2\\ \text{s.t.}\ \sum_{i=1}^{n}w_i=1\end{cases} \tag{4-4}$$

4. 一致性检验

在构造矩阵的过程中，研究者需要以一致性作为评判矩阵优劣的标准。由于人的主观认识具有多样性，对客观事物的认知也会在一定程度上受到个体差异的影响。构建判断矩阵时，矩阵中所含有的影响因素权重计算必须符合主观与客观判断，这也是计算权重排序的依据。权重向量的四种计算方法都是近似算法，可以较为精确地得到向量数值，但当判断矩阵的一致性存在较大差异时，计算结果就存在误差较大的可能性，因此研究者必须对运算结果进行一致性检验。具体步骤如下：

（1）计算一致性检验指标 CI。

$$\mathrm{CI}=\frac{\lambda_{\max}-n}{n-1} \tag{4-5}$$

（2）查找对应的平均随机一致性指标 RI。平均随机一致性指标如表 4–4 所示。

表 4–4　平均随机一致性指标

n	1	2	3	4	5	6	7	8	9
RI	0	0	0.52	0.89	1.12	1.25	1.36	1.41	1.46

（3）计算一致性比例 CR。

$$\mathrm{CR}=\frac{\mathrm{CI}}{\mathrm{RI}} \tag{4-6}$$

当 CR<0.10 时，认为判断矩阵的一致性是可以接受的；否则判断矩阵不具有一致性，需要进行适当修订。

4.2.2　当前学习资源模型

学习资源模型描述了学习资源的组织架构信息，学习者可通过学习资源模型所包含的内容，快速定位自身关注的信息，以达到获取合适学习资源的目的。目前使用较为广泛的学习资源模型包括 LOM、CELTS–3 以及泛在学习资源组织和描述框架等。

1. LOM

LOM 标准所包含的元素及其定义如表 4–5 所示。

表 4–5　LOM 标准所包含的元素及其定义

元素	定义
通用	提供了标题、简短的文本描述、关键字、语言等学习资源通用信息
生存期	学习资源的状态以及对学习资源作出贡献的人或组织
元数据	元数据本身的信息
技术	学习资源的技术要求和相关特征
教育	学习资源在教育和教学方面的主要特征

续　表

元素	定义
权利	学习资源的知识产权以及使用条件
关系	描述学习资源和其他学习资源的关系
评注	学习资源在教学使用方面受到的评价
分类	学习资源在某一分类系统中所处的位置

LOM 标准从教师的角度出发，以整理各种各样基于网络的课程讲解材料与音频图像等资料为目的，提出根据学习资源的相关特征构建元数据数据库的方式，从教育、法律、技术特征等角度对学习资源进行注释与描述，便于教师更快地找到学习资源。LOM 标准共包含 9 个大项与 48 个小项，对于各种类型的学习资源进行了系统且全面的描述。但对于非计算机专业的教育工作者来说，他们无法对学习资源进行如此详尽的描述。

2. CELTS-3

CELTS–3 标准在 LOM 标准的基础上，将包含的元素进一步细分为必选数据元素与可选数据元素，同时将必选元素和集合定义为核心集，核心集能支持任何基于 LOM 标准框架下发开的应用程序。CELTS–3 的元素与定义如表 4–6 所示。

表 4–6　CELTS–3 的元素及定义

元素	定义
名称	数据元素的名称
解释	数据元素的定义
属性	对数据元素属性的描述，包括必选和可选元素
大小	数据元素允许的取值个数
顺序	值的排列顺序是否有意义
取值范围	数据元素所能取的值的集合
数据类型	不同值的集合
例子	用于解释说明的例子

CELTS-3 提出了基于数据元素的核心集，从语法和语义的角度出发构成了一个学习资源概念上的数据模型，并规定了各个数据元素的属性。CELTS-3 对于通用场景下的学习资源能做到较好的适配，但针对一些特定的数据类型（如文本、音频、视频等特定的多媒体资源），学习者难以从中快速定位自身所需。

3. 泛在学习资源组织和描述框架

与 LOM 和 CELTS-3 从教师角度出发不同，泛在学习资源组织和描述框架是从学习者角度出发的，考虑学习资源模型构建过程中的应用情境，为学习者提供适应性学习支持。此框架对于学习资源的内容描述包括以下四个方面：基本语义属性、情境属性、社会属性与进化属性。此框架仅考虑学习资源自身的属性，不考虑学习资源与学习者的交互以及学习平台的应用场景。从基本语义属性角度对此框架展开研究，其基本语义信息描述如图 4-3 所示。

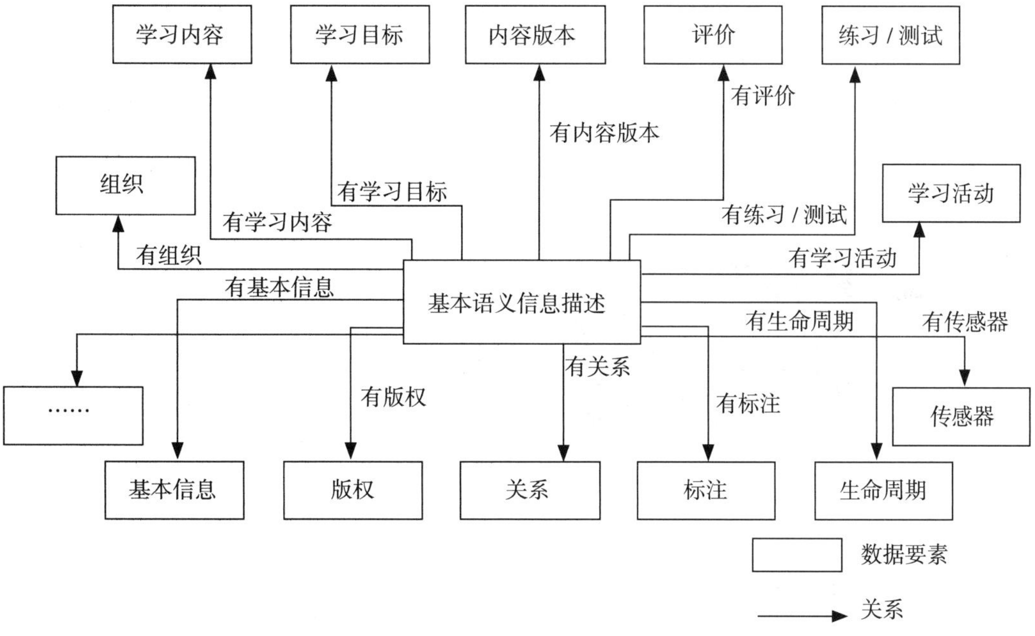

图 4-3　基本语义信息描述

4.2.3　视频学习资源模型

随着学习者对学习的需求日益增加，各类视频学习资源的数量也呈现井喷之势，但是由于视频学习资源数量过多，视频的质量也是参差不齐，容易使学习者陷入一种“知识迷航”的状态。为了解决“知识迷航”的问题，方便学习者对视频学习资源进行方便快捷的查找、管理和使用，达到资源有效利用的目的，建立一个合适的视频学习资源模型是十分重要的步骤。

当前常见的视频学习资源可分为两类：一类是已加工视频学习资源，此类视频的特点是经过了精心编排，需要讲授的课程依据大纲被划分为若干个小节，教师需要为每一小节的授课内容录制讲课视频，并配上字幕文件与幻灯片展示，视频内容紧凑，时长从几分钟到几十分钟不等，比较有代表性的有中国大学 MOOC、学堂在线、Coursera、Udacity、edX 等；另一类是未加工视频学习资源，此类视频的特点是将传统的面对面授课场景转移到线上，通过直播或录播的方式向学习者传授知识，此类资源通常没有字幕文件，时长通常在半个小时以上，如疫情防控期间的网课。

视频学习资源并没有专门的描述框架，一般使用通用学习资源模型进行描述。发布学习资源的平台也会根据自身特点，对视频学习资源的信息进行展示。例如：中国大学 MOOC 对视频学习资源的描述如图 4–4 所示，其中包含了视频名称、是否属于国家精品课程、开课次数、开课时间、学时安排、当前进度、参加人数、课程详情、课程评价、课程概述、发布视频单位以及授课教师等维度，对当前的视频学习资源进行了描述。但这种描述框架对于未加工视频学习资源来说，无法提供如此全面的信息。因此，研究者需要一种从视频本身出发、简洁精炼的视频学习资源模型，既能为教师减轻负担，又能为学习者提供所需的关键信息。

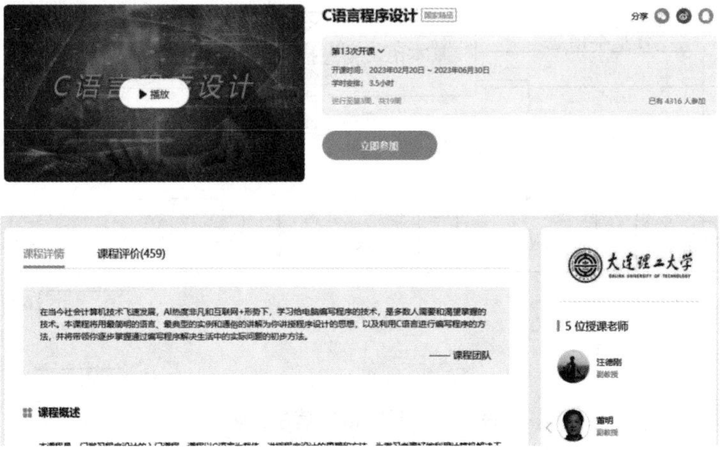

图 4–4　中国大学 MOOC 视频资源描述界面

1. 构建视频学习资源模型

本书考虑到视频资源与其他学习资源的差异性，结合现有通用学习资源模型与视频资源的特点，提出的视频学习资源模型元素及定义如表 4–7 所示。

表 4–7　视频学习资源模型元素及定义

元素	定义
标题	视频学习资源的文件名
时长	单个视频学习资源文件播放完毕需要的时间
作者	视频学习资源发布者的姓名与所属单位
评价	视频学习资源在使用过程中受到的评价
关键字	视频学习资源所包含的知识点
版本信息	视频学习资源上传或更新的时间

为了向教师以及学习者展示最简洁的视频学习资源模型，本书从通用学习资源模型中选择标题、作者、评价、关键字与版本信息元素，结合视频特有的时长元素，构成了视频学习资源模型。

标题是描述视频资源的文件名，由教师提供，在线学习平台在使用此模型时，可生成由字符串随机构成的唯一标识符，避免由于标题重复导致的错误，标识符无须向教师或学习者进行展示；时长是视频文件正常播放完毕所需的时间，由程序自动获取；作者是视频发布者的姓名与所属单位，由教师提供；评价是视频学习资源在使用过程中受到的评价，由学习者提供，可作为其他学习者进行选择的参考；关键字是视频资源所包含的知识点，由程序自动获取，便于学习者在学习前判断资源是否符合需求；版本信息是视频上传或更新的时间，由程序自动获取，便于学习者寻找最新的视频学习资源。视频学习资源模型要素示意图如图 4–5 所示。

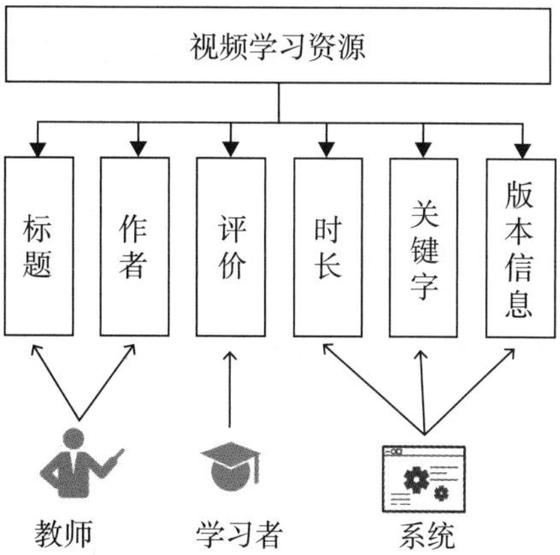

图 4–5　视频学习资源模型要素示意图

2. 模型内各元素的定量评价

个性化学习推荐系统是学习资源模型的应用场景之一，该系统可根据学习者的风格特点，为学习者提供特定的学习资源以及学习路径。制定个性化方案的依据通常是学习者的学习风格、学习行为等数据，而很少考虑学习资源的特点，一方面是因为关于学习者的研究较为成熟，人们对学习风格模型以及学习行为的量化有较为深入的研究，可以为系统建设提供数据支持；另一方面是因为当前学习资源没有统一的量化标准，难以进行数值化分析。

当前的各类学习资源模型都以描述性定义为主，即从各个维度描述该资源的信息，从定性的角度出发对学习资源本身进行评价，通过解释性的语言为学习者提供参考。对学习资源模型中的元素进行量化分析，并按照重要程度进行选择，可以为学习者提供按照一定规则排序的学习资源，而不需要采集学习者的行为数据，能够解决当学习者数据样本不足时，推荐模型冷启动的问题。

评估学习资源模型中各元素的重要程度属于主观问题。将主观问题进行量化，使用得比较广泛的方法是层次分析法。本书将视频学习资源模型中元素重要性分析作为层次分析法模型中的目标层，各个元素作为模型中的方案层，构成的模型如图 4–6 所示。

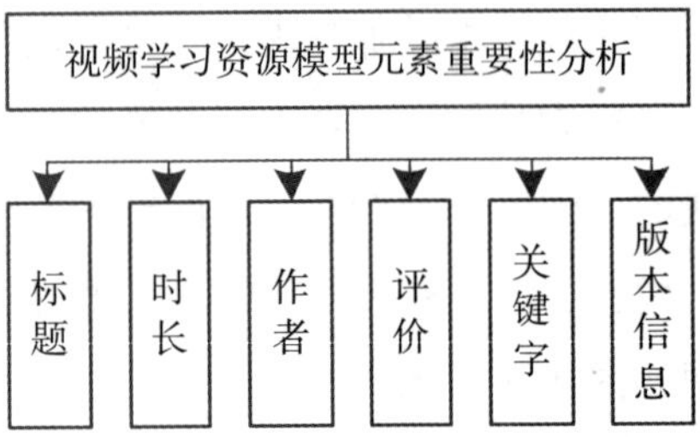

图 4–6　视频学习资源模型元素重要性分析结构图

对于视频学习资源模型的元素重要性决策问题，决策者通常是学习者与教师。评价过程通过问卷调查的方式，向学习者收集对视频学习资源的决策分析，并由专家对调查结果进行整理评估，得到的视频学习资源模型元素评价判断结果如表 4–8 所示。

表 4–8　视频学习资源模型元素评价判断结果

元素	标题	时长	作者	评价	关键字	版本信息
标题	1	2	1/7	1/5	1/2	4
时长	1/2	1	1/5	1/3	1	2
作者	7	5	1	3	5	7
评价	5	3	1/3	1	2	4

续　表

元素	标题	时长	作者	评价	关键字	版本信息
关键字	2	1	1/5	1/2	1	4
版本信息	1/4	1/2	1/7	1/4	1/4	1

根据表 4–8 可得到相应的判断矩阵 ***A***：

$$\boldsymbol{A}=\begin{pmatrix} 1 & 2 & 1/7 & 1/5 & 1/2 & 4 \\ 1/2 & 1 & 1/5 & 1/3 & 1 & 2 \\ 7 & 5 & 1 & 3 & 5 & 7 \\ 5 & 3 & 1/3 & 1 & 2 & 4 \\ 2 & 1 & 1/5 & 1/2 & 1 & 4 \\ 1/4 & 1/2 & 1/7 & 1/4 & 1/4 & 1 \end{pmatrix}$$

根据方根法对 ***A*** 求最大特征值，λ_{max}=6.383。

依照式（4–5）与式（4–6）对模型进行一致性检验，结果如表 4–9 所示。

表 4–9　一致性检验计算结果

最大特征值	CI	RI	CR
6.383	0.077	1.25	0.061

由于 CR=0.061<0.1，一致性检验结果通过。

视频学习资源中各元素对应的特征向量以及权重值如表 4–10 所示。

表 4–10　各元素特征向量及权重值

元素	特征向量	权重值 /%
标题	0.697	8.296
时长	0.637	7.584
作者	3.928	46.785
评价	1.849	22.024
关键字	0.963	11.475
版本信息	0.322	3.836

由计算结果可知，视频学习资源中各元素的重要程度从大到小分别是作者、评价、

关键字、标题、时长、版本信息。对于学习者来说，他们对视频学习资源的作者以及评价信息更为关注，对关键字和标题信息关注度一般，对于时长因素与版本信息则关注度较低。对视频学习资源模型中的元素进行数值化比较，可为个性化学习系统推荐策略提供思路。

4.3 学习资源实体抽取方法研究

在教育领域，从原始语料中抽取的实体通常是知识点或者知识元，也可称为关键词。在关键词抽取研究初期，对于关键词的标注由专家完成，优点是精度高，但是效率较低，无法在短时间内标注大量资源，因此需要采用自动标注的方式。目前，关键词的提取技术分为有监督和无监督两种。前者的精度较高，但是需要足量的人工标注样本进行训练；后者不需要训练集，但需要针对实际应用场景进行算法优化。常见的无监督关键词提取算法有以下几种：基于统计特征的 TF–IDF 算法、基于主题模型的 LDA 算法、基于图模型的 Text–Rank 算法。

TF–IDF 算法依据关键词的词频和逆文本频率来衡量关键词的重要程度。如果某个词在某个文本中出现频率高，在其他文本中出现得少甚至不出现，那么这个词就具有很好的类别区分能力，重要程度高，可选取为关键词。

LDA 算法根据一定量的文本集，推理出每个文本的“文本 – 主题”分布以及每个主题的“主题 – 词语”分布，出现在主要主题中的词语被识别成关键词的概率更高。

Text–Rank 算法来源于谷歌公司的 Page–Rank 算法，其核心思想是将文本分割成多个单元，建立单元之间的图模型，利用投票机制对各个单元进行分值计算与排序，投票者的分值越高、数量越多，单元排名就会越靠前。这种算法的优点是不需要进行训练，从单一文本就能直接提取其中的关键词并根据重要程度进行排序。

目前，关键词抽取技术的研究对象主要是文本资源（如论文、新闻报道和文本数据集等），相比之下，以视频与音频为对象进行内容特征提取较为困难，但是在当前的学习系统中，视频与音频学习资源是十分重要的并且占据主体地位。因此，从视频、音频中抽取关键词可为后续自动构建学科知识图谱提供必要的条件。

4.3.1 Text–Rank 算法

传统的 Text–Rank 算法将文本看作词的集合，集合 $T=\{W_1,W_2,\cdots,W_n\}$，其中 W_i 代表文本中第 i 个词，$i=1, 2, \cdots, n$。构建图模型 $G=(V,E)$，V 代表图中的顶点，

$V=W_1 \cup W_2 \cup \cdots \cup W_n$，$E$ 代表图中各顶点间的边。算法引入了滑动窗口概念，当两个顶点共现于同一滑动窗口时，两顶点之间有边，反之则无边。依据词之间的共现关系建立权重转移概率矩阵，每个词的分值由投票机制产生，计算公式见式（4–7）。

$$\mathrm{Score}\left(W_i\right)=\left(1-d\right)+d\times\sum_{j\in\mathrm{In}(W_i)}\frac{1}{\left|\mathrm{Out}\left(W_j\right)\right|}\mathrm{Score}\left(W_j\right) \tag{4–7}$$

式中：Score（W_i）为顶点 i 的分值；In（W_i）为指向顶点 i 的其余顶点集合；Out（W_j）为被顶点 j 指向的顶点集合；d 为阻尼系数，在 Page–Rank 算法中的初始含义是从当前页面继续向后跳转页面的概率，在 Text–Rank 算法中代表当前顶点向其他任意顶点跳转的概率，以便于计算结果的迭代收敛，通常取值为 0.85，迭代次数为 1 000 次，收敛极限值取 0.000 1。

在对中文文本进行 Text–Rank 算法操作时，研究者需要对文本进行预处理，主要包括句子切词与去除停用词。传统 Text–Rank 算法以文本中的词为单元构建图模型，在英文中，构建图模型的单元是各单词，它们之间由空格进行分离；但中文句子不存在天然的分隔符，所以需要将清洗后的文本分解成一个个词语，并以分隔符进行分离。常见的分词工具有 jieba 分词、HanLP、ICTCLAS、LTP 等，处理后得到文本中词的集合。去除停用词则是先构建一个停用词库，停用词库包含“啊”“吧”“偶尔”“然后”等对知识点抽取没有贡献的语气词、连词、数字以及特殊字符，再对文本中没有出现在停用词库中的词进行操作。常见的停用词库有哈工大停用词表（767 个词）、百度停用词表（1 395 个词）、四川大学机器智能实验室停用词表（976 个词）等。

4.3.2　TW–Text–Rank 算法

视频学习资源与其余类型的学习资源不同，视频类型的多媒体资源包含了图像、声音、字幕文本等。当前的各类实体命名识别算法通常以文本数据作为数据集，然而视频学习资源中除了可以提取的文本数据，还存在时长因素。对于 MOOC 中的视频学习资源，研究者通常采用章节目录的形式，将一门课程分成多段进行上传，视频时长在五分钟至三十分钟不等，每一小段视频所包含的内容不同，蕴含的知识点也不同。针对重要的知识点，教师往往会花费较大的篇幅进行讲解，花费的时间也较长；对于不太重要的知识点，教师则会花少量的时间进行讲解。

根据此特性，本书根据与知识点相关的时长因素 T（W），提出基于 Text–Rank 算法的时间权重 TW–Text–Rank 算法，表达式如下：

$$\text{Score}(W_i)=T(W_i)\times(1-d)+T(W_i)\times d\times\sum_{j\in\text{In}(W_i)}\frac{1}{|\text{Out}(W_j)|}\text{Score}(W_j) \qquad (4-8)$$

式中：$T(W_i)$ 为第 i 个词在当前视频学习资源中的时长权重，计算公式如下：

$$T(W_i)=\sum\frac{t_i}{\sum_N t} \qquad (4-9)$$

式中：t_i 为知识点所在的视频时长；t 为每一段视频的时长；N 为当前视频学习资源的视频总数。TW-Text-Rank 算法的流程图如图 4-7 所示。

与词频因素不同，时长因素在同一文本多次出现时不会被重复计数，衡量的是知识点在此视频学习资源中所占的篇幅长度。若某个知识点时长权重大，说明此知识点在多个章节的视频中出现，与其他知识点相比具有更高的共现概率。

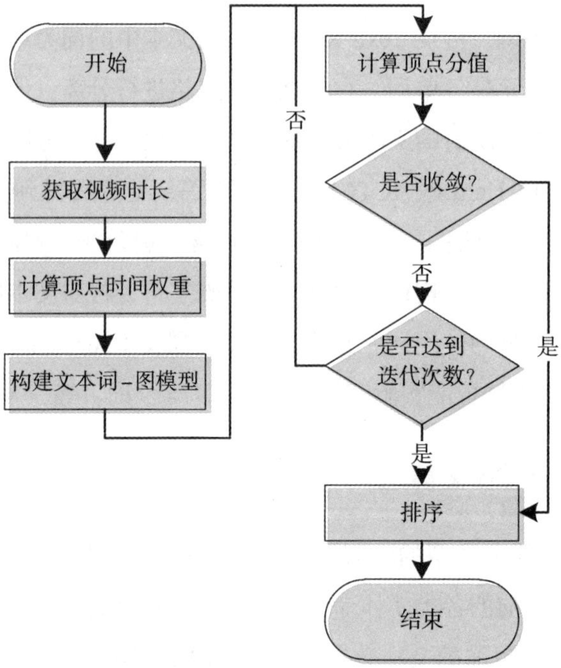

图 4-7　TW-Text-Rank 算法流程图

4.3.3　实验结果与分析

经过 Whisper-Large 模型转化后的八门 C 语言相关课程文本数据，由多个章节的子文本组成。每门课程的平均时长为 32.18 h，对应课程的文本集合平均大小为 615 KB。本书采用 jieba 分词工具对文本进行切词操作，并计算各个词的 $T(W)$ 值。

计算 $T(W_i)$ 的具体步骤如下：

步骤一：计算每个章节视频时长占总时长的比值 r，计入视频时长表 T 中。

步骤二：对子文本集合 D 进行遍历，获取文本文件名，与 T 中的视频名称进行匹配。

步骤三：构建每个子文本知识点字典 dict，key= 知识点 i，value=r。

步骤四：合并所有字典，合并时若 key 相同，则更新 value=r_1+r_2。

最后 value 值即为对应的 $T(W_i)$，可代入公式中进行迭代计算得到分值。

实验结果的评价指标采用准确率 P、召回率 R 以及 F_1 值进行评价。计算公式如下：

$$P=\frac{\mathrm{TP}}{\mathrm{TP}+\mathrm{FP}} \tag{4-10}$$

$$R=\frac{\mathrm{TP}}{\mathrm{TP}+\mathrm{FN}} \tag{4-11}$$

$$F_1=\frac{2\times P\times R}{P+R} \tag{4-12}$$

式中：TP 为正确抽取的知识点数量；FP 为错误抽取的知识点数量；FN 为属于应该被抽到但未被抽取的知识点数量。

准确率 P 与召回率 R 属于两种不同的评价维度，通常情况下不成正比例关系。为了综合衡量 P 与 R 之间的关系，本书引进 F_1 值对二者进行最终评价，F_1 值越大，说明结果越好。

本书使用 TW-Text-Rank 算法对文本进行知识点抽取，处理后部分结果如表 4-11 所示。

表 4-11　TW-Text-Rank 部分计算结果分值表

序号	知识点	分值	序号	知识点	分值
1	变量	1	11	指针	0.314
2	函数	0.915	12	表达式	0.305
3	程序	0.617	13	数据	0.296
4	语句	0.601	14	类型	0.278
5	循环	0.533	15	元素	0.270
6	定义	0.485	16	条件	0.231
7	数组	0.479	17	结构	0.224

续 表

序号	知识点	分值	序号	知识点	分值
8	输出	0.476	18	运算符	0.218
9	输入	0.413	19	运算	0.211
10	字符	0.408	20	字符串	0.191

使用 TF-IDF、Text-Rank、TW-Text-Rank 三种算法对相同课程数据进行知识点抽取的结果如表 4-12 所示。

表 4-12 知识点抽取结果数据表

课程所属学校	算法	P 值	R 值	F_1 值
厦门大学	TF-IDF	0.52	0.309	0.388
	Text-Rank	0.60	0.302	0.401
厦门大学	TW-Text-Rank	0.64	0.335	0.439
大连理工大学	TF-IDF	0.53	0.312	0.393
	Text-Rank	0.60	0.294	0.395
	TW-Text-Rank	0.60	0.345	0.438
福建师范大学	TF-IDF	0.62	0.310	0.413
	Text-Rank	0.60	0.337	0.432
	TW-Text-Rank	0.63	0.42	0.504
华中科技大学	TF-IDF	0.59	0.312	0.408
	Text-Rank	0.55	0.348	0.426
	TW-Text-Rank	0.63	0.320	0.424
吉林大学	TF-IDF	0.56	0.314	0.402
	Text-Rank	0.56	0.234	0.410
	TW-Text-Rank	0.62	0.308	0.412
青岛科技大学	TF-IDF	0.56	0.394	0.463
	Text-Rank	0.60	0.331	0.412
	TW-Text-Rank	0.61	0.412	0.492

续　表

课程所属学校	算法	*P* 值	*R* 值	F_1 值
西安理工大学	TF-IDF	0.49	0.411	0.447
	Text-Rank	0.60	0.319	0.412
	TW-Text-Rank	0.64	0.388	0.483
西安邮电大学	TF-IDF	0.55	0.298	0.387
	Text-Rank	0.60	0.305	0.404
	TW-Text-Rank	0.58	0.369	0.451

为了更直观地看出区别，计算结果如图 4-8、图 4-9 和 4-10 所示。

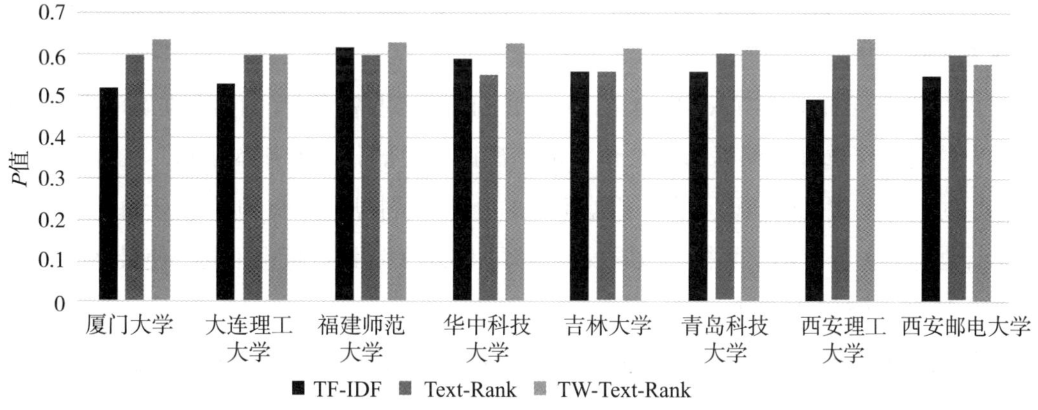

图 4-8　各门课程的 *P* 值

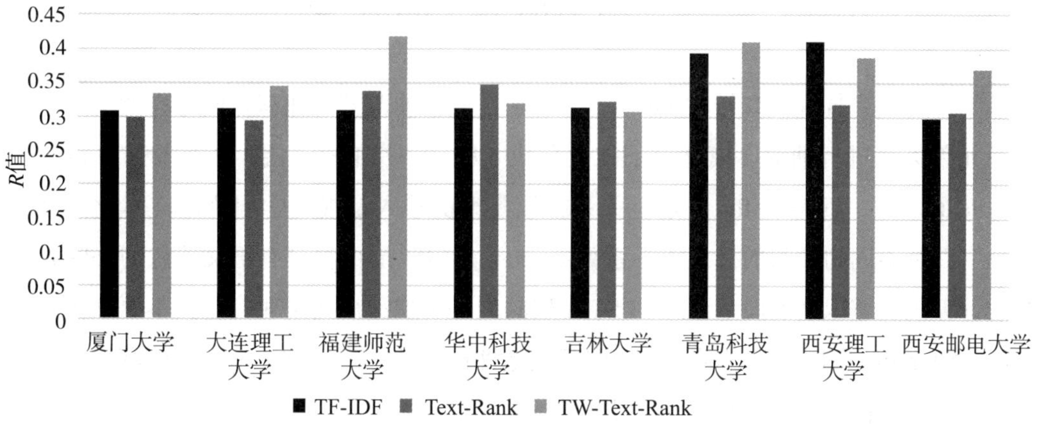

图 4-9　各门课程的 *R* 值

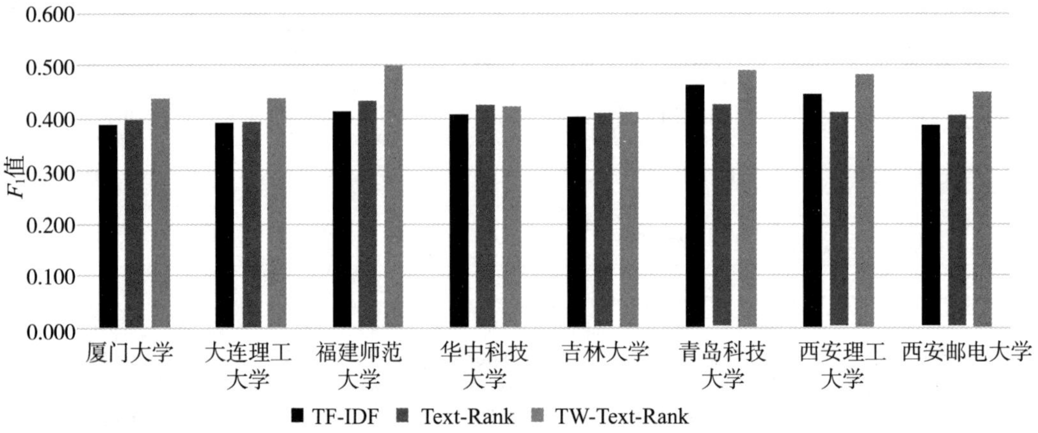

图 4-10　各门课程的 F_1 值

由表 4-12 的结果可知，TF-IDF 算法的 F_1 均值为 0.412，Text-Rank 算法的 F_1 均值为 0.413，TW-Text-Rank 算法的 F_1 均值为 0.455，总体结果比传统的无监督知识点抽取方式好。

由图 4-8 可知，TW-Text-Rank 与 Text-Rank 算法对各门课程的抽取准确率都在 0.6 左右，这是由于选择的课程都是 C 语言的基础课，大部分内容基本相同，在进行关键词抽取时，一些常见的知识点会以相差不大的分值进行排序。同样地，由于每个老师的教学计划存在差异，不同学校的教学视频资源抽取的关键词数量也不同，使最终的准确率在 0.55 和 0.65 之间波动。

由图 4-9 与图 4-10 可知，F_1 值的提高主要与召回率相关，说明与传统算法相比，TW-Text-Rank 算法可以提高出现频次较低、出现在重要章节关键词的分值。

4.4　关系抽取方法研究

本节的关系抽取模型结构如图 4-11 所示，关系抽取可对知识点间存在的前后继承以及兄弟关系进行抽取。模型由下往上分成 4 层：一是 BERT 层；二是 LSTM 层；三是 Attention 层；四是 Softmax 层。关系抽取模型的输入是视频学习资源文本化处理后的文字以及不同句子间的标识等一系列 tokens，BERT 层可将带有语义信息的 tokens 转换成计算机能够识别的向量形式；LSTM 层的训练可加深词向量对完整文本语义信息的学习；Attention 层可以增强对关系抽取起决定性作用的字的权重，从而削弱其他无关词的权重；最后权重被送入 Softmax 层来进行关系抽取。

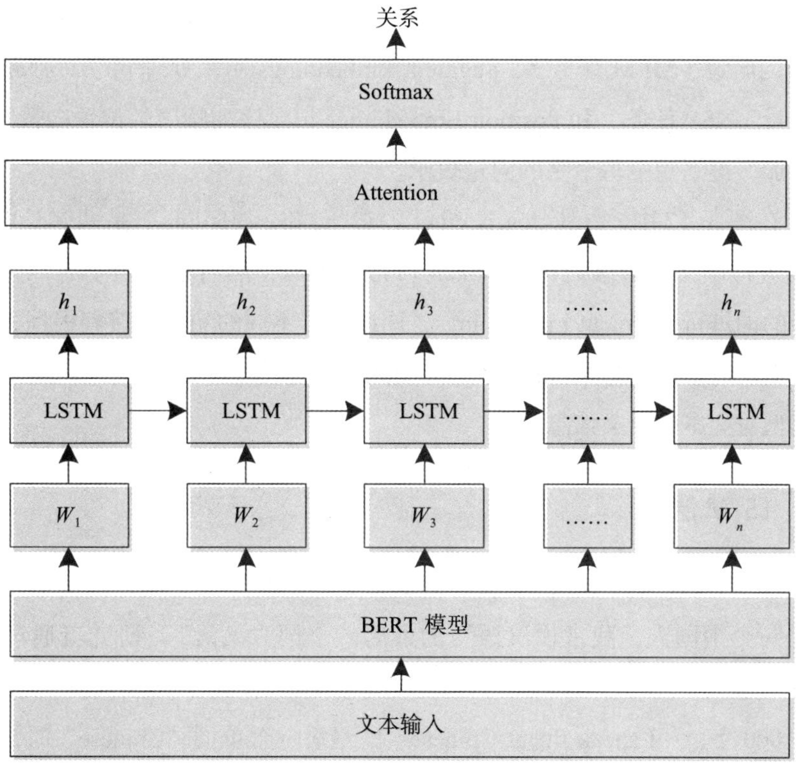

图 4-11 关系抽取模型图

4.4.1 BERT 层

在自然语言处理任务中，模型的输入是文本数据，但机器无法直接识别文本，所以在操作中研究者首先需要将文本数据以词为单位转化为机器可以识别和计算的向量形式。为了避免出现现有模型中，词向量只能表示自身词义，无法表示一词多义以及句子层面含义的问题，BERT 模型采用双向 Transformer 结构，在表示词义的同时添加词的位置信息以及句子信息，让模型对全文有更好的理解，如图 4-12 所示。

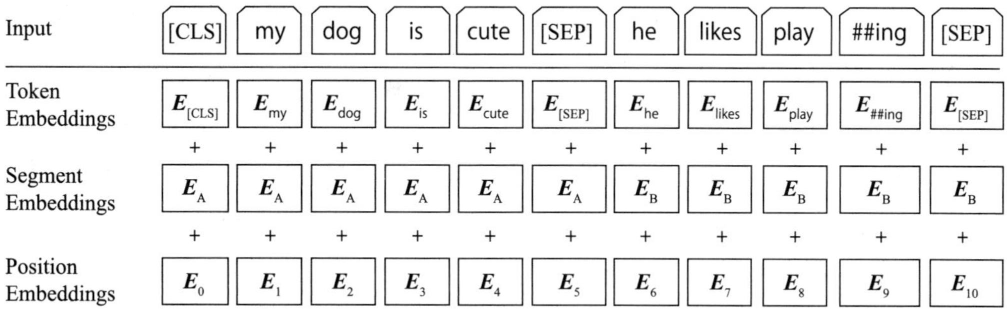

图 4-12 BERT 词向量编码示意图

基于 BERT 的词嵌入层输入中有三种向量，分别是 Token Embeddings 基于上下文信息得到的词向量（MLM 任务）、Segment Embeddings 用来处理句子对判断语义相似度的句子向量（NSP 任务）和 Position Embeddings 记录序列顺序的位置向量。BERT 将这些向量相加，得到句中每个字的向量表示。

例如：在图 4-12 中，“my dog is cute”与“he likes playing”是两句话，BERT 首先将每个词进行词义上的编码得到 Token Embeddings；然后根据句子的不同，将属于同一个句子的词进行 Segment Embeddings，用以区分不同的句子；接着根据每个块在文本中的位置对所有 token 进行 Position Embeddings 位置编码；最后将三组编码相加，得到 BERT 模型对文本的语义信息。

4.4.2 LSTM 层

假如现在有这样一个问题，要求根据现有文本预测下一个词语，例如：若想预测序列“我是一个中国人，我常说汉语”的最后一个词“汉语”，研究者通过间隔不远的“中国人”就可以预测出来词语；但是对于其他一些句子，如预测“I was born in China···（1 000 字）···I speak fluent Chinese”的最后一个单词“Chinese”时，研究者就需要根据间隔很大的“China”来预测，随着间隔的增加，研究者需要记住更早时刻的信息。从理论上讲，RNN 可以将所有历史时刻的信息保留下来，但是会出现因为时间间隔太长造成信息减少的问题，大大降低信息的作用效果，还可能使真实的预测值对结果的影响变得非常小，从而导致模型不能很好地进行预测，产生 RNN 中的长期依赖问题（long-term dependencies）。为了解决长期依赖以及有用信息的间隔有大有小、长短不一的问题，人们提出了被改进的 RNN 模型——LSTM（long short-term memory）。

LSTM 的结构设计是为了解决 RNN 无法记忆长时间信息的问题，让更早的信息进入下一个计算单元。LSTM 不需要花费过多的计算与存储开销，可对长期依赖的信息进行学习。

普通的 RNN 单个循环结构内部只有一种结构非常简单的重复神经网络单元的链式形式（如 tanh 层）。LSTM 在此基础上进行了改进，不再是单一的神经网络层，而是 4 个“门”结构，并且以一种特殊的方式进行交互，解决了梯度爆炸和梯度消失的问题。“门”能够有选择性地决定让哪些信息通过，其结构也很简单，是一个 sigmoid 层和一个点乘操作的组合。sigmoid 层的输出是 0 ～ 1 的值，代表有多少信息能够流过 sigmoid 层，其中 0 表示都不能通过，1 表示都能通过。假设 $\boldsymbol{W}$ 是“门”的权重向量，b 是偏置项，那么“门”的表达式如下：

$$g(x)=\sigma(\boldsymbol{W}x+b) \tag{4-13}$$

LSTM 的思路是使用三个门（遗忘门、记忆门、输出门）来控制新增的用来保存当前 LSTM 的状态信息并传递到下一时刻的 LSTM 中的细胞状态（C_1）。LSTM 通过三个门结构，可将部分历史信息选择性地遗忘，对当前输入信息进行部分加入，最终整合到当前状态并产生输出状态。LSTM 的结构如图 4-13 所示。

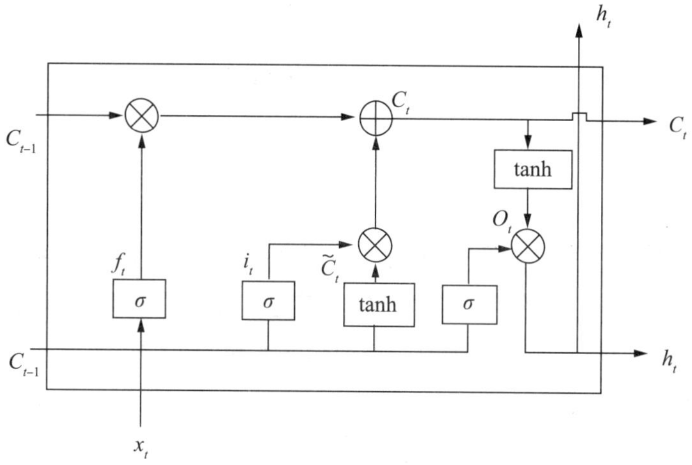

图 4-13　LSTM 结构图

1. 遗忘门

遗忘门负责控制继续保存长期状态 C_t，可在使用过程中将上一时刻细胞状态 C_{t-1} 中一些不必要的信息选择出来并“忘记”它们。遗忘门 f_t 是由一个 sigmoid 神经网络层和一个按位乘操作构成的，$\boldsymbol{W}_f$ 和 b_f 分别是权重系数矩阵和偏置项，$[h_{t-1}, x_t]$ 表示把两个向量连接成一个更长的向量，σ 是 sigmoid 函数。遗忘门的计算公式如下：

$$f_t=\sigma\left(\boldsymbol{W}_f\cdot\left[h_{t-1},x_t\right]+b_f\right) \tag{4-14}$$

2. 记忆门

记忆门负责把即时状态输入长期状态 C_t，决定了新输入的信息 x_t 和上一时刻输出信号 h_{t-1} 中哪些信息将被保留到细胞状态 C_t 中。记忆门是由输入门 i_t 与当前输入的细胞状态 $\tilde{C}_t$ 和一个按位乘操作构成的，$\boldsymbol{W}_i$ 和 b_i 分别是输入门的权重系数矩阵和偏置项，$\boldsymbol{W}_c$ 和 b_c 分别是当前输入的细胞状态的权重系数矩阵和偏置项。计算公式如下：

$$i_t = \sigma\left(\boldsymbol{W}_i \cdot \left[h_{t-1}, x_t\right] + b_i\right) \tag{4-15}$$

$$\tilde{C}_t = \tanh\left(\boldsymbol{W}_c \cdot \left[h_{t-1}, x_t\right] + b_c\right) \tag{4-16}$$

当前时刻的单元状态 C_t 是由上一次的单元状态 C_{t-1} 按元素和遗忘门 f_t 进行交互，再用当前输入的单元状态 $\tilde{C}_t$ 按元素与输入门 i_t 进行交互，最后将两个交互结果相加产生的，公式如下（* 表示的是按元素乘）：

$$C_t = f_t * C_{t-1} + i_t * \tilde{C}_t \tag{4-17}$$

3. 输出门

输出门负责控制是否把长期状态 C_t 作为当前的 LSTM 的输出，将上一时刻的细胞状态 C_{t-1} 和输出信号 h_{t-1} 中的信息与当前输入信息 x_t 整合在一起进行输出 h_t。输出门 o_t 与 tanh 函数以及按位乘操作共同作用，将细胞状态和输入信号传递到输出端，$\boldsymbol{W}_o$ 和 b_o 分别是权重系数矩阵和偏置项。公式如下：

$$o_t = \sigma\left(\boldsymbol{W}_o \cdot \left[h_{t-1}, x_t\right] + b_o\right) \tag{4-18}$$

$$h_t = o_t * \tanh\left(C_t\right) \tag{4-19}$$

4.4.3 Attention 层

在 BERT 层对输入文本进行词向量编码以及 LSTM 层对数据进行解码后，由于可能存在的梯度消失以及容量限制问题，得到的数据信息会有局部依赖关系。为了提高模型对句子内部重要词语的获取能力，模型中加入了 Attention 层，用来增加重要信息的权值，具体可按式（4–20）进行计算：

$$\boldsymbol{a}_t = \frac{\exp\left(f\left(\boldsymbol{m}_t, \boldsymbol{n}\right)\right)}{\sum_{l}^{k=1} \exp\left(f\left(\boldsymbol{m}_k, \boldsymbol{n}\right)\right)} \tag{4-20}$$

式中：f 是一个将待计算向量 $\boldsymbol{m}_t$ 和影响权重因子 $\boldsymbol{n}$ 联系起来的函数；l 为需要分配权重的向量个数；$\boldsymbol{a}_t$ 是注意力机制中自动计算的 $\boldsymbol{m}_t$ 向量的权重，采用 Softmax 归一化，使所有权重的和为 1。

通过 LSTM 隐层输出 $H=\{h_1,h_2,\cdots,h_n\}$ 之后，注意力计算公式如下：

$$M = \tanh(H) \tag{4-21}$$

$$\alpha = \mathrm{softmax}(\boldsymbol{W}^{\mathrm{T}} M) \tag{4-22}$$

$$\gamma = H\alpha^{n} \tag{4-23}$$

$$h^{*} = \tanh(\gamma) \tag{4-24}$$

式中：隐层输出 H 的取值范围是 [−1，1]；$\boldsymbol{W}$ 是注意力机制的权重参数，是一个可训练参数；h^{*} 则是通过注意力层加权求和后的句子表示。

举例来说，如图 4−14 所示，当输入序列为“浮点型数据是数据类型中的一种”时，LSTM 层会对输入序列进行编码，编码层每个词向量的权重是较为平均的，Attention 层的目的则是提高关键字的权重，将对关系抽取影响较大的信息充分保留下来，从而提升关系抽取模型的性能。图 4−14 中颜色较深的部分表示所占的权重较大。

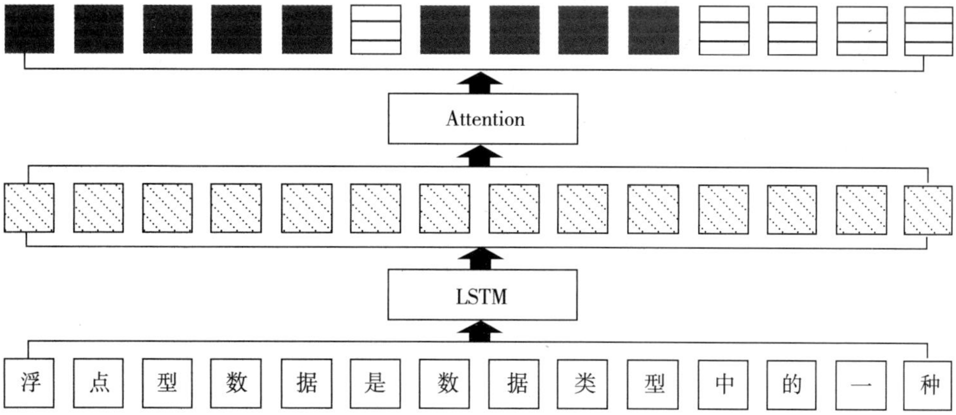

图 4−14　Attention 工作示意图

4.4.4　Softmax 层

文本数据经 Attention 层后得到句子层级的特征向量，可进行关系抽取任务。本书使用 Softmax 函数来对序列进行关系分类，文本数据在经过 Attention 层之后得到了句子特征向量 $\boldsymbol{h}^{*}$，$\boldsymbol{h}^{*}$ 则是输出层的输入，模型可针对输入序列 $\boldsymbol{h}^{*}$ 来预测实体与实体之间的实体关系类型，具体计算公式如下：

$$y_t = \boldsymbol{W}_y \boldsymbol{h}^{*} + b_y \tag{4-25}$$

$$P_t^i = \frac{\exp\left(y_t^i\right)}{\sum_{N_t}^{i=1} \exp\left(y_t^j\right)} \tag{4-26}$$

式中：$\boldsymbol{W}_y$ 为序列矩阵；b_y 为偏置项；N_t 为所有的关系标签。

4.4.5 数据标注

当前关于实体关系抽取的研究中，数据主要来自已标注好的公共数据集或采取自动化的方式进行研究。为了提高知识点和关系标注的准确率，本书采取人工标注的方式，对 C 语言视频学习资源经语音识别后的文本资源进行手工标注，说明如下。

标注软件选用精灵标注助手，它是一款人工智能数据集标注工具，可以对图像、文本等进行标注。本书选择自然语言处理中的实体关系标注项目，实体名称填入“知识点”，关系定义填入以下三类：

继承 Arg1 ：知识点 ,Arg2 ：知识点

兄弟 Arg1 ：知识点 ,Arg2 ：知识点

前后继 Arg1 ：知识点 ,Arg2 ：知识点

知识点标注操作如图 4-15 所示。

图 4-15　知识点标注操作

关系标注操作如图 4-16 所示。

图 4-16　关系标注操作

最后得到的标注文件（brat-ann 格式）即为实验数据集。

4.4.6　实验环境

本书实验环境为 Windows10 操作系统，显卡为 NVIDIA RTX2060，内存为 32 G。评价指标选择准确率 P、召回率 R 以及 F_1 值。

本书实验使用 BERT 预训练模型，参数设置如表 4-13 所示。

表 4-13　参数设置

参数名称	含义	数值
Dim	词向量维度	768
Learning_rate	学习率	0.001
sequence_length(English)	句子长度(英文)	90
sequence_length(Chinese)	句子长度(中文)	60
epoch	迭代次数	3
LSTM_units	神经元个数	128
batch_size	每批次使用样本数	32
dropout_rate	丢失率	0.5

由于文本数据中同时存在英文与中文，因此采用两种句子长度参数。

4.4.7 实验结果与分析

为了验证实验方法，本书将 LSTM−Attention 与 BERT−LSTM−Attention 两种方式进行对比，实验结果如表 4−14 所示。

表 4−14 实验结果对比

模型	P	R	$F1$
LSTM−Attention	0.72	0.65	0.68
BERT−LSTM−Attention	0.81	0.74	0.77

LSTM−Attention 模型中输入的是基于 GloVe 处理后的 100 维词向量表示，GloVe 模型是用词表示的全局变量，虽然不如 Word2Vec 使用得频繁，但是具有使用简便的优点。实验经过输入后实现关系抽取，实验结果表明，模型的准确率、召回率以及 F_1 值分别为 0.72、0.65、0.68。

BERT−LSTM−Attention 模型先由 BERT 的输出作为 LSTM 的输入，经过注意力机制提升了模型的性能，最后 F_1 值提升幅度为 9%。

4.4.8 知识图谱可视化

对于学科知识图谱来说，其数据层的最小单位是由三元组（s, p, o）的形式组成，用来表示“知识点 − 关系 − 知识点”或“学习资源 − 关系 − 知识点”之间的关系。关系型数据库以及 NoSQL 数据库都可以对这些三元组进行存储，但是对于一些非结构化类型的数据，使用传统数据库的存储方式会增加操作步骤，降低效率。使用图数据库进行存储则没有这些缺点。

基于学科知识图谱的模式层以及对知识点与关系的抽取，本书使用 Neo4j 数据库对学科知识图谱中的知识点、知识点之间的关系以及视频学习资源进行存储。Neo4j 是目前使用较为广泛、操作简单的图数据库之一，与一般数据库不同，Neo4j 可以将数据存储至本地并同时进行处理，保证了数据的完整性和高读写性。对于存储数据，Neo4j 可以使用类似 SQL 的图数据库查询语言 Cypher 对数据进行增删改查，操作结果以图进行展示。Neo4j 图数据库还提供了数据结构，可以使用 .Net、Python 和 JavaScript 等多种方式进行拓展。

本书对 C 语言课程进行知识点与关系抽取，并存储至 Neo4j 图数据库中，所构建的学科知识图谱包含知识点 176 个，前后继关系 12 个，继承关系 167 个，兄弟关系 381 个。研究者可向学科知识图谱中添加视频学习资源节点，节点名称是视频学习资源的名称，与知识点之间的关系为包含关系，即该视频学习资源中包含知识点。视频学习资源节点的数量并非定值，而是由获取的视频资源总数决定。

第 5 章　学习路径构建技术研究

5.1　学习路径构建方法概述

从在线学习系统倡导个性化开始，学习路径的生成就被教育研究者深入探讨，其研究随着在线学习系统的盛行而不断成为焦点。欧美国家对学习路径开展研究的时间较早，成果也较为显著。例如：美国匹兹堡大学 Peter Brusilovsky 依据奥苏泊尔的有意义学习理论，采用模糊神经网络方法判断知识水平、动机等，实现了学习路径的定制；奥地利格拉茨大学的 Nussbaume 采用知识空间理论和布鲁姆目标分类法判断学习者的知识水平，创建了适应性学习路径。国内对该领域的研究也取得了一定的进展。例如：姜强等利用序列模式挖掘算法，挖掘、分析并匹配计算学习者特征与学习对象，生成了精准的个性化学习路径；① 牟智佳对在线学习系统服务与数据处理技术间的关系进行了论述，提出了基于学习特征模型的自适应学习路径生成框架。②

5.1.1　个性化学习路径研究现状

研究表明，个性化的学习路径有助于提高学生的学业成绩。个性化学习路径作为一种替代路径，能够取代预定的学习顺序，虽然不能一直优于原始路径，但在真实的学习环境中可以为学生提供独特的学习支持。现有的个性化学习路径规划方法可以分为三大类。第一类是基于学习者特征的学习路径规划。此类方法考虑了学习风格、学习偏好等特征。研究人员依靠测试或问卷来收集学习者的特征（学习目标、学习风格和偏好），以此构建学习者模型。例如：Vanitha 等认为学习者的学习目标和知识水平是路径规划

---

① 姜强，赵蔚，李松，等．大数据背景下的精准个性化学习路径挖掘研究：基于 AprioriAll 的群体行为分析 [J]. 电化教育研究，2018，39（2）：45-52.

② 牟智佳．学习者数据肖像支撑下的个性化学习路径破解：学习计算的价值赋予 [J]. 远程教育杂志，2016（6）：12-19.

的重要因素；[①] Rohloff 等强调，MOOC 学习场景需要根据不同的学习目标进行路径规划和课程推荐；[②] Nabizadeh 等使用深度优先搜索算法，通过结合学习目标和知识图谱来定位尽可能多的课程序列；[③] Yang 等提出了一种基于属性的蚁群算法，根据学习风格和学习者的知识水平推荐合适的学习对象。[④] 上述研究表明，根据学习者的特征构建个性化的学习路径是有效且合理的。然而，构建出的学习路径可能存在违背知识点之间内在逻辑及认知规律的风险，并且学习者在学习过程中难以系统地把握整个知识的结构。第二类是基于日志数据的学习路径规划。在线学习过程中，日志数据可以作为构建学习路径的基本参数。收集学习行为数据为研究人员或教师提供了了解学习者的学习过程和预测学习者的学习成绩的机会。例如：Xia 等提出了一个系统，该系统可以根据平行学习场景中其他学生的历史数据提供合适的问题，帮助学习者从海量题库中获得定制的、可适应的测验序列；[⑤] Liu 等提出了一种基于学习者日志数据的学习路径组合推荐方法，这种方法可利用学生的历史行为数据掌握他们的特点，向其推荐需要的学习对象，然而这种路径生成方法忽略了知识结构和学习者的特征，从群体数据中得出的学习路径并不一定具备普适性，此外，该方法在数据不充分的情况下，还容易遇到冷启动问题。[⑥] 最后一类是基于知识图谱或知识结构的学习路径规划。此类方法以知识图谱本身包含的知识点属性与知识点之间的关系作为算法的输入，在确保学习路径符合知识点之间内在逻辑的基础上，结合自定义的网络节点拓扑排序与优化算法构建学习路径。例如：Fung 等从相关课程材料中提取概念关键词，并计算出概念之间的相关系数矩阵；[⑦] Zhu 等提出了

---

① VANITHA V，KRISHNAN P，ELAKKIYA R. Collaborative optimization algorithm for learning path construction in E-learning[J]. Computers & Electrical Engineering，2019，77：325-338.

② ROHLOFF T，SAUER D，MEINEL C.On the acceptance and usefulness of personalized learning objectives in MOOCs[C]//In Proceedings of the Sixth（2019）ACM Conference on Learning@ Scale，2019：1-1.

③ NABIZADEH A H，GONCALVES D，GAMA S，et al. Adaptive learning path recommender approach using auxiliary learning objects[J]. Computers & Education，2020，147：103777.

④ YANG Y J，WU C. An attribute-based ant colony system for adaptive learning object recommendation[j].Expert Syst. Appl，2009，36：3034–3047.

⑤ XIA M，SUN M，WEI H，et al.PeerLens：Peer-inspired Interactive Learning Path Planning in Online Question Pool[J].Proceedings of the 2019 CHI Conference on Human Factors in Computing Systems，2019：634.

⑥ LIU H，LI X.Learning path combination recommendation based on the learning networks[J].Soft Computing，2020，24（6）：4427-4439.

⑦ FUNG S T，TAM V，LAM E Y .Enhancing Learning Paths with Concept Clustering and Rule-Based Optimization[J].In Proceedings of the 2011 IEEE 11th International Conference on Advanced Learning Technologies，2011：249-253.

一种基于知识图谱的新型多约束学习路径推荐算法，以解决大多数学习者难以选择合适的学习材料的问题。① 此类学习路径生成方法从学科领域知识结构出发进行规划，保证了学习路径生成结果的逻辑性与科学性，但目前此类方法对知识图谱的设计、开发与维护代价较高，需要投入大量的人力与资源。

学习路径的生成方法各有优劣，大多数研究在考虑学习路径构建时都过于注重方法的选择，数据挖掘方法只能提供一个不完整的学习序列，群体智能算法只能计算出学习对象的最优组合而并未关注到学习过程的连续性问题，忽略了对路径构建合理性、可行性与可解释性的讨论，造成构建的学习路径“个性化”程度不高，构建效果不够理想。

目前关于学习路径的构建研究中出现了大量的专有名词，在路径构建之前研究者需要阐述主要术语，帮助理解其主要成分。研究中还存在多种构建学习路径的方法与理论，其中进化算法被认为是构建学习路径比较适用的方法之一。此外，知识图谱也被应用于学习路径推荐算法的研究中，研究者需解释知识图谱的相关概念、存储手段与构建过程。

5.1.2 学习路径相关理论基础

1. 学习路径及相关的概念

在讨论用于学习路径生成的不同方法和其他细节之前，首先要知道什么是学习路径、学习对象、学习资源和其他与学习路径生成有关的重要术语。

美国在 2017 年国家教育技术计划中对个性化学习的正式定义如下：个性化学习是一种指导策略，需要根据每个学生的具体需求调整学习进度和模式；学习目标、教学方法和教学内容（尤其是教学顺序）都可以根据学生的要求而产生变化。以前的研究工作表明，个性化学习有助于提高学习成绩和学习满意度。提供有针对性的学习路径有助于异质性学生更好地掌握知识，提高学习者的学习能力。在线学习系统中的学习路径是学习者为完成既定的学习目标所需进行学习的一系列有前后次序的学习资源系列。在线学习系统中的学习路径规划服务是在互联网环境下为学习者生成所需要的学习资源，并根据学习者特征对学习资源进行有序规划，达到提供个性化的资源序列服务。

关于学习路径的概念界定，目前主流的定义分为以下两种。

---

① ZHU H，TIAN F，WU K，et al.A multi-constraint learning path recommendation algorithm based on knowledge map[J]. Knowledge-Based Systems，2018，143：102-114.

第一种定义是学习者在一定的学习方法指导下，根据学习的目标、水平等，对所需完成的学习活动进行排序。研究者可通过挖掘学习者学习活动时的行为日志数据（如浏览课件、交流提问和在线测试等），并结合学习者的学习风格对学习活动进行序列化，形成基于学习行为活动的学习路径，其路径结构如图 5-1 所示。

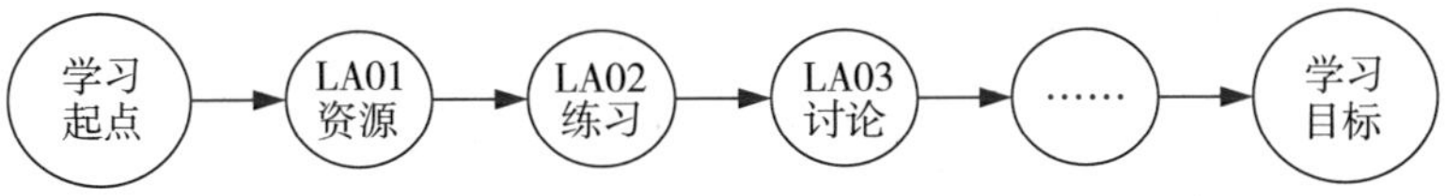

图 5-1　基于学习行为活动的学习路径

第二种定义是将学习路径抽象化，理解成学习节点的组织序列，由路径节点和节点间的关系构成学习路径。其中，路径节点是最基本的构成要素，是学习者完成学习目标需要进行的最小学习单元。研究者可利用学习单元本身的属性特征及学习单元之间的关系，在不违背学习单元内在逻辑的前提下，对学习单元进行序列化，形成基于知识单元的学习路径，其路径结构如图 5-2 所示。

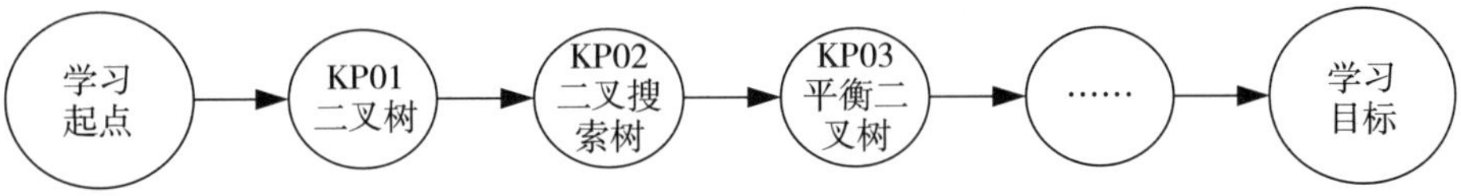

图 5-2　基于知识单元的学习路径

学习对象或学习资源是任何可以用来在网上获得知识的资源，学习对象被定义为可用于学习、教育或培训的数字化或非数字化的任何实体。学习者特征是学习路径生成中的另一个重要术语，是指学习者身上那些影响其学习方式的特征，这些特征可以是学术的、认知的、社会的或生理的。学习风格指的是学习者最喜欢的学习方式，可以是视觉、言语、阅读、写作等，是在学习过程中表现出的一种相对稳定的状态，是对知识感知、获取、处理和理解维度的集合。学习者的知识水平是指对学习路径中某一个概念的了解程度，可以用来判断学习者是初学者、中级者还是专家。

2. 最近发展区

无论是课堂教学还是网络学习，从教育技术角度而言，最终的着力点都是实现高效率的学习，而高效率的学习如何实现呢？维果斯基提出，高效的学习总是发生在最近发展区。[①] 维果斯基认为，最近发展区是学习者独立解决问题的实际发展水平与在教师

① VYGOTSKY L S. Play and its role in the mental development of the child [J]. Play : its evaluation and development，1976，7（3）: 6-18.

指导下或与能力更强的同龄人合作的潜在发展水平之间的距离。因此，要使教学有的放矢、正中“靶心”，在学生最近发展区内提供满足学生真正需求的教学支持，是实现个性化教学的关键。

维果斯基在提出最近发展区概念时，正值欧洲智力测量的流行时期。维果斯基认为，静态的智力测量仅仅能够显示智力发展已有的水平，忽视了智力潜在的发展过程，没有显示能够表示潜在发展的敏感指数（sensitive index）。① 对于一个处于特定领域的学习者来讲，最近发展区可能非常狭窄，这表明学习者还没有准备好达到更高的水平。对于同一领域的另一个学习者，或者在另一个领域的同一个学习者，最近发展区可能会更广泛，表明在适当的输入下，学习者的表现会比他目前的水平要高得多。这一思想对学习者当前和潜在水平之间差异的诊断具有明确的指导意义。

维果斯基曾说：“好的教学总是走在发展的前面。”教学目标的制定应关注学习者发展区域的上界（upper bound），关注学习者在外界帮助之下能够达到的水平，这样学习者才能在恰当的引导下取得先前没有预见的成功。传统的智力测试没有直接提供测试者所能达到的最佳水平（optimal level），这正是教学设计者需要注意的地方。教学依赖于学习者从“不成熟”到“成熟”的过程，而这些过程的整个区域都被学习者的最近发展区所包围，因此在每个年龄段，小组和每个学习者的最佳学习时间都是由他们的最近发展区决定的。教师在最近发展区发挥着重要作用，他们不仅需要提供最佳的学习情境，还要设置恰当的能够促进学习者理解的活动。

在特定领域内，根据认知能力的最近发展区进行及时的干预有利于学习者的认知发展。在教学过程中，根据最近发展区的思想，教师需要依据学习者已有认知水平和潜在认知水平确定适宜的教学目标，使学习者通过适当努力能够实现目标。目前，这一教学假设得到了脑科学的实证研究，该研究提出了教学过程的“预测—传递”模型，即在师生互动的过程中，教师先对学生的知识水平进行动态、实时的预测，以此形成恰当的知识表征，然后师生间再进行有效的知识传递，当这些过程成功进行时，知识将从教师传递给学生，否则传输将会失败。可见，教师对学生潜在认知过程的预分析更有助于知识的传递。

要准确地找出最近发展区，教师需要对学习者的学习情况进行分析。而学习情况纷繁复杂，影响学习效率的因素众多，如性格偏好、学习动机、理解能力、知识基础、学习场景等。认知教育心理学家奥苏贝尔认为，学习者的认知结构是影响学习效果的

① VYGOTSKY L S. Play and its role in the mental development of the child [J]. Play : its evaluation and development，1976，7（3）: 6-18.

重要因素。[①] 认知结构是一种知识参照框架，是学习者现有知识的内容和组织方式，用以感知、处理外界信息以及进行推理活动，学习就是新旧知识间建立各种关联的过程。此外，学习风格也是非常重要的影响学习的因素。当前，能够将学习者的个性化信息纳入设计因素，并给予特别关注的系统主要考虑的就是学习者的认知结构和学习风格。本书以建构主义学习理论为指导，以教育大数据为驱动，为在线学习系统构建学习者个性化的认知结构和学习风格，在分析已有个性化系统和设计方法的基础上，提出改进的智能算法，实时诊断学习者的最近发展区，循序渐进地为学习者准确推送合适的学习支持，提高在线学习的效率。

3. 学习路径生成理论方法

研究者已经提出了多种方法来构建个性化的学习路径，如决策树分类器、马尔科夫决策过程、贪婪算法、分层任务网络（HTN）、基于案例的推理、遗传算法（genetic algorithm, GA）、规划领域定义语言（PDDL）、贝叶斯网络等。本书总结的近些年所使用的算法和技术如表 5-1 所示。其中，进化算法（evolutionary algorithm, EA）为学习者提供了适当的学习路径，对解决学习对象排序问题具有重要影响。进化算法源于达尔文的自然选择理论，又称“适者生存”理论。该理论以基因或遗传理论为基础，某些基因如果在个体的成长过程中发挥了作用，就会传递给下一代，利于那些能够更好地适应不断变化的条件的物种生存。进化算法是一种迭代算法，迫使一些种群的个体经过许多代的进化。

当前，进化算法已被应用于解决大量的现实世界的问题，如模式识别、电力系统、移动网络优化、信息检索等。而用于创建个性化学习路径的进化算法也在教育领域进行了探索，研究人员已经尝试用其解决高度复杂的优化问题（如内容排序、时间表调度和自动问题生成等），此类方法是基于自然隐喻的启发式方法。自然界的动物（如蚂蚁、鱼、鸟）会表现出复杂而协调的行为，具有分散控制的能力，此类方法在解决诸如蚂蚁寻找食物和巢穴之间最短路径、成千上万的鸟类在空中飞行而不互相碰撞等问题时具有自然的智慧。由于在线学习者的规模越来越大，每个学习者的学习特征各不相同，并且学习材料数量巨大，进化算法被认为是为复杂和不断变化的在线学习环境提供解决方案的适当方法之一。

---

① COOK H，AUSUBEL D P.Educational Psychology：A Cognitive View[J].The American Journal of Psychology，1970，83（2）：303-304.

表 5-1 本书总结的文献中学习路径的生成算法及策略

文献	算法	策略
（Drachsler and Kirschner, 2012）	进化算法	指定学习者的目标群体，定义他们的学习特点生成学习路径
（Shi et al., 2020）	知识图谱及图遍历算法	考虑学习者的学习目标和学习需求，生成得分最高的路径
（Cun−Ling et al.,2019）	图论与改进的免疫算法	考虑学习风格、目标和知识背景生成学习路径
（Xia et al., 2019）	马尔科夫链	根据其他学习者在类似学习场景中的练习记录生成定制的路径序列
（Liu and Li, 2020）	复杂网络理论	根据学习记录和学习者的相似性制定路径
（Dwivedi et al., 2018）	遗传算法	依据正确拓扑顺序的最高适应函数值生成路径
（Zhu et al., 2018）	LSTM神经网络	根据学习者特征构建路径
（Niknam and Thulasiraman, 2020）	蚁群算法	将学习者分组，根据现有知识为其选择路径
（Nabizadeh et al., 2020）	项目反应理论和矩阵因式分解	在给定时间内，使用户得分最大化
（Nabizadeh et al., 2017）	深度优先搜索（DFS）算法	在时间限制下，使用户的得分最大化

5.1.3 相关技术研究

1. 知识图谱

（1）知识图谱概述与存储方式。知识图谱的本质是语义网络，被定义为旨在积累和传达现实世界知识的数据图，用以描述现实世界中实体与实体之间以及实体与属性之间的关系。知识图谱的节点代表感兴趣的实体，节点之间的边代表这些实体之间潜在的关系，因此知识图谱是以三元组与键值对的形式组成的，具体包括关系三元组（relation triple）与属性三元组（attribute triple）。图 5-3 描述了一个简单的人物关系知识图谱，建立了“宁国公”与“荣国公”之间的“兄弟”关系，“贾代化”与“贾敷”之间的“长子”关系等，并对部分人物的部分属性进行了描述。该图谱当中，（贾代善，长子，贾政）表示一个关系三元组，（荣国公，府邸，贾府）表示一个属性三元组。

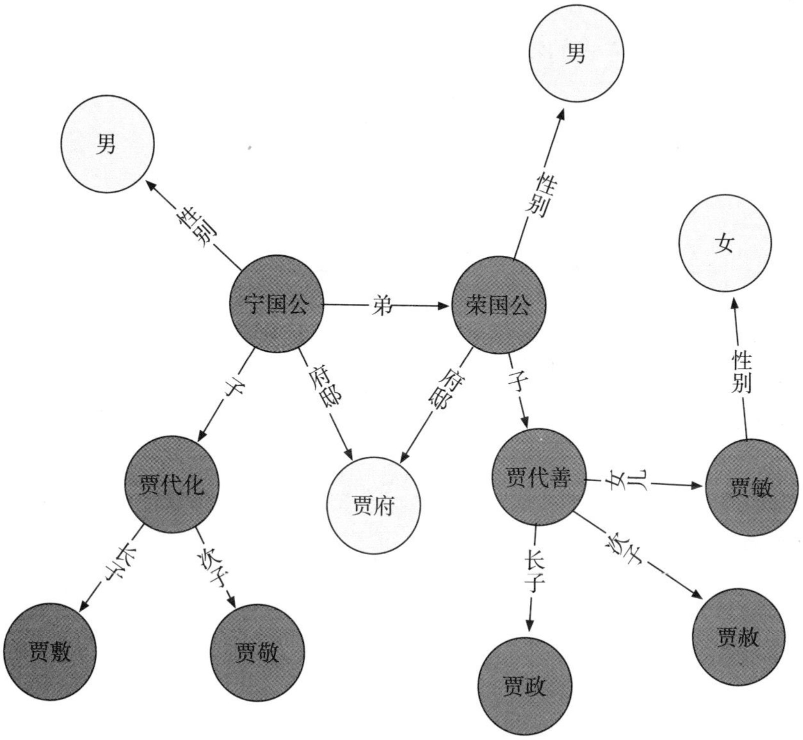

图 5-3　人物关系知识图谱示例图

知识图谱从逻辑结构上可分为数据层与模式层。模式层是知识图谱的核心，在结构上高于数据层。模式层作为图谱的逻辑基础与概念模型，由本体库定义的规则和公式达到规范数据层实体关系间联系的目的。知识图谱使用基于图的数据模型来捕捉应用场景中的知识，这些应用场景涉及大规模整合、管理和从不同的数据源中提取价值。与关系模型相比，采用基于图的知识形式有诸多优势。图为各种领域提供了一个简明直观的抽象概念，其中边和路径能够捕捉一个领域实体之间不同的、潜在的复杂关系。图查询语言不仅支持标准的关系运算符（连接、联合、投影等），还支持导航运算符，用于寻找通过任意长度的路径连接的实体。实体和规则可以用来定义和推理图中所用术语的语义。可扩展的图分析框架可以用于计算中心度、聚类等，以获得对所描述领域的分析能力。

按照使用场景的区别，知识图谱可分为通用知识图谱与领域知识图谱。通用知识图谱使用的覆盖面较广，具有众多节点和关系，强调丰富性、大众性及适用性，通常应用于科普类、搜索类、常识问答类场景中；领域知识图谱表示某领域内专业的知识图谱，一般是针对某个领域进行透彻分析、整理后制定的图谱。相比之下，领域知识图谱构建的质量更高。本书所构建的教育领域内计算机学科的知识图谱就属于领域知识图谱。

知识图谱的存储方式一般分为两类：基于图结构的存储方式和基于表结构的存储方式（RDF）。两种存储方式的特点如图 5-4 所示。

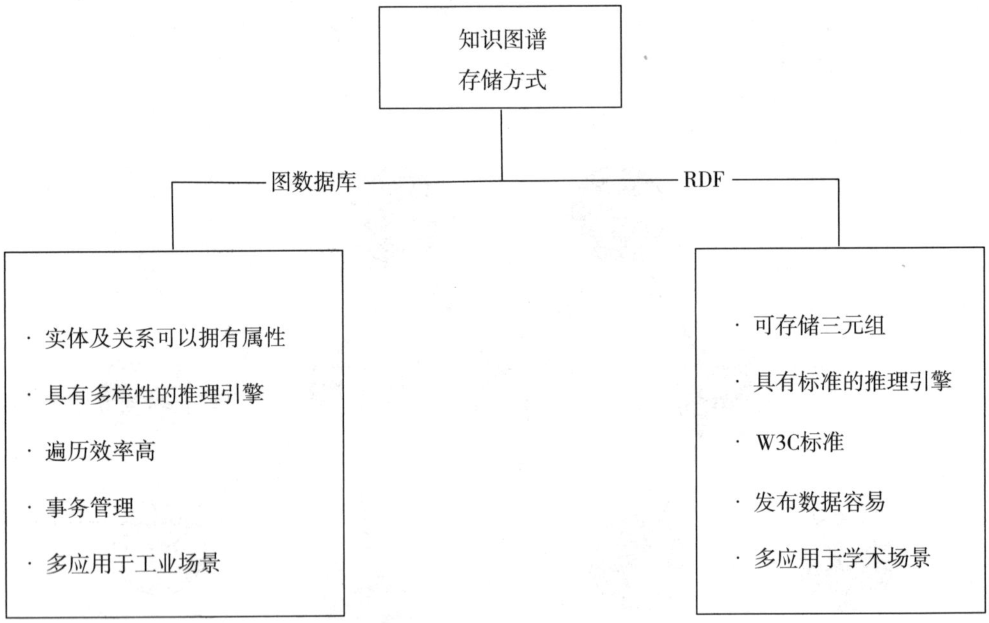

图 5-4 知识图谱存储方式

在图数据库存储中，Neo4j 数据库的应用十分广泛，其特点总结如图 5-5 所示。

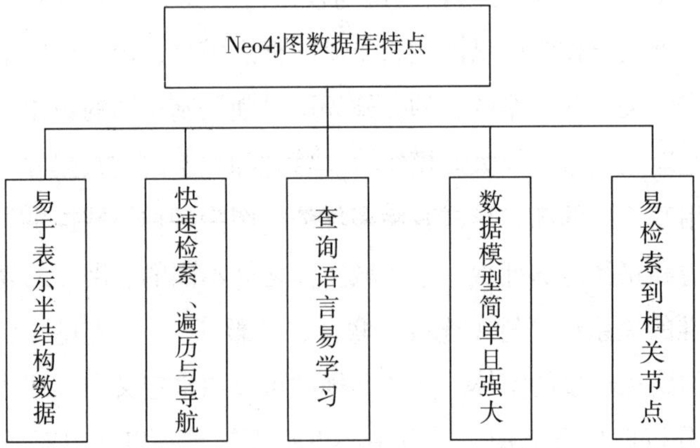

图 5-5 Neo4j 图数据库的特点

（2）知识图谱构建。知识图谱具有两种建构方式：一是自底向上的构建模式，该模式先对半结构化或结构化的数据进行实体、关系的抽取，形成（head-relation-tail），即（h, r, t）的三元组，分别对应头实体、关系和尾实体，然后对数据进行融合加工，基于模式层的约束进一步规范和去重，最后将数据存储到图数据库中形成可视化的图谱；二是自顶向下的构建模式，先构建本体，再进行实体学习，最后将知识匹配到对应的模式层中。

Neo4j 知识图谱构建的框架如图 5-6 所示，该方法通过预处理将原始数据分为结构化数据、半结构化数据和非结构化数据，利用自动化或半自动化技术从原始数据中进行知识抽取，获得包含实体、关系和属性的三元组；然后对三元组做知识整合处理，将不同来源的实体、概念、属性等连接起来，进一步融合知识；接着结合知识推理挖掘出图谱内涵的关系，对知识进行补全，同时使用错误检测和纠正技术，提高知识图谱的质量；知识更新采用主动更新与定期更新的机制，以保持知识图谱在特定时间点上的完整性和准确性。

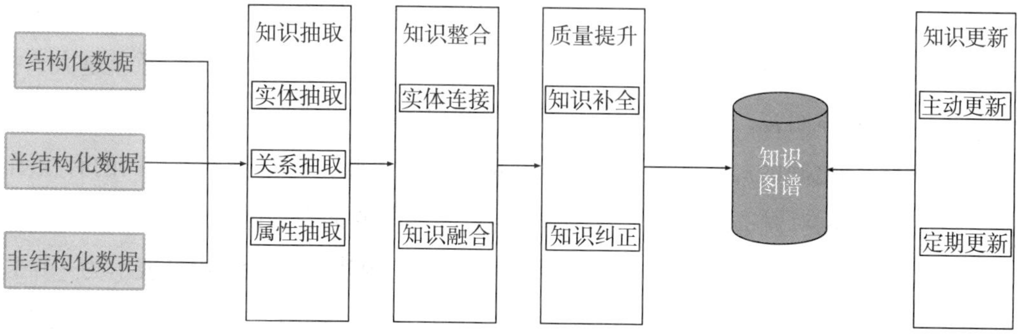

图 5-6　Neo4j 知识图谱构建的框架

下面对知识图谱构建的关键步骤做详细讨论。

①知识抽取。知识图谱构建的第一个阶段是知识抽取。用于知识提取的数据源主要有三类，即结构化数据、半结构化数据和非结构化数据。结构化数据是指具有严格数据模型结构的数据，如存储在表格和关系数据库中的数据。半结构化数据是指具有一定结构但并不十分严格的数据，如 xml 数据。非结构化数据通常是指没有预先定义的数据模型的信息，如文本数据。

②知识整合。大多数知识图谱的构建会从不同的来源抽取数据，因此有必要对这些异质的数据进行整合。有些知识图谱只选择连接数据，即连接不同来源的等价实体、概念、属性等；有些则可能在数据连接后进一步融合数据，从而排除错误，保障数据的质量。

③质量提升。很多用于构建知识图谱的数据源（如维基百科、百度百科等）都是自由编辑的，导致知识图谱中数据的正确性无法得到保障。因此，通过错误检测和纠正

技术来提高知识图谱的数据质量是非常必要的。此外，知识补全也是提高数据质量的重要手段，可以进一步提高知识图谱的完整性。

④知识更新。由于新实体会不断出现在新闻和其他网络流中，现有实体的数据可能随着时间的推移而改变，因此更新机制对于保持知识图谱在特定时间点上的完整性和准确性非常重要。

2. Text-Rank 算法

Text−Rank 算法是在 Google 的 Page−Rank 算法的基础上提出的基于图模型的排序算法，目前被广泛应用于关键词提取领域。Text−Rank 算法的核心来自节点投票，节点即为文本中的词或短语，投票动作相当于两个节点之间的边，由此产生的有权图被用来计算节点在投票中的排名。如果关键词所代表的节点与其他节点有更高的相关性，那么该关键词就会被映射为更高的值。换言之，投票的节点越重要，投票的权重就越大，排名就越靠前。具体而言，Text−Rank 算法会先将目标文本划分为若干个有意义的词或短语，利用词与词之间的局部联系来确定候选词之间的关联，构建基于候选词的有权图；然后利用投票机制对候选词进行排序，并选定排名靠前的词为关键词。

在基于 Text−Rank 算法的关键词抽取的实现中，构建的模型一般可表示为一个以词或短语为图中的文本单元节点、以词语之间的相似度为各个节点之间的联系形成的图模型，如图 5−7 所示。

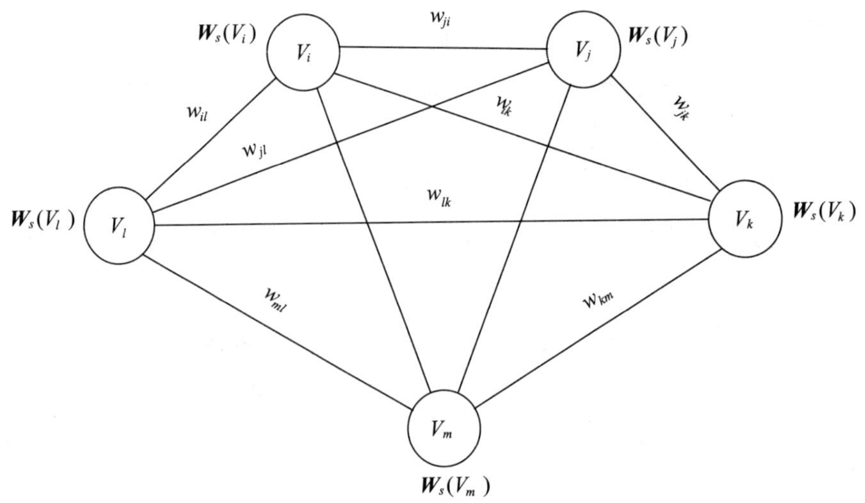

图 5−7　Text−Rank 图模型

图 5−7 中不同节点之间的联系表示为 w，对于某个节点 V_i 而言，指向该节点的集

合及该节点指向其他节点的集合分别表示为 In（V_i）和 Out（V_i），节点 V_i 权重的计算公式如下：

$$W_s(V_i)=(1-\mathrm{d})+\mathrm{d}\times\sum_{V_j\in \mathrm{In}(V_j)}\frac{\omega_{ji}}{\sum_{V_k\in \mathrm{Out}(V_j)}\omega_{jk}}W_s(V_j) \tag{5-1}$$

式中：W_s（V_i）为节点 V_i 的权重；W_s（V_j）为上次迭代后的节点 V_j 的权重；ω_{ji} 为节点 V_j 与节点 V_i 之间的相似度；系数 d 为某节点指向另一节点的概率，一般取值为 0.85。对于图 5-7 中各个文本单元的权重计算，该算法会赋予图中相应节点一个初始权重值，然后利用公式迭代计算直到收敛，即图中任意节点间的误差率小于极限值 0.000 1。

Text-Rank 算法作为关键词提取领域中的经典算法，其实现的一般基础为图模型的构建，在抽取文本摘要、关键词时不需要进行人工标注文本数据集的训练，可将文本抽象成图模型并结合文本的词句结构，实现过程较为简单，应用的场景十分广泛，具有一定的有效性与普适性。

3. 遗传算法

遗传算法是基于自然选择和遗传学机制的搜索优化算法，源自孟德尔的遗传定律和达尔文的进化论，由美国密歇根大学教授 John Holland 及其学生在 1975 年首先提出。

生物理论提出，生物个体的各种生命形式是由一些基因共同决定的。同一种群中的不同生物个体往往具有不同的基因，因此对外部环境的适应能力亦有差别。基于自然选择的结果，一些适应能力较差的个体会被淘汰，而适应能力较强的个体会存活下来并进行繁殖，因此更能适应环境的基因就有更大的概率传给下一代。一般情况下，后代的平均适应能力普遍强于父辈。基因在从父辈传给子代的过程中，一部分基因可能会发生变异，从而在子代中产生新的基因，这种变异是随机的，可能会提高或降低子代个体的适应能力。

遗传算法以生物理论为基础，对一个问题的解空间进行编码，将每一个编码作为一个个体，并将潜在的解作为种群，在环境的影响下通过选择（selection）、交叉（crossover）和变异（mutation）进行代际繁殖。由于后代一般比父代的环境适应力强，因此算法最终可以获得问题的较优解。其中，编码中的每一位代表一个基因；环境影响由适应度函数模拟实现，适应度函数是衡量一个解的优劣程度的函数，通常以目标函数本身或其修改后的形式表示；选择也被称为选择算子，是参考适应度函数，根据预先选择的策略从父代中随机选择一些个体保留下来，剩余的个体则被淘汰的过程；交叉是指遵循自然界中基因传递的过程交配，通过交换两个父代个体中某些对应位置上的基因以产生新的子代，从而对存活下来的父代个体的某些基因进行优化组合的过程；变异是指编码的某些位置上的基因以一定的概率发生变化的过程。遗传算法由参数编码、初始化群体、适应度函数的设计、遗传操作设定和控制参数设置五个核心内容组成，具体的算法流程如图 5-8 所示：首先构建个体编码（即参数编码），以给出所考虑问题的潜在解空间；接着根据问题规模，随机设定初始种群大小，该种群由一定数量的可行的编码解空间组成；然后对单个个体进行适应度评估，利用选择算子选择一对双亲个体，每一对双亲个体执行交叉算子从而产生子代个体，子代个体执行变异算子产生新的个体，再利用适应度函数评估子代个体的适应度，适应度水平较高的个体将被给予更多的繁殖机会；最后根据设定的迭代条件终止算法，输出最佳解决方案。

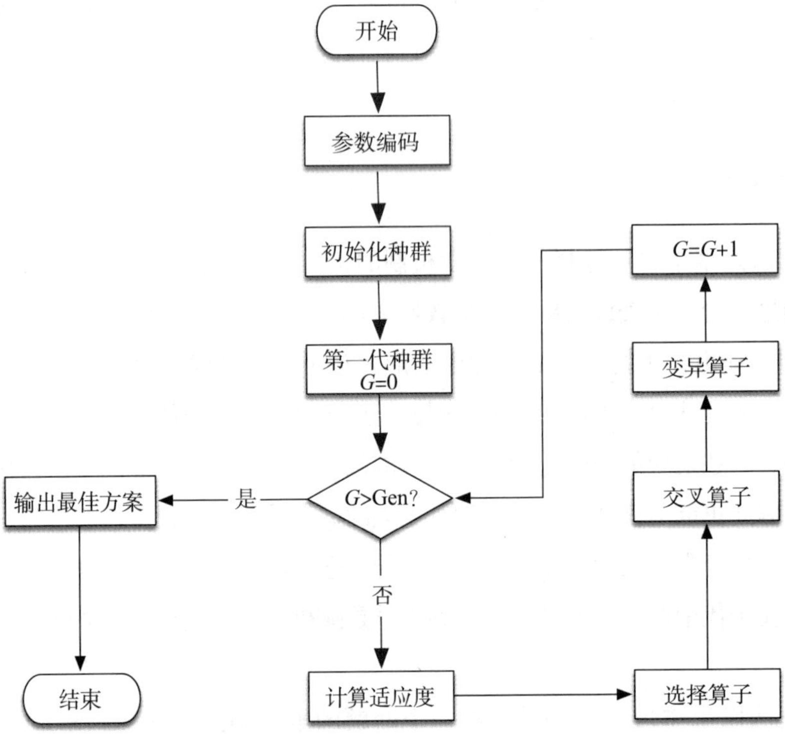

图 5-8　遗传算法流程图

（1）遗传算法的主要步骤。遗传算法的主要实施步骤包括编码、初始化种群、适应度评估。

①编码。设计遗传算法中一个重要环节就是对所求解的问题的变量进行编码，编码方案的选择很大程度上取决于问题的性质及遗传算子的设计。许多结构复杂的问题可

以用简单的位串形式编码表示，此过程称为编码（coding）；相反，将位串形式编码转换为原问题结构的过程为解码（decoding）。

遗传算法采用二进制编码（binary encoding）、浮点数编码和符号编码等方式表示种群中的每个个体。

二进制编码的原理是将问题的解空间映射到位串空间上进行遗传操作，再利用解码过程还原成表现型以进行适应度的评估。在二进制编码过程中，算法要先确定二进制位数的长度 L, L 依赖于变量的定义域和计算所需的精度。当变量不止一个分量时，算法可以对各分量分别编码，然后合并成一个长串。解码过程只需根据对应的子串进行解码即可。由于二进制编码可使解码过程变得简单，能够简化交叉、变异的操作过程，因此遗传算法通常采用二进制编码描述种群个体的具体基因型。

浮点数编码的方法可将求解问题的每条染色体用某一范围内的浮点数表示，编码的长度等于问题变量的个数。由于此种编码方式使用的是真实值的变量，因此浮点数编码也称为实数编码。浮点数编码适用于一些多维的、精度要求高的连续函数优化问题。

符号编码方法是指染色体编码串中的基因值取自一个无数值含义而只有代码含义的符号集。符号集既可以是一个字母表（如 {A, B, C, D, …}），还可以是一个数字序号表（如 {8, 4, 9, 12, …}），也可以是一个代码表（如 $\{C_1, C_2, C_3, C_4, \cdots\}$ 等）。

②初始化种群。遗传算法一般采用随机初始化方法创建初始种群的规模，此举可减少种群中的偏差。初始种群中应当包含多组染色体，使潜在的可能解决方案具备多样性，保证足够大的搜索空间，从而确保最终能够在搜索区域中找到最佳解决方案。

③适应度评估。通常，适应度被称为个体相对于整个群体的表现，适应度函数一般采用目标函数或者目标函数的某种变式来衡量候选解的优劣。在完成初始化后，当前种群中的每条染色体都会被评估适应度，算法会根据适应度的值选择种群中比较出色的染色体作为父代进行繁殖。对于某些非数值优化问题，算法一般将其描述为求解某个目标函数的最大（小）值问题，如在设计和训练人工神经网络时，可将误差函数作为目标函数，这样问题就转换为寻找使网络误差函数最小的数值。

（2）遗传操作算子。完成种群的初始化之后，算法需利用遗传操作算子迭代产生优质的个体来组成新的子代，其中遗传操作算子主要包括选择算子、交叉算子、变异算子。

①选择算子。选择算子（selection operator）是一种在种群中选择个体的方法，可应用适应度函数计算出种群中每个个体的适应度，利用该值作为个体优劣与否的判断条件。根据使用的选择方法的不同，对种群个体优劣的判断条件也不同。遗传算法中常见的选择方法包括轮盘赌选择（roulette wheel selection）和锦标赛选择（tournament selection）等。

轮盘赌选择方法的策略是根据个体的适应度计算每个个体出现在后代中的概率，并依照此概率随机选择个体组成后代群体。在该方法中，每个个体被选择的概率与其适应度成比例。设种群规模为 n，个体 i 的适应度为 $f(i)$，整个种群总适应度的计算公式如下：

$$\text{种群总适应度} = \sum_{i=1}^{n} f(i) \tag{5-2}$$

每个个体被选中的概率如下：

$$P(i) = \frac{f(i)}{\sum_{i=1}^{n} f(i)} \tag{5-3}$$

概率 $P(i)$ 表示个体的适应度在整个种群适应度中所占的比例，个体适应度越大，概率 $P(i)$ 就越大，个体被选中的概率也就越高。

轮盘赌选择策略的原则是适应度越好，个体被选中的概率就越高。因此，算法在求解最大化问题时，可以直接使用适应度进行选择。然而，在解决最小化问题时，算法须先将问题的适应度函数转化为最大值问题。

使用锦标赛选择策略对种群个体进行选择时，算法每次会取出一定数量的个体，并选择其中的最佳个体进入后代种群，重复该操作，直到新的种群规模达到原来的种群大小。其步骤如下：第一，确定每次选择的个体数量 s；第二，从种群中随机选择 s 个个体（每个个体被选择的概率相同）组成一个群体，根据每个个体的适应度，选择适应度最好的个体进入子代种群；第三，重复步骤二 N 次，所得个体形成新一代的种群。

值得一提的是，锦标赛选择法每次从 s 个个体中选择最佳的个体进入子代种群，因此该方法既可用于最大化问题，也可用于最小化问题，而不像轮盘赌选择方法，在解决最小化问题时需要转换适应度的值。

②交叉算子。交叉的概念可以理解成信息的交换，通常需要一对个体（双亲）作为父代，在该对个体对应的编码串中选择一个交叉点，利用交换信息的过程产生后代，类似基因重组的过程。遗传算法中常用的交叉方法有单点交叉、两点交叉、多点交叉和均匀交叉。

单点交叉又称简单交叉，通常指在个体编码串中随机设置一个交叉点，在该点交换两个父代的部分染色体。单点交叉过程如图 5-9 所示。

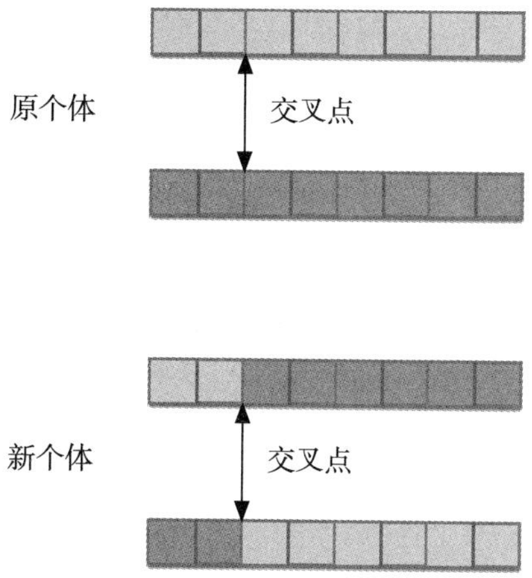

图 5-9　单点交叉示例图

两点交叉与单点交叉类似，只不过交叉点设置为两个。两点交叉过程如图 5-10 所示。

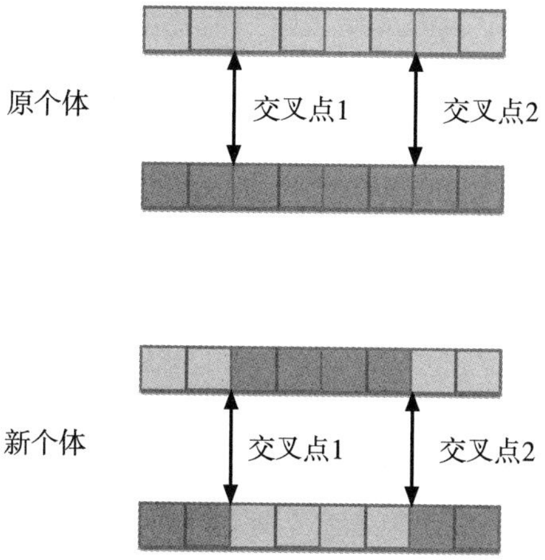

图 5-10　两点交叉示例图

多点交叉又称广义交叉，指在个体编码串中随机设置多个交叉点进行基因交换，其操作过程与单点交叉及两点交叉类似。若用参数 c 表示交叉点，当 c=1 时，多点交叉为单点交叉；当 c=2 时，多点交叉则为两点交叉。

均匀交叉又称一致交叉，指依靠概率交换一对父代个体间的每个基因位上的基因。具体过程是随机产生一个与父代个体基因串同样长度的二进制串，若交换用 1 表示，则不交换用 0 表示；以此二进制串为交叉模版，根据模版对两个父代基因串进行交叉，形成的两个新的个体即为子代新个体。

③变异算子。变异算子的本质是向个体输入新的信息，以提高算法的随机搜索能

力并维持种群的多样性。然而，需要注意的是，算法要保障引入新信息的来源，避免个体陷入局部最优。遗传算法中常用的变异算子包括基本变异算子、均匀变异算子和正态变异算子等。

基本变异算子是最简单、基础的变异操作算子，具体操作过程如下：对种群中的基因串随机挑选 c 个基因位置，并对位置上的基因值以变异概率 M_p 取反。例如：在二进制编码中，算法会随机选择个体的一位执行变异算子，即改变该位的值，将 0 换为 1 或将 1 换为 0，以产生一个新的个体。

均匀变异算子主要针对浮点数编码方式，指的是分别用符合某一范围内均匀分布的随机数，以一定的概率替换个体编码串中各个基因位置上原本的基因值。设 $X=(x_1, x_2, x_3, \cdots, x_k, \cdots, x_m)$ 是种群中的一个个体，算法会对 X 进行均匀变异操作时，会在个体 X 中随机选择一个分量 x_k，在定义的取值范围 $[a_k, b_k]$ 中随机选择一个数 x_k' 替代 x_k 得到新的个体 Y，即 $Y=(x_1, x_2, x_3, \cdots, x_{k'}, \cdots, x_m)$。

正态变异算子最初是在进化策略中首先使用的，与均匀变异算子的使用方法略有差异。该方法首先在个体 X 中随机选择选择一个分量 x_k，该分量的选择服从正态分布 $N(x_k, \sigma)$，而不是在一个定义的取值范围 $[a_k, b_k]$ 中均匀随机选取一个 x_k' 替代 x_k 得到新的个体。

（3）遗传算法的特点。遗传算法作为一种模拟生物进化过程的优化算法，与传统的搜索算法相比，具有以下特点：

①遗传算法基于种群的并行搜索策略，能够充分利用多处理器系统的优势，尽可能覆盖解空间的区域，进一步加快搜索的过程，从而提高收敛于全局最优解的概率。

②遗传算法不需要借助求导等外部信息，可直接根据适应度函数进行搜索，避免了一系列条件的限制，因而可以应用于多个领域，如车间调度问题、航空控制系统优化问题以及人工神经网络。

③遗传算法不仅可以在线性空间中搜索最优解，还可以通过交叉和变异等操作，跳出当前局部最优解，在非线性空间中搜索全局最优解，具备强大的非线性搜索的能力。

④遗传算法具有自组织、自适应、自学习和多样性特点，在进化过程中会淘汰劣等的个体，选择适应度优秀的个体，保留种群的多样性，避免过早陷入局部最优解。

4. 粒子群优化算法

粒子群优化算法（particle swarm optimization, PSO）是一种类似遗传算法的进化计算方法，最初由 Kennedy 和 Eberhart 于 1995 年共同提出，该算法模拟了鸟群在多维空间中共同飞行以寻找最佳地点的行为。PSO 中每一个粒子代表问题的一个候选解，粒子可以被定义为 $P_i \in [a, b]$，其中 i=1, 2, 3, ⋯, D，D 为 i 的规模上限，a 和 b 属于实数 $\mathbf{R}$。每个粒子都具有速度和位置两个属性，算法通过局部最优解和全局最优解不断调整粒子的飞行速度和位置，从而改进候选解。假设粒子群 p（t）在第 t 次迭代时包含 N 个粒子，第 i 个粒子在 D 维解空间中的位置向量表示为 $\boldsymbol{X}_i^t=(x_i^1,x_i^2,\cdots,x_i^D)$，速度向量表示为 $\boldsymbol{V}_i^t=(v_i^1,v_i^2,\cdots,v_i^D)$，局部最优解表示为 $\boldsymbol{P}_i^t=(p_i^1,p_i^2,\cdots,p_i^D)$，全局最优解表示为 G=（G_1, G_2, ⋯, G_D）。用于更新粒子速度和位置的公式如式（5–4）和（5–5）所示。

$$\boldsymbol{V}_i^{t+1}=\omega\boldsymbol{V}_i^t+c_1r_1\left(\boldsymbol{P}_i^t-\boldsymbol{X}_i^t\right)+c_2r_2\left(G-\boldsymbol{X}_i^t\right) \tag{5–4}$$

$$\boldsymbol{X}_i^{t+1}=\boldsymbol{X}_i^t+\boldsymbol{V}_i^{t+1} \tag{5–5}$$

式中：$\omega \in [0,1]$，是惯性权重的值；c_1, c_2 为学习因子，通常情况下 c_1=c_2=2；r_1, r_2 为分布在 [0,1] 区间上的随机数。

PSO 算法的伪代码如下。

粒子群优化算法

1：Initialize particle swarm parameters(positions and velocities)
2：While(Population Size)
3：{
4：Loop
5：For each particle
6：Calculate fitness value *fi*
7：If *fi* is better from the best fitness value(Pbest_i) in history then
8：Update Pbest_i = *fi*
9：End loop
10：Select the particle with the best fitness form all particles as Gbest
11：While maximum iterations or minimum error criteria is not attained
12：{
13：For each particle
14：Calculate particle velocity by equation(5–4)
15：Update particle position according to equation (5–5)
16：Next
17：}
18：}

简单而言，粒子群优化算法主要包含以下步骤：一是初始化粒子群的位置和速度；二是计算每个粒子的适应度；三是更新每个粒子的速度和位置；四是更新当前全局最优解。

在实际应用中，粒子群优化算法通常被用以解决诸如多目标优化、神经网络训练等问题。与其他优化算法相比，粒子群优化算法具有简单、易于实现和收敛速度快等优点，但是也存在一些缺点，如可能会陷入局部最优解、对参数的选择条件比较苛刻等问题。

5.2 学习路径的构建

美国哲学家、教育家杜威认为，把全班儿童笼统地视为一样，不去辨别他们的个性，绝不会有真正合于科学原理的教育发生。[①] 中国近现代教育家蒋梦麟在其博士论文中提到“欲养成适当之特才，非发展个性不为功”。这些理念都强调了因材施教的个性化教学的重要性。在传统的课堂中，教师可以根据学生学习情况的反馈有针对性地设计教学活动，提高教与学的效率，使学生能够快速、高效地掌握知识。而传统课堂中教师的精力和时间是有限的，无法兼顾每一名学生，很难做到实施一对一的、充分的、因材施教的个性化教学，尤其是当前学生数量剧增而优秀教师资源短缺的形势下，这种构想并不容易实现。

在信息化时代，互联网技术的发展极大地扩展了学习的时间和空间，学习资源得到了前所未有的丰富，学习者获取资源的途径也越来越广，学习的形式多种多样，学习正在不断打破学校的界限。以 MOOC 为代表的在线学习平台突破了传统课堂学习的空间限制，可以让几万、几十万甚至上百万的学习者同时学习，只要服务器容量不受限制，上课人数就不受限制，可实现“大规模”在线学习。MOOC 平台可提供课程资源，拥有丰富的课程信息，包括课程教学视频、课堂作业、选修要求和学习成绩等数据。Coursera、Udacity 和 edX 是国外早期创建的一批 MOOC 供应平台，各有不同的特点：Coursera 的课程和学习者数量大；Udacity 注重学习过程和体验，可提供由多门课程组成的学习路径；edX 主要与大学合作，可提供免费课程，课程内容间关系紧密。国内的 MOOC 平台起步稍晚，但发展速度快，课程和学习者数量迅速增加，截至 2017 年 10 月，注册学习者数量已突破 1 000 万。MOOC 平台虽然具备学习者规模大与课程数量多等特点，但其问题依旧突出：由于学习者与学习资源的规模庞大，平台难以做到为学习者精准推送符合其学习风格、认知水平等学习特征的学习资源，导致学习者的学习效率不高，学习目标不明确。

为解决在线学习效率不高的问题，印度 NIIT 公司基于 e-learning 的使用和实践，提出了“融合式学习”的学习方式，它是互联网与传统教育模式相融合的全新方式。融合式学习在形式上是传统的课堂面对面学习方式和以 MOOC 为核心的在线学习方式的有机结合，其本质是以学习者为中心的教育模式。融合式学习以目标达成为教育原则，倡导个性化学习和主动学习，既要充分利用互联网丰富的教育资源和便捷的交互技术，

① 王晓东，胡富珍．杜威个性化教育思想的中国化实践与启示 [J]. 河南师范大学学报（哲学社会科学版），2021，48（2）：150-156.

又要全面发挥教师在学习过程中的控制、启发和引导作用，提高学生的学习效率和学习质量，全面培养学生的个性化学习。而为学习者推荐适合其学习风格、认知水平等个性化因素的学习路径，可以有效缓解学生在网络学习过程中产生的“信息过载”和“学习迷航”等问题，通过推荐个性化学习路径改善学习效果、提高学习效率。这两个方面的研究从一定程度上可以改善在线学习效率不高的问题。

近年来，随着信息技术的快速发展，各行各业也深受其影响。2015 年，国务院发布《促进大数据发展行动纲要》，文件明确提出要大力建设教育文化大数据，要“探索发挥大数据对变革教育方式、促进教育公平、提升教育质量的支撑作用”，并正式启动了“互联网 +”和“大数据”两大发展战略。2019 年 9 月，教育部等十一部门印发的《关于促进在线教育健康发展的指导意见》提出“到 2022 年，现代信息技术与教育实现深度融合，在线教育质量不断提升，学习型社会建设取得重要进展”的发展目标，并制定了扩大优质资源供给、构建政府扶持体系、形成多元管理服务格局的工作举措，为我国在线教育的科学发展、规范发展和健康发展提供了政策支撑。2020 年 8 月，湖北省人民政府印发的《湖北省新一代人工智能发展总体规划（2020−2030 年）》中提到“推进基于人工智能的精准化教学和个性化学习，推动智能教学助手和智能学伴应用，提高教与学的效率。”由此可见，人们对信息技术的研究、发展和应用必将对教育的方方面面产生深远影响。

无论是线下传统的课堂教学还是线上的网络学习，从教育技术的角度而言，最终的着力点是实现高效率的学习，而高效率的学习如何实现呢？当前在线学习网站具有海量的学习资源，学习者很容易获取到学习资源，那么先学什么后学什么呢？按照章节目录进行学习未必就是最高效的学习路径。鉴于线下传统课堂教学的高质量、高效率的特点，本书考虑将线下学科教师的教学经验融入线上的网络学习中，为在线学习者精准推送合理、可行、高效的个性化学习路径，提高在线学习的高效性。如何将传统的课堂教学经验与线上的网络学习模式相融合，从而构建个性化的学习路径，提高学习者学习的高效性将是本书的研究重点。

本书以构建学习主义为理论基石，运用人工智能和大数据处理技术，针对当前个性化学习路径存在的不足，提出相应的改进策略。本书拟采用线上与线下优势互补的融合教学手段，首先运用大数据处理技术进行聚类分析，选出在线学习者对于某门学科学习路径的各种不同类别，然后通过教育专家的线下指导，对各种学习路径加以评价，再运用半监督机器学习方法构建优化学习路径，最后经线上将优化学习路径结合学习者自身的认知水平和学习风格等特征来为学习者精准推送合理、可行、高效的个性化学习路径。

5.2.1 问题描述

在当前的在线学习平台的课程中，课程知识点是学习过程中知识传递的基本单元，是组成基础知识的一般要素。知识点通常包括元知识点与复合知识点，元知识点指独立的一个单元，不包括其他子知识点。复合知识点则由若干子知识点组合而成。

任意一门课程可以根据其内容分解归纳成包含所有知识点的集合。例如：一本书可以分为多个章，一章可以分为若干节，以此类推，逐步分解可得到所有的元知识点。由于知识点分布于各个章节，彼此之间的关系就是相互连接的纽带，使分散的知识点形成紧密连接、完整的知识体系。因此，某一课程的所有知识点及知识点之间的关系就构建成该课程的知识图谱。

课程知识图谱是由节点及节点之间的边所组成的有向图的结构，图中的节点代表知识点，边代表知识点之间的关系。课程知识图谱是将课程所有的知识点按照彼此之间的关系连接而成的，因此知识图谱为形成具有导航功能的学习路径奠定了基础。本书设计的学习路径的生成方法首先由知识图谱得到通用学习路径，最终生成个性化的学习路径。通用学习路径的自动生成方法如图 5-11 所示，分为两部分：第一部分是知识图谱构建模块，此部分采用以机器为主、人工为辅的方式构建知识图谱；第二部分是学习路径生成模块，将第一部分知识图谱中的相关信息作为输入，结合算法实施与参数调试得到通用学习路径。

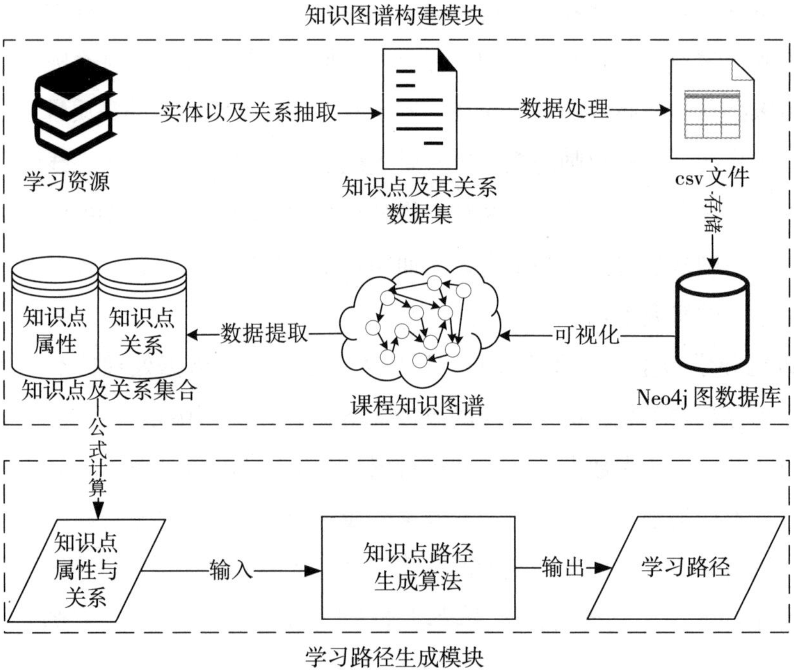

图 5-11　基于知识图谱的通用学习路径生成方法

5.2.2　通用学习路径自动生成方法

1. 课程知识图谱

为确保知识图谱构建的质量，本书采用人工设计概念层、自动提取关键词以及由学科专家手动筛选知识点及知识点间关系的方法构建课程知识图谱。此外，本书还充分考虑了知识图谱中实体类型、属性及关系，设计出知识图谱的模式层，其结构如表 5–2 所示。

表 5–2　知识图谱模式层结构

实体类型	属性名称	关系类型
知识点	ID	父子关系 兄弟关系
	名称	
	重要度	
知识点	难度	父子关系 兄弟关系
	中心度	
	拓扑层级	

由于知识特征的最优学习路径规划（节点排序）研究的关键是节点之间的关系（如知识点的难度、中心度及关系权重的确定等），因此本书在设计学习路径自动生成方法时，充分考虑了知识点在知识图谱中的属性及关系。知识点之间通常存在两种关系：父子关系及兄弟关系。

（1）父子关系。父子关系又称包含关系，用于描述知识点之间整体与局部的关系，一般指一个复合的知识点可以分解为几个子知识点。能够被划分的知识点称为父知识点，不能被划分的知识点称为子知识点，具体关系如图 5–12 所示。

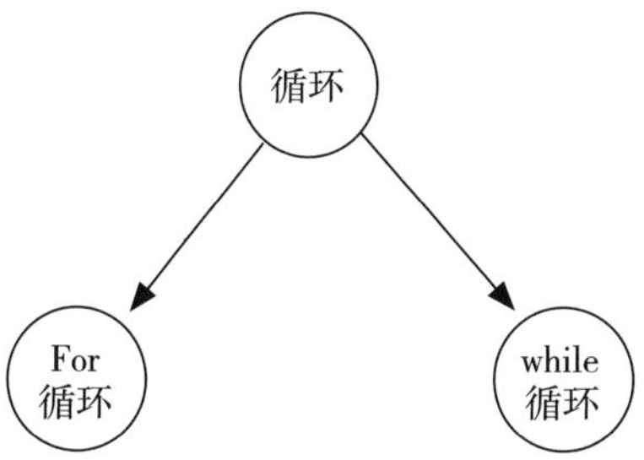

图 5–12　知识点的父子关系

（2）兄弟关系。兄弟关系也叫平行关系，用于描述处在同一层面上的多个知识点，且知识点之间不存在任何依赖关系，具体关系如图 5-13 所示。

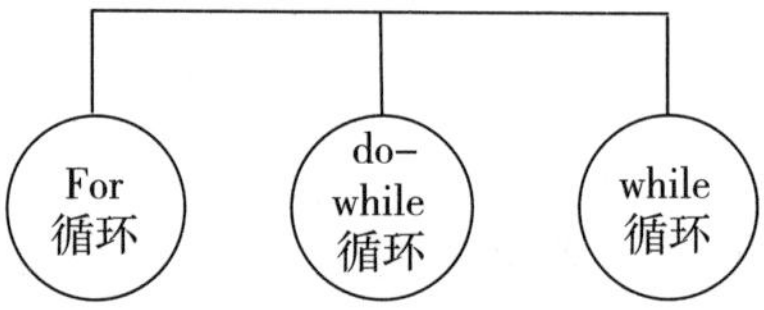

图 5-13　知识点的兄弟关系

在知识点属性方面，除 ID 和名称属性外，本书还添加了知识点的重要度、难度、中心度和拓扑层级四个属性，即 $\text{Knowledge}_{\text{kpi}}=\{\text{ID}_{\text{kpi}}, \text{Name}_{\text{kpi}}, \text{Imp}_{\text{kpi}}, \text{Diff}_{\text{kpi}}, \text{Cent}_{\text{kpi}}, \text{Tp}_{\text{kpi}}\}$，以此丰富知识图谱模式层的构建，提高知识图谱设计的质量。

2. 学习路径生成算法

本书设计了知识点拓扑排序算法，按照知识点的重要度由高到低、难度由易到难、中心度由大到小和拓扑层级由浅至深的原则，结合知识图谱的结构及知识点间的关系对知识点进行排序，生成通用学习路径。

以下为知识点属性特征值的计算：

（1）知识点重要度。本书利用 Text-Rank 关键词提取算法对文本资源进行处理，得到知识点集合及知识点重要度。

（2）知识点难度。知识点难度输入的参数是所有学习过该知识点的学习者的平均练习和测试的成绩。计算公式如下：

$$\text{Diff}\left(V_i\right)=\omega_1\times\text{Sco}\left(V_i\right)+\omega_2\times\text{Rep}\left(V_i\right)+\omega_3\times\text{Com}\left(V_i\right) \tag{5-6}$$

式中：ω_1，ω_2，ω_3 为输入参数的权重；Sco（V_i）、Rep（V_i）和 Com（V_i）分别为知识点 V_i 的平均测试分数、平均重复学习次数及平均评论次数。Diff（V_i）值越大，代表知识点 V_i 就越难掌握。本书参考课程要求并根据 Diff（V_i）值将知识点分为了解、理解、掌握与应用四个等级。

$$\text{Sco}(i)=\frac{\sum_{j=1}^{N_i^h}\text{sco}_{ij}}{N_i^h} \tag{5-7}$$

$$\text{Rep}(i)=\frac{\sum_{j=1}^{N_i^h}\text{rep}_{ij}}{N_i^h} \tag{5-8}$$

$$\mathrm{Com}(i)=\frac{\sum_{j=1}^{N_i^h}\mathrm{com}_{ij}}{N_i^h} \tag{5-9}$$

式（5-7）、（5-8）和（5-9）中，N_i^h 为学习了第 i 个知识点的学习者总数；sco_{ij}、rep_{ij} 和 com_{ij} 分别为第 j 个学习者对第 i 个知识点的测试分数、重复学习次数和评论次数。

（3）知识点中心度。在当前的研究中，中心度的定义并不唯一，一般认为中心度是具有高度连接的节点。本书根据知识图谱的性质及学习规律，将知识点中心度定义为知识点在知识图谱中的影响力的大小，利用知识点的入度与出度的比值计算知识点的中心度，比值越大，说明知识点的中心度越高，对后续学习的贡献越大。知识点入度与出度的定义如下：

$$\begin{cases}\text{入度：知识点}V_i\text{一阶前驱知识点}\\ \text{出度：知识点}V_i\text{一阶后继知识点}\end{cases} \tag{5-10}$$

知识点的中心度计算公式如下：

$$C(V_i)=\begin{cases}1, \left|\mathrm{Suc}(V_i)\right|=0\text{或}\left|\mathrm{Pre}(V_i)\right|=0\\ \dfrac{\left|\mathrm{Suc}(V_i)\right|}{\left|\mathrm{Pre}(V_i)\right|}, \text{其他}\end{cases} \tag{5-11}$$

式中：$C(V_i)$ 为节点 V_i 的入度与出度的比值；$\mathrm{Pre}(V_i)$ 为知识点 V_i 的一阶前驱知识点集合；$\mathrm{Suc}(V_i)$ 为知识点 V_i 的一阶后继知识点集合。

（4）知识点拓扑层级。知识点拓扑层级用以描述知识点在图谱网络中的位置深度，深度越深代表需要掌握的先验知识越多。知识点拓扑层级可根据知识图谱的结构设计直接获取。

本书利用上述属性值计算知识点排序指标 W_{kpi}，如式（5-12）所示。

$$W_{\mathrm{kpi}}=\omega_{\mathrm{imp}}\times\mathrm{Imp}_{\mathrm{kpi}}+\omega_{\mathrm{diff}}\times\mathrm{Diff}_{\mathrm{kpi}}+\omega_{\mathrm{cent}}\times\mathrm{Cent}_{\mathrm{kpi}}+\omega_{\mathrm{tp}}\times\mathrm{Tp}_{\mathrm{kpi}} \tag{5-12}$$

式中：$\mathrm{Imp}_{\mathrm{kpi}}$、$\mathrm{Diff}_{\mathrm{kpi}}$、$\mathrm{Cent}_{\mathrm{kpi}}$、$\mathrm{Tp}_{\mathrm{kpi}}$ 分别为知识点 kpi 的重要度、难度、中心度与拓扑层级；ω_{imp}、ω_{diff}、ω_{cent}、ω_{tp} 为人工赋予的属性权重值。

将知识图谱中的关系以矩阵的形式显示，矩阵列中主要记录的是知识点的 ID、知识点之间的连接关系、知识点的重要度、知识点的难度、知识点的中心度及拓扑层级。矩阵表示如下：

$$\boldsymbol{E}=\left[\mathrm{ID}_{\mathrm{kpi}},\mathrm{Relations}_{\mathrm{kpi}},\mathrm{Imp}_{\mathrm{kpi}},\mathrm{Diff}_{\mathrm{kpi}},\mathrm{Cent}_{\mathrm{kpi}},\mathrm{Tp}_{\mathrm{kpi}}\right] \tag{5-13}$$

此外，知识点连接关系层级并不一致，相关关系的后继知识点可能是包含关系，也可能是平行关系，且知识点下所学知识点的维度也不一致。因此，本书采用“-”表示连接多阶状态，示例如下：

$$\boldsymbol{E}'=\begin{bmatrix} 6 & 1\,7\,7\,2 \\ 6-1 & 2\,4\,6\,1 \\ 6-1-1 & 2\,3\,4\,1 \\ 6-2 & 1\,8\,8\,1 \\ 7 & 1\,9\,6\,2 \\ 7-1 & 2\,6\,5\,1 \end{bmatrix} \tag{5-14}$$

本书根据知识点之间存在的各种类型的关系，并结合其重要度、难度、中心度和拓扑层级映射到知识图谱中，基于知识图谱学习路径的深度优先生成策略，从起始知识点出发，以深度优先遍历原则访问起始知识点的一阶相邻知识点，在遍历分支上的所有知识点后，选择另一分支中未被访问过的知识点，重复上述步骤，直至遍历图中所有知识点。遍历过程如图 5-14 所示。

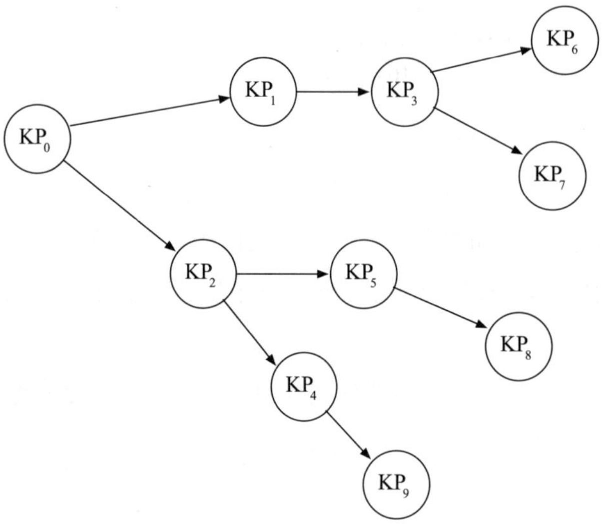

图 5-14　基于知识图谱学习路径的深度优先生成过程实例

本书基于知识图谱的深度优先算法对知识点进行遍历，先依据知识点的重要性选择起始知识点，获取其一阶知识点并放入队列中，判断该知识点是否存在出度，若存在，则遍历该知识点的所有子知识点，如图 5-14 所示，知识点 KP_2 存在出度，有子知识点 KP_4 和 KP_5；然后根据中心度判断知识点访问的先后顺序，可见 KP_4 和 KP_5 的中心度相同，此时可基于知识点难度排序，假设 KP_5 比 KP_4 更难掌握，则将 KP_5 放到队列中，以 KP_5 为立足点，继续循环上述操作，直到遍历该分支所有知识点并放入队列中；最后回溯到知识点 KP_2，以 KP_8 为出发点，完成遍历操作。按照此算法遍历知识图谱中所有的知识点，最终可得到所有待排序的知识点集合 KG。算法流程如图 5-15 所示。

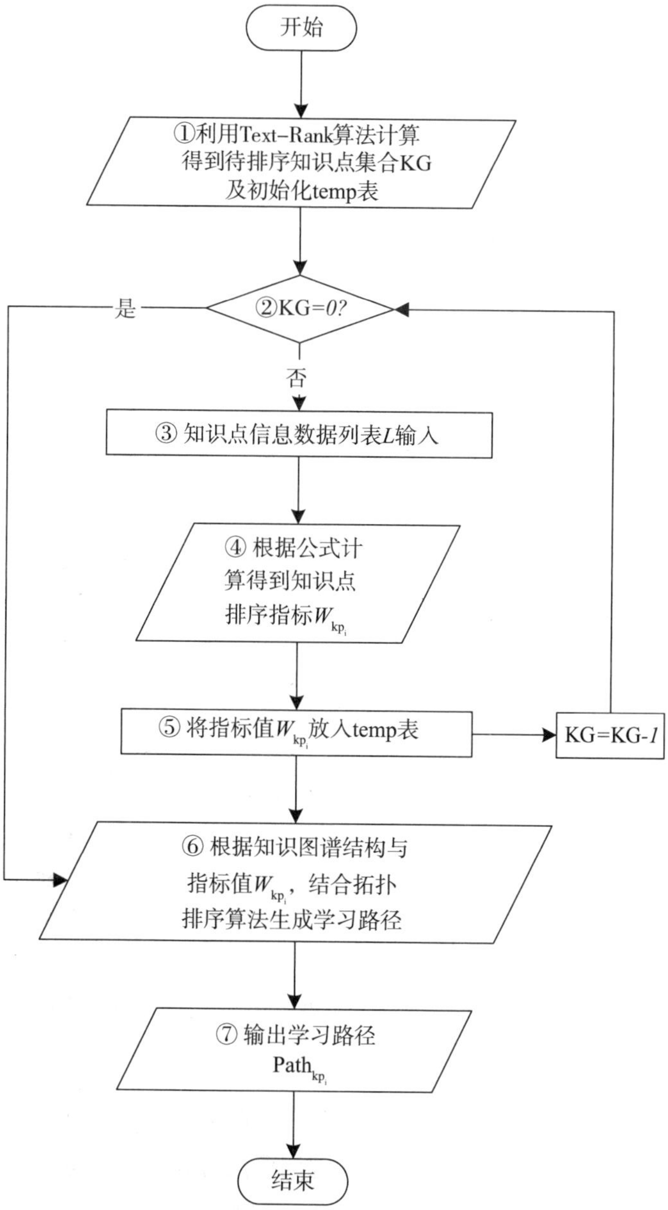

图 5-15　通用学习路径生成算法流程图

如图 5-15 所示，待排序知识点集合为 KG，本书将知识图谱中所有知识点都列为待排序的知识点集合，并且为了后续的分析与计算，本书指定了一个初始知识点 KP_0；知识点及关系的三元组列表 L 可直接从 Neo4j 图数据库中导出，列表 L 的记录信息为（KP_m，R，KP_n），表示知识点 KP_m 与 KP_n 的关系为 R；知识点重要度、难度、中心度与拓扑层级属性特征数据分别为 Imp_{kpi}、$Diff_{kpi}$、$Cent_{kpi}$、Tp_{kpi}，知识点排序指标为 W_{kpi}；本书结合知识图谱及知识点属性特征数据，利用拓扑排序算法生成学习路径；最后，算法的输出为通用的学习路径 $Path_{kpi}$，$Path_{kpi}$=（KP_1，KP_2，…，KP_n）。

5.2.3 实验结果及分析

实验环境及设备工具的选择对实验结果有较大的影响，为了尽可能产生较好的实验效果，本书主要使用的系统开发环境如表 5-3 所示。

表 5-3 实验环境及开发工具

实验环境	开发工具	信息
硬件环境	操作系统	Win 10
	处理器	i5-10500 CPU@3.10 GHz
	机带 RAM	16.0 GB
软件环境	Java软件	JDK11
	编译软件	IntelliJ IDEA 2020.3.2
		PyCharm 2021.1.1
		Jupyter Notebook
	数据库	Neo4j-communtiy-4.2.7

本书从 MOOC 学习平台上选取了本校本科必修课程“C 语言程序设计”，将其处理后转为文本数据，利用 Text-Rank 提取关键词算法得到 500 个待排序知识点集合及其重要度 Imp_{kpi}，经筛选后添加知识节点关系属性，同时结合专业课程书籍将知识点与知识点之间的关系整理成 CSV 文件，并将文件导入 Neo4j 图数据库中形成可视化的知识图谱，如图 5-16 所示。此外，本书还收集了 2020—2021 学年第一学期本校经济管理

学院旅游管理和物流管理两个班级的学生学习此课程时的行为数据及其在超星学习通平台上的作业成绩。

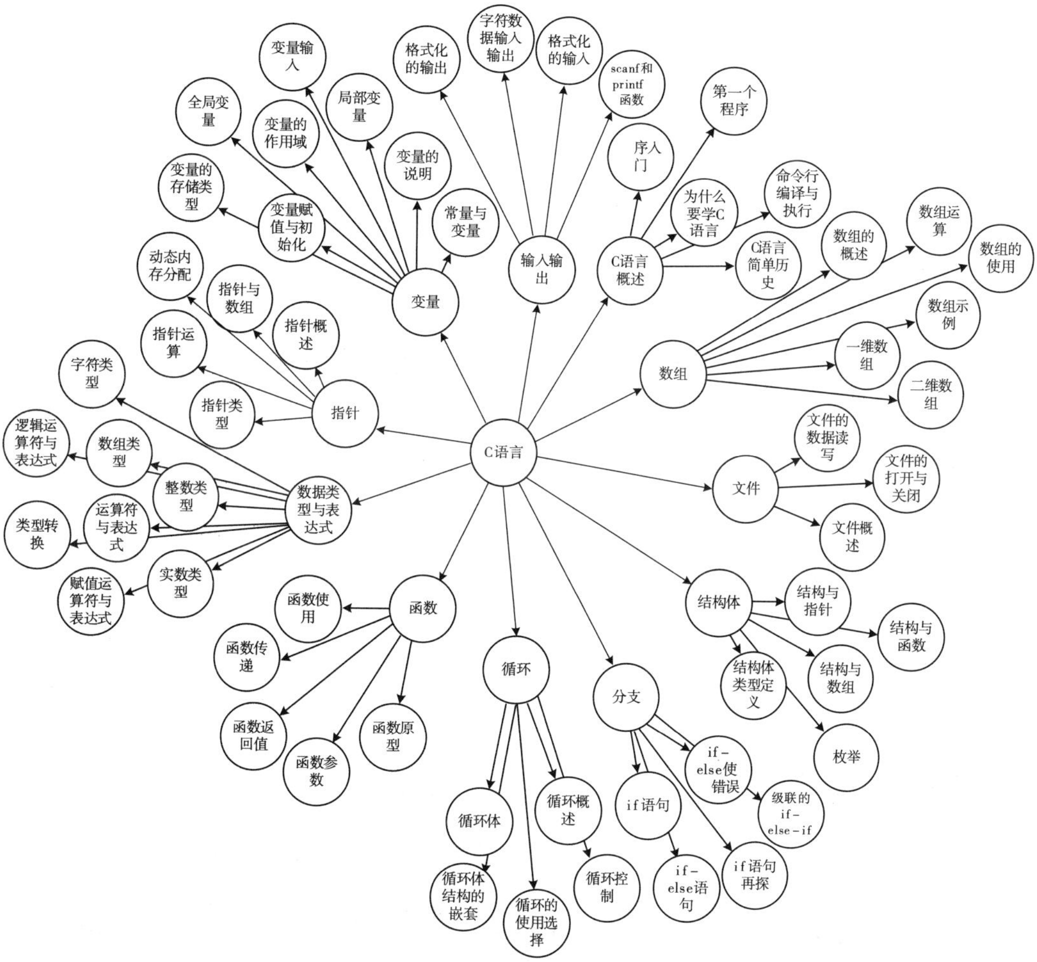

图 5-16　“C 语言程序设计”知识图谱

本书根据知识图谱中知识点属性及知识点之间的关系，分别计算得到知识点难度、中心度、拓扑层级属性特征值，利用公式（5-7）计算并调试参数后得到知识点排序指标，其计算结果如表 5-4 所示。

表 5-4　属性特征及排序指标的值

ID	名称	Imp_{kpi}	$Diff_{kpi}$	$Cent_{kpi}$	Tp_{kpi}	W_{kpi}
0	C语言	10.00	10.00	10.00	10.00	10.00
3	C语言概述	9.90	10.00	6.00	6.50	7.30
23	变量	9.08	5.00	6.00	9.00	7.08

续 表

ID	名称	Imp_{kpi}	$Diff_{kpi}$	$Cent_{kpi}$	Tp_{kpi}	W_{kpi}
45	表达式	4.40	5.00	6.00	9.00	6.54
51	指针	5.16	5.00	3.00	1.30	5.87
...	…	…	…	…	…	…

本书结合上述步骤，并使用设计的知识点拓扑排序算法自动生成基于知识图谱的通用学习路径，将路径可视化后如图 5-17（a）所示。

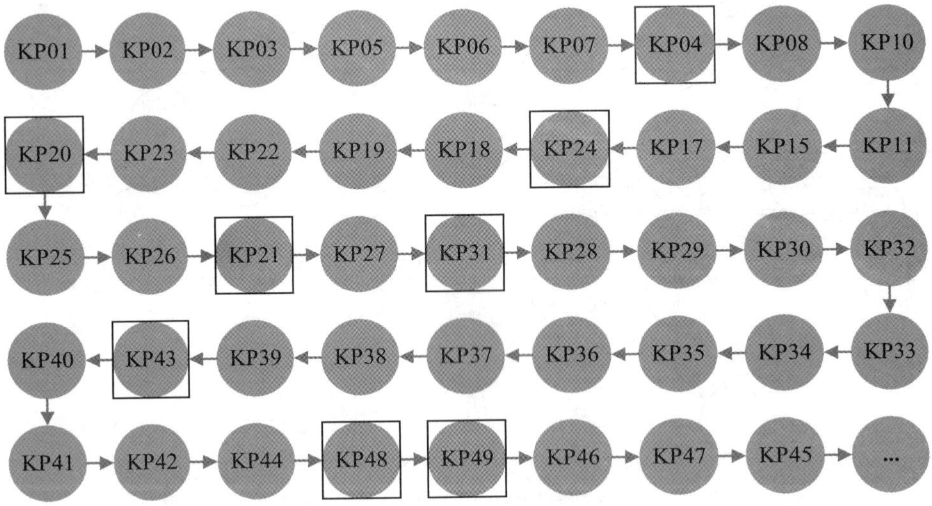

（a）自动生成路径

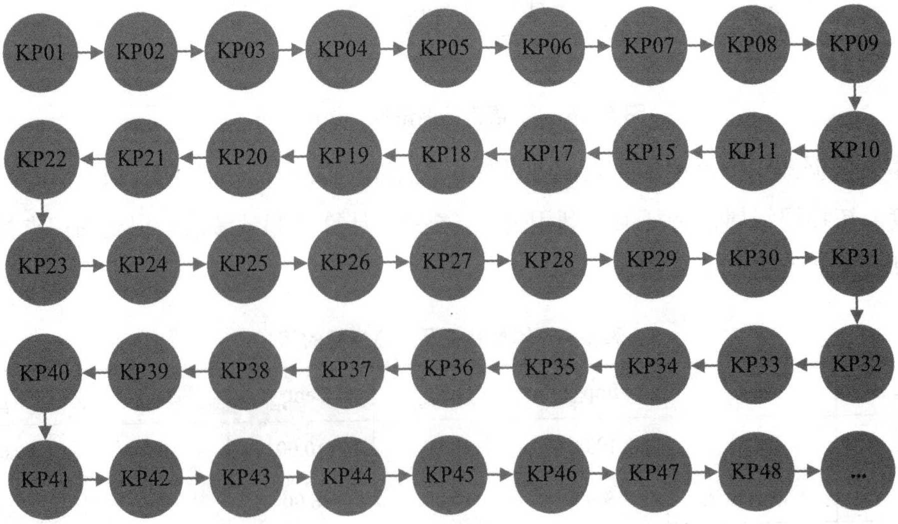

（b）专家路径

图 5-17 基于学习图谱的通用学习路径

本书同时邀请相关领域专家对知识点进行了路径设计，生成了专家路径，如图 5-17（b）所示。

完成算法实现与参数调试后，为达到通用学习路径自动生成的质量，本书采用路径相似度计算方法，将自动生成路径与专家规划的路径做比对。路径相似度计算公式如下：

$$\text{sim}(\text{path}_{ep}, \text{path}_{at}) = \frac{KP_{matched}}{KP_{total}} \tag{5-15}$$

式中：path_{ep}、path_{at} 分别为专家路径与自动生成路径；$KP_{matched}$ 为专家路径与自动生成路径相匹配的学习路径知识点的个数；KP_{total} 为学习路径知识点的总数。本书利用式（5-10）计算得到自动生成的学习路径与专家规划的路径相似度达到 81.94%，说明本书设计的基于知识图谱自动生成的学习路径的规划方法是可行的。

此外，本书还利用学习路径评估指标 fitness，进一步检验了自动生成路径的质量。fitness 评估指标的计算公式如下：

$$\text{fitness} = \sum_{i=1}^{q-1} \text{penalty}_{adj}(KP_{path_i}, KP_{path_{i+1}}) + \sum_{i=1}^{q-1} \sum_{j=i+1}^{q} \text{penalty}_{order}(KP_{path_i}, KP_{path_j}) \tag{5-16}$$

式中：penalty_{adj} 为学习路径违背知识点间相邻原则的数量；penalty_{order} 为学习路径违背知识点先修后继原则的数量。学习路径违背规则的数量越少，fitness 数值就越小，说明路径生成的质量就越高。根据式（5-16）计算的专家路径与自动生成路径的 fitness 评估指标如表 5-5 所示。可见，自动生成路径的 fitness 值偏小，与专家路径的 fitness 指标值差距也较小，说明自动生成路径的质量较高，接近专家设计路径的水准。

表 5-5　fitness 指标结果

课程	知识点数量	专家路径	自动生成路径
C语言程序设计	72	10	13

以上两种方法生成的路径评测表明，本书设计的基于知识图谱的通用学习路径的自动生成方法是合理的、可解释的，且路径生成的质量较高。

与采用多重智能型算法生成的个性化学习路径相比，通用学习路径的生成受到稀疏问题的影响较小，无须事先得到大量学习者信息；本书应用 Text-Rank 算法与使用 BiLSTM+CRF 模型进行实体抽取相比，直接获取了知识节点的重要度，降低了算法的时间复杂度。

5.3 个性化学习路径构建

5.3.1 问题描述

在传统的课堂教学活动中，教师倾向于为所有学习者提供相同的学习资料，采用同样的教学方法，这种“一刀切”的做法难以顾及每个学习者的学习需求。在线学习平台改善了传统教学模式的弊端，但其效果非常有限。信息技术在教育领域的快速发展使大批专家与研究者在各种学习网站上创建了海量的学习资源，以供在线学习者完成学习任务，达成学习目标。但种类丰富、风格迥异的学习资源极易使学习者产生“信息迷航”，影响学习效果，因此如何提高在线学习者的学习效率并改善学习效果，成为时下研究的重点。

个性化学习又称适应性学习，旨在通过满足学习者的学习需求、提高学习内容之间的适应性，为学习者提供最适合的教学内容或教学活动。学习路径适应（learning path adaptation，LPA）是个性化学习中备受关注的问题之一，其存在的意义是适应学习者的需求、知识背景、学习能力、情景、动机、偏好等个性化结构，取代人工设置的僵化的、一刀切的课程结构，生成一条满足学习者偏好和需求的个性化学习路径。为此，本书需要利用个性化学习参数来确定学习者的学习特征与需求。

此外，学习路径规划属于 NP-Hard 问题，蚁群算法、遗传算法和免疫算法等进化算法是解决此类问题的常用方法。

5.3.2 个性化学习路径生成模型

1. 个性化学习参数

个性化学习参数是生成个性化学习路径的基本保障，描述了学习者的各种学习特征与需求，如学习者的知识背景、学习目标和学习风格等。本书考虑了利用不同的学习参数实现学习路径的个性化定制，常用的个性化学习参数如下。

（1）学习者的学习目标。学习目标是用于设计和规划学习过程的参数。

（2）学习者的认知水平。认知水平可以用来描述当前学习者掌握知识的能力，反映学习者对某一课程或知识点所需的知识或技能的掌握程度。

（3）学习者的学习风格。学习风格是学习者在学习过程中表现出的一贯的、最喜欢的学习方式，可能是视觉、言语、阅读或写作等风格。目前，有许多研究者提出了多个模型，用以分析并判断学习者的学习风格，如 La Garanderie、Honey-Mumford、Kolb 以及 Felder 和 Silverman。其中，Felder 和 Silverman 学习风格量表是路径个性化领域中使用较为频繁的模型，它将学习者的学习风格分为四个不同的维度，每个维度下设置了两种不同的学习特征，包括感知型与直觉型、视觉型与言语型、活跃型与沉思型、系列型与综合型，具体关系如表 5-6 所示。

表 5-6　Felder 和 Silverman 学习风格量表

维度	类型	特点
信息感知	感悟型	使用已有事实解决问题
	直觉型	学习全新的事物，创新性强
信息输入	视觉型	擅长记住看到的知识内容
	言语型	擅长记住听到或阅读的内容
信息加工	沉思型	倾向独立思考解决问题
	活跃型	积极讨论，偏好团队协作
内容理解	序列型	按照逻辑顺序解决问题
	综合型	偏好总结概括全局后找突破口

根据 Felder 和 Silverman 的理论，学习者的学习风格可由四个键值对构成，学习风格公式如下：

$$\mathrm{LS}=\left[\left(T_1,e_1\right),\left(T_2,e_2\right),\left(T_3,e_3\right),\left(T_4,e_4\right)\right] \tag{5-17}$$

式中：T_i 为学习风格的具体类型；e_i 为小于 1 的模糊值。

为获取每个维度上学习风格对应的值，Filder 和 Silverman 设计的学习风格指数调查问卷（index of learning styles, ILS）可对学习风格进行测量，问卷中共包含 44 个问题，分为四组，每组 11 道题，每个问题提供两个选项，可根据学习者的作答进行学习风格的倾向性评估。

（4）学习者的知识背景。知识背景指的是学习者在学习新的知识之前已经拥有的一组概念，是进行学习路径调整的重要前提，能够为构建适当的学习路径乃至达到更好的学习效果打下基础。

（5）学习者的可用时间。可用时间指的是学习者投入学习活动的时间。在当前的个性化学习路径规划方法中，完成一条学习路径花费的时间都是由学习系统确定的，学习者只能被动地接受，无法分配足够的时间来遵循整个路径的学习。因此，学习路径个性化的制定应当考虑学习者能够在其可用时间内高效地完成学习任务。

2. 模型构建

学习路径个性化定制的宗旨是服务于不同学习特征的在线学习者，而学习者特征是由个性化学习参数分析与量化得到的，因此个性化学习参数是构建学习者模型的重要基础与核心组成。根据个性化学习参数建构的学习者模型如图 5-18 所示。

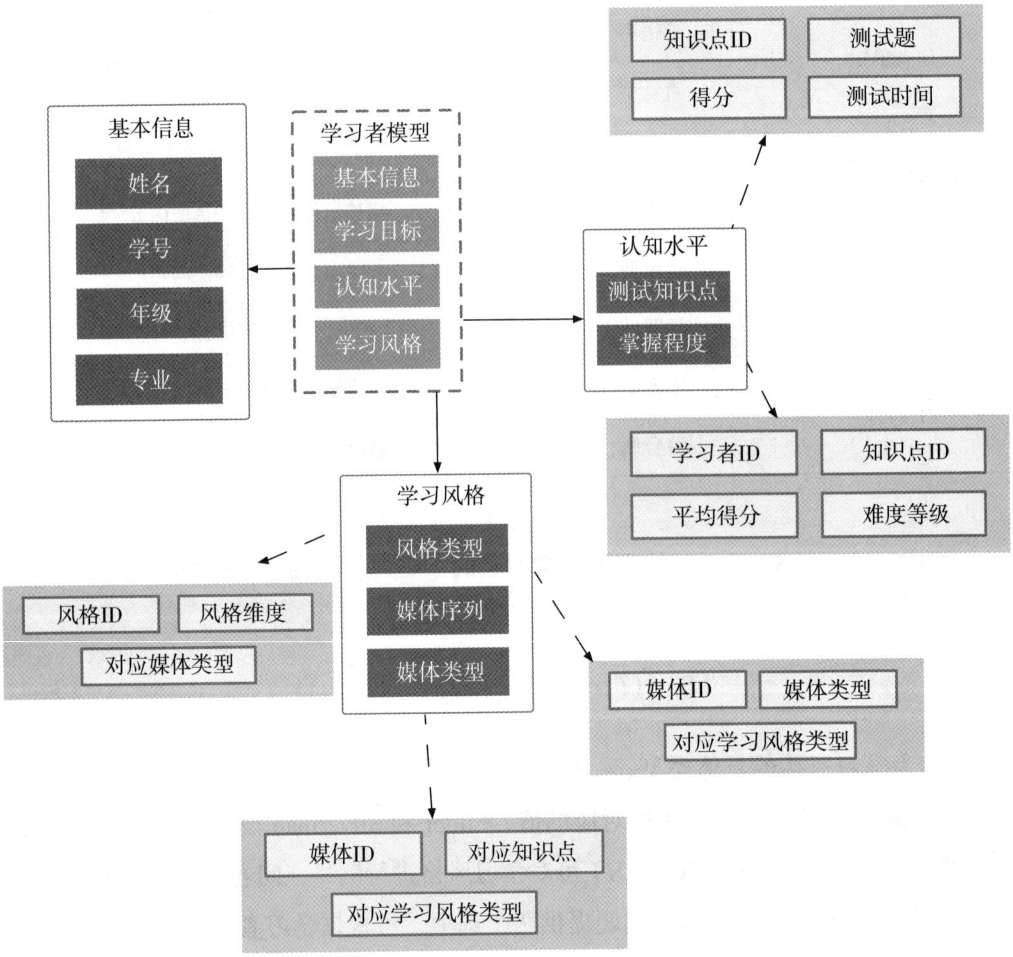

图 5-18　学习者模型建构

在图 5-18 中，学习者模型中的属性可以分为基本属性与功能属性，基本属性即学习者的基本信息，包括姓名、学号、年级和专业等；功能属性包括学习目标、认知水平和学习风格。

定义 5.1： 设 m 个学习者以 $L=(L_1,L_2,L_3,\cdots,L_m)$ 的形式存在，L_i 表示第 i 个学习者，

每名学习者都具有基本属性与功能属性。

定义 5.2：设学习目标 Target=（$T_1,T_2,T_3,\cdots,T_m$），其中 T_i 表示第 i 个学习目标。

定义 5.3：设学习风格 Le_Style=（Le_Style_1, Le_Style_2, Le_Style_3, …, Le_Style_m），Le_Style_i 表示学习者 L_i 偏好的学习风格，Le_Style_i=（1= 活跃型与沉思型，2= 视觉型与言语型，3= 感悟型与直觉型，4= 序列型与综合型）。

定义 5.4：设认知水平 Con_Level=（Con_Level_1, Con_Level_2, Con_Level_3, …, Con_Level_m），Con_Level_i 表示学习者 L_i 对知识点的认知水平，Con_Level_i =（1= 初级，2= 中级，3= 进阶，4= 高级）。

个性化学习路径的生成不仅需要构建合适、规范的学习者模型，还要构建概念模型。本书以前面讨论的知识图谱模式层设计中的知识点为基础，构建知识点概念模型。

定义 5.5：设 n 个知识点以（KP_1, KP_2, KP_3,…, KP_n）的形式呈现，KP_j 表示第 j 个知识点。每个知识点 KP_j 具备基本属性（如 ID、名称）以及功能属性（如学习对象格式和难度等级）。

定义 5.6：设知识点呈现格式 Form=（Form_1, Form_2, Form_3,…,Form_k），Form_j 表示知识点 KP_j 呈现的学习对象格式，Form_j=（1= 博客，2= 视频，3= 学案，4=PPT）。

定义 5.7：设知识点难度等级 Diff_Level=（Diff_Level_1, Diff_Level_2, Diff_LeveL_3,…, Diff_Level_k），Diff_Level_j 表示知识点 KP_j 的难度等级，Diff_Level_i=（1= 了解，2= 理解，3= 掌握，4= 应用）。

个性化学习路径生成的本质是匹配学习者的学习特征与概念特征之间的适应度，推荐最符合个体学习者学习需求的知识点概念，帮助其完成学习任务，提高学习效率。本书将学习者模型中的学习风格、认知水平分别与知识点概念模型中的学习对象类型、难度等级做匹配。

关于个性化学习路径生成的模型，本书将其分成两个阶段来实现。第一阶段利用知识图谱生成通用学习路径，此部分前面已讨论。第二阶段以通用学习路径的知识点序列为基础，并结合学习者模型与知识点概念模型中的相关属性作为输入，进行自适应的遗传算法。最终，学习过程的输出是产生一条适合学习者学习特征的个性化学习路径，完整的实现过程如图 5-19 所示。

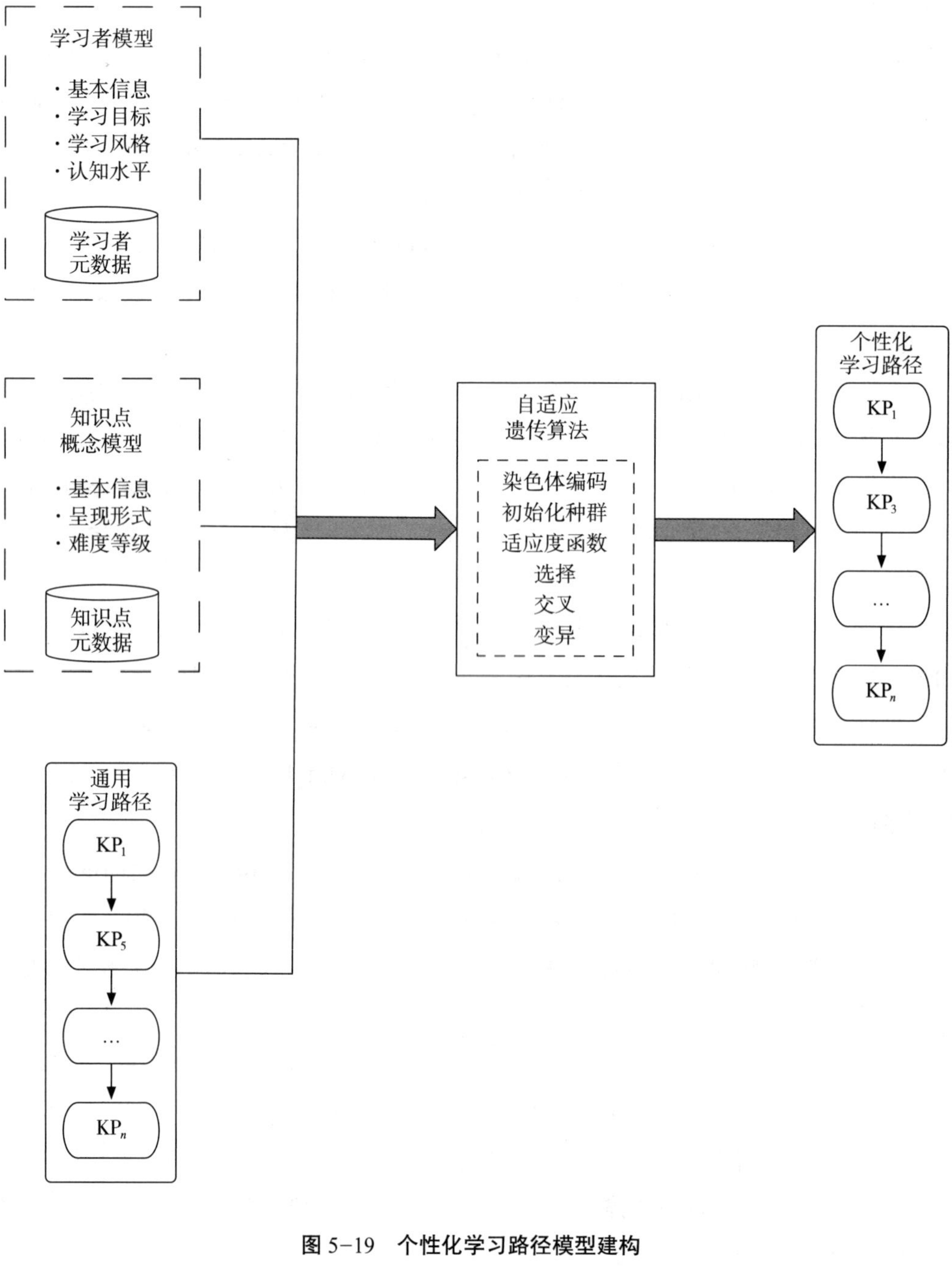

图 5-19　个性化学习路径模型建构

5.3.3　个性化学习路径生成方法

本书基于个性化学习参数及相关元数据构建了学习者模型、知识点概念模型及个性化学习路径生成模型，采用遗传算法生成个性化学习路径，以满足学习者的学习需求。本书设计的基于遗传算法的个性化学习路径主要实施步骤如下。

1. 确定学习者的背景

学习者的背景是生成个性化学习路径的前提，对于构建合适的学习路径以达到良好的学习效果至关重要。学习背景由学习者学习特征和知识点概念特征中的相关属性共同确定。

2. 参数编码

使用遗传算法解决个性化学习路径生成问题需将问题的候选解集编码为一组染色体，编码的质量将直接影响路径生成的效果。本书根据学习者的目标、认知水平等先决条件关系，在通用学习路径的序列中选择 n 个知识点概念，可以表示为 $C_S=(C_1,C_2,\cdots,C_n)$。设 C_S 的每个概念 C_i 中包括 m 种类型的学习对象，但只能有一种学习对象 R_i 用以构建学习路径，可依此进行参数的编码。本书以 R_{ij} 作为染色体的个体，表示第 j 个知识点概念中的第 i 种学习对象。在以往参数编码的设计中，考虑到 C_S 中有 n 个知识点概念，每个知识点概念 C_i 包含 m 种类型的学习对象，因此编码的规模将是 $n\times m$ 的数量大小，这大大增加了算法的计算复杂度。本书利用学习者的背景确定学习风格，按照学习风格选择对应类型的学习对象，在编码过程中参照具体类型的学习对象完成最终形式的编码，不仅降低了算法的复杂性，还提高了算法执行的效率。编码过程如图 5-20 所示。

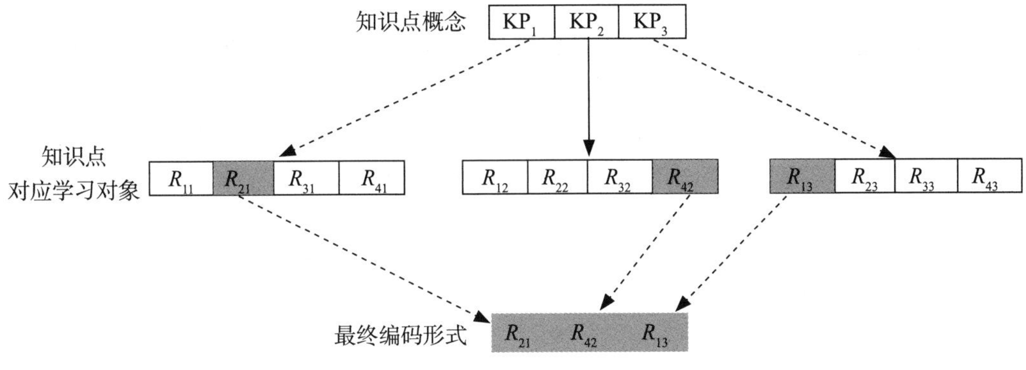

图 5-20　参数编码

3. 初始化种群

遗传算法是以生成一个初始种群开始的，该种群由一定数量可行的候选解组成，候选解的数量代表了种群规模，在遗传算法计算过程中保持不变。初始种群以随机方法生成，目的是确保种群的多样性并提高对最优解的收敛性。

4. 适应度评估

初始化完成后，适应度函数会评估每个个体的适应度，以确定每个知识点概念与学习者学习特征之间的适配性，选择比较优良的个体作为父代进行繁殖。本书以学习者学习特征与知识点概念特征作为约束条件，将学习路径个性化生成问题建模为一个目标优化问题。学习者学习特征表示为 L_{pr} =（ Style_m, Con_Level_m ），知识点概念特征表示为 KP_{pr} =（Form_n, Diff_Level_n），适应度函数公式如下：

$$f=\sum_{i=1}^{2}\left(w_i\times f_i\left(L_{pr},\text{KP}_{pr}\right)\right) \tag{5-18}$$

式中：w_i 为适应度函数的权重，用于调整 f_i 的比例，可以通过调整相对权重确定一个适应度函数的重要性，如（w_1, w_2）=（0.5, 0.5），表示 f_1 与 f_2 具有同样的重要度；f_i 为学习者学习特征与知识点概念特征之间参与适配的数量。

适应度函数 f 的值越小，代表当前的学习路径越符合学习者的学习特征。适应度函数中考虑的 2 个目标分别是 f_1 与 f_2。f_1 是构成学习路径中知识点的难度水平（Diff_Level）与当前学习者 m 的认知水平（Con_Level）之间的平均差值，计算公式如下：

$$f_1=\sum_{i=1}^{K}\left|\text{Diff\_Level}_n-\text{Con\_Level}_m\right|/K \tag{5-19}$$

式中：K 为所选知识点概念的数量。

f_2 是推荐的知识点呈现的学习对象的形式（Form）与当前学习者 m 的学习风格（Le_Style）之间的平均差异，计算公式如下：

$$f_2=\sum_{i=1}^{K}\left|\text{Form}_n-\text{Le\_Style}_m\right|/K \tag{5-20}$$

5. 进行遗传操作

在完成编码、初始化种群并选择合适的适应度函数之后，模型还需要利用遗传操作算子迭代产生优质的个体组成新的子代个体，遗传操作算子主要包含选择算子、交叉算子和变异算子。

（1）选择算子。选择算子是对个体进行选择的过程，可将选择的个体进行交配与重新组合，产生新的子代。个体选择方法的合适与否将直接影响遗传算法的收敛性，因此选择合适的选择算子就显得至关重要。本书采取锦标赛选择策略选择个体，并且为防止一个或几个适应度极高的候选解在迭代过程中始终占据整个种群，导致多样性缺失的问题，本书收集了在选择阶段未被选中的个体形成非精英个体集，将其单独保存，以参与迭代过程。在每一次迭代中，非精英个体都会替换选择阶段出现的重复个体，这样既确保了能够选择最佳个体进入后代，又丰富了种群多样性。

（2）交叉算子。交叉算子是遗传算法中一个重要的操作算子，由于遗传算法采用的编码方式不同，因此交叉方法也不同。本书采用单点交叉方法，通过交换两个父代对应位置的交叉点的编码进行繁殖，过程如图 5-21 所示。由于收集了非精英个体集，因此在交叉过程中，本书考虑了两种交叉方案：一是在当前种群中的所有个体之间成对进行交叉；二是在当前种群与非精英个体集中的随机个体之间进行成对交叉，目的是增加种群的多样性。

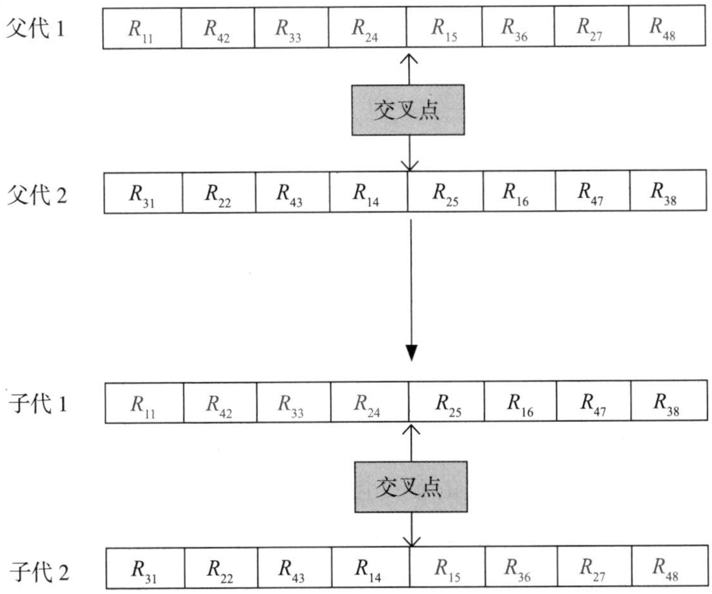

图 5-21　单点交叉图

（3）变异算子。变异算子可对候选解空间进行随机搜索，以免造成局部最优的问题，通过对个体进行随机改变创造多样性。本书设计的变异方法是利用同一知识点概念中的其他类型的学习对象替代原本类型的学习对象，具体变异过程如图 5-22 所示。

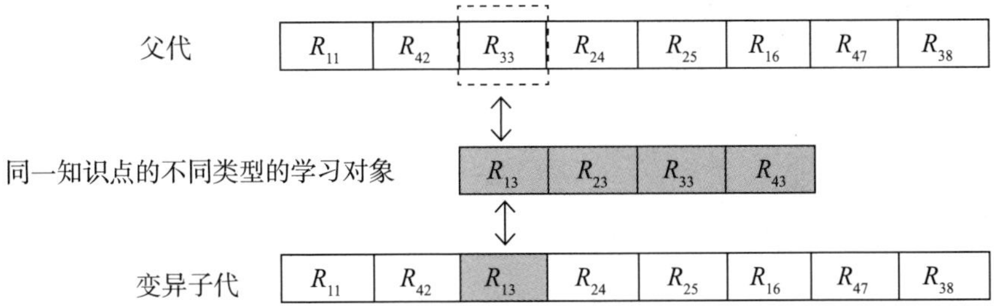

图 5-22　变异过程

6. 终止条件

本书根据适应度函数对所有的个体进行评估，保留优质的个体参与迭代，以使算法收敛，直至达到预定的迭代次数后选择适应度最小的个体作为算法的解。具体步骤如下。

基于改进遗传算法求解个性化学习路径构建问题	
1.初始化： 1）初始化种群数量大小和迭代终止条件，并设置当前迭代次数 t=0 2）初始化染色体，生成种群并计算当前种群中各染色体的适应度 3）初始化交叉概率 Cp和变异概率 Mp 2. While t < T do 3.t=t+1 4.Chromes←随机选择染色体 5.(Chrome1, Chrome2) ←在 Chromes中选择适应度最好的染色体随机生成需要交叉的染色体对，并随机产生染色体对中需要交叉的基因的位置 6.if rand( )< Cp then 7.(Child_1, Child_2)←在当前种群中根据交叉算子交换相应位置的基因，生成新的子代 8.else	9.(Child_1,Child_2) ←在当前种群中与随机非精英个体根据交叉算子交换相应位置的基因，生成新的子代 10.end if 11.Chrome←随机生成需要变异的染色体，并随机产生染色体中需要变异的基因的位置 12.if rand( )< Mp then 13.Child←根据变异算子，生成新的子代 14.end if 15.ChromeBestLocal←计算每个染色体的适应度，并找出最小适应度的染色体 16.if ChromeBestLocal < LastChromeBest 17.update ChromeBest = ChromeBestLocal 18.end if 19.end while 20. 输出 ChromeBest.Fitness

本书设计的基于改进遗传算法的个性化学习路径生成方法分两个阶段实现：在第一阶段中构建的通用学习路径将待学习知识点以线性序列作为输入，减少了第二阶段算法的搜索空间与问题的复杂度，提高了执行效率；第二阶段以个性化学习参数确立学习者的学习特征，从而构建学习者模型。为了解决传统遗传算法因种群多样性的缺失导致过早收敛的问题，本书引入非精英个体集，增加了遗传算法中选择、交叉的方式，丰富了种群的多样性，提高了搜索最优解的能力。

5.3.4　实验结果及分析

1. 实验环境

实验环境及设备工具的选择如表 5-7 所示。

表 5-7　实验环境及开发工具

实验环境	开发工具	信息
硬件环境	操作系统	Mac OS 12.6.2
	处理器	1.6 GHz 双核 Intel Core i5
	机带 RAM	8 GB 1600 MHz DDR3
软件环境	Python环境	Python 3.7
		Anaconda-Navigator
	编译软件	Py Charm 2022.2.3

2. 参数设置

本书使用构建的通用学习路径收集知识点数据集，每个知识点概念具备难度等级和知识呈现形式（即学习对象类型）两个属性特征，其中难度等级可根据式（5-6）计算所得，学习对象类型则被赋予相应的值。

学习者的学习风格使用基于 Filder 和 Silverman 的学习风格指数调查问卷进行测量，共包含 44 个问题，分为四组进行评估学习风格的倾向性。本书根据学习者的作答，并结合学习风格计算公式，确定学习者的学习风格偏好。在学习者学习某课程之前，本书进行了学习背景的调查，该背景调查包含对将要学习课程知识点的预测试，并以测试成绩划分学习者认知水平的等级。

参考相关文献提供的数据和参数设置，本书设置的相关参数如表 5-8 所示。

表 5-8　学习者及知识点相关参数设置

参数类型	参数设置	参数说明
学习者相关参数	L_m, $1 \leq m \leq 40$	学习者的数量为 40，即 m=40
	Le_Style$_m$, $1 \leq m \leq 4$	40名学习者被分为 4种学习风格
	Con_Level$_m$, $1 \leq m \leq 4$	40名学习者被分为 4种认知能力
知识点相关参数(D_1)	KP$_n$, $1 \leq n \leq 40$	知识点概念的数量为 40，即 n=40
	Form$_k$, $1 \leq k \leq 4$ Form$_{total}$=40	每个知识点随机分配一种类型的学习对象，40个知识点拥有 40个学习对象，即 total=40
	Diff_Level$_k$, $1 \leq k \leq 4$	40个知识点随机分为 4个难度等级
知识点相关参数(D_2)	KP$_n$, $1 \leq n \leq 40$	知识点概念的数量为 40，即 n=40
	Form$_k$, $1 \leq k \leq 4$ Form$_{total}$=80	每个知识点随机分配 2种类型的学习对象，40个知识点拥有 80个学习对象，即 total=80
	Diff_Level$_k$, $1 \leq k \leq 4$	40个学习对象随机分为 4个难度等级

续 表

参数类型	参数设置	参数说明
知识点相关参数(D_3)	KP_n, $1\leq n\leq 40$	知识点概念的数量为 40，即 n=40
	$Form_k$, $1\leq k\leq 4$ $Form_{total}$=160	每个知识点分配 4种类型的学习对象，40个知识点拥有160个学习对象，即 total=160
	$Diff\_Level_k$, $1\leq k\leq 4$	40个知识点随机分为 4个难度等级
知识点相关参数(D_4)	KP_n, $1\leq n\leq 20$	知识点概念的数量为 20，即 n=20
	$Form_k$, $1\leq k\leq 4$ $Form_{total}$=20	每个知识点分配一种类型的学习对象，20个知识点拥有 20个学习对象，即 total=20
	$Diff\_Level_k$, $1\leq k\leq 4$	20个知识点随机分为 4个难度等级
知识点相关参数(D_5)	KP_n, $1\leq n\leq 20$	知识点概念的数量为 20，即 n=20
	$Form_k$, $1\leq k\leq 4$ $Form_{total}$=40	每个知识点分配 2种类型的学习对象，20个知识点拥有40个学习对象，即 total=40
	$Diff\_Level_k$, $1\leq k\leq 4$	20个知识点随机分为 4个难度等级
知识点相关参数(D_6)	KP_n, $1\leq n\leq 20$	知识点概念的数量为 20，即 n=20
	$Form_k$, $1\leq k\leq 4$ $Form_{total}$=60	每个知识点分配 3种类型的学习对象，20个知识点拥有60个学习对象，即 total=60
	$Diff\_Level_k$, $1\leq k\leq 4$	20个知识点随机分为 4个难度等级

本书采用改进的遗传算法（improved genetic algorithms, IGA）、标准的遗传算法（standard genetic algorithms, SGA）和粒子群优化算法分别进行本次实验，各算法的主要参数设置如表 5-9、表 5-10 所示。

表 5-9　IGA 与 SGA 主要参数设置

算法	种群大小	终止条件	适应度函数	选择方法	交叉概率	变异概率
IGA	100	100次迭代	式(5-2) (w_1,w_2) =(0.6,0.4)	锦标赛	0.8	0.8
SGA				轮盘赌	0.7	0.1

表 5-10　PSO 主要参数设置

算法	种群大小	终止条件	适应度函数	初始速度	初始位置	学习因子
PSO	100	100次迭代	式(5-2) (w_1,w_2) =(0.6,0.4)	[−1,1]	[−5,5]	(c_1, c_2) =(1.5, 1.5)

3. 实验分析及讨论

为验证提出的改进的遗传算法的可行性，本书分两个部分进行讨论：一是分析适应度的收敛性；二是将 IGA 与 SGA、PSO 方法进行比较。

本书以不同类型数量的学习对象对适应度的影响来分析适应度的收敛性，使用表 5-8 中学习者相关参数及知识点相关参数（D_1, D_2, D_3），并通过改进的遗传算法进行实验，实验结果如图 5-23 所示。

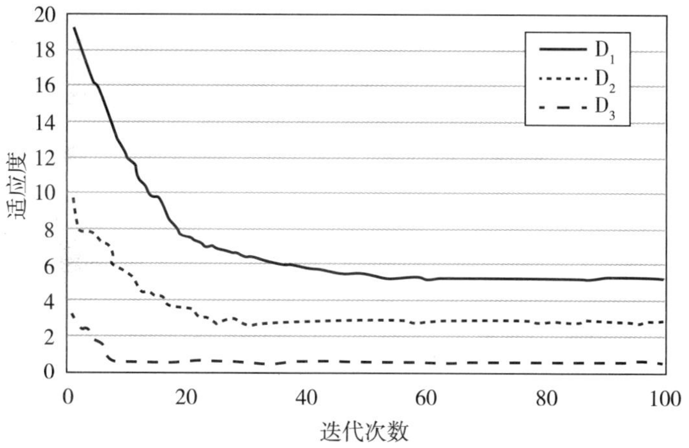

图 5-23 不同类型数量的学习对象对适应度的影响

图 5-23 中横轴表示迭代次数，纵轴表示适应度，适应度越小表示生成的个性化学习路径越接近学习者的需求，符合学习特征。曲线 D_1、D_2、D_3 分别是固定知识点规模下不同类型数量的学习对象的适应度的收敛趋势。D_1 经过 62 次迭代，适应度从 19.6 下降到 5.7；D_2 经过 37 次迭代，适应度从 9.8 下降到 3.1；D_3 经过 9 次迭代，适应度从 3.6 下降到 0.3。可见，随着迭代次数的增加，学习对象类型数量越丰富，适应度就越小，生成的个性化学习路径的效果也就越好，表明设计的算法具备良好的可扩展性，在面对类型丰富的学习对象时，能够根据学习者的学习特征较为准确地进行学习路径的构建。

为了进一步研究提出的方法的性能，本书将 IGA 与 SGA、PSO 方法进行比较，分别利用学习者及知识点相关参数（D_4, D_5, D_6）进行三种方法的实验，并比较其适应度，实验结果如图 5-24 所示。图 5-24（a）、图 5-24（b）和图 5-24（c）分别使用了不同类型数量的学习对象进行三种算法的适应度值对比，随着学习对象类型的数量不断增加，本书所提出的 IGA 算法的收敛性明显优于 PSO 和 SGA，并且适应度也是最小的，表明 IGA 构建的个性化学习路径质量更高，更能满足网络学习环境中学习者的学习需求。

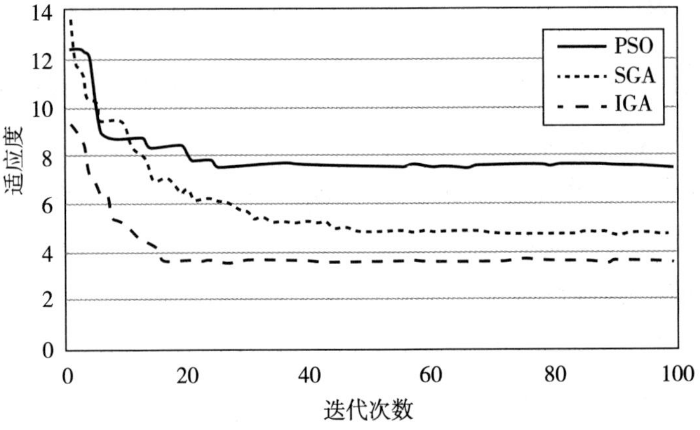

（a）使用 D_4 的三种算法适应度收敛结果

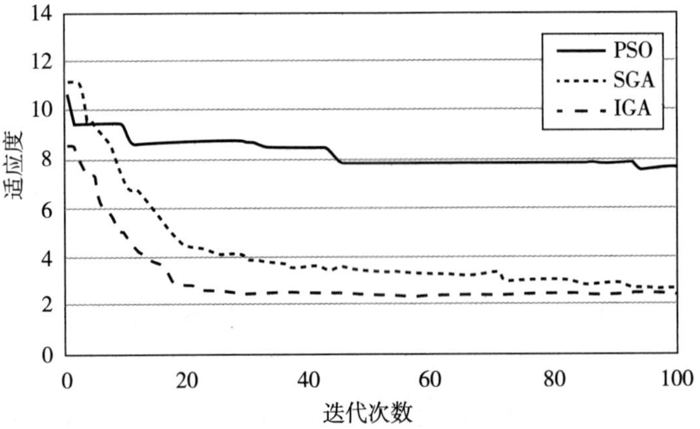

（b）使用 D_5 的三种算法适应度收敛结果

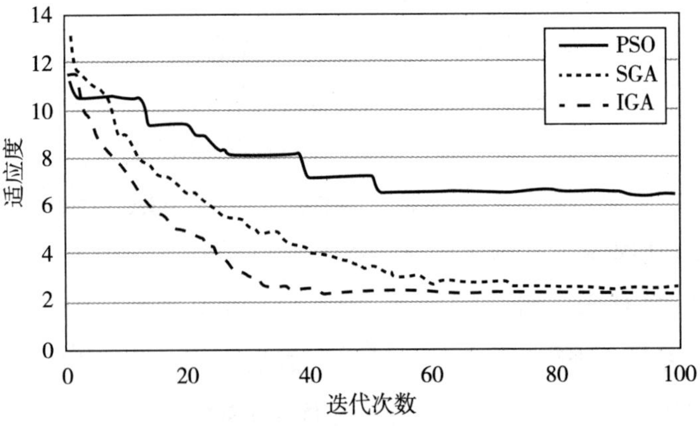

（c）使用 D_6 的三种算法适应度收敛结果

图 5-24　使用三种算法对 D_4, D_5, D_6 数据集进行实验的结果

此外，本书还应用标准差（standard deviation, SD）计算了适配度的质量，来比较三种算法之间的稳定性（stability），并且从平均适配度（average fitness, AF）和最佳适配度（best fitness, BF）方面统计了三种算法在 D_1 至 D_6 上的实验结果，统计的数据如表 5-11 所示。

表 5-11　平均适配度与最佳适配度及稳定性的统计结果

相关参数	AF			BF			稳定性		
	PSO	SGA	IGA	PSO	SGA	IGA	PSO	SGA	IGA
D_1	22.45	9.33	6.93	20.18	8.14	5.19	1.278	0.334	0.192
D_2	16.34	7.15	3.38	12.56	5.79	2.76	1.915	0.291	0.061
D_3	6.10	3.79	0.68	5.81	2.13	0.51	0.835	0.355	0.009
D_4	7.95	5.79	3.98	7.48	4.71	3.55	0.927	0.216	0.026
D_5	8.21	4.15	2.99	7.58	2.67	2.35	0.805	0.319	0.022
D_6	7.69	4.59	3.58	6.41	2.47	2.31	1.004	0.338	0.158

从表 5-11 可见，与 PSO 及 GA 方法相比，提出的 IGA 方法在很大程度上提高了搜索的性能，在平均适配度和最佳适配度方面表现良好，具备快速收敛和全局优化的特点。稳定性方面的数据进一步体现了 IGA 方法计算出的适应度值的质量比其他方法更加可靠有效。多方面的优势结果表明 IGA 方法可以在不同规模的网络环境中满足大多数个性化学习路径构建的要求，针对不同学习特征的在线学习者，在面对风格迥异以及难度不一的学习材料时，该方法能够提供积极、可行和有效的学习引导。

5.4　线上线下融合路径构建与优化

本节以构建合理、可行、高效、个性化的学习路径为目的，在分析已有理论、模型和方法的基础上，设计并实现个性化学习路径。本书采用数据挖掘、机器学习以及人工智能等技术从在线学习平台中挖掘学习者的学习过程和行为等数据，对这些线上数据进行聚类分析，自动生成符合相似学习群体的各类通用学习路径；然后融合线上通用学习路径与线下专家干预，生成半监督学习的优化学习路径，提升学习路径生成的准确性；最后利用学习者特征、学习行为模式以及学习路径生成算法，结合优化学习路径，设计适应学习者自身特点的个性化学习路径，为学习者精准推送个性化学习路径。

5.4.1 主要研究内容、重点及方案特点

1. 研究内容

（1）以建构学习主义为指导，分析线上、线下教学模式的特点与优劣，总结当前教学模式的主要不足，重点概述线上与线下教学模式融合的必要性，提出融合式学习模式改进的方法和策略，以线上网络学习为主，辅以线下干预，作为个性化学习路径生成、推送服务系统的关键手段。

（2）在分析常见的几种线下干预的半监督学习方法（如自训练、生成式模式、协同训练、传导式支持向量机、基于图的方法）的基础上，以干预效果为前提，提出适应融合线上网络教育的半监督学习方法。

（3）关于个性化学习路径的研究分别从学习路径的生成、推送等方面展开研究，利用前面提到的线下干预的优化学习路径，结合学习者模型与学习者行为数据等，通过路径生成算法（如蚁群算法、遗传算法、AprioriAll 算法），生成符合学习者自身学习特征的个性化学习路径。

（4）利用学习者对个性化路径做出的评价，分析学习者主观的学习收获，了解学习者在系统中的学习所得、乐趣、效率、学习成就、动机和满意度等，然后对算法效率进行实验结果分析，对比目前流行的路径生成算法分析优劣，验证是否取得切实的进步。

2. 研究重点

（1）线上与线下教学模式的融合。本书提出融合式学习模式的改进方法与策略，线上以学习者为主，线下则以教师为主。两者的融合不仅需要大规模的在线学习者与丰富的线上教育资源，还需要线下学科专家的专业知识、教学经验等，两者相互作用能够共同激发学习者的学习兴趣，提高学习效率和学习质量。

（2）线下干预的半监督学习。本书专家干预的优化学习路径采用的就是半监督学习方法。半监督学习方法种类较多，本书通过分析常见方法的特点与优劣，以机器学习技术为驱动，提出一个能够融合在线学习、干预效果良好的半监督学习方法，用以改进并优化通用学习路径。

（3）通用学习路径挖掘算法与个性化路径生成算法。本书通过大数据挖掘技术，针对海量学习资源，使通用学习路径挖掘算法准确高效；同一门学科也有不同的学习资

源，本书需要在同一门学科的学习资源之中得到近似的通用学习路径；个性化学习路径需要结合学习者模型与学习行为数据等静态与动态数据，生成针对不同类型（学习风格、认知水平等）学习者的个性化学习路径。

3. 方案特点

（1）线上与线下教学模式的融合。目前有关学习者的个性化学习路径的研究中，学习路径的构建大多以线上学习者的学习需求、学习方式以及资源爱好为主，很少有研究考虑结合线下人工的干预和指导。本书通过结合线上与线下的融合学习模式，以线上学习者为主、线下专家指导为辅，以建构主义学习理论为指导，运用半监督机器学习技术设计优化学习路径，将各类学习路径转化为适应不同学习风格的优化学习路径。

（2）大数据驱动下的个性化学习路径。在优化学习路径基础上，本书以大数据处理技术为驱动，结合学习者特征和学习行为模式，生成适应学习者自身学习特点的个性化学习路径，提升了学习路径推送的精准性，进一步体现了在线学习个性化的特点。

5.4.2　系统结构

为了建立个性化学习路径生成体系，本书设计了一个大数据驱动的个性化学习路径生成框架。学习路径的自动生成需要线上强大的数据处理能力、智能的分析决策能力、线下专家干预的半监督学习策略以及学习者的评价反馈。

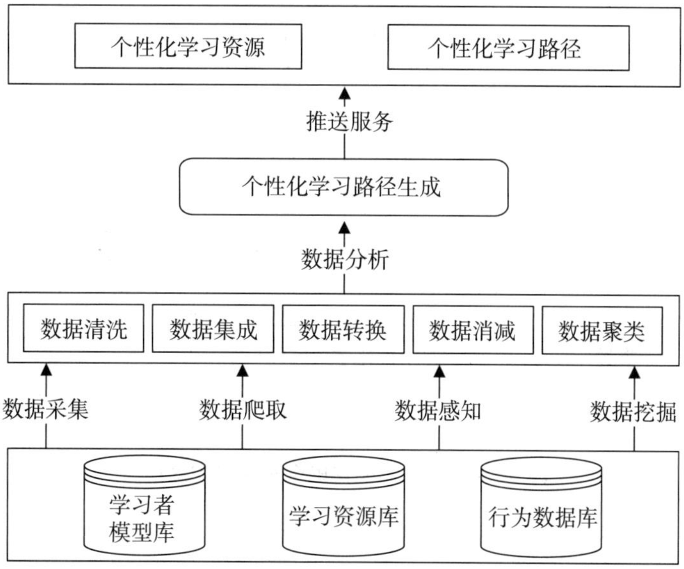

图 5-25　个性化学习路径生成体系

如图 5-25 所示，大数据驱动的精准推送系统服务框架分为 4 层。第 1 层是数据层，负责数据的获取和存储。数据获取可收集学习路径生成过程中需要的学习资源、学习者模型、学习者的行为数据等各种信息，通过感知、挖掘、爬取及分类存储，将这些数据导入预处理层。第 2 层是数据预处理层，负责数据清洗、集成、转换、消减、规约、聚类等大数据操作，以排除干扰数据，精简数据规模，提高数据价值密度。经过预处理的数据进入第 3 层，即个性化学习路径生成，这是核心层。在这一层基于预处理完成的数据利用不同的分析方法以及自动算法，对于不同类型的学习者，生成个性化的学习路径。第四层是应用层，利用呈现出的个性化学习路径，为学习者提供个性化的服务以及做到相应的数据可视化。

个性化学习路径生成部分如图 5-26 所示。

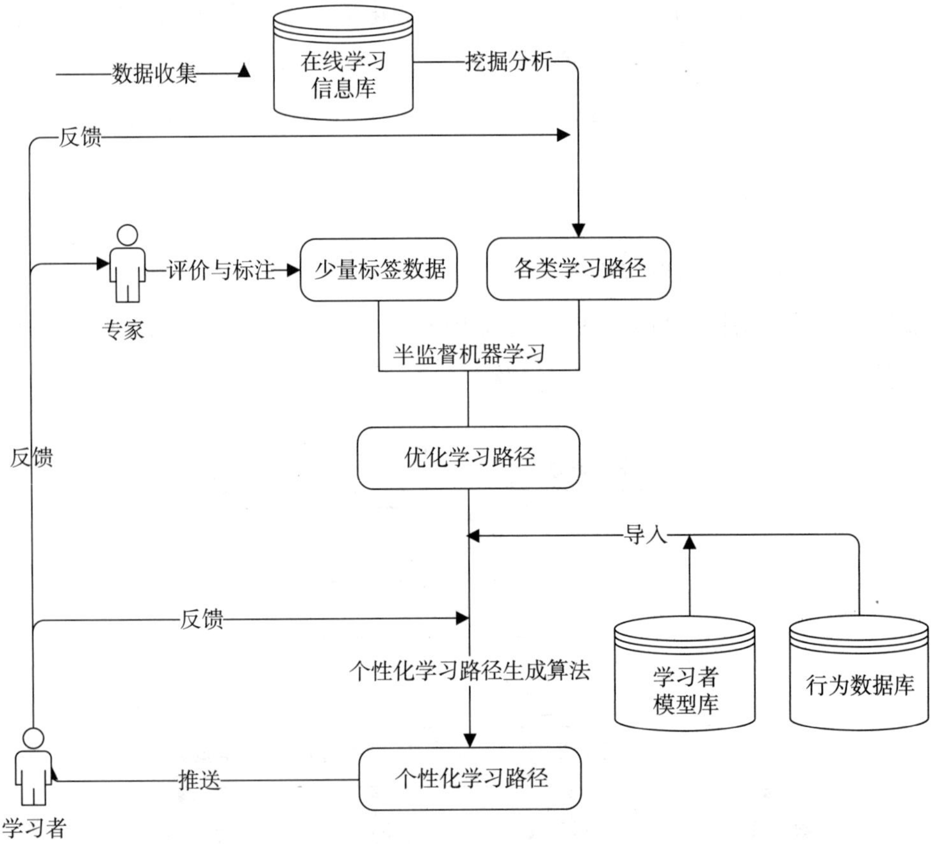

图 5-26　大数据驱动的个性化学习路径

1. 各类学习路径的生成

基于大数据挖掘的方式，本书通过 MOOC 等在线学习平台以及已有的在线学习系统，将相关的学习者信息存储至在线学习信息库，主要记录学习行为、学习轨迹、消息记录、在线时长等信息。运用数据挖掘等方法对在线学习信息库进行聚类分析，得到各类学习路径。

2. 优化学习路径的生成

线下专家对各类学习路径进行分析以适应不同的学习风格，对不同风格学习路径中的个例进行标注，运用半监督机器学习技术，针对不同学科的学习路径，将各类学习路径转化为适应不同学习风格的优化学习路径。

3. 个性化学习路径的生成

在优化学习路径之后导入学习者模型以及具体学习行为数据，通过个性化学习路径生成算法，获得个性化学习路径。将个性化学习路径推送至学习者，学习者再对个性化学习路径进行评价反馈，形成闭环。

第 6 章　个性化学习资源推送研究

6.1　信息检索方法概述

6.1.1　本文分类

随着互联网的迅猛发展，文本数据量急剧增加。为了能够从这些庞大的数据中提取和组织有价值的信息，进行文本挖掘变得尤为重要。其中，文本分类是文本挖掘中一个关键的环节，它的目标是给大量未标记的文档分配事先定义好的类别标签。自 20 世纪 50 年代起，人们便开始研究文本分类技术，至今已经发展出许多广泛使用的文本分类方法。

在处理文本资料时，文本分类是一项基本且常见的工作，其目的是自动地将预先定义的类别分配给文本资料。构建文本分类系统通常采用向量空间模型（VSM）来表示文本数据，这种表示方法可将文本转换成具有高维度和稀疏性的向量形式。即便是规模中等的文本集，也可能涉及成千上万的独特词汇，这对于大多数机器学习算法来说是一个挑战。因此，在文本分类领域，一个关键的问题是如何提升分类的效率与精确度。下面将探讨几种传统的文本分类模型。

1. 基于随机森林算法的文本分类

随机森林算法由美国科学家 Leo Breiman 提出，是当前广泛使用的一种集成学习模型，并且已成为一种被普遍认可的算法。随机森林算法涉及两个概念：Bagging 和特征子空间。Bagging 的基本概念是指，对于一个包含 M 个样本的原始数据集，随机抽取样本子集作为各个独立决策树训练集 $\{T_m | m=1,2,\cdots,M\}$ 的过程。特征子空间的概念指的是，在构建决策树并决定如何分裂各个节点时，必须从每个节点对应的属性集中选择一个属性的子集来使用，在选定的属性子集上，选择最合适的属性来对当前节点进行分

割，这些属性的集合构成了特征子空间。在训练阶段，随机森林算法会从原始的训练数据和特征中随机抽取样本和特征子集，因此产生的参数序列 $\{\theta_k | m = 1,2,\cdots,K\}$ 是随机的。此外，随机森林算法还具备强大的泛化性能。图 6-1 为决策树构建过程的流程图。

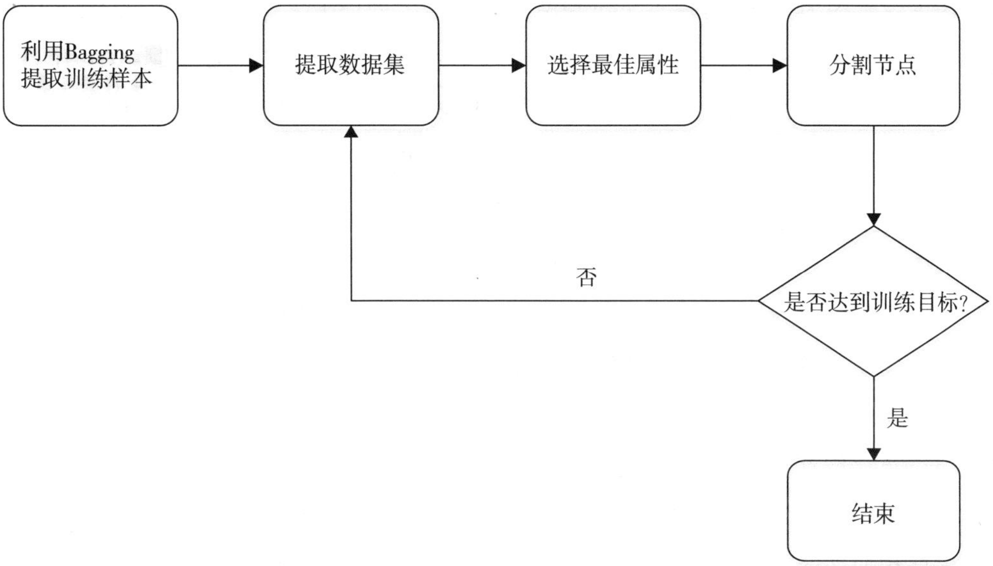

图 6-1　决策树构建过程的流程图

基于随机森林的文本分类过程可分为三个主要步骤。一是构建向量空间模型。这涉及对训练集中的文本进行分词处理，计算词项的权重，并运用特征选择方法来将训练数据转换为特征向量的形式。二是构建随机森林分类器。构建随机森林分类器的过程可以分成两个主要步骤：第一，应用 Bagging 技术从初始数据集中抽取用于训练单个决策树的样本子集；第二，使用 CART 算法无限制地培养每棵决策树，在这个过程中，若需要对一个节点进行分裂，则应先从该节点的属性中随机选取一个属性子集，然后从中选择最合适的属性以进行节点分割。三是分类。在构建好模型后，测试样本集需要转换成特征向量，并输入模型中进行分类，模型会输出每个测试样本的分类结果。

2. 基于聚类思想的文本分类

聚类是一种过程，它将一群物理实体或抽象概念分组归类，使同一类别中的对象彼此之间的相似度较高。文本聚类与文本分类的主要区别在于，文本聚类并不预先设定主题类别，其目的在于将众多文档聚合成若干个群组，使同一群组内的文档内容相似度高，而不同群组间的文档内容相似度低。

（1）K- 最邻近算法。K- 最近邻（K-nearest neighbor, KNN）算法是一种简单而

有效的非参数分类算法，目前被广泛应用于文献分类领域。该分类方法首先通过比较文本之间的相似度，找到 K 个最相似的训练文本，然后对这些样本进行统计分析。这个算法的优势在于其简单易懂。然而，当分类系统中存在大量训练文件时，分类效率会下降。这主要是因为 KNN 方法在处理新文件时，需要处理庞大的数据集，无法有效地存储和处理。这种情况会增加知网查重率。为了减少重复率，人们需要采取一些措施来优化算法的执行效率，如使用更高效的数据结构或者采用采样方法来减少数据集的规模。这样可以有效降低知网查重率，避免重复内容的出现。

（2）K−means 算法。K−means 算法又称为 K 均值聚类方法，是一种基于分区的简单聚类方法，在各种问题的解决中被广泛应用。其基本步骤可以分为三个阶段：第一，在给定的簇数 K 下，随机选择 K 个文本作为初始簇的质心；第二，根据每个文本与各个簇质心的相似度，将文本分配到与之最相似的簇中，并重新计算每个簇的质心；第三，重复进行以上两个步骤，直到准则函数收敛。通过迭代优化簇的质心位置，K−means 算法能够有效地将数据点划分到不同的簇中。

（3）层次聚类算法。层次聚类算法的思想如下：首先将各资料项作为独立集群，接着将最相似的两个集群合并，持续此过程，直至达到设定的 K 个集群数；最后计算每个集群的中心点。在此过程中，数据点间的关联性增强，使最终的集群融合。

3. 基于支持向量机的文本分类

支持向量机（support vector machine, SVM）是一种基于最大边界原则的监督学习算法。假设存在 n 个数据点，它们分别隶属于两个不同的集合。每个点在 i 维度空间中以向量 x_i 表示，并伴有一个标记 y_i，代表其所属类别。SVM 可用一个超平面将这两类样本分开，即 $\boldsymbol{\omega}^{\mathrm{T}}\boldsymbol{x}+b=0$，$\boldsymbol{x}$ 是一个输入向量，$\boldsymbol{\omega}$ 是一个自适应权值向量，b 是松弛量。支持向量机的优化目标是求 $\frac{1}{2}\boldsymbol{\omega}^{\mathrm{T}}\boldsymbol{\omega}$ 的最小值，约束条件是 $y_i\left(\boldsymbol{\omega}^{\mathrm{T}}x_i+b\right)\geqslant 1$。上述求极小值问题可转化成约束条件下的二次规划问题，并采用拉格朗日乘数法来求解，即求出 $\sum_{i=1}^{m}\alpha_i-\frac{1}{2}\sum_{i,j=1}^{m}\alpha_i\alpha_j y_i y_j\left(x_i,x_j\right)$ 中的最大值，约束条件为 $\alpha_i\geqslant 0$ 且 $\sum_{i=1}^{m}\alpha_i y_i=0$。

当 x_i 存在一个非零的拉格朗日乘子 α_i 时，这个 x_i 称为支持向量。决策函数可推导为 $f(x)=\operatorname{sgn}\left(\sum_{i=1}^{n_s}\alpha_i y_i\left(x_i x\right)+b\right)$，这里的 n_s 指的是支持向量的个数。线性超平面尽管在划分不同类别时是一种直观的方法，但面对非线性的数据结构时，其表现往往不尽如人意。这一缺陷可以利用一种巧妙的方式来解决，即通过一个正定的核函数来进行隐式的非线性映射。这种映射可将原始数据转换到一个特征空间 F 中，从而实现对非线性结构的处理，具体方法可表示为 $\varphi: R \to F, x_1x_2 \to \varphi(x_1)^{\mathrm{T}} \varphi(x_2) = K(x_1, x_2)$，其中 $K(x_1, x_2)$ 是正定核函数。这样，对于给定的核函数，SVM 分类器就变成 $f(x) = \mathrm{sgn}\left(\sum_{i=1}^{n_s} \alpha_i y_i K(x_i, x) + b\right)$。概括而言，基于支持向量机的文本分类过程涉及三个关键阶段：首先借助特定算法构建一个文本的低维表示空间；然后将新输入的文本映射到这一空间内；最后利用支持向量机技术在这个空间中对新文本执行分类操作。

6.1.2　关键词提取

关键词提取旨在识别文档中的核心词汇，无论是学术论文还是网页内容。关键词的自动提取在现代信息处理领域变得越来越重要，涉及文本分类、检索系统和数据聚类等多种应用场景。这些应用普遍依赖高效的关键词识别来优化性能。例如：有效的关键词识别能够提升文本分类结果的相关性和精确度；而在搜索引擎应用中，关键词是实现精确网页定位的关键要素。

1. TF-IDF 算法

在矢量空间模型中，常用的特征词权重计算方法是 TF-IDF 算法，该算法是一种衡量单词在文本或语料库中重要性的统计技术，它通过统计单词在特定文档内的频率以及在整个文档集中的罕见程度，来确定该单词对于文档的重要价值。其内容包括两部分：词频 TF 和逆文档频率 IDF。TF 指的是某一个给定的词语在该文件中出现的频率，需要进行归一化处理以防止偏向长的文件。IDF 的值是通过计算文档总数与包含给定词语的文档数之比的对数得到的。

2. Text-Rank 算法

目前，Text-Rank 算法在关键词提取领域有着十分重要的地位，具有以下特点：第一，Text-Rank 算法利用词汇间的关联性，通过共现窗口对关键词进行排序，能够直接从文本中提取关键词，更好地捕捉文本间的语义信息；第二，Text-Rank 算法能够将文本分割成多个元素（如单词和句子），并在这些元素间构建文本图，从而识别信息量最丰富的项；第三，Text-Rank 算法已在多个实际应用中取得了显著成效，包括评估网页内容的可信度、提取多文档摘要和文本分类，且无须预先进行学习和训练。

3. Word2Vec 词聚类的关键词提取算法

2013 年，谷歌推出了 Word2Vec 这一开源语言建模工具，它能从大量未标注数据中提取语法和语义信息。这一方法在自然语言处理领域受到了广泛关注。

Word2Vec 采用了两种训练模型，即连续词袋模型（BOW）和 Skip-gram 模型，能够以快速且高效的方式训练词向量。CBOW 可根据周围词汇来推断当前单词，Skip-gram 模型则逆向工作，依据单词来预测其上下文环境。Word2Vec 可将文本集作为输入，并通过训练迅速且有效地产生相应的单词向量。单词向量能够捕捉自然语言中单词间的语义属性，因此它们可被用作单词的特征来度量单词间的相似性，这一特性使 Word2Vec 适用于聚类、同义词检索、语义分析等应用场景。

Word2Vec 是一个深度学习工具，其本质是简单的神经网络。它具有良好的文本分类性能，为自然语言处理增添了新的工具。相较于 LSI 和 LDA 这类传统的处理技术，Word2Vec 的优势在于它考虑了单词的上下文信息，从而提供了更丰富的语义内容。此外，这种方法处理速度快，且容易整合新句子、新文档或新增词汇。Word2Vec 主要包括 NNLM、CBOW 和 Skip-gram 模型。CBOW 和 Skip-gram 都是具有输入层、投影层和输出层的三层结构，构成了神经网络模型的核心部分。接下来将重点介绍 CBOW 和 Skip-gram 模型。

CBOW 是一个相对简单的模型，它使用周围词汇的平均嵌入向量来表示上下文。这意味着，在上下文单词数量较多时，词序可以忽略不计。例如：在句子“American team play very well”中，如果输入“American”“team”“very”和“well”，模型会输出“play”。通常，CBOW 能够根据上下文预测目标词，其上下文窗口大小通常为 5 个单词左右，适合处理小型语料库。由于受到窗口大小的限制，CBOW 只能按顺序处理单词，无法进行跳转。虽然在这种情况下，CBOW 的准确率并不高，但其计算复杂度较低，处理速度较快。

Skip-gram 模型是一种有效的模型，其本义为“跳过一些符号”。在训练过程中，模型的输入是一个单词，而输出则是该单词的上下文（即多个相关的单词）。这种从一个单词预测多个上下文单词的过程，被称为“一对多”的训练模式。Skip-gram 模型中可以设置 n-Skip-gram-bi-grams，其中“n”表示窗口大小和跳跃的单词数，“bi”表示短语的数量。最终目标是在训练文本大小为 T 时，使公式 $\frac{1}{T}\sum_{t=1}^{T}\sum_{-n\leqslant j\leqslant n}\log p\left(\omega_{t+j}\mid\omega_{j}\right)$ 取最大值。通常，Skip-gram 模型能够根据目标词推导出原始句子。换句话说，该模型能够基于当前单词预测上下文。Skip-gram 模型的上下文窗口大小通常约为 10 个单词，更适合处理大型语料库。这种方法具有较高的准确性，并且能够避免因窗口限制而导致的语义丢失问题。Skip-gram 模型更适用于处理罕见词汇。然而，由于其计算复杂度较高，因此计算速度相对较慢。

4. 卡方检验关键词提取算法

卡方检验是广泛用于统计假设检验的方法。它主要通过比较实际发生的频率和理论上预期的频率之间的匹配程度或拟合度来进行检验。

以下是一个标准的卡方检验，探究的是饮用奶茶是否对睡眠质量产生影响。统计数据如表 6-1 所示。

表 6-1　卡方检验统计数据表

项目	失眠人数 / 人	未失眠人数 / 人	合计 / 人	失眠率
喝奶茶	43	96	139	30.94%
不喝奶茶	28	84	112	25.00%
合计	71	180	251	28.29%

通过初步统计可以观察到，喝奶茶的群体与不喝奶茶的群体分别有 30.94% 和 25.00% 的失眠率。这一差异可能是由抽样误差造成的，也可能是由于奶茶对睡眠有一定的影响。为了确定具体的原因，本书首先设立一个假设，即喝奶茶与失眠之间没有相关性，这意味着喝奶茶并不会影响失眠的发生。根据这一假设，本书可以认为失眠的总体发生率应为 28.29%。基于此，本书可以构建如表 6-2 所示的理论数据表。

表 6-2　卡方检验理论数据表

项目	失眠人数 / 人	未失眠人数 / 人	合计 / 人
喝奶茶	39.322 31	99.676 9	139
不喝奶茶	31.684 8	80.315 2	112
合计	71	180	251

卡方检验的计算公式为

$$\chi^2 = \frac{(A-T)^2}{T} \tag{6-1}$$

式中：A 为观察到的实际数值；T 为根据假设预期的理论数值。χ^2 用于量化实际观测值与理论预期值之间的差异（这正是卡方检验的核心概念），它包含了两个层面的信息：一是实际数值偏离理论值的绝对程度（由于计算中涉及平方，因此任何差异都会被增强）；二是实际值与理论预期的差异程度。应用卡方检验的公式，本书得出了示例中的离散度指标为 1.077%。

接下来，本书需要参照卡方分布的临界值表来评估喝奶茶与失眠之间是否真正相互独立，即判断无关联假设的可信度。

这里涉及自由度的概念，自由度可由公式 V=（行数 −1）×（列数 −1）得出。对于 2×2 的表格，自由度 V=1。针对 V=1 的情况，喝奶茶与失眠之间的关联风险率为 3.84%，而卡方值 1.077% 明显小于 3.84%，没有达到卡方分布的临界阈值，因此可以认为喝奶茶与失眠之间没有显著联系。

6.1.3　推荐系统算法

推荐系统是一种智能软件，旨在向用户推送合适的内容或提供建议。它主要涉及三个核心步骤：目标数据的搜集、相似度的判断以及结果的预测分析。目前，推荐系统算法主要有基于内容的推荐系统算法、协同过滤算法和混合推荐算法。

1. 基于内容的推荐系统算法

基于内容的推荐系统起源于信息检索与过滤领域的研究，可构建用户档案，包含用户的爱好及需求等数据，这些数据可以通过问卷调查收集或分析用户的购买行为来形成。该系统还可建立包含一系列特征的项目档案。通过分析比对用户和产品的特征资料，这种系统能够向用户推荐满足其个性化需求的商品。其算法流程图如图 6-2 所示。

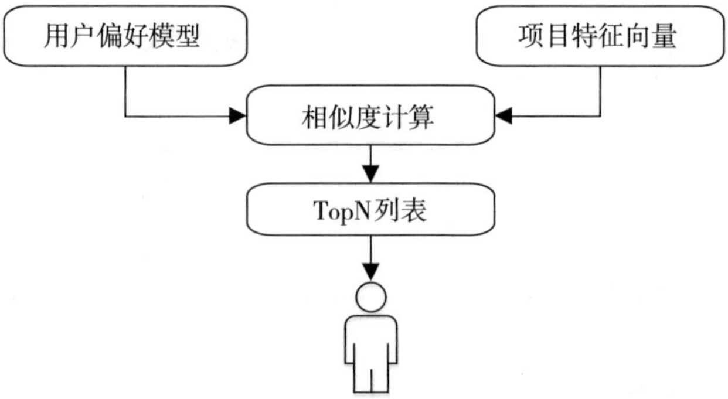

图 6-2　基于内容的推荐系统算法流程图

2. 协同过滤算法

协同过滤算法可通过分析用户或物品的评分模式，生成推荐列表。在这个过程中，用户或物品之间的评分模式相似度会对生成的推荐结果产生重要影响。协同过滤算法的分类如图 6-3 所示。

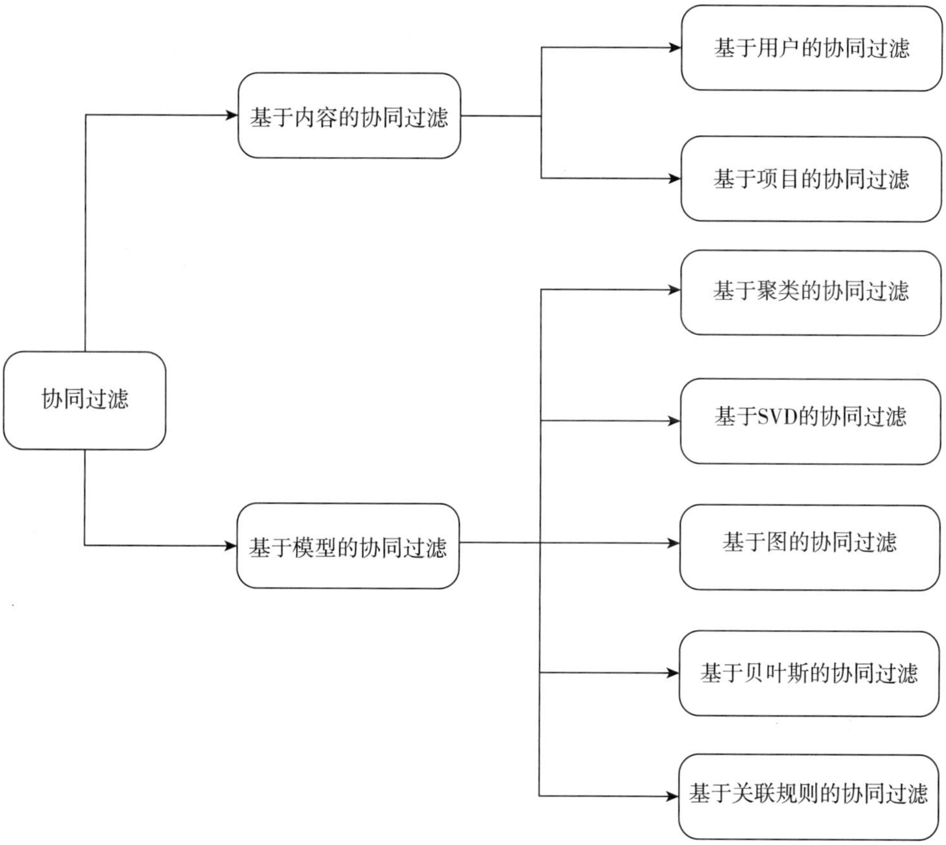

图 6-3　协同过滤算法的分类图

在数字时代背景下，迅速获取关键信息成为 IT 领域的焦点。亚马逊和淘宝等大型在线零售商已在新闻传播、音乐推荐、电影推广及数字图书服务等多个领域运用了这些技术，以增强消费者体验。协作过滤因其高效性而广受青睐，在数据不断增长的趋势下，其重要性愈发凸显。推荐系统通常根据用户的过往评分来预测他们的未来行为和偏好。但是，对于新加入的用户或新推出的产品，由于缺乏足够的评分数据，系统难以作出准确预测，导致了所谓的冷启动问题。

3. 混合推荐算法

基于内容的推荐系统算法和协同过滤算法虽然在特定应用中非常流行，但它们也存在限制。结合两种或两种以上推荐技术的混合推荐算法旨在解决这些传统方法的缺陷，并提升推荐的准确性。随着信息时代的降临，追求便捷生活变得普遍，人们越来越依赖手机和电脑等设备来获取新闻资讯。生活中，每日都有大量时事新闻和热门话题产生，了解这些信息已成为日常生活的一部分。尽管多数新闻网站设有热门新闻板块，会对每天涌现的众多新闻条目进行筛选，但不同用户对内容有着各自的偏好。将个性化技术融入新闻平台更能满足用户的需求。因此，研究如何通过新闻推荐算法提升用户阅读效率并满足个体差异化需求变得尤为重要。

复合推荐算法的核心在于推荐算法的开发与实践。以新闻平台 Digg 为例，它采用了一种混合推荐机制，依据用户的浏览历史来分析用户间兴趣爱好的相似度，并据此向特定用户推送那些与其有类似品位的用户所青睐的内容。

6.2 基于知识图谱的资源检索方法研究

6.2.1 知识图谱概述

知识图谱是一种利用图形模型来表示知识、描绘事物间相互联系的技术手段，它通过概念、实体及它们之间的复杂连接来系统地组织知识。本质上，知识图谱是一种具有语义网特性的知识库，其内部知识以有向图的形式展现和储存。这样的图形结构由许多节点和连线构成，图中的节点代表实体，连线则代表实体之间的各类语义关联。依托这样的图结构，现实世界中的各种实体及其相互之间的联系可以通过一个通用的描述体系来表达，如通过“实体－关系－实体”或者“实体－属性－值”形式的三元组来构建。知识图谱涉及的实体范围广泛，可能是个人、书籍或抽象的概念，如人工智能、机器学习等。而连接这些实体的边可能代表实体的特征（如姓名、书名），或者是实体之间的关系（如朋友关系、家庭成员等）。

知识图谱利用本体论和语义网的理念，在知识的组织与表达上提供了结构框架，它通过三元组的方式来界定实体及实体间的语义联系，并以图的形式来搭建这些联系的网络。这样的结构使人们能够从“关系”的视角出发，对问题进行深入分析和逻辑推导，明确图中的节点和边与本体概念之间的对应关系，如图 6–4 所示。

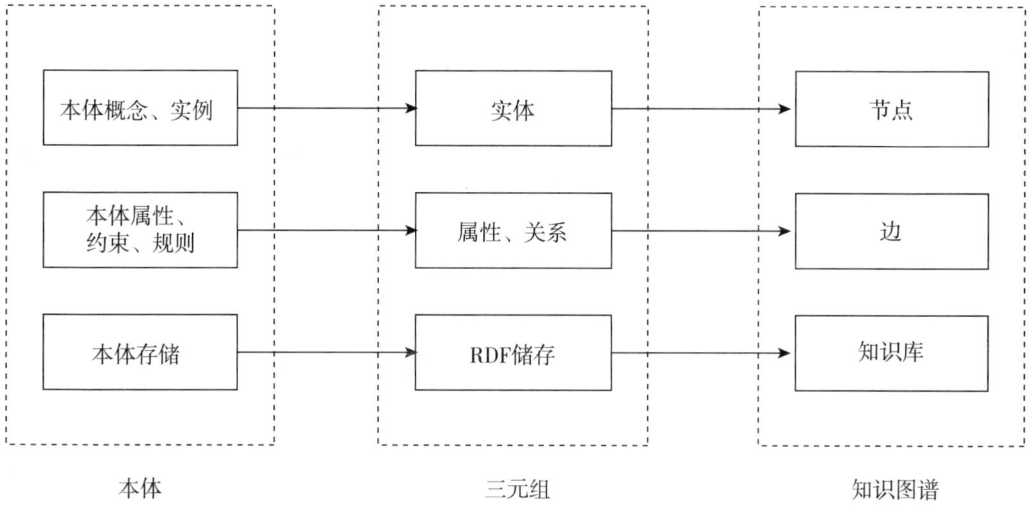

图 6-4　实体关系图

知识图谱可分为两大类：通用知识图谱和领域知识图谱。通用知识图谱主要服务于网络上的搜索、推荐、问答等领域，如 Google、Yago、Wikidata 以及百度等搜索引擎采用的知识库都属于通用知识图谱的范畴。领域知识图谱专注于特定行业（如电子商务、金融和医疗等），也被称作行业或垂直知识图谱。与通用知识图谱相比，领域知识图谱的知识来源更加复杂，对于专业知识的精确性、深入程度和质量有着更高的要求。本书所涉及的学术知识图谱，正是专门针对学术领域构建的领域知识图谱之一。

6.2.2　知识表示框架

知识图谱的表示涉及使用特定语言来描述和构建图谱中的知识，以便进行有效的知识处理。本质上，知识图谱是一种图数据结构，它通过相互连接的节点和边来表达知识，其中的语义主要通过边的意义来体现。为了让这些节点和边具有明确的语义，人们引入了术语学语言，并进一步发展出描述逻辑这一知识表达方法。其中，HTML 和 XML 作为早期的标记语言，虽然在结构化信息方面起到了基础作用，但它们缺乏表达数据之间复杂语义关系的能力。因此，为了应对语义网对知识表达更高层次的要求，W3C 推出了 OWL（Web 本体语言）、RDF（资源描述框架）和 RDFS（RDF Schema）等语言来进行更加深入的语义描述。这些语言不仅适用于构建领域知识图谱，还成为连接数据、智能搜索、智能推荐系统和其他许多智能应用的核心技术。

其中，RDF 是由 W3C 的 RDF 工作组所制定的国际标准，为知识图谱提供了一种抽象的数据模型，并构成了语义网表示标准体系的核心。它通过一个三元组的结构来描绘和表达知识，每个知识单元都能被分解为主语（subject）、谓语（predicate）和宾语

（object）的形式。在这种表达逻辑中，主语代表知识点的主体，谓语代表主体所具有的属性或关系，宾语则是这一属性或关系的指向对象。通过这种结构，RDF 不仅呈现了知识的基本构成，还确立了它们之间的语义连接。

在 RDF 中，主语代表特定的实体（individual），这些实体是类（class）的具体形式，而类被定义为具有共同特征且符合特定条件的实体集合。人们通过类的层级和继承关系，可以借助推理机来揭示诸如父类与子类之间的关系。RDF 中的谓语代表属性（property），这些属性能够连接两个不同的实体，并阐述它们之间的二元联系。例如："司机"这个实体和"汽车"这个实体可以通过"驾驶"这一属性建立联系。通常，个体间的这种关系表现为一对相反的属性，如"驾驶"和"被驾驶"是互为对立的属性。在 RDF 中，宾语既可以是另一个实体，也可以是具体的属性值。如果从图的角度来看，三元组中的主语和宾语相当于图中的节点，谓语则相当于连接这些节点的边。因此，一个基于 RDF 的知识库实际上可以被视为一个图数据库或知识图谱。

6.2.3 知识图谱的构建方法

鉴于现实世界的知识具有广泛性和复杂性，通用知识图谱和领域知识图谱在知识范围和应用需求上各有差异。因此，并不存在一套统一标准或准则来指导知识图谱的建立。知识图谱必须根据具体领域知识体系的完整性来定制构建方法。

构建知识图谱通常采取两种策略：自上而下和自下而上。不同领域拥有不同的数据特点。一些领域发展成熟，拥有完整的知识体系和广泛的知识覆盖，仅通过自上而下的方法构建图谱就能满足应用需求。然而，在新兴的领域中，由于知识体系尚未完善，部分知识适合采用自上而下的方法构建，但还有大量数据不成体系。这种情况就需要借助自下而上的策略，基于数据驱动的方法来构建这部分知识。

在实际操作中，通用知识图谱的本体构建通常使用自下而上的方法。这一方法通过自动提取技术，从多个知识源中提取概念、概念的层次结构及它们之间的关系，并以图结构的形式进行表达。通用知识图谱旨在覆盖广泛领域，涉及的知识规模巨大。而领域知识图谱更倾向于使用自上而下的方法进行本体构建，这是因为领域知识图谱拥有更丰富的知识来源、更复杂的知识结构和更广泛的应用场景，它所包含的实体和关系相对固定，对知识质量的要求也更为严格，在搜索引擎中表现为对搜索准确性的高要求。知识图谱的构建流程如图 6–5 所示。

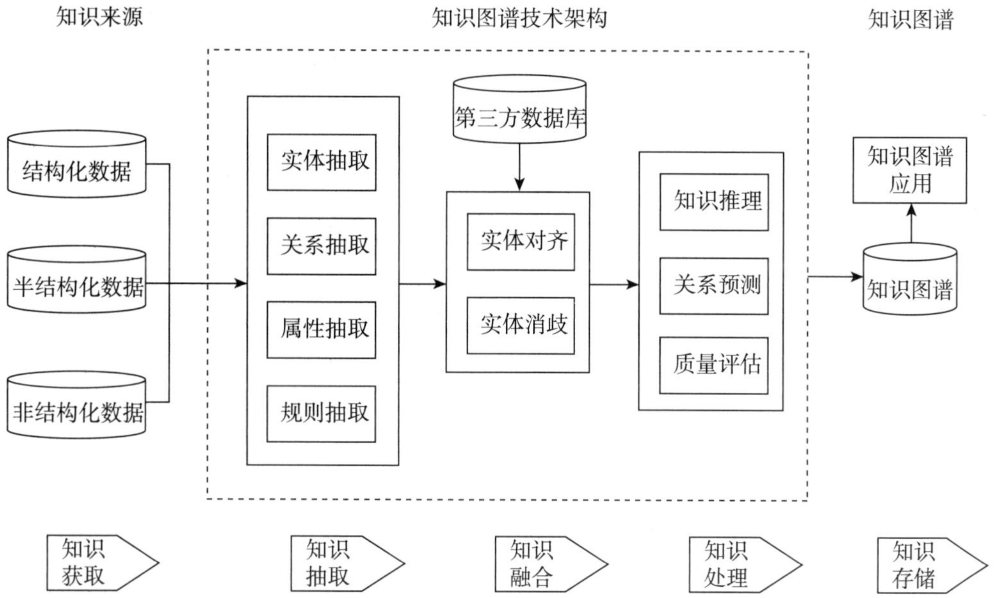

图 6-5　知识图谱构建流程图

如图 6-5 所示，构建知识图谱的关键技术涵盖了多个方面，包括知识的获取、抽取、融合、处理以及存储。下面将详细探讨知识抽取、知识融合以及知识存储的相关技术。

1. 知识抽取

知识抽取是知识图谱构建的基础阶段，它负责从选定的数据源中提炼关键的实体、属性和它们之间的联系。这一过程涉及多个子任务，包括概念的提炼、实体的辨识、关系的确定、事件的识别以及规则的制定等。知识抽取作为构建大型知识图谱的关键环节，通常需要处理来源和结构各异的数据，包括结构化数据、半结构化数据以及非结构化数据（主要是文本）。与依赖专家手动输入的传统专家系统相比，这种多样化的数据处理方法有助于扩大知识图谱的规模。构建当代知识图谱常利用现有结构化数据资源的转换，以形成初始数据集；接着，利用自动化的知识提取和知识图谱扩充技术，从多个数据源进一步扩大知识库。此外，借助众包的方式，也能增加知识图谱的内容量。

2. 知识融合

知识融合是对知识进行高级组织的步骤，它使用预先构建的框架来统一不同知识库中的异质知识，从而生成高品质的知识库。这一过程是解决知识图谱中知识异构性问题的有效手段。考虑到人类知识体系的复杂性和对世界的多元理解，构建知识图谱通常需要整合来自多个源头的数据。不同领域或同一领域内不同机构构建的知识库和知识图谱常常面临互操作性的挑战，而知识融合能够通过建立不同数据或知识之间的联系，桥接异质实体，解决它们之间的互操作性问题。

在合并外部关系数据库到知识图谱的核心知识库，或者当融合多个知识图谱时，主要面临的挑战有两个：模式层面的融合和数据层面的融合。模式融合的关键在于结合现有的和新引入的本体，并整合概念、关系和属性，这一过程通常需要领域专家的专业知识，通过人工方式从结构化数据中提取并构建融合框架。数据融合则涉及实体的命名、属性、属性类别以及实体间关系的整合。

3. 知识存储

知识存储是知识图谱构建的最终环节，关键在于为构建完成的知识图谱设计合适的底层存储方式，以高效地存放各类知识信息。知识图谱的核心是一种图数据结构，当知识抽取和融合步骤完成后，人们通常需要依据图形理论来对知识图谱进行存储和表示。这一过程往往依赖强大的图数据库来实现，如 Neo4j、AllegroGraph、FlockDB 等都是目前广泛使用的图数据库。图数据库在与其他数据库类型的比较中，以直观简洁的方式突出了数据间复杂联系的表示优势。图数据库通过对数据进行模型化组织，采用清晰且标准的框架来表示信息，并将信息转换为小型且规范化的数据单元以便存储。此外，图数据库还支持对数据间关联关系的存储，这种强大的组织能力使图数据库能够高效地处理和查询具有复杂关系的数据结构，其存储模型如图 6-6 所示。

图 6-6　图数据库存储模型

6.2.4　语义检索概述

信息检索的目标是从大量数据中找出与用户需求相关的信息。传统的方法主要依赖基于关键词的搜索和浏览，这通常涉及文本相似性的计算。但这种方式有时不能准确理解用户的意图，可能导致结果与实际需求不符。语义检索则在传统方法的基础上进行了提升，它不仅能使用关键词匹配，还能深入分析语句的含义。利用语义网的技术，这种检索方式可以对用户的查询进行语义推理，从而更准确地理解用户的真实意图，最终提供更能满足用户需求的结果。

语义检索是在传统信息检索技术上发展起来的一种更高级的方法，它利用了语义网的特性来深入理解信息的深层含义。在语义网中，本体扮演着关键角色，它通过定义概念、概念之间的关系以及相关的规则，使搜索引擎能够从语义的角度进行搜索，而不是仅仅依赖于关键词匹配。当用户想要查询信息时，语义检索能够将这些查询转化为语义表示，并在具有相似语义结构的知识库中寻找相关的文档。这意味着，如果本体的语义描述更加精确，那么系统对用户查询的理解也会更加准确，从而提供更加相关的搜索结果。

利用知识图谱，语义检索能够深入理解用户查询中的潜在意图，而不只是停留在字面上的关键词。这种方法能够克服关键词的多义性问题，并结合知识图谱中的丰富信息来进行搜索。通过将知识与文档内容相结合的检索方式，语义检索能够提供更加符合用户实际需求的结果，而不是简单地返回基于关键词匹配的网页链接。

6.2.5　语义相似度

通常，人们将两个概念或词汇之间的关联程度称为语义相关度，这种关系包括了相似性、层级关系、因果等多种类型。语义相似度则是语义相关度中的一种特定形式，主要描述的是两个概念或词汇之间的接近程度。这种相似度决定了在本体论中一个概念是否可以替换另一个概念。随着人工智能技术的进步，语义相似度已经成为数据挖掘、知识图谱构建、自然语言处理以及语义检索等领域的核心问题。

在语义检索领域，语义相似度衡量的是两个表述之间的近似程度，这种比较发生在语义层面。这种相似性并不直接体现在知识图谱的结构中，而是需要借助特定算法来推导出两者间的相似程度，这个过程通常由计算机自动执行。一般而言，相似度的计算主要考虑的是概念间的上下位关系，但在语义检索中，相似度计算还会涉及其他种类的关系。下面将探讨两种不同的语义相似度计算方法。

1. 基于属性的语义相似度计算

在知识图谱中，每个实体都拥有一系列属性。基于这些属性，人们可以评估两个实体间的相似性。具体来说，人们可以通过比较两个实体共有的属性数量占总属性的比例来衡量两个实体的相似度。如果两个实体共有的属性所占的比例高，那么这两个实体的语义相似度就高；反之，相似度较低。

2. 基于距离的语义相似度计算

在图数据库的架构中，实体以节点的形式出现，并通过边与其他节点相连。一个实体可能与多个其他实体有直接或间接的联系，形成不同的连通路径。在这样的结构中，人们可以通过考察两个实体之间的最短路径长度来评估两个实体的语义相似度。通常，如果两个实体在图中的距离较短，它们之间的相似度就较高；如果距离较长，则相似度较低。

6.3　基于个性化概念图的资源检索方法研究

个性化教育作为一种先进的教育观念，被现代教育界广泛推崇。这种教学方式重视学习者的个人特性（如学习者的知识背景、能力和需求以及个人的学习风格和所处的学习环境），从而设计出最适合他们的学习方法、内容和节奏。

在网络教学领域，海外国家（如美国等）先行一步，其对个性化教育系统的研究及应用超越国内，表现在理论与实际操作层面。早在 1998 年，美国的国家标准和技术协会就开始资助高端技术研究项目，针对个性化学习系统进行了深入研究和实践尝试。这些投资旨在开发灵活且易于评估的教育技术，以此提升在线教学效果，并确保能够满足教师和学生的独特需求。在此期间，美国卡耐基梅隆大学的 Brusilovsky 教授主导了 Interbook 项目，德国特里尔大学心理学系创建了 ELM-ART 系统，美国斯坦福学习实验室与德国、瑞典等国的协作带来了“个性化分布式学习知识库访问（PADLR）”等一系列有影响力的个性化教育研究项目。

另外，一些国际学者对于构建定制化学习平台提出了自己的理念。Peng-Kiat Pek 和 Kiing-Leng Poh 在他们的论文“Using Decision Networks for Adaptive Tutoring”中提到，可通过贝叶斯网络构建学生的学习模式，追踪学生的学习过程，并通过反馈机制进行分析，以推断学生可能的下一步学习动向，据此提供个性化的学习内容。Dietrich Albert 和 Cord Hockemeyer 在他们的论文“Applying Demand Analysis of a Set of Test Problems for Developing Adaptive Courses”中，强调了从知识空间理论的视角对知识进行建模的重要性，指出基于此理念设计的课程能够有效地集成到个性化学习系统中，并介绍了他们的 BATH 个性化教学系统。Joel Martin 和 Kurt Vanlehn 也运用了贝叶斯网络来分析学习者的成果，并对学习过程进行了评价，以便根据学生在学习中犯的错误提供适当的教学策略。

在中国，自 20 世纪 90 年代中期，个性化学习领域开始受到学术界和研究机构的重视，并取得了显著成就。例如：北京师范大学的何克抗教授领导了小学语文智能超媒体教学系统的研究；浙江大学的胡尚需、徐海平开发了基于超文本的智能汉语教学系统；华东师范大学的祝智庭教授与首都师范大学的王陆教授合作完成了“个性化课件生成技术及相关工具”项目。这些工作标志着国内该领域的稳步前进。

综合来看，无论是在国际还是国内，个性化学习领域均有所建树。然而，中国的网络个性化教学研究多停留在理论探讨上，关于实用性和执行技术方面的深入讨论不多见。目前，国内的在线教学平台主要关注的是资源的积累，通常是将教材内容、习题集及讲解视频简单地搬到网络上。相比之下，国外的一些个性化实验和应用系统更多地作为教师的辅助工具存在。目前，国内外都普遍缺少对学习者情况的自动化和量化分析，这限制了向学习者提供明确且有针对性的学习指导的能力。由于学习者的状态是动态变化的，那些主要通过问卷调查来收集学生信息的网络学习系统往往不能及时捕捉到这些变动，可能会提供不准确的指导和过时的学习内容。

无论是近年比较流行的 MOOC，还是较早时期的电子学习系统，其关键问题仍然是个性化网络教育问题。远程教育极高的生师比是无法回避的事实，教师不可能在网络学习环境中对每一个学生做到因材施教。当前 MOOC 教育的高辍学率，主要原因就是缺乏有效的约束和准确的指引。

奥苏贝尔强调了学生的认知结构在学习过程中的关键作用，这一结构涵盖了学生当前能够记忆和理解的知识内容，包括事实、概念、命题等。[①] 本节旨在开发一种基于个性化概念图的技术，以检索与用户认知水平相匹配的文本资料。本节首先创建一个个性化认知模型来准确描述用户的知识和理解程度，然后利用这个模型去搜索相关的文本资源，并对搜索结果进行排序，以便为用户提供最适合其认知需求的资讯。这种排序是因人而异的，按照文档本身的难度和个人的认知水平综合考虑进行排序，最终将最适合的文档推荐给用户。

6.3.1　个性化概念图

如果一个在线学习平台不能准确掌握用户的知识和理解能力，那么它就无法有效地为用户推荐适合的学习材料。因此，形式化地表示用户的认知结构和认知水平是首先要解决的问题。

个性化概念图（personalized concept map, PCM）可将学习者的认知结构和认知水平以概念图的形式表示出来，其中节点表示概念或者概念集，边则表示概念之间的联系。

① COOK H，AUSUBEL D P.Educational Psychology：A Cognitive View[J].The American Journal of Psychology，1970，83（2）：303-304.

个性化概念图可以创建一种模型来明确表达用户现阶段的知识体系和理解程度，并且这个模型能够随着用户学习的进展而及时更新。这种可更新的认知模型为用户提供了选择合适阅读材料的可量化依据。

定义 6.1：个性化概念图中的节点。个性化概念图中的节点代表的是简单概念或复杂概念，通常由以下十个核心特征组成：

第一，概念名。概念名也叫作主题，是对于节点所呈现概念的简明扼要的文字描述，可以通过单个词或者一个词组来表达。

第二，程度级别。依照布卢姆的认知目标分类法，程度级别可以细分为记忆、理解、应用、分析、综合和评价六个不同的层次。

第三，说明，即注解部分。

第四，关键字集。关键字集是指与某一概念相关的关键词汇总，涵盖了概念本身、前置概念以及后续概念。

第五，示例集。示例集可通过具体的案例来解释复杂或难以把握的概念，展示概念所蕴含的知识和应用这些知识解决现实问题的方法。

第六，测试集。测试集是一套以特定概念为核心，根据六个认知级别定制的考题集合，其规模取决于概念的内容和重要性。

第七，评分标准。评分标准可为测试集中的每个题目提供参考答案、评判准则和分值权重。

第八，成绩。成绩用于评价学习者对概念掌握的情况。

第九，学习阈值。学习阈值是一种学习过程的管理工具，学习者只有在掌握本概念所需的前置概念，并且在这些前置概念上的加权平均分数达到或超过此阈值时，才有资格学习当前概念。

第十，通过阈值。通过阈值是控制学习进度的一种机制，学习者只有在本概念的测试成绩达到或高于这一标准时，才能进入下一概念的学习。

这些属性由多种媒介形式的文字信息构成，包括数字、文本、图表、图片、程序编码或它们的混合体。

6.3.2 概念之间的学习影响程度

很多情况下，网络学习者不清楚当前需要学习什么内容。在缺乏教师的情况下，网络学习系统必须为用户指出正确的学习目标，并且能够围绕新的学习目标，检索合适的文本学习资源。

正确的学习目标和内容需要在个性化概念图的基础上加以分析和计算。在有多个学习目标的情况下，最合适的目标必然要通过学习者已经掌握的概念和尚未掌握的概念之间的比较得出。

考虑已掌握概念对尚未掌握概念的影响程度，对学习者而言，不同概念对他们学习新概念的影响各不相同。以“运动和力”这个新概念为例，学习者已掌握的“加速度”和“质量”这两个概念对其学习过程的影响并不相等，其中“加速度”的影响更为显著。这种由已有概念对新概念学习产生的不同程度的影响反映了概念间的语义联系，主要表现为概念的相关性与相似性。个性化概念图是层次结构的，在基于层次结构的语义相关度的算法中，Leacock 和 Chodorow 提出的算法较为流行。

定义 6. 2：最深共同前导概念（deepest common predecessor, DCP）。最深共同前导概念是指在概念结构图中，对于任意两个概念 c_i 和 c_j，它们共有的前导概念中位于最底层的那些概念。需要注意的是，两个概念的最深共同前导概念可能有多个。在 PCM 中，任意两个概念之间的语义相关度可用式（6-1）计算：

$$R(c_i, c_j) = \frac{2 \times \text{depth}(\text{DCP})}{\text{depth}(c_i) + \text{depth}(c_j)} \tag{6-1}$$

然而，式（6-1）存在一些限制，因为它完全依赖于概念图中节点的层次分布，只考虑了图的结构信息。虽然这种结构信息在某种程度上反映了一些概念之间的语义关系，但结构信息所表达的语义信息非常有限。因此，本书还需要分析和研究概念之间的影响度。

根据定义 6.1，每个概念都具有“程度级别”属性，这些级别按照从低到高的顺序包括记忆、理解、应用、分析、综合、评价。从认知学的视角来看，这些级别反映了学习者在掌握该概念时所需投入的认知努力。随着级别的提高，所需的认知努力也会相应增加。例如：“加速度”这个概念的程度级别被定为“综合”，“质量”的级别则是“应用”，显然，理解“加速度”需要的认知努力要超过理解“质量”，因此可以推断，对于学习“运动和力”这个概念来说，“加速度”的影响力会更大一些。

定义 6. 3：将学习概念 c_i 所需的认知负担表示为 load（c_i），根据概念的程度级别从低到高，分别赋予 1 至 6 的整数。

在大多数情况下，学习一个新概念需要掌握多个预备概念，尤其是在学习复杂概念时。

定义 6. 4：k 级祖先。对于个性化概念图 $G(V,E)$，$c_i \in V, c_j \in V$，若 $<c_i,c_j> \in R_{PC}$，则称 c_i 是 c_j 的 1 级祖先；若 $<c_i,c_j> \in R_{GC}$，且 c_i 与 c_j 之间的最短路径长度为 k，则称 c_i 是 c_j 的 k 级祖先。注意：c_i 与 c_j 之间的路径可能不止一条，所以要规定 k 为最短路径长度。

定义 6.5：集合 $A_{i,j}$。对于个性化概念图 G（V，E），$c_i \in V, c_j \in V$，若 c_i 是 c_j 的 k 级祖先，则集合 $A_{i,j}$ 定义为

$$A_{i,j}=\bigcup_{n=1}^{k}\left\{c_j\text{的}n\text{级祖先}\right\}$$

即

$$A_{i,j}=\left\{\left\{c_j\text{的1级祖先}\right\}\cup\left\{c_j\text{的2级祖先}\right\}\cup\cdots\cup\left\{c_j\text{的}k\text{级祖先}\right\}\right\}$$

其中，c_j 的 k 级祖先集就是 $A_j^{(k-1)}$ 中所有元素的直接前导概念集的并集，记为 $A_j^{(k)}$。

图 6-7 为 PCM 示例图，节点 c_8 的 1 级祖先包括 c_4、c_5 和 c_7，而 2 级祖先由 c_1、c_2 和 c_3 组成。由于 c_1 是 c_8 的 2 级祖先，因此，$A_{1,8}=\{c_1, c_2, c_3, c_4, c_5, c_7\}$。

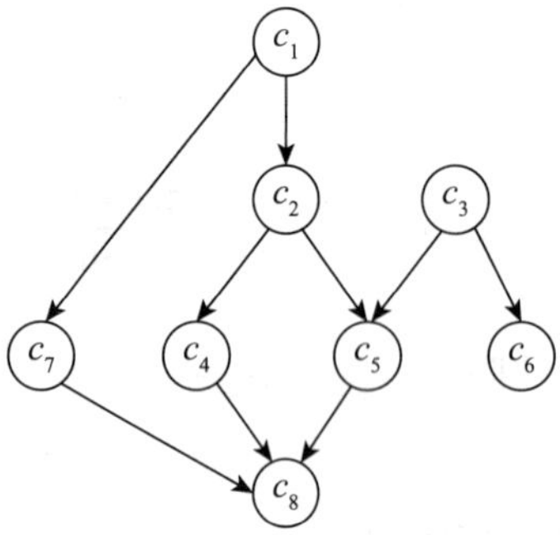

图 6-7　PCM 示例图

由定义 6.4 及定义 6.5 可知，集合 $A_{i,j}$ 代表了学习概念 c_j 所必需的所有 k 级以下的先决概念，那么对概念 c_j 而言，我们不仅要掌握其 k 级祖先 c_i 所需的认知负担 load（c_i），还要计算所有 k 级以下先决概念的总认知负担。本书将掌握特定 k 级祖先的认知负担与所有 k 级以下先决概念的总认知负担的比例，作为衡量概念间影响程度的标准。

计算概念之间的影响函数如下：

$$\inf\left(c_i,c_j\right)=\begin{cases}\dfrac{\operatorname{load}\left(c_i\right)}{\sum\limits_{a_{i,j}\in A_{i,j}}\operatorname{load}\left(a_{i,j}\right)}, & c_i\text{是}c_j\text{的前导节点,}\\ 0, & \text{其他}\end{cases}\qquad(6\text{-}2)$$

式中：$a_{i,j}\in A_{i,j}$；$\sum\limits_{a_{i,j}\in A_{i,j}}\operatorname{load}\left(a_{i,j}\right)$ 为 c_j 的所有 k 级以内的预备概念所需的认知负担总和。显然，函数 inf 的值域是 [0, 1]。在 PCM 中，任意两个节点之间的影响程度可以通过一个二维矩阵来表示。

根据图 6-7，设 load（c_1）=2，load（c_2）=3，load（c_3）=3，load（c_4）=5，load（c_5）=4， load（c_6）=4，load（c_7）=3，load（c_8）=5。那么，这个 PCM 的影响程度矩阵 $\boldsymbol{M}$ 为（其中，概念对自身的影响程度被定义为 1）

$$\boldsymbol{M}=\begin{bmatrix} 1 & 1 & 0 & 0.4 & 0.25 & 0 & 1 & 0.1 \\ 0 & 1 & 0 & 1 & 0.5 & 0 & 0 & 0.15 \\ 0 & 0 & 1 & 0 & 0.5 & 1 & 0 & 0.15 \\ 0 & 0 & 0 & 1 & 0 & 0 & 0 & 0.4167 \\ 0 & 0 & 0 & 0 & 1 & 0 & 0 & 0.3333 \\ 0 & 0 & 0 & 0 & 0 & 1 & 0 & 0 \\ 0 & 0 & 0 & 0 & 0 & 0 & 1 & 0.25 \\ 0 & 0 & 0 & 0 & 0 & 0 & 0 & 1 \end{bmatrix}$$

对于图 6-7 所示的 PCM，如果使用式（6-1）来进行计算，由于 c_1 和 c_3 都是源节点，因此本书需要添加一个虚拟的开始节点作为这个 PCM 的先祖节点，如图 6-8 所示。

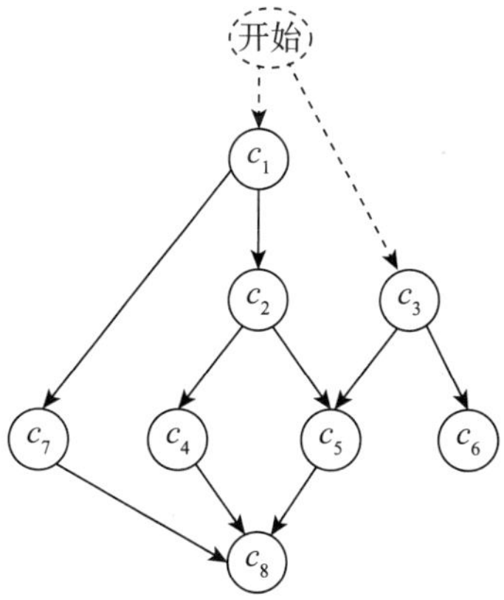

图 6-8　PCM 引入虚拟的开始节点

由式（6-1）计算得到的矩阵 $\boldsymbol{M}'$ 为

$$\boldsymbol{M}'=\begin{bmatrix} 1 & 0.8 & 0.4 & 0.6667 & 0.6667 & 0.3333 & 0.6667 & 0.5714 \\ 0.8 & 1 & 0.3333 & 0.8571 & 0.8571 & 0.2857 & 0.5714 & 0.75 \\ 0.4 & 0.3333 & 1 & 0.2857 & 0.8571 & 0.8571 & 0.2857 & 0.75 \\ 0.6667 & 0.8571 & 0.2857 & 1 & 0.75 & 0.25 & 0.5 & 0.8889 \\ 0.6667 & 0.8571 & 0.8571 & 0.75 & 1 & 0.75 & 0.5 & 0.8889 \\ 0.3333 & 0.2857 & 0.8571 & 0.25 & 0.75 & 1 & 0.25 & 0.2222 \\ 0.6667 & 0.5714 & 0.2857 & 0.5 & 0.5 & 0.25 & 1 & 0.8889 \\ 0.5714 & 0.75 & 0.75 & 0.8889 & 0.8889 & 0.2222 & 0.8889 & 1 \end{bmatrix}$$

矩阵 $\boldsymbol{M}'$ 为对称矩阵，由式（6-1）可知，$R(c_i,c_j)=R(c_j,c_i)$。而矩阵 $\boldsymbol{M}$ 为三角矩阵，因为由式（6-2）可知，若 $\inf\left(c_i,c_j\right)>0$，则 $\inf\left(c_j,c_i\right)=0$。

融合式（6-1）与式（6-2），本书可通过式（6-3）来评估个性化概念图中，概念 c_i 与 c_j 间的语义联系：

$$R_{\text{icm}}(c_i,c_j)=\frac{\left(1+\inf\left(c_i,c_j\right)\right)\times\text{depth}(DCP)}{\text{depth}(c_i)+\text{depth}(c_j)} \tag{6-3}$$

显然，$R_{\text{icm}}(c_i,c_j)=\frac{1}{2}\left(1+\inf\left(c_i,c_j\right)\right)\times R(c_i,c_j)$。式（6-1）主要关注的是个性化概念图的层级结构信息，式（6-2）则侧重于概念图节点的语义信息。式（6-3）兼顾了这两个方面。当 $c_i=c_j$ 时，$\inf\left(c_i,c_j\right)=1$，$\text{DCP}=c_i$ 或 c_j，$R_{\text{icm}}(c_i,c_j)=\frac{(1+1)\times\text{depth}(c_i)}{\text{depth}(c_i)+\text{depth}(c_j)}=1$，即由式（6-3）计算得到的数值矩阵，其对角线上的元素仍然为 1，且由于 $\inf\left(c_i,c_j\right)\leqslant 1$，因此 $0<R_{\text{icm}}\left(c_i,c_j\right)\leqslant R\left(c_i,c_j\right)\leqslant 1$，那么对于图 6-7 所示的 PCM，其关系数值矩阵 $\boldsymbol{M}''$ 为

$$\boldsymbol{M}''=\begin{bmatrix}
1 & 0.8 & 0.2 & 0.4667 & 0.4167 & 0.1667 & 0.6667 & 0.3143\\
0.4 & 1 & 0.1667 & 0.8571 & 0.6429 & 0.1429 & 0.2857 & 0.4312\\
0.2 & 0.1667 & 1 & 0.1429 & 0.6429 & 0.8571 & 0.1429 & 0.4312\\
0.3333 & 0.4286 & 0.1429 & 1 & 0.375 & 0.125 & 0.25 & 0.6297\\
0.3333 & 0.4286 & 0.4286 & 0.375 & 1 & 0.375 & 0.25 & 0.5926\\
0.1667 & 0.1429 & 0.4286 & 0.125 & 0.375 & 1 & 0.125 & 0.1111\\
0.3333 & 0.2857 & 0.1429 & 0.25 & 0.25 & 0.125 & 1 & 0.5556\\
0.2857 & 0.375 & 0.375 & 0.4444 & 0.4444 & 0.1111 & 0.4444 & 1
\end{bmatrix}$$

在矩阵 $\boldsymbol{M}''$ 中，$R_{\text{icm}}\left(c_6,c_8\right)$ 的取值最小，因为 c_6 不是 c_8 的前导学习节点，这与实际情况相符。此外，如果 c_i 和 c_j 之间没有前导或后继的学习关系，那么它们的学习过程不会相互影响，此时 $R_{icm}\left(c_i,c_j\right)$ 的取值只与它们的结构信息有关，此时有 $\inf\left(c_i,c_j\right)=0$，于是 $R_{\text{icm}}\left(c_i,c_j\right)=R_{\text{icm}}\left(c_j,c_i\right)=\frac{1}{2}R\left(c_i,c_j\right)$。在图 6-7 中，像 c_1 与 c_6、c_3 与 c_7、c_2 与 c_6 这样的概念组合，都表现出学习互不影响的特点，在矩阵 $\boldsymbol{M}''$ 中的对应值也相应较低。

6.3.3 基于 PCM 的相关概念扩展

在常见的信息检索系统中，关键词常作为搜寻网络资料的主要途径。然而，关键词所携带的信息量通常较少，单纯依赖关键词进行搜索往往会导致结果过多或错过关键信息。而基于语义理解的检索技术能够深入解析关键词的深层含义，并在此基础上进一步拓展，为用户精准定位所需信息。

查询扩展的方法主要是将与用户查询需求紧密相关的关键词纳入查询范围。个性

化概念图是反映用户认知结构的工具，其中包含了概念间的联系。式（6–3）综合考虑了个性化概念图的结构信息和语义信息，以此计算 PCM 中任意两个节点的相关度，从而为查询扩展提供了必要的依据。

式（6–3）为了度量预备概念对新概念学习的影响，两个节点之间的关系可能是不对称的，因为后继概念对前导概念是没有什么影响的，即若 $i \neq j$，则存在 $R_{\text{icm}}\left(c_i,c_j\right) \neq R_{\text{icm}}\left(c_j,c_i\right)$。当 c_i 与 c_j 之间有前导或者后继学习关系时，运用式（6–3）计算两个节点之间的相关度就需要做出调整，调整的方法为取两者中的较大者，即

$$R_{\text{icm}}\left(c_i,c_j\right)=\max\left(R_{\text{icm}}\left(c_i,c_j\right),R_{\text{icm}}\left(c_j,c_i\right)\right) \tag{6-4}$$

如此就可以保证 c_i 的直接前导节点和直接后继节点最有可能成为查询扩展概念。

当用户学习新概念，并以新概念名称作为查询要求获取相关的文本资源时，系统会把相应 PCM 中的所有概念作为扩展概念加入查询向量 $\boldsymbol{q}$，并运用式（6–3）和式（6–4）计算 PCM 中其他概念与该概念的关联度作为查询向量的权值。扩展查询向量与文本特征词向量 $\boldsymbol{d}_j$ 之间的相似度可运用余弦法计算。

6.3.4　个性化文档资料排名

信息检索系统在向量空间模型中会运用余弦法计算查询向量与文本特征词向量之间的相似度，最终以降序排列输出文本资源。而在实际的网络自主学习中，排名靠前的文本资源未必适合用户当前的认知水平。余弦法只是把文本表示为特征词向量空间，而未考虑文本资源本身对于不同用户的难度。

定义 6.6： 学习文档 d_j 所需的全部认知劳动量。对于文档中出现的每个概念，以及这些概念在用户的个性化概念图中的前导概念节点集，所有这些节点的认知劳动量的总和即为学习文档 d_j 所需的全部认知劳动量。假设某个文档 d_j 有 n 个概念，那么对于任意一个概念 c_i，其前导概念集 A_i ={ c_i 在 PCM 中的所有前导概念节点 }；于是学习文档 d_j 所应掌握的全部概念集合 T 为 $T=\left\{c_1,c_2,\cdots,c_n\right\}\cup A_1\cup A_2\cup\cdots\cup A_n$，那么学习文档所需的全部认知劳动量 $L\left(d_j\right)=\sum_{k=1}^{|T|}\text{load}\left(a_k\right)$，其中 $a_k \in T$。显然，对于一篇文档而言，$L\left(d_j\right)$ 越大，掌握它所需的认知劳动量就越大，难度就越高。

定义 6.7： 用户 h_i 对于文档 d_j 实际完成的有效认知劳动量。令 $a_k \in T$，则用户 h_i 对于文档 d_j 的有效认知劳动量 $M\left(h_i\right)=\sum_{k=1}^{|T|}\left(\frac{S_k}{100}\times\text{load}\left(a_k\right)\right)$，其中 S_k 是用户关于概念 a_k 获得的分数。

根据以上定义，用户学习文档 d_j 的认知程度可由下式计算：

$$\delta_{i,j}=\frac{M(h_i)}{L(d_j)}=\frac{\sum_{k=1}^{|T|}\left(\frac{S_k}{100}\times \text{load}(a_k)\right)}{\sum_{k=1}^{|T|}\text{load}(a_k)} \tag{6-5}$$

其中，比值太大说明文档 d_j 对于该用户来说太容易了，比值太小则说明文档 d_j 对用户来说太难了，这都不利于用户的自主学习。

定义 6.8：最佳认知程度比值 δ_{opt}。最佳认知程度比值表示用户学习新文本资源最合适的认知程度，在此程度下用户有最大的学习效率。

δ_{opt} 可以由专家确定，目前认为 85% 是比较合适的，本书以 75% 为最佳认知程度比值。距离这个比值越近的文档排名越靠前，反之越靠后，最终系统会按照升序以 $\left|\delta_{i,j}-\delta_{\text{opt}}\right|$ 的大小对文本资源集 D 排名。对具有不同认知结构的用户而言，即使是相同的文档，其排名也是不同的，这正是个性化检索中“因人而异”这一原则的体现。

图 6-9 是本书基于 PCM 的文档检索示意图，系统在以向量空间法得到以相似度排序的新文本资料之后，通过比较文档所需认知劳动量与用户实际完成的有效认知劳动量进行文本资源的认知程度分析，最终得到以适合度排名的文本资源。

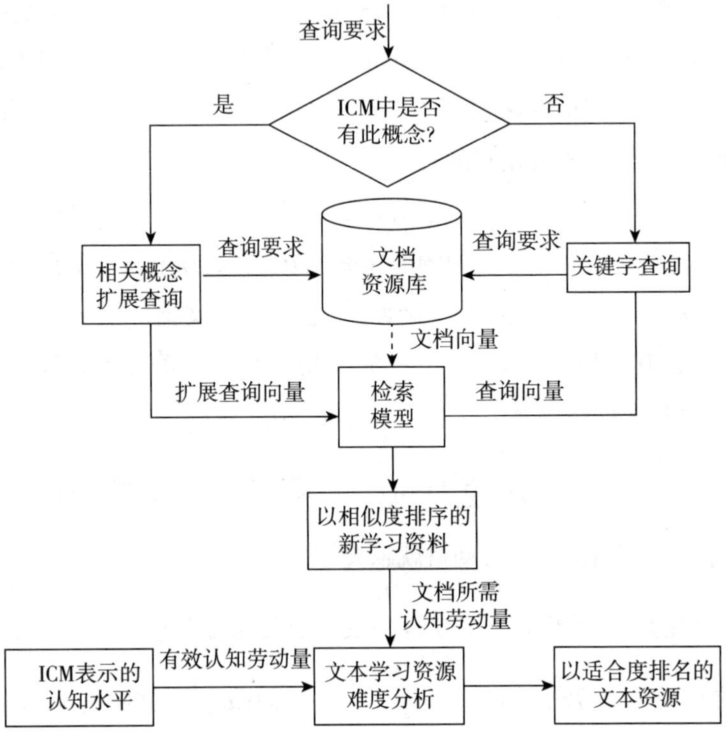

图 6-9　基于 PCM 的文档检索示意图

6.4　学习资源精准推送方法研究

如图 6-10 所示是三位用户 A、B、C 关于高中化学的个性化概念图（部分），表示他们当前对概念“晶体”的认知水平。此外，还有 10 篇运用百度搜索引擎搜索出来的相关文档及排名。运用式（6-5）计算，三位用户对这 10 篇文档的认知程度及最终排名如表 6-3 所示。可以看出，对不同水平的三位用户来说，即使是相同的文档，最终排名也不相同。

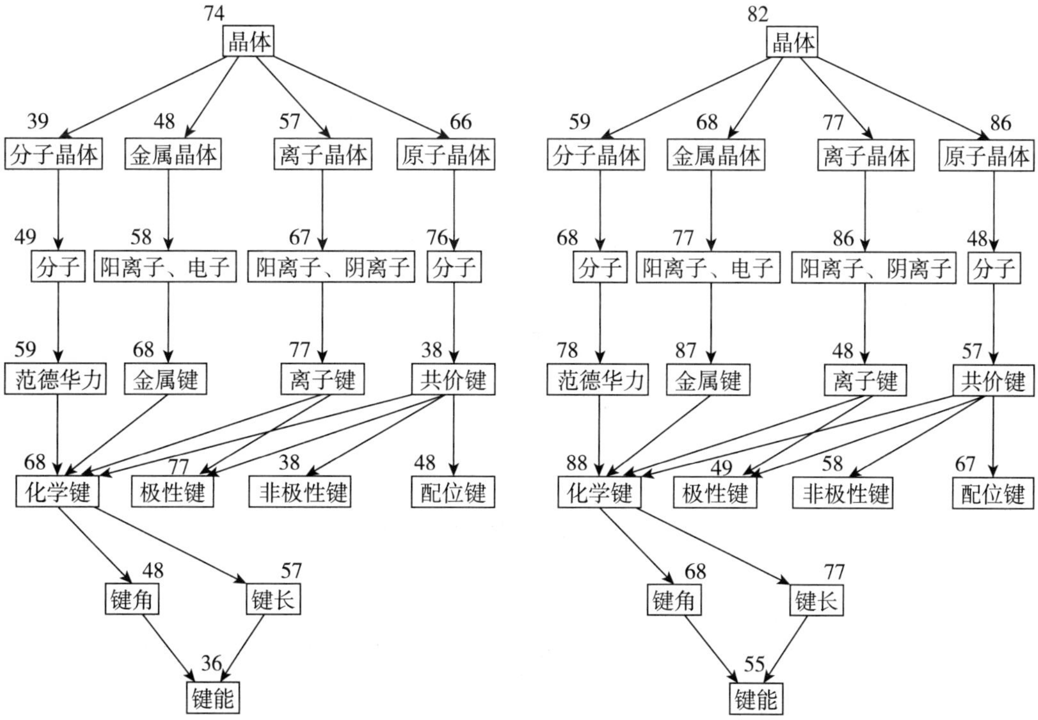

（a）水平较差的用户 A　　　　（b）水平中等的用户 B

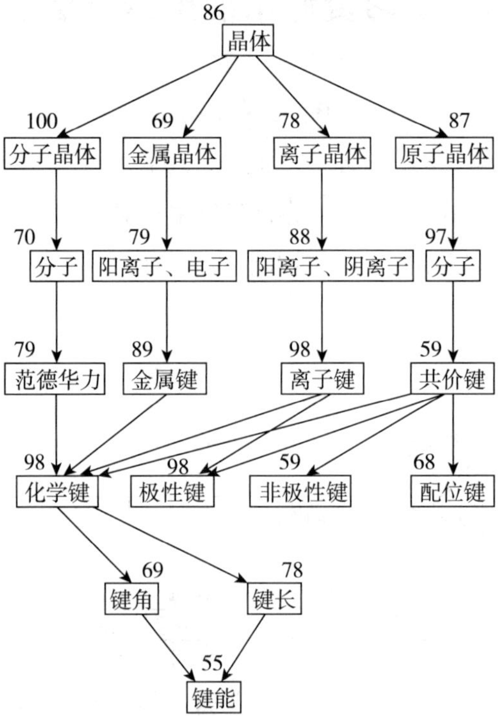

（c）水平较高的用户 C

图 6-10　三位代表不同水平用户的 PCM（部分）

表 6-3　三位用户对于 10 篇文档的认知程度以及最终排名

"百度"搜索出的相关文档及排名	用户 A		用户 B		用户 C	
	认知程度	排名	认知程度	排名	认知度	排名
1.现代科学中的化学键能及应用	0.588 3	7	0.691 5	6	0.815 7	2
2.键能	0.576 2	9	0.711 2	5	0.797 5	1
3.高中化学晶体结构知识归纳	0.591 6	6	0.726 8	4	0.935 0	9
4.原子、分子和晶体结构	0.584 3	8	0.733 3	2	0.955 0	10
5.离子晶体、分子晶体和原子晶体	0.611 4	3	0.765 5	1	0.886 5	8
6.高中常见的阴离子的检验	0.608 4	4	0.816 7	8	0.856 3	6
7.常见阴离子检验	0.602 6	5	0.823 4	10	0.875 1	7
8.范德华力大小与物质物理性质	0.563 8	10	0.727 5	3	0.847 3	5
9.谈谈离子键和共价键的区别	0.654 1	1	0.691 3	7	0.846 6	4

续　表

“百度”搜索出的相关文档及排名	用户 A		用户 B		用户 C	
	认知程度	排名	认知程度	排名	认知度	排名
10.离子键和共价键的区别和应用	0.645 8	2	0.682 2	9	0.835 1	3

实验中用户 A 代表水平较差的用户，尚未掌握的概念很多，尤其是“共价键”“分子晶体”得到的分数较低，本书运用式（6−5）重新对这 10 篇文档排名，结果显示，排名靠前的三篇文档分别是“谈谈离子键和共价键的区别”“离子键和共价键的区别和应用”“离子晶体、分子晶体和原子晶体”，符合用户 A 的个人实际情况。而用户 C 认知水平较高，目前尚未掌握的概念是“共价键”“非极性键”“键能”，本书重新对文档排名，得到排名靠前的三篇文章分别是“键能”“现代科学中的化学键能及应用”“离子键共价键的区别和应用”，同样符合用户 C 的实际情况。

第 7 章　知识可视化与知识聚焦方法研究

7.1　知识可视化方法概述

7.1.1　知识可视化的提出

“可视化”一词源于英文的“visualization”，原意是“可看得见的、清楚的呈现”，也可译为“图示化”，如计算机编程的可视化界面（VB、VC 等）。

“可视化”作为专业术语的出现始于 1987 年 2 月，当时美国国家自然科学基金会（national science foundation, NSF）召开的一个专题研讨会给出了“科学计算可视化”的定义、覆盖的领域以及发展方向。这标志着科学计算可视化作为一门学科在国际范围内已经成熟。按照专家的观点，科学计算可视化（visualization in scientific computing）的基本含义是指运用计算机图形学或者一般图形学的原理和方法，将科学与工程计算等产生的大规模数据转换为图形或图像，以直观的形式表示出来。

数据可视化（data visualization）的概念来自科学计算可视化，科学家不仅需要通过图形或图像分析计算机算出的数据，还需要了解计算过程中数据的变化。随着计算机技术的发展，数据可视化的概念已大大扩展，不仅包括科学计算数据的可视化，还包括工程数据和测量数据的可视化。现代的数据可视化技术指的是运用计算机图形学和图像处理技术，将数据转换为图形或图像在屏幕上显示出来，并进行交互处理的理论、方法和技术。它涉及计算机图形学、图像处理、计算机辅助设计、计算机视觉及人机交互技术等多个领域。

一般来说，科学计算可视化是指空间数据的可视化，而“信息可视化”（information visualization）是指非空间数据的可视化。随着社会信息化的推进和网络应用的日益广泛，信息源越来越庞大。除了需要对海量数据进行存储、传输、检索及分类，人们还需要了解数据之间的相互关系及发展趋势。实际上，在激增的数据背后，隐藏着许多重要的信息，人们希望能够对其进行更高层次的分析，以便更好地利用这些数据。Cardetal 将信息可视化定义为使用计算机支持的、交互性的视觉表示法，对抽象数据进行表示，以增强认知。

Eppler 和 Burkard 提出的知识可视化（knowledge visualization）是在科学计算可视化、数据可视化、信息可视化基础上发展起来的新兴研究领域，应用视觉表现手段，促进群体知识的传播和创新。① 一般来讲，知识可视化领域研究的是视觉表现在提高两个或两个以上人与人之间的知识传播和创新中的作用。这样一来，知识可视化可以被定义为所有可以用来建构和传达复杂知识的图解手段。除了传达事实信息，知识可视化的目标还包括传输见解、经验、态度、价值观、期望、观点、意见和预测等，并以这种方式帮助他人正确地重构、记忆和应用这些知识。

知识可视化与信息可视化有着本质差别，信息可视化的目标在于从大量的抽象数据中发现一些新的见解，或者简单地使存储的数据更容易被访问；知识可视化则是通过提供更丰富的表达人们所知道内容的方式，以提高人们之间的知识传播和创新。这里从可视化对象、可视化目的、可视化方式和交互类型四个方面对数据可视化、信息可视化与知识可视化三者进行比较，如表 7–1 所示。

表 7–1　数据可视化、信息可视化与知识可视化三者的比较

比较项目	数据可视化	信息可视化	知识可视化
可视化对象	空间数据	非空间数据	人的知识
可视化目的	将抽象数据以直观的方式表示出来	从大量抽象数据中发现新信息	促进群体知识的传播和创新
可视化方式	计算机图像或图形	计算机图像或图形	绘制的草图、知识图表、视觉隐喻等
交互类型	人 –机交互	人 –机交互	人 –人交互

7.1.2　双重编码理论

1986 年，Paivio 提出了双重编码理论。双重编码理论的一个重要原则是同时以视

① BURKHARD R A. Knowledge visualization：Towards a new discipline and its fields of application[J]. Proceedings of the International Conference on Information Visualisation（IV），2005，9（1）：1-6

觉形式和语言形式呈现信息能够增强记忆和识别，该理论试图把语言和非语言放在同等重要的位置上。Paivio 指出，人类认知是独特的，它在同时处理语言和非语言对象时非常特别。双重编码理论认为，语言系统可直接处理语言的输入和输出（以演讲和书写的形式），同时具有非语言对象、事件和行为的符号功能，任何的表征理论都必须符合这一二重性。

双重编码理论设想人类有两个认知子系统，一个专门用于表征和处理非语言对象（如表象），另一个则专门用于处理语言对象。Paivio 还假定人类有两个不同类型的表征单元：imagens 和 logogens。[①] imagens 用于表征心理图像，logogens 用于表征语言实体；logogens 是以关联和层次的形式组织的，而 imagens 是以部分和整体的关系组织的。双重编码理论定义了三种类型的加工：一是表征性的，即语言和非语言表征的直接激活；二是调用性的，通过非语言系统激活语言系统或反过来通过语言系统激活非语言系统；三是联合加工，即在语言系统内部或非语言系统内部的表征的激活。一个任务可能需要三种加工中的一种或全部。从双重编码理论可以看出，知识可视化可将知识以图解的方式表示出来，为基于语言的理解提供了很好的辅助和补充，大大降低了语言通道的认知负荷，加速了思维的发生。

7.1.3 知识制品

知识制品（knowledge artifacts）的概念在越来越多的文献中被提及。知识制品是人们日常处理的对象，如写的报告、发送的邮件和阅读的书刊等。按照 Newman 的观点，知识制品可分为认知知识制品（cognitive knowledge artifact）和物理知识制品（physical knowledge artifact）。认知知识制品是指对真实物理世界的了解和理解，通常被简化为“知识”；物理知识制品则是指认知知识制品的表示方法。认知知识制品侧重于内容，物理知识制品侧重于表现形式。知识制品会因其编码方式、呈现方式和抽象程度的不同而各不相同。从个人角度来看，知识制品可以是外显的（explicit）、内隐的（implicit）或隐性的（tacit）。然而，大多数知识制品都是这些类型的组合。其中，人们最熟悉的是显性知识制品，它们以一定的方式进行编码，使人们能够触摸到、看到、听到或操作。显性知识制品可以在人与人之间进行传播，但对于不同的制品形式，其传播的效果会完全不一样。为了使用上的方便，一些学者往往将知识制品限定为显性的物理知识制品或能够直接作用人的感官的知识制品。因此，知识可视化的实质是将人们的个体知识

① PAIVIO A. Mental Representations：A Dual Coding Approach[M]. New York：Oxford University Press，1986.

（认知知识"制品"）以图解的手段表示出来，形成能够直接作用于人的感官的知识的外在表现形式（显性的物理知识制品），从而促进知识的传播和创新。

7.1.4　知识表征

在认知心理学、人工智能和知识可视化等领域，知识表征（knowledge representation）具有多种含义。在认知心理学领域，知识表征指的是人类大脑中存储和组织知识的方式，即知识在大脑中的表示形式。这种表示形式可以与人脑中的各种记忆模型相对应。在人工智能领域，知识表征常被称为知识表示，它指的是将知识以特定的数据结构和算法的形式存储在计算机中，并支持相应的操作和推理，因此知识表示关注的是如何有效地将知识转化为计算机可以理解和处理的形式，以便进行推理、推断和决策等任务。在知识可视化领域，知识表征指的是以外在形式展现知识的方式，它关注的是如何使用图形化工具和表达手段来呈现知识，以便人们能够直接通过感官来理解和解读知识，因此在知识可视化领域，知识表征被视为一种刺激材料，其目的是传达知识并激发人们的认知和思维过程。由此可见，知识可视化是连接认知心理学和人工智能研究的桥梁，为计算机的知识表征作用于人脑提供了可依赖的方法和手段。

7.1.5　知识可视化的重要性

如前所述，知识可视化是一种利用视觉表达方式来促进群体知识传播和创新的方法，其核心是将个人的认知知识转化为图形化的形式，创造出能够直接影响人们感官的物理知识展示形式。通过这种方式，知识可以更直接地传达给人们，从而促进知识的传播和创新过程。教育技术涉及理论和实践，旨在设计、开发、应用、管理和评估教育过程和资源，以促进学习，其目标是改善教学过程，以达到最佳的教学效果。就目标而言，知识可视化和教育技术有着相似的目的。它们都旨在利用相应的方法和技术来改进教育过程，以促进学习，提高教学效果。可以预见的是，知识可视化在实现教育技术的目标方面，将成为一项重要的工具，成为教育技术领域中的一个重要研究方向。

知识可视化是在数据可视化和信息可视化的基础上发展而来的，因此它具有更广泛的技术背景。这意味着知识可视化借鉴了数据可视化和信息可视化的技术方法，并进一步发展出适用于知识表示和传达的专门技术。尽管从表面上看，知识可视化仅仅是知识以图解形式的呈现，但其深层次的发展却依赖于诸多领域的强有力支持，包括人工智能、知识科学、计算语言学和认知语言学等。这些领域的知识和技术为知识可视化提供了重要的支撑，并推动了其更为细致和高效的发展。知识可视化在教学备课中可以作为有用的资源，为教师提供关于小说人物及其关系、科普文章中的概念及其关系等方面的图表和原始框架。这些图表可以作为教师备课的参考材料，也可以供学生进一步完善、校对和修补，以便让学生更好地理解和处理相关内容。知识可视化的研究为实现教学设计的自动化奠定了坚实的基础。为了实现教学设计自动化的目标，人们需要结合知识工程和语言学的研究成果，甚至要与这些领域的专家共同攻克一些难题。从这个角度来看，知识可视化可以被视为知识工程在实际应用中的一个领域，它利用知识工程的方法和技术，将知识以可视化的形式呈现出来。这种呈现方式使知识更加直观、易于理解，并在教育和其他领域中发挥着重要的作用。知识可视化通过应用知识工程的原则和工具，能够帮助人们更好地理解和利用知识资源。

综合上述分析可以得出结论：知识可视化是将知识工程应用于教育技术领域的一种方向，也是教育技术中应用知识工程的突破口之一。知识可视化对知识工程提出了特定要求，并为教育技术提供了重要机遇。通过知识可视化，人们能够更好地利用知识工程的方法和工具，促进教育技术的创新与发展。

7.2　知识图谱可视化与异质网络可视分析

为了有效传播和创新知识，研究者需要从三个方面考虑知识可视化的关键问题，这些问题涵盖了知识可视化的基本要素。这三个方面包括：第一，确定哪些类型的知识适合进行可视化；第二，明确为何要对这些知识进行可视化，即明确可视化的目的和价值；第三，思考如何以最佳方式对这些知识进行可视化，并选择合适的方法和工具。通过综合考虑这三个方面，研究者能够有效提升知识的传播效果和创新能力。

确定知识类型指的是对需要传输的知识进行分类和区分，这有助于确定哪些特定类型的知识需要进行传播和交流。通过对知识进行分类，研究者能够更好地了解不同类型知识的特点和需求，从而有针对性地选择适合的传输方式和工具。目前，多种文献对知识分类的结果不一致，尚未建立将可视化形式与知识类型相对应的分类框架。可视化目的包括通过视觉手段进行共享、促进知识创新、支持学习、将经验编制成文件供他人使用以及进行知识构图等。可视化形式则可以采用启发式草图、概念图表、视觉隐喻、知识地图和科学图表等多种方法来表示。需要注意的是，这些方法只是示意性的，没有一一对应的关系，研究者需要根据自身需求来确定最适合的方法。

知识可视化的研究可以借鉴传统的四步实验法：第一，构建理论上的形式化模型和相应的算法；第二，开发软件来实现这一理论；第三，将该理论和工具应用于解决实际问题，构建实际问题的解决方案；第四，对构建的系统进行评估，并在需要时重复这四个步骤，直到获得满意的效果。这一方法可以帮助研究者系统地推进知识可视化的研究，确保理论和工具的有效应用，并不断改进和优化系统的性能。

在实施知识可视化研究时，研究者需要对上述四个步骤进行进一步分解：第一，明确知识可视化的目的，即解决研究的动机问题；第二，选择一种切实有效的知识分类方法，并分析该分类方法下各种知识类型的可视化适用性；第三，为不同的知识类型选择适合的知识可视化方法或图解手段，并建立相应的计算机知识表示法，包括逻辑结构和物理结构的数据结构以及相应的算法；第四，根据软件工程的思想，将实验分解为需求分析、设计、编码和测试等步骤；第五，创设实验环境，为实际应用做准备；第六，对实验效果进行分析和评估，为下一轮迭代做准备。通过这样的分解和实施，研究者可以系统地推进知识可视化研究，并不断改进和优化方法和工具。

目前已经存在多种知识可视化工具，包括概念图、思维导图、认知地图、语义网络、思维地图以及知识图谱。这些工具可以用于呈现和组织知识的结构、关系和概念。概念图通过节点和边表示知识元素和它们之间的关系；思维导图以树状结构展示主题和子主题之间的关联；认知地图通过节点和连线展示人们对于某一领域的认知模型；语义网络通过节点和连接表示概念和概念之间的语义关系；思维地图通过不同的图形和布局形式帮助组织思维和表达观点；知识图谱则使用图结构表示知识并通过实体间的关系进行知识的推理和查询。这些工具提供了多种方式来可视化和探索知识，帮助人们更好地理解和应用知识。

下面以知识图谱为例，对知识可视化方法研究进行描述。

随着人工智能的进步以及人们对知识需求的快速增长，知识图谱在工业界和学术界引起了广泛关注。知识图谱最初由Google公司于2012年提出，主要指用于增强搜索引擎性能的知识库。知识图谱是一个结构化的知识表示形式，它通过连接实体和实体之间的关系，提供了一种更高效的方式来组织、存储和检索知识。随着知识图谱的发展，它已经成为许多领域中的重要工具，用于推理、推荐系统、自然语言处理等应用。因此，知识图谱的应用前景和研究价值备受关注。广义的知识图谱指涵盖各种知识库项目的范畴。知识图谱将不同类型的信息、数据和连接关系整合为知识，成为大数据环境下有效组织知识的方法。各种规模庞大的知识图谱在智能搜索、智能问答、智能推荐、情报分析、反欺诈、用户输入消歧、社交网络、金融、医疗、电商以及教育科研等领域发挥着重要作用。知识图谱的应用为数据驱动的智能系统提供了丰富的背景知识和关联关系，促进了更精准、更高效的信息处理和决策支持。因此，对于知识图谱的研究和应用具有重要的实际意义和广阔的前景。

知识图谱技术经历了不同的发展阶段，包括语义网络、描述逻辑和本体论等。在这些阶段中，知识图谱的构建和表示方式逐渐演变和完善。语义网络是早期的一种知识图谱表示形式，它通过节点和边来表示概念和概念之间的关系。随后，描述逻辑成为知识图谱的重要组成部分，它提供了一种形式化的语言来表达知识的逻辑结构和约束条件。本体论则强调对概念和关系进行形式化定义和推理，使知识图谱具有更严谨和准确的表达能力。这些发展阶段推动了知识图谱技术的不断进步和应用拓展，为知识的组织、推理和应用提供了更强大的工具和方法。目前，主流的知识图谱表达方式包括W3C 制定的资源描述框架和网络本体语言等标准语言。这些标准语言提供了一种形式化的描述方式，用于表示知识图谱中相互连接的实体和实体的属性。通常情况下，知识图谱以网络结构的形式进行表达，其中实体之间的连接关系被清晰地展示。这种表达方式能够帮助人们更好地理解和推理知识的关联性，并为知识图谱的应用奠定基础。通过使用这些标准语言，人们能够在知识图谱中准确地表示实体之间的关系和属性，从而促进知识的共享和交流。

知识图谱是一个包含多种类型实体（节点）和多种类型连接关系（边）的异质网络。在知识图谱中，不同类型的实体代表不同的概念、对象或事物，而连接关系表示实体之间的关联性和语义关系。这种异质网络结构使知识图谱能够更准确地描述和捕捉知识的复杂性和多样性。通过对实体和连接关系进行建模和分析，人们可以深入理解各种知识元素之间的关系，并从中获取有关实体属性、语义推理和关联性的信息。这种异质网络的构成方式为知识图谱提供了丰富的表达能力，进一步促进了知识的组织、检索和应用。随着知识图谱和异质网络规模的迅猛增长，对知识图谱进行有效的理解、分析和利用仍然面临着挑战。这是因为大规模知识图谱中的实体和连接关系数量庞大，复杂性增加，使从中提取有用信息和进行有效推理变得更加困难。异质网络的多样性和复杂性也增加了对其结构和关联性的理解和解释的复杂性。这种情况要求研究者开发新的方法和技术来应对这些挑战，以更好地探索和利用大规模知识图谱和异质网络中蕴含的有价值的知识和信息。

可视化是一种将抽象的数据转化为图形元素，并结合人机交互手段，以帮助用户直观地感知和分析数据的方法。通过将数据以视觉形式呈现，用户能够更容易地理解和发现数据中的模式、趋势和关系。可视化技术通过图形化的表达方式，使复杂的数据变得更容易解释和交互。这种交互性可以让用户探索数据，跟随自己的思路进行分析，从而提供更深入的决策支持。通过有效的可视化，用户能够更加直观地与数据进行互动，并从中获取有关数据的信息。近几十年来，国内外研究者在知识图谱可视化领域进行了广泛的研究，涉及多种可视化和可视化分析方法。这些研究工作致力于通过不同的技术和方法，将知识图谱以可视化的方式呈现出来。这些方法的目标是帮助人们更好地理解和探索知识图谱的结构、关联性和属性。通过可视化，用户可以直观地感知和分析知识图谱的复杂性，并从中获得发现。这些研究工作为知识图谱的可视化提供了丰富的理论和实践基础，推动了该领域的发展和创新。

尽管近年来已有关于本体可视化的综述论文问世，但其主要内容集中在孤立的可视化图表设计上，对于大规模知识图谱所面临的问题以及异质网络交互可视分析等新领域的关注较为有限。本节将基于之前的研究成果，着重探讨知识图谱可视化与异质网络可视分析的最新工作。

7.2.1　知识图谱的可视化表达

虽然 Google 公司在 2012 年提出了知识图谱的概念，但在此之前已经存在大量专注于不同类型信息在知识图谱中的可视化表达设计的方法。因此，本节的内容将聚焦在知识图谱的数据类型和如何将其进行可视化表达上。

以 Wikidata、FreeBase、DBpedia、YAGO 等知识图谱为例，这些知识图谱由大量结构化元组数据组成，其中包括概念、描述、属性和关系等各种类型的数据。在知识图谱中，三元组是一种通用的表达方式，其基本形式包括实体 1、关系、实体 2。此外，知识图谱还可以通过概念、属性和属性值的方式进行描述。在知识图谱中，关系的作用是连接两个实体，以描述它们之间的关联情况。概念的属性与属性值则用于描述实体的内在特征。在知识图谱和异质网络中，节点和边具有不同的类型，而边通常还具有方向性。这样，实体与实体之间的连接结构可以被抽象为树和网络。需要注意的是，大多数知识图谱中的实体连接是稀疏的，形成了一种稀疏图或网络。按照可视化布局与视觉编码方式，知识图谱可视化表达可分为 5 类，它们分别是空间填充、节点连接图、热图、邻接矩阵和其他。

空间填充技术可将整个屏幕空间细分，并根据节点的属性（如节点数量）进行划分，以充分利用屏幕空间。每个细分空间的大小与其所分配节点的属性相匹配。如图 7-1 所示，节点或类别通过矩形表示，层次结构较低的节点紧密嵌套在其父节点内部，而嵌套节点的大小小于其父节点。空间填充布局追求高度信息密集性，以最大限度地利用可用空间，在有限的空间中展示更多的信息。然而，这种布局通常无法为树的内部节点提供额外的空间。这意味着树的内部节点可能无法在布局中得到充分展示。空间填充表达适用于规模较小、具有树状结构且层次深度较少的知识图谱的可视化展示。

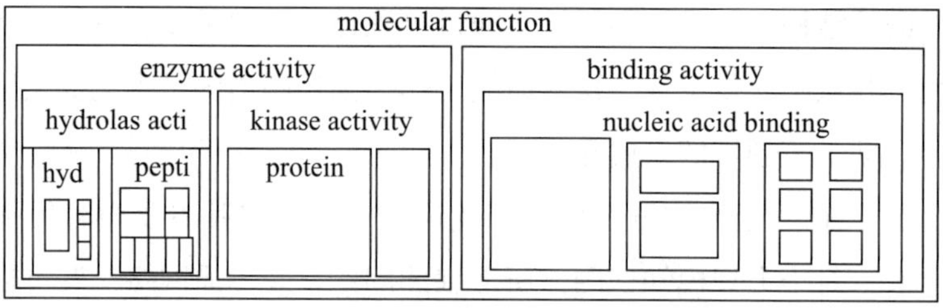

图 7-1　空间填充可视化表达示例

节点连接图是一种技术，它能将本体以互联节点的形式进行表示。节点通常用点或圆等形状表示，节点之间的关系则通过连线表示，不同颜色的连线表示不同的属性或类别，如图 7-2 所示。

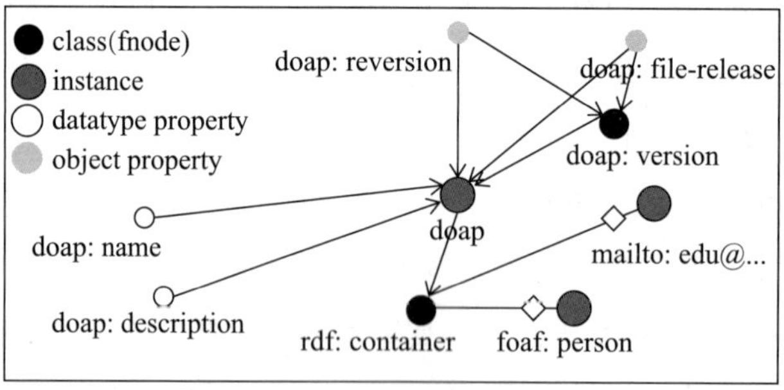

图 7-2　节点连接图可视化表达示例

力导向布局是节点连接图中一种常见的布局方式。节点连接图能够有效地展示网络结构的总体概况，但在有限的空间内展示时，其空间利用率较低，限制了可以展示的节点数量。节点连接图适用于展示稀疏的知识图谱，包括稀疏的图、网络或树结构。当节点和边的密度较高时，使用节点连接图进行可视化表达可能会给人们带来较重的视觉负担，因此节点连接图不适合呈现密集的知识图谱。

在本体可视化领域中，“焦点 + 上下文扭曲”技术是一种常见的节点连接图表达方法。该方法可将一个节点设定为焦点，其他节点则分布于焦点节点周围进行展示，关联节点的大小会根据继承关系的递进逐渐减小，直至不可见。该方法通过扭曲图形的几何形状和压缩上下文区域的方式，为焦点节点腾出空间。这样一来，用户可以轻松将感兴趣的节点移至显示中心作为焦点，同时在保持焦点节点相关节点的上下文显示的同时，展示更多细节。“焦点 + 上下文扭曲”技术在提供整体概况和展示节点间关系方面表现出很高的实用性。然而，该技术在明确表示层次结构方面存在一定限制，用户需要通过连接标签来区分父节点和子节点。

热图通过使用发散色彩对矩阵分块进行标记，提供了定量值属性的紧凑摘要。这些分块以两个关键属性的对齐方式呈现。如图 7-3 所示，矩阵的行和列代表实体或类别，矩阵的颜色则表示实体之间的关系。热图能够有效地表达 $N\times N$ 种关系，其中 N 表示矩阵行或列分割的单元格数量。这种表达方式特别适用于密集图。热图在聚类分析方面具有出色的性能，但无法明确展示实体之间的层次结构和多重继承关系。

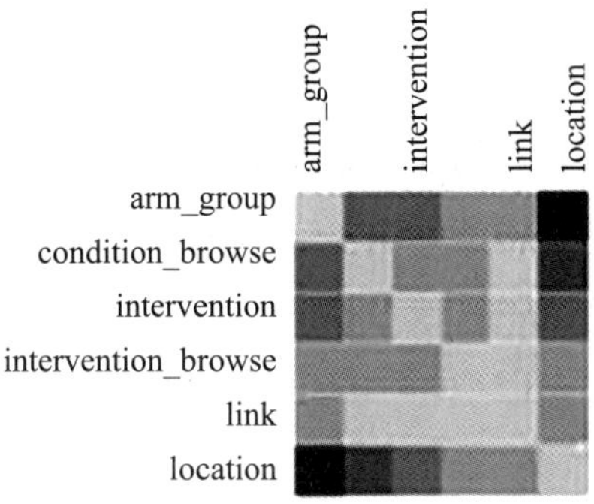

图 7-3　热图可视化表达示例

邻接矩阵与热图类似，它们都使用矩阵的行和列来表示实体或类别，行和列的交叉位置则代表它们之间的边。在邻接矩阵中，方块中的图标表示了实体之间的连接关系，如图 7-4（a）所示。邻接矩阵不仅可以用于表示无向图，还可以表示有向图。邻接矩阵通过着色块的方式，可以将有向关系的颜色拆分填充到相应位置。这种表达方式特别适用于具有密集图或网络特征的知识图谱。针对全局稀疏、局部稠密的知识图谱（如社交网络），结合节点连接图和邻接矩阵是一种可行的表达方法。节点连接图可用于全局可视化，能够有效表达稀疏图或网络的特点；而邻接矩阵适用于局部表达，能够有效表达稠密图或网络的特点。因此，将节点连接图和邻接矩阵相结合，可以更全面地表达这类知识图谱。

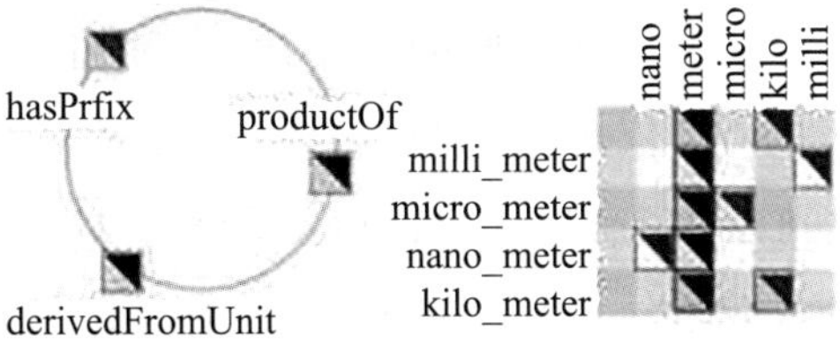

（a）连接关系　　（b）邻接矩阵

图 7-4　邻接矩阵可视化表达示例

其他类别还包括一些次要的可视化表达方法，如缩进列表。缩进列表提供了一种类似文件资源管理器的树形视图。缩进列表是一种容易实现和清晰表示类名及其层次结构的视图方法，避免了标签重叠的问题，但在表达本体间关系方面并不直观，也无法通过可视化展示本体间联系的紧密程度。此外，对于同一层次的节点，缩进列表在浏览和可视化方面并不友好。在表达多层继承关系时，缩进列表的处理方式是将子节点多次复制到继承的父节点，无法形成一个直观的多继承关系。

7.2.2 大规模知识图谱的可视化方法

随着知识图谱规模的快速增长，在有限空间以可视化方式展示整个知识图谱或大量信息变得不切实际。造成这种情况的原因如下：第一，大规模知识图谱的呈现会导致严重的视觉混乱，使信息难以被清晰地理解；第二，面对大量的视觉信息，用户往往难以集中注意力并专注于感兴趣的区域。

2018 年，Gomez-Romero 等对于大规模知识图谱的可视化和可视分析问题进行了研究，并将其过程划分为5个阶段，包括数据检索、图构建、度量计算、布局和渲染。① 下面将重点讨论大规模知识图谱可视化的图构建、度量计算和布局，并介绍近年来研究者提出的新思路。

1. 图构建

在知识图谱的图构建阶段，根据查询到的知识图谱数据，研究者可以选择将图表存储在内存中，也可以将图表以纯文本形式（包括顶点、边）或三元组的形式存储在文件中。图构建阶段并未规定从原始数据或三元组构建图的具体过程。Gomez-Romero 等使用了 GraphDL 来构建图形，该方法允许通过描述顶点、边及其属性来表示图形。②

2. 度量计算

在大规模知识图谱的可视化过程中，度量知识图谱中不同实体或类型之间的异同关系以及相似程度是一个重要的环节。度量尺度为研究者在过滤、采样和聚合大规模知识图谱实体时提供了有效的判断依据。通过使用特定的度量尺度（如语义抽象、中心性度量和过滤等），研究者可以从整体图中简化知识图谱的可视化呈现。这种方法不仅能够使大规模知识图谱的可视化更加实用，在成本效益上也更具优势。

为了解决大规模知识图谱可视化中的视觉混乱问题并提高用户的关注度，Shen 等

① GÓMEZ-ROMERO J，MOLINA-SOLANA M，OEHMICHEN A，et al. Visualizing large knowledge graphs：a performance analysis[J]. Future Generation Computer Systems，2018，89：224-238.

② GÓMEZ-ROMERO J，MOLINA-SOLANA M. GraphDL：an ontology for linked data visualization[C] //Proceedings of Conference of the Spanish Association for Artificial Intelligence. Heidelberg：Springer，2018：351-360.

采用了社交网络作为研究对象（社交网络包含不同类型的实体和关系），并开发了一个名为 OntoVis 的原型系统进行可视化分析。① 他们提出了两个关键概念，即抽象和重要性过滤，以帮助用户更好地聚焦关注的内容。抽象包括语义抽象和结构抽象。语义抽象的作用是隐藏节点，它不仅能够提供一个简化的兴趣视图，帮助分析社交网络中的关键角色，还允许用户在需要时扩展抽象以查看详细信息。通过语义抽象，用户可以更好地聚焦于感兴趣的内容，并根据需要深入了解细节。用户可以通过浏览抽象中节点的属性列表来获取信息，同时可以将感兴趣的特定属性转换回节点，从而分析抽象节点和属性之间的关系。结构抽象可利用网络的结构信息（如连接性和节点度）进行压缩，如使用基于力导向布局的方法，根据设定的阈值将彼此接近的节点合并为超级节点。重要性过滤是一种利用统计度量计算来评估节点类型之间的连通性和相关性的方法，从而为节点类型和关系的选择提供更准确的建议。通过重要性过滤，研究者可以确定哪些节点类型在知识图谱中更为重要，并识别它们之间的关联程度。这种信息可以帮助研究者更有效地选择和呈现与用户兴趣相关的节点类型和关系。

Correa 等提出了将中心性和灵敏性作为度量尺度，旨在解决知识图谱中隐藏关系易被忽视的问题，并确保布局可视化的可读性。② 其中，中心性度量了异质网络（如社交网络）中节点的重要性，而灵敏性度量了节点与网络中其他所有节点之间关系的重要性。通过这种度量方式，研究者可以更容易地发现知识图谱中的隐藏关系，同时保留网络的关键结构属性，确保布局可视化的易读性。

Chawuthai 等提出了一种图稀疏方法，该方法包含三部分内容：图简化、三元组排序和属性选择。③ 图简化可将一些 same-as 的节点合并为一个节点并仅保留唯一连接，删除由关系传递产生的隐式连接以及由层次分类引起的推断连接，从而简化图形。三元组排序的算法不仅可以根据查询表达式寻找相关数据，还可以根据图的可读性对图进行排序。算法会给查询到的三元组进行打分，关键概念得分会高于一般概念，可以帮助用户寻找关注点。图简化和三元组排序可生成简洁的图，但图中仍存在用户不感兴趣的数据，而属性选择可以帮助用户再次简化图表。

目前大规模图采样方法主要分为三类：随机节点选择采样、随机链路选择采样和

① SHEN Z Q，MA K L，ELIASSI-RAD T. Visual analysis of large heterogeneous social networks by semantic and structural abstraction[J]. IEEE Transactions on Visualization and Computer Graphics，2006，12（6）：1427-1439.

② CORREA C，CRNOVRSANIN T，MA K L. Visual reasoning about social networks using centrality sensitivity[J]. IEEE Transactions on Visualization and Computer Graphics，2010，18（1）：106-120.

③ CHAWUTHAI R，TAKEDA H. RDF graph visualization by interpreting linked data as knowledge[C]//Proceedings of Joint International Semantic Technology Conference. Heidelberg：Springer，2015：23-39.

探测采样。但是这些采样方法很少关注图中的节点类型，不适合作为异质网络的采样算法。Chen 等提出一种基于特征向量中心性的知识图谱采样算法，该方法使用知识图谱的特征向量中心性作为抽样方法的基础，考虑了节点和关系的类型，因此更适用于知识图谱采样。① 在可视化表达上，该方法使用力导向布局来显示采样网络，不同颜色代表不同类型的节点，节点大小对应于每个节点的特征向量中心性的值，同时表示此节点在网络中的重要性，从而使用户能够轻易辨别某个节点的重要性。

3. 布局

随着知识图谱规模日益扩大，一体化可视布局整个图谱变得不可取；同时，知识图谱存在多层次结构和连接关系复杂的特征，如何利用可视化表达知识图谱中的语义关系、网络结构，以良好的布局帮助用户快速探索和分析知识图谱中的数据，成为大规模知识图谱可视化的挑战。

以绘制小布局、逐步探索可视化为出发点，Deligiannidis 等提出分页图可视化（paged graph visualization ，PGV）。② 分页图可视化能够增量创建布局，把每一次检索得到的结果结合之前生成的布局增量绘制。在 PGV 中，用户可以在每个探索步骤中动态地改变标准，以发现 RDF 中的不同路径。PGV 拥有半自治性的特点，用户可以操作子图或者节点位置，从而手动修改布局。

在知识图谱的可视化表达中，研究者通常使用节点连接图并结合经典力导向布局算法或弹性布局算法对知识图谱进行可视化。弹性布局算法能够拉近语义相近的节点，但随着知识图谱规模的迅速扩大，节点和连接的绝对数量使传统方法可视化布局视觉混乱，且布局计算异常耗时。

由于传统的力导向布局复杂度高，不适合大规模的本体或知识图谱可视化，Hussain 等根据异质网络的底层特征改进了力导向布局算法，使之能够适用于大规模知识图谱的布局绘制。③ 研究者发现，多数异质网络中的语义关系存在幂律度拓扑现象，具有以下特性：一小部分节点具有度值大的特性，即与其他节点具有许多连接；而绝大

① CHEN H B，ZHAO J F，CHEN X J，et al. Visual analysis of large heterogeneous network through interactive centrality based sampling[C] //Proceedings of the 14th IEEE International Conference on Networking，Sensing and Control. Los Alamitos：IEEE Computer Society Press，2017：378-383.

② DELIGIANNIDIS L，KOCHUT K J，SHETH A P. RDF data exploration and visualization[C] //Proceedings of the 1st ACM Workshop on CyberInfrastructure：Information Management in eScience. New York：ACM Press，2007：39-46.

③ HUSSAIN A，LATIF K，REXTIN A T，et al. Scalable visualization of semantic nets using power-law graphs[J]. Applied Mathematics & Information Sciences，2014，8（1）：355-367.

多数节点具有度值小的特性，即与其他节点的连接较少。在现实异质网络中，与度值小的节点相比，度值大的节点重要程度更高，需要进行视觉强调。Hussain 等基于幂律度现象对传统的力导向布局算法进行了改进，其核心是算法的冷却机制。① 当在高幂律度节点上操作时，温度会缓慢下降，因为这些节点是核心节点，并且需要更高的温度，更高的温度可以在这些节点上施加更大的力值，从而使语义相近的节点靠得更近。当算法计算低幂律度节点上的力时，温度通过快速冷却迅速下降，因为与高幂律度节点相比，低幂律度节点的重要性更低。此机制使布局算法的时间复杂度降低，更适合大规模知识图谱布局。除通过算法确定布局外，Shneiderman 等提出使用语义基板在基于节点属性值的非重叠屏幕区域中布置节点，允许用户根据节点属性指定节点放置区域来形成更清晰的结构布局，在布局上给用户更大的主导性。②

节点连接图在节点出现 hotpot（即节点周边属性或连接实体规模庞大）时，会导致节点绘制密集，从而造成可视分析困难。Henry 等提出一种在保留节点连接表达方式优点的同时，能更好地支持局部密集数据可视分析的模型——NodeTrix。③ 该模型使用节点连接图来显示异质网络的全局结构，局部采用邻接矩阵进行可视化，因此可以从矩阵的 4 条边中的任何一个地方绘制与其他邻接矩阵间的连接。这种方式减少了交叉和重叠问题，矩阵的行和列可重新排序（手动或自动）以提高可读性，并进一步减少边缘交叉数量。模型允许分析人员拖拽节点连接，灵活地操纵 NodeTrix 表示数据，以创建和发现有意义的可视化摘要。

相对节点连接图，邻接矩阵对用户的视觉理解能力要求更高，这增加了用户可视分析负荷。Bach 等通过改进 NodeTrix，提出了 OntoTrix。OntoTrix 改进了视觉编码方案，即不同属性类型被映射到不同颜色。④ 如果多个属性连接相同的 2 个节点，则对单元格进行切片，每个切片使用属性类型匹配的颜色进行着色，提高了 NodeTrix 可视效果。

---

① HUSSAIN A，LATIF K，REXTIN A T，et al. Scalable visualization of semantic nets using power-law graphs[J]. Applied Mathematics & Information Sciences，2014，8（1）：355-367.

② SHNEIDERMAN B.The Big Picture for Big Data：Visualization[J].Science，2014，343（6172）：730-730.

③ HENRY N，FEKETE J D，McGuffin M J. NodeTrix：a hybrid visualization of social networks[J]. IEEE transactions on visualization and computer graphics，2007，13（6）：1302-1309.

④ BACH B，PIETRIGA E，LICCARDI I，et al. OntoTrix：a hybrid visualization for populated ontologies[C] //Proceedings of the 20th International Conference Companion on World Wide Web. New York：ACM Press，2011：177-180.

7.2.3 异质网络可视分析

异质网络是与同质网络相对的概念，由节点和边构成，且节点和边具有多种类型。相比同质网络，异质网络包含更丰富的结构信息和语义信息，这也决定了异质网络可视分析更关注于分析过程中对节点和链路上语义信息的理解，希望通过检索、多视图联动等交互手段，准确、形象地展示用户所需的知识。知识图谱本质上是异质网络的一种，其概念由长期研究自然语言处理和语义网的相关学者提出；异质网络则主要由传统的研究数据挖掘的学者从同质网络分析概念逐步扩展而来。异质网络可视分析手段同样适用于知识图谱可视分析。

1. 异质网络可视分析的任务

异质网络可视分析是指在异质网络可视化的基础之上进行分析，目标是使用户能够推断出新的关系，发现潜在的模式或问题，了解图谱结构，理解并纠正连接方式，补全知识等。按近年来学者的研究，异质网络可视分析任务可分为以下三个方面：第一，知识推理可视分析；第二，知识补全 / 去噪可视分析；第三，异常检测可视分析。

知识推理可视分析指通过可视分析使用户识别重要节点和链路，推断新的关系，或找出新的潜在信息，如科学研究前沿趋势、恐怖事件预测或潜在的流行性疾病传播等。

Log Canvas 专注于帮助用户在搜索活动中重新构建语义关系，将用户的搜索历史记录划分到不同的会话中，并生成关系图来表示每个会话中的信息探索过程。关系图由搜索查询中发现的最重要的概念或实体及其关系组成。Log Canvas 首先将查询日志根据时间间隔聚集到会话中，然后对于每个会话的查询使用 yahoo fastentity linker，从搜索结果片段中提取相关概念和实体，最后使用基于维基百科中的实体共现频率的方法来计算概念之间的相关性。这样一来，Log Canvas 就捕获了查询之间的语义关系。Log Canvas 还能提供会话时间线查看器和片段查看器，以及搜索历史的详细概述和重新查找信息的有效可视分析方法。

异质网络中的数据随着时间的推移会出现过时的数据实例、关系，缺失新的概念、关系、实例等。因此，对异质网络进行知识补全 / 去噪成为可视分析的一大任务。

知识补全 / 去噪可视分析系统有一个共性：可提供编辑视图接口。这使用户不仅可以编辑或删除信息，还可以通过一种调试过程来纠正或消除噪声模式，为未来的提取轮次中更正或删除模式和事实提供反馈。Shi 等提出的 OnionGraph 同样提供了此类接口，允许用户进行可视分析编辑以及知识补全和去噪。①

异常检测可视分析是指利用可视化手段，分析并发现不符合预期的模式或异常状态。随着网络技术的发展和应用范围的扩大，网络已成为社会进步的重要推力，网络安全问题需要得到重视。虽然传统的单一来源检测系统（如 IDS、防火墙、NetFlow 等）在一定程度上提高了网络安全性，但由于缺乏相互配合，这些系统无法监测网络整体安全状况。如何全面分析各设备的安全状态和事件以及如何快速掌握网络安全状况，是现代管理者面临的重要挑战。Zhang 等提出多异构网络安全数据可视化系统及融合分析系统，该系统可根据不同数据源特征为不同数据源选择合适的可视化技术，将数据状况映射到一个设计良好的图表中，以全面分析数据并掌握安全状况。② 该模型使用热图对主机的健康状态生成概览，热图中不同颜色代表主机对应的健康状态，可使分析人员及时发现状态异常的主机。分析人员可利用矩形树图对网络数据包进行可视分析，根据生成的视图判断网络的安全状态，对数据层面和特征层面进行数据分析和视图融合。

2. 异质网络可视分析技术

异质网络可视分析技术可分为以下三个方面：基于查询的可视分析、基于过滤的可视分析和基于多视图联动的可视分析。

异质网络查询方法可分为四类：基于语句的查询、基于关键字的查询、基于模板的查询和基于自然语言和知识图谱嵌入的查询。基于语句的查询为最原始的查询方式，需要用户编写完整的查询语句（如 SPARAL），对用户专业知识要求较高。其余三类查询则是为了解决这一问题而提出的。

为解决基于语句的查询对异质网络可视分析带来的不便，Deligiannidis 等提出了一种新的查询交互方式：用户从可视化表示中选择一个类或实体，系统将自动构建一个 SPARQL 查询语句，用户只需要在语句中手动输入字符串补全查询语句并提交给系统。③ 此类可视分析方法要求用户手动浏览可视探索，以便找到两个感兴趣对象之间的关系。这种试错搜索相对耗时，尤其在包含大量数据链接的知识图谱中。

---

① SHI D，WANG T，XING H，et al.A learning path recommendation model based on a multidimensional knowledge graph framework for e-learning[J].Knowledge-Based Systems，2020，195：105618-105618.

② 张胜，施荣华，赵颖 . 基于多元异构网络安全数据可视化融合分析方法 [J]. 计算机应用，2015，35（5）：1379-1384，1416.

③ DELIGIANNIDIS L，KOCHUT K J，SHETH A P. RDF data exploration and visualization[C] // Proceedings of the 1st ACM Workshop on CyberInfrastructure：Information Management in eScience. New York：ACM Press，2007：39-46.

为解决手动试错查询的耗时问题，Heim 等提出 RelFinder 模型。[①] 用户只需提供两个关键字，模型即可分析类之间的关系，可视化系统会自动生成查询语句，并根据关系查找算法得到两个类之间的关系拓扑图。此类方法虽然不需要提供完整的查询语句，但它只关注关键字对应节点之间的路径，容易忽略对数据统计和分析至关重要的全局信息。

2013 年，Shekarpour 等提出了一组预定义的基本图形模板，可根据用户提供的关键字生成 SPARQL 查询。[②]

虽然基于关键字和模板的查询解决了基于语句查询使用成本高的问题，但基于关键字查询的一次查询过程只能支持有限数量的关键字。有限数量的预定义模板也不能满足大规模异质网络的查询。为解决这些问题，自然语言查询（natural language question, NLQ）和知识图谱嵌入查询成为近年来的研究热点。虽然此类查询暂未应用到异质网络可视分析当中，但是查询作为可视分析的一部分，查询结果的准确程度和查询效率与可视分析密切相关。自然语言查询能够携带更多的语义信息，无须用户了解 SPARQL 查询语言，为可视分析带来了便利。NLQ 通常会将用户输入的自然语言查询语句转换为异质网络查询语句进行查询，但异质网络的结构信息与自然语言表达推导出的信息不同，因此会造成自然语言表达和查询结果不一致，且过程复杂、耗时。

2018 年，Wang 等立足知识图谱嵌入技术研究的最新进展，提出了一种新的嵌入查询框架。[③] 知识图谱嵌入查询框架首先利用本地知识图谱将知识图谱编码嵌入低维空间，NLQ 的每个实体或关系短语会被映射到知识图谱中的一组候选匹配顶点或边缘；其次，通过学习的嵌入向量，框架可利用候选顶点或边来计算目标查询结构；最后，基于所确定的查询结构，从候选集中选择最佳匹配顶点或边，生成目标查询。实验表明，在大规模异质网络查询问题上，嵌入查询在准确率和召回率上都优于传统方法。

异质网络的异质性使可视分析变得困难，并非所有信息都对用户有用。信息过多会让用户感到困惑，信息过少会导致分析不出有用的结果。因此，在显示网络信息和设计用户交互时，平衡复杂性与表达很重要。信息过滤是降低无用信息可视化，提高重要

---

① HEIM P，HELLMANN S，LEHMANN J，et al. RelFinder：Revealing relationships in RDF knowledge bases[C]//International Conference on Semantic and Digital Media Technologies. Springer，Berlin，Heidelberg，2009：182-187.

② SHEKARPOUR S，NGONGA N A C，AUER S. Question Answering on Interlinked Data. In Proceedings of the 22nd International Conference on World Wide Web（WWW '13），2013：1145-1156.

③ WANG X，WANG D，XU C，et al. Explainable reasoning over knowledge graphs for recommendation[C]//Proceedings of the AAAI conference on artificial intelligence. 2019，33（01）：5329-5336.

信息可视分析的重要手段。异质网络可视分析中的过滤可分为实体类别过滤、属性过滤、层次关系过滤、节点（类）过滤和定量（阈值）过滤。

Alani 的 TGVizTab 本体可视化系统提供了过滤选择交互面板，使用的是层次关系过滤和定量过滤。① 用户可根据可视分析需求选择是否显示父类、子类、类实例等，同时根据可视效果设置节点显示和展开的阈值。

Onion-Graph 运用了节点（类）过滤和属性过滤，以便让用户略过不关注的信息。与单独将过滤器附加到每个局部（抽象）轮廓上不同，该模型将过滤机制应用到整个网络，用户无须在不同局部网络应用不同的过滤规则。若单独将过滤器附加到局部网络上，用户在可视分析过程中很难记录每个过滤器的细节，会对恢复过滤前的网络产生困难。

用户可以在时间线上选择特定约束跨度，从而在时间轴和空间地图上动态显现出与所选时间跨度相关的事件。

当前，孤立、静态的可视图表已不能满足异质网络的可视分析，联动的可视分析方法是可视分析的新趋势，主要分为多异质网络关联可视分析、自顶向下混合视图联动可视分析。

早期 RDF 可视化及可视分析通常应用在专用领域和专用数据集上，随着大规模知识图谱的发展，面向多数据集的通用可视化逐渐得到重视。LDVM 通过在不同 RDF 数据集间定义抽象层，从而实现不同数据集的动态连接可视化，使 RDF 或知识图谱可视化不再局限于一个孤立的图谱。通过抽象可视化接口并根据实际需要选择可视化工具，RDF 或知识图谱可视化不再局限于单一视图和可视化工具，能够根据数据源的特点来选择可视化工具，以提升可视分析的效果。自顶向下的联动分析可视化可从知识图谱的知识抽象程度由高到低进行可视分析，即按照本体—层次关系—实例数据的顺序依次进行可视分析。Onion Graph 可提供初步概述，并允许交互通过层次关系深入了解详细信息，同时允许动态聚合网络结构中的不同部分。HeteVis 提供了多个视图，包括 ontology、overview 和 force directed，用户可以通过单击布局名称切换布局。Bach 等提出的 Onto-Trix 也提供了多种视图包括 NodeTrix 视图、bird's eye 视图、类层次结构视图

① ALANI H，DASMAHAPATRA S，O'HARA K，et al. TGVizTab：An Ontology Visualization Extension for Protégé. Protégé Workshop [C]// the 16th International Conference on Knowledge Engineering and Knowledge Management，EKAW 2003，2003.

和属性层次结构视图。[1]

异质网络可视化技术应用广泛，被大量使用在地理信息展示、物联网火灾感知监测等众多领域，并起到了巨大的作用。例如：在学术数据可视化分析方面，通过异质网络可视分析技术，学生可直观地通过联动学术数据分析了解到自己感兴趣的学术内容，并找到最适合自己的学术论文及志同道合的研究团体；通过热图可视化事件发生频率与地理分布关系可视分析系统，某一地区的温度灾情监测可一目了然地显示在完整的地理图层上，系统可通过时空查询的方式展现该地区的历史温度灾害情况；在反恐安全领域，异质网络可视分析技术通过语义抽象、结构抽象等手段，将恐怖组织地区覆盖图层、武器、战术图层等信息整合到一个窗口下，从而对恐怖组织的精准定位与实力评估提供极为有效的分析手段。异质网络可视分析技术还可以有效地应用到新闻事件关联分析、书目论文网络可视分析、网络安全可视分析、非物质文化遗产的保护和传承以及西方创新地理研究等各个方面。

7.3 基于语义距离的知识聚焦方法

7.3.1 语义距离研究现状

自然语言处理的很多任务是以文本相似度为基础的，如信息检索、文本聚类、机器翻译、文本摘要等。语义相似度的计算方法有很多应用场景，如搜索、数据集里的知识发现、数据挖掘等。词汇的语义相似是文本语义相似的基础，词汇的相似表现为在同一个场景或在同一个上下文中，具有相同或相反的含义。文本语义相似度的研究主要分为两个方向，一个是基于知识库，一个是基于大规模语料。

基于知识库的语义相似度计算是从词汇在语义网络中使用的信息来度量的。常用的英文的知识库是由 Beckwith 等提出的 WordNet，[2] 中国的刘群等在这一方面也做了相应的工作，他们提出了一套基于知网的 HowNet 语义网络知识库。[3] 在基于知识库的语义相似度的计算中，研究者主要使用了两种方法，一种是基于单词在语义网络中的路

---

① BACH B，PIETRIGA E，LICCARDI I，et al. OntoTrix：a hybrid visualization for populated ontologies[C] //Proceedings of the 20th International Conference Companion on World Wide Web. New York：ACM Press，2011：177-180.

② MILLER G A，RICHARD B，CHRISTIANE F，et al.Introduction to WordNet：An On-line Lexical Database*[J].International Journal of Lexicography，1990，3（4）：235-244.

③ 刘群，李素建．基于《知网》的词汇语义相似度计算 [J]. 中文计算语言学，2002，7（2）：59-76.

径，一种是基于单词之间的信息内容。基于路径的相似度研究方法的核心思想是通过两个概念在语义网络中路径的长短来反映概念之间的相似度，代表方法是 shortestPath 方法。基于信息内容的相似度研究的假设是语义的相似程度正比于它们的共享信息，代表方法有 Lin 和 Lord 提出的相关方法。也有学者提出在知识图谱中将这两种方式结合起来，如 Zhu 在 2017 年提出使用信息内容对最短的路径加权的方法来计算概念之间的相似度，该方法在相应的任务中取得了很好的准确率和 F 值。①

基于语料的语义相似度计算是指词汇的相似程度由该词汇在大规模语料中的信息增益决定，如维基百科的语料库。2007 年，Gabrilovich 和 Markovitch 提出了显式语义分析的方法（explicit semantic analysis, ESA），这个方法主要用于计算任意两个文本的相关性。② 该方法基于维基百科的语料库，将每一个术语或者文本表示成一个高维向量，向量反映了这个术语和一个维基百科里文本的 TF-IDF 值，然后通过计算向量的余弦值来获得相似度。2001 年，Turney 提出了一种按点互信息计算语义相似度的方法。③ 这种方法计算的是一对词之间的相似度，使用 AltaVista's 高级搜索方法计算概率。另外，Islam 和 Inkpen 表明可以使用按点互信息将重要的相邻词汇对进行排序，这样一来就可以不用统计其共现频率而直接求得其相似度。2004 年，Cilibrasi 等对谷歌的搜索引擎做了一些研究，提出了相应的归一化，其语义相似度的计算灵感源于分析谷歌搜索引擎返回的结果。④ 此外，目前也有一些考虑高级计算模型的分布式语义表示方法，如 Word2Vec 和 GloVe 提出用低维的向量来表示概念或者单词。基于语料库的相似度计算方法主要依赖单词的上下文词汇，它们更多的是评估单词之间广义的语义相关性，而不是真正意义上的语义相似性。

除了以上介绍的语义相似度计算方法，还有一些学者提出将各种方法进行融合的计算方法。基于大规模语料统计的相似度计算方法并不能很好地体现概念本身的含义，而基于知识库的相似度计算方法更多地体现了概念之间的层次结构，和本节将提出的面向认知的语义距离计算还有一定的差异。本节提出的面向认知的语义计算试图寻找模型

① ZHU G，IGLESIAS C A. Computing Semantic Similarity of Concepts in Knowledge Graphs[J]. IEEE Transactions on Knowledge and Data Engineering，2017，29（1）：72-85.

② GABRILOVICH E，MARKOVITCH S. Computing Semantic Relatedness Using Wikipedia-based Explicit Semantic Analysis[C]//Proceedings of the 20th International Joint Conference on Artificial Intelligence. 2007，7：1606-1611.

③ TURNEY P. Mining the Web for Synonyms：PMI-IR versus LSA on TOEFL[J]. Machine Learning：ECML 2001，2001：491-502.

④ CILIBRASI R L，VITÁNYI P M B. The Google Similarity Distance[J]. IEEE Transactions on Knowledge & Data Engineering，2004，19（3）：370-383.

来量化词汇在人脑进行联想时产生的距离，弥补当前主流的基于大量文本统计生成的词向量表示方法和面向认知的语义距离计算之间的不足。

在信息检索、自动翻译的评估、基于实例机器翻译、信息过滤、自动问答、自动文摘系统等许多智能系统中，句子语义距离（相似度）的计算都发挥着重要的作用。随着相关系统的发展，句子相似度的计算问题越来越受到重视。研究人员已经提出许多句子相似度计算方法：基于关键词的算法、基于语义词典的算法、基于语义依存的算法、基于编辑距离的算法、基于语境框架的算法、基于属性论的算法以及基于统计的算法等。这些算法归结起来可概括为两类：基于词汇级的算法和基于语义级的算法。基于语义级的算法需要进行语法分析、语义分析，而且计算语义距离时更复杂，所以时间效率普遍比较低。基于词汇级的算法则在时间效率方面占优，在精确度方面比较低。

为了综合词汇级和语义级算法的优点，本节提出一种基于多尺度分析思想的语义距离计算方法。该方法利用多尺度分析思想，首先使用效率高的词汇级算法给出一个粗略的语义距离，然后进行初级过滤，并只对相关度比较高的句子对进行语法分析、语义分析和语义级的距离计算，避免了对所有情况都进行语法、语义分析及语义级距离计算的工作，从而在保证计算效率的同时，提高了语义距离计算的精度。

由粗到细或由细到粗地在不同尺度（分辨率）上对事物进行分析的过程称为多尺度分析。该方法首先在图像处理中被提出，后来在生物学、材料学等许多领域得到应用。在句子分析的各个阶段，随着分析的深入，句子语义信息会更加全面、细致，在此基础上对句子语义距离的计算也更准确，这和多尺度分析的思想是一致的。经过分词后，该方法首先通过词汇级的语义距离计算对句子进行初步筛选。对于语义距离大于一定阈值的情况，算法会直接输出语义距离。对于语义距离小于一定阈值的情况，算法会继续进行语法分析、语义分析。获得语义框架之后，算法会再次对语义框架的中心概念进行比较。如果中心概念的范畴差别比较大，算法会直接输出预定的语义距离。只有经过再次筛选的句子才会进行基于句子语义的语义距离计算，从而得到最终的结果。

算法首先要划分分析句子对在比较粗的尺度上的语义距离，并决定是否进行进一步的分析。由于应用中算法比较关注语义距离较小的句子对，因此研究者可以在该阶段过滤语义距离较大的句子对，减少后续处理的对象数量。用于初级划分的算法首先要求时间效率比较高，而对精度要求较低，因此研究者可选择词汇级算法进行初级过滤。基于词汇级的句子语义距离算法包括基于编辑距离的算法、基于向量空间的算法、基于N-gram 的算法以及基于最大词汇语义匹配的算法等。其中，N-gram 的算法主要适用于英语等以字母拼写为基础的语言，不适用于汉语；基于向量空间的算法不能很好地处理包含同义词的情况；基于编辑距离的算法和基于最大词汇语义匹配的算法在准确率、时间效率上相差不大，基于编辑距离的算法对于存在结构迁移的情况会产生较大的误差（如“被”字句、“把”字句等），基于最大词汇语义匹配的算法可以很好地处理结构迁移的情况，但可能会导致较大语义距离的句子对被误放的缺陷。例如：对句子“函数 *B* 调用函数 *A*”和“函数 *A* 调用函数 *B*”，若用基于编辑距离的算法作为初级划分算法，得到的结论可能是不通过，这是合理的，但是对于“函数 *B* 调用函数 *A*”和“函数 *A* 被函数 *B* 调用”，得到的结论也是不通过，这显然是错误的；而基于最大词汇语义匹配的算法会让两个句子对都通过，从而进行深一步的分析，并最终计算它们之间精确的语义距离，不会发生由于误判而导致语义距离比较小被过滤掉的情况。由于基于最大词汇语义匹配的算法更安全，因此在初级划分阶段采用该算法计算句子的语义距离。

基于语义分析的方法在很大程度上依赖句子语义的不同表示形式，并且要对句子进行深入的语法、语义分析。本节提出一种基于语义同构计算的语义距离计算方法，该方法通过浅层语义分析，将句子语义映射到一个标准语义框架中，然后通过计算两个句子语义框架的同构来计算两个句子的语义距离。该方法不需要进行精确的语法、语义分析，只需要根据词汇语义和形式语法结构将句子成分进行层次性聚类，然后在后续的过程中根据这种聚类的类型进行对应的比较，从而得到句子对的语义距离。该算法既考虑了句子的结构信息，又考虑了结构中不同节点对句子语义的权重是不同的，并且根据两个句子的实际结构可以动态变化，更加接近人的理解过程，因此可以更好地反映句子的语义距离。而基于多尺度句子语义信息的语义距离算法中的最终算法要求具有较高的精度和适应性，因此采用该算法。

在初级划分阶段，通过率越高，则通过第一层筛选，进入后续过程的句子也越多，其计算所花费的时间也越多。

7.3.2　语义距离计算方法

距离一方面体现了两个物体之间的绝对距离，另一方面也体现了两个物体之间的相对距离，而相对距离就很容易演化成相似度，通常相似度与距离负相关，所以距离问题即为面向认知的语义相似度的计算问题。语义相似度计算的方法非常多，由于词向量在深度学习中的普遍性，本节主要研究基于词向量的相似度计算方法。由于传统的基于余弦的距离计算方法不足以表示面向认知的语义计算，无法提出一套基于认知的词向量表示，因此本节提出的计算方法旨在搭建基于大量统计文本生成的词向量和语义距离计算之间的桥梁。

1. 基于 COS 计算方法的实现

将单词按照词嵌入的向量表示之后，得到的词义相似度计算是余弦计算。余弦相似度是一种非常直观且简洁的距离度量方法。[①] 设空间中的两个向量为 $\boldsymbol{S}$ 和 $\boldsymbol{T}$，S_i 和 T_i 分别表示它们在各个分量上的维度，则可以用式（7–1）得出它们的相似程度：

$$\cos(\boldsymbol{S},\boldsymbol{T})=\frac{\sum_{i=1}^{n}S_i\times T_i}{\sqrt{\sum_{i=1}^{n}(S_i)^2}\times\sqrt{\sum_{i=1}^{n}(T_i)^2}} \tag{7-1}$$

余弦表示的是两个向量的夹角，这种简单的计算相似度的方法广泛地应用在自然语言处理中来计算文本之间的相似度、句子之间的相似度等。但是余弦相似度计算是从数学意义上出发的，其计算原理并不能体现从认知角度出发的语义的相关性。

2. 基于全连接操作（MLP）计算方法的实现

全连接操作被广泛运用到复杂模型的最后输出部分的操作，通常情况下卷积神经网络完成几轮卷积池化之后会连接一个全连接的网络，完成最后数据的输出。全连接操作可以学习向量中具有意义的特征，所以研究者尝试使用一个多层感知器模型对面向认知的语义距离计算问题进行建模。考虑到是求解两个词汇的距离，那么简单将其拼接成一个一维向量作为输入显然不足以体现两个输入词向量的特征，实验的结果也确实如此。于是研究者尝试将两个单词分别作为模型的输入，各自进行一层全连接操作，在提取自身的特征之后再进行拼接，然后进行后续的操作，模型的结构如图 7–5 所示。

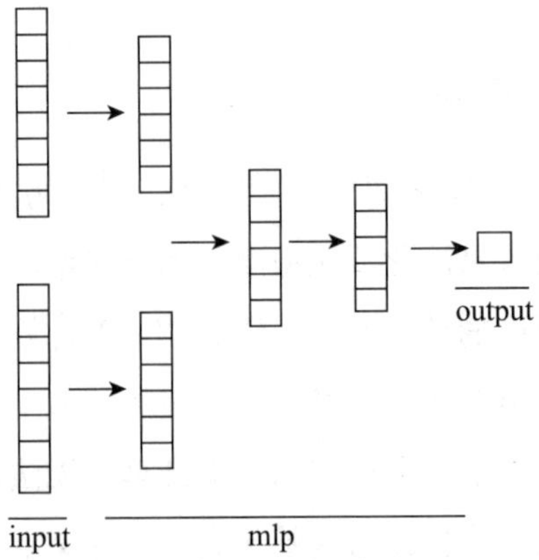

图 7–5　MLP 计算模型结构

---

① TANG H，ZHU X.Research on Knowledge Visualization Based on Semantic Relation[J]. 2013 Sixth International Symposium on Computational Intelligence and Design，2013，1：19-22.

在该模型中，所有的操作均是基于全连接，输入向量单独的全连接操作有利于提取特征明显的信息。模型的具体参数如下：首先分别对两个 300 维的输入词向量做全连接操作，此时输出维度为 200 维，激活函数设置为 relu；随后将两个 200 维的向量进行拼接；之后对拼接的向量做输出神经元结点为 300 的全连接操作，激活函数仍然是 relu；最后送入只有一个神经元结点的输出层做回归操作，此时的激活函数设置的是 sigmoid，输出的是 0 到 1 的实数值，这样有利于直观地观察两个输入词向量之间的匹配程度。模型的损失函数设置的是均方差。

3. 基于卷积神经网络（CNN）计算方法的实现

卷积神经网络是深度学习领域使用较为频繁的结构之一，由于其抽取局部特征的能力而被广泛地运用到图像识别、文本处理和语音处理中。百度于 2017 年使用了深层次的 CNN 网络结构，已经实现了端到端的语音识别技术。卷积操作大多数利用的是多维矩阵，如在利用 CNN 模型对句子建模、图像识别等，在语音识别的任务中将卷积操作作用于帧数据上提取时间维度的特征等。由基于 MLP 的模型可知，多层感知器的神经元可以自行提取特征，那么 CNN 网络就应该更具有这方面的优势，所以可将 CNN 作用于词向量提取局部特征信息。因此，研究者在建立了基于 MLP 的计算模型之后，尝试使用 CNN 结构的模型来解决面向认知的词汇距离计算任务。和基于 MLP 网络的基本结构一致，CNN 计算模型首先会将两个单词的词向量作为输入。此外，在输入数据上，模型会分别对两个输入词向量做卷积操作。滤波器设定为 128 个，滤波器的大小均为（4,1），不同于普通的卷积操作的是，结构中的卷积操作并不是直接对其进行卷积操作，而是在 8 个相邻的元素中，间隔地取出 4 个进行卷积操作，试图提取在某些具有较明显特征的维度内的信息。完成卷积操作之后，模型对 128 个输出矩阵进行按位相加操作，然后在两个输入数据上做一次全连接操作，提取两个输入数据的共有信息数据添加到输出的特征矩阵中，其功能和当前流行的 Attention 机制相似，此时的激活函数设置的是 relu。两个输入向量进行拼接时，模型将简单的拼接操作替换为对应位置的加法操作，这样有利于提升模型的性能，最后经过一个多层感知器，使用 relu 激活函数对输出数据做回归，损失函数设置的是均方差。模型的结构如图 7–6 所示。

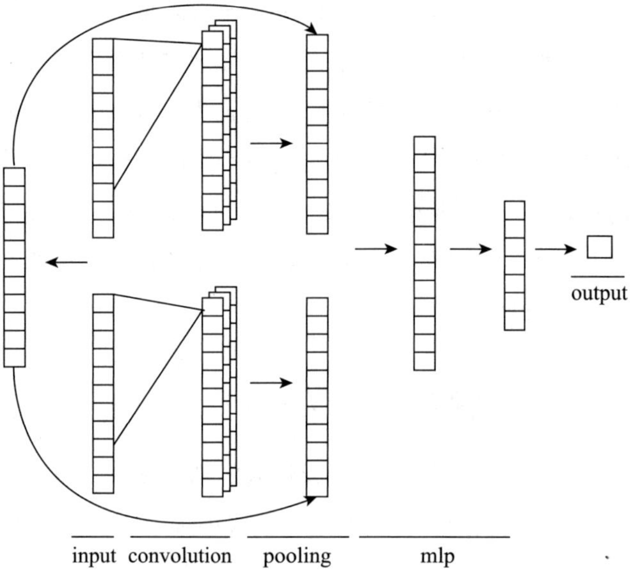

图 7-6　CNN 计算模型

第 8 章　微表情识别在教学中的应用研究

从国内外的研究历程来看，近些年来人们对大学生心理健康的研究越来越深入，其研究范围也越来越宽广。从开始的面对面交流，到随后的问卷调查，再到现在的动机和多方面的情感研究，各种各样的心理健康理论层出不穷，但并未出现人们一致认可的心理健康风险预警与干预机制，其研究仍处于探索阶段。随着大数据、云计算、人工智能等先进技术的不断涌现，心理健康风险预警与干预机制只有不断整合这些先进技术，才能更好地针对大学生心理健康问题做出实时性预警。

通过对大学生心理状态和相关数据进行分析，研究者希望深入了解大学生心理健康的特点和存在的问题，并分析影响大学生心理健康的因素。基于这些分析结果，研究者将有针对性地提出解决对策，以确保大学生在学习过程中能够实现心理健康的发展。通过这种方式，研究者可以更全面地了解大学生心理健康的情况，并提供实际有效的建议，以确保他们在学习过程中能够拥有良好的心理状态。这不仅对大学生群体具有重要的现实意义，还可以为社会和学校解决大学生心理健康问题提供参考。

除此之外，学生在课堂上的行为反映了他们的学习状态和学习效果，这与课堂教学的质量密切相关。通过观察学生在课堂上的行为，教师可以了解学生对学习的投入程度、参与度以及对教学内容的理解和吸收情况。这些行为可以为教师评估教学效果提供重要的线索，并帮助教师改善和优化课堂教学方法和策略，以提高学生的学习体验和学习成果。在国内，关于课堂状态的研究主要集中在教师行为和师生互动方面，而对于学生的课堂状态研究相对较少。然而，学生在课堂中的状态对于教学质量和学习效果具有重要影响。因此，研究者有必要加强对学生课堂状态的研究，深入了解学生在教学环境中的学习体验、动机和情感状态，以便为教育实践提供更全面的指导和改进策略。课堂教学是评估教师教学质量的主要标准。作为课堂学习的主体，学生的课堂专注度是衡量他们是否有效参与学习的重要指标，对于实现教师有效教学至关重要。通过观察学生的课堂专注度，教师可以评估学生对教学内容的兴趣程度、参与程度以及对知识的吸收和理解情况。学生的积极参与和专注度是教师实施有效教学的关键因素之一。因此，研究者需要关注和研究学生在课堂中的专注度，为教师提供有针对性的指导和支持，以提高教学质量和学生的学习成果。教师期望在课堂教学中能够及时、全面、准确地了解学生的学习状况，以便灵活调整教学进度和内容，实现更有效的教学效果。通过实时监测学生的学习情况，教师可以获取关键信息，包括学生的理解程度、兴趣和参与度等。这种了解可以帮助教师根据学生的实际需求和进展情况，调整教学策略，提供个性化的辅导和支持，以最大限度地促进学生的学习成果。因此，教师需要通过有效的评估和监测手段，以便在课堂教学中实现教学过程的灵活性和针对性。

本章利用微表情识别技术分析了大学生的心理健康状况和课堂学习专注度，并得出了有一定参考价值的结论，为未来该领域的研究提供了新的发展方向。通过采用微表情识别技术，研究者能够捕捉到学生在课堂中瞬时而微妙的情绪变化，从而推断学生的心理健康状况和学习专注度。这种方法为研究者提供了一种客观且非侵入性的手段来评估学生的心理状态，并为教育实践提供了有价值的信息。本章的成果也为未来相关研究提供了新的探索方向，鼓励进一步探讨微表情识别技术在大学生心理健康和学习领域的应用潜力。

8.1 大学生心理健康研究概述

8.1.1 引 言

中国科学院心理研究所于 2021 年 3 月 1 日发布了《中国国民心理健康发展报告（2019−2020）》（以下简称《报告》），涵盖了我国国民在 2019 年至 2020 年期间的心理健康状况、不同群体的特点、心理健康服务需求、存在的心理健康障碍以及相关研究成果。这份报告提供了全面而深入的数据和分析，旨在促进对我国国民心理健康状况的了解。通过这一研究成果，研究者能够更好地了解我国国民的心理健康问题，并为相关政策和干预措施的制定提供有益的参考。《2009 年和 2020 年青少年心理健康状况的年际演变》的研究结果显示，2009 年至 2020 年，青少年的心理健康状况呈现出稳中有降的趋势。相比于 2009 年，近几年青少年的抑郁发生率相对平稳，但睡眠不足的情况日益加剧。这一研究揭示了青少年心理健康的变化趋势。尽管抑郁发生率没有显著增加，但青少年面临的睡眠问题逐渐严重化。这可能与现代社会中的学业压力、社交媒体使用和生活方式变化等因素有关。这一发现强调了对青少年心理健康问题的关注，并为制定相应的干预措施提供了重要依据。

根据《报告》所述，2020 年青少年抑郁发生率为 24.6%，2009 年为 24.2%（如表 8-1 所示）。在 2020 年的青少年样本中，重度抑郁占 7.4%，与 2009 年的数据一致；轻度抑郁占 17.2%，较 2009 年上升了 0.4 个百分点；女生的抑郁状况高于男生，女生抑郁比例为 18.9%，比男生高出 3.1 个百分点，且女生的重度抑郁比例为 9%，比男生高出 3.2 个百分点；非独生子女抑郁倾向的比例为 17.3%，与独生子女相当，然而，非独生子女重度抑郁的比例为 7.7%，比独生子女高出 1.4 个百分点。这些数据揭示了青少年抑郁问题的现状，尽管整体抑郁发生率相对稳定，但轻度抑郁的增加以及与性别和家庭背景相关的差异性值得关注。这一发现说明，解决青少年的心理健康问题需要采取相应的干预措施，特别是针对女生和非独生子女的群体。

研究还发现，随着年级的增长，抑郁的发生率也呈逐渐增加的趋势。在小学阶段，抑郁的发生率约为 10%，其中重度抑郁的比例为 1.9% ～ 3.3%；在初中阶段，抑郁的发生率约为 30%，其中重度抑郁的比例为 7.6% ～ 8.6%；进入高中阶段，抑郁的发生率接近 40%，其中重度抑郁的比例为 10.9% ～ 12.5%。这些数据说明，随着年级升高，抑郁问题在青少年群体中发生的概率会增加。尽管小学阶段的抑郁发生率相对较低，但随着进入初中和高中，抑郁的发生率显著上升，特别是高中阶段，重度抑郁的现象更加严重。这一发现强调了对不同年级青少年心理健康的关注和干预的重要性。研究者需要提供相应的支持和资源，以帮助学生应对日益增加的心理压力和挑战。

表 8-1　2009 年和 2020 年青少年总体抑郁情况统计分析

青少年群体	无抑郁 /%	轻度抑郁 /%	重度抑郁 /%
2009年青少年样本	75.8	16.8	7.4
2020年青少年样本	75.4	17.2	7.4

《报告》揭示了一些与心理健康相关的保护因素，包括生活习惯、个人心理素养以及人际关系等。具体而言，当青少年的饮食习惯更加健康、户外运动更为频繁、心理承受能力更强、人际关系更融洽时，他们的抑郁发生率更低，睡眠质量也更好。这一发现表明了这些因素对于促进青少年心理健康的重要性。培养健康的饮食习惯、积极参与户外活动、提升心理韧性、建立良好的人际关系等措施可以有效降低抑郁的风险并改善睡眠品质。根据《报告》的建议，对青少年的心理健康状况进行全面提升需要采取多方面的措施：第一，青少年应该养成良好的生活习惯（包括健康饮食、充足睡眠和适度运动），以促进身心健康的全面发展；第二，学校、家庭、社区和网络等各方面也需要共同努力，为青少年提供全方位的支持，这意味着学校应该提供心理健康教育和咨询服

务，家庭要关注青少年的情绪和需求，社区要建立支持网络，网络平台则可以提供在线心理资源和交流渠道。通过这样的综合努力，青少年的心理健康状况可以得到全面提升，这对当前的大学生来说尤为重要，因为他们将成为未来社会的中坚力量，承担着社会主义事业接班人的责任。自 1990 年起，政府开始高度重视大学生的心理健康教育，并采取了一系列措施。在此期间，相关机构得到了建立，同时颁布了相应的政策文件，各高校也纷纷设立了管理机构和心理服务部门，为大学生提供心理支持和服务。这些举措逐渐推动了我国高校大学生心理健康教育和研究工作的开展。政府重视度的提升以及高校内部机构的建立为大学生心理健康教育奠定了基础。

8.1.2 研究现状

大学生的心理健康问题一直是当今社会所关注的焦点，研究者对于这个重点课题，已经在多个不同领域开展了多层次、全方位的研究，如教育学、社会学以及心理学等领域。对于大学生心理健康的研究，国外的研究工作比国内更早。这项研究揭示了体育锻炼对心理健康的积极影响，以及体育锻炼在促进良好人际关系方面的作用。通过参与体育活动，大学生能够减少心理压力，并提升与他人的和谐互动。在这种错综复杂的环境下，大学生的心理健康和心理压力等问题逐渐变得严峻。许多大学生反映，在学习和生活中他们都承受着一定的情感压力。根据心理学相关报道，心理健康教育和认知行为治疗在一定程度上对大学生心理问题的解决产生了积极的影响，这些干预措施为改善大学生的心理状况提供了有益的方法和途径。

随着当今社会的逐步发展，国内对这一课题的研究也逐渐丰富。王颖、[①] 孟祥辉、[②] 樊为等人开展了家庭因素对大学生心理健康状况影响的研究；[③] 张亮分别从个人、学校、家庭、社会等四个方面分析了其对大学生心理健康的影响；[④] 郭微对影响大学生心理健康的因素进行了分类，将其分为内因和外因两个方面，内因包括个人的生理因素和生活习惯，外因则涵盖了家庭环境以及父母的教育方式；张东良对大学生心理健康的影响因素进行了分类，将其划分为内在因素和外在因素两个主要方面，内在因素涵盖了遗传、生理和心理等方面，而外在因素包括家庭、学校和社会等方面。[⑤]

① 王颖 . 家庭因素对大学生社会心态的影响研究 [D]. 兰州：兰州大学，2018.

② 孟祥辉，周申之，周超 . 家庭因素对大学生心理健康的影响研究 [J]. 宁波工程学院学报，2018，30（1）：100-104.

③ 樊为 . 大学生心理健康之家庭影响因素研究 [D]. 成都：四川师范大学，2009.

④ 张亮，张润光，罗倩 . 大学生心理健康成长影响因素分析及对策 [J]. 西部素质教育，2017，3（13）：106-108.

⑤ 张东良 . 大学生心理健康影响因素探析 [J]. 辽宁师专学报（社会科学版），2017（2）：94-95.

目前，国内许多研究都采用了症状自评量表 SCL-90 的方法来测试在校大学生的心理健康状况。研究者通过调查问卷的形式收集数据，并进一步分析这些数据，以揭示影响大学生心理健康的因素。这种方法提供了一种客观评估大学生心理健康的手段，并为研究者提供了深入了解心理健康问题的视角。相关研究人员发现，大学生的民族、家庭居住地、是否为贫困生、是否经常参加体育锻炼以及所就读的学校是否理想等因素在影响大学生心理健康状况上显示出显著差异。例如：与考入理想院校的大学生相比，未能进入理想院校的学生在心理健康问题的发生风险上高出 2.256 倍。在相关研究中，针对大学生心理健康状况，一些研究人员进行了单个因素分析，发现年级、是否为独生子女、家庭氛围、性别、家庭经济、生源地以及文理科等因素对大学生心理健康状况的影响存在显著的差异。随后，研究人员采用 Logistic 回归进行多因素分析，将是否为独生子女、家庭氛围、性别和家庭经济纳入回归方程中。其他相关研究采用卡方检验分析了不同因素对大学生心理健康状况的影响，然后以具有显著影响的因素作为自变量进行 Logistic 回归，最终得到包括性别、是否为独生子女、家庭氛围和家庭经济状况在内的四个因素。

总的来说，国内外的研究大多采用了心理健康调查问卷的方式来收集数据，以探究对大学生心理健康状况的影响因素。通过对收集到的相关数据进行分析，研究人员得出了影响大学生心理健康的主要因素，包括单个因素和多个因素的分析方法。这种研究方式被广泛运用，并取得了丰富的研究成果。研究结果显示，大学生普遍存在心理健康问题，这些问题受人口特征和生活习惯等因素的影响。这些研究为高校在未来的大学生心理健康教育方面提供了宝贵的研究方向和教育参考。

针对大学生心理健康方面的教育既需要面向全体，也需要关注到个体，坚持大学生能够健康发展的原则，并针对一部分心理健康问题严重的高危人群采取相关干预措施（包括个人的感情、压力、心理疏导，朋友之间的支撑以及自我治疗等），重点是能够将大学生的心理健康问题和行为问题等防患于未然或者将其化解于萌芽状态。

8.1.3　心理健康标准研究

当前的研究结果表明，人是由生理、心理和社会三个层面共同构成的。人不仅仅是单一的生物个体，还具有复杂的心理活动，并具备多个社会属性。世界卫生组织提出了一个观点，认为健康不是生理上没有疾病的单一状态，而是指生理、心理和社会适应都达到最佳的综合状态。因此，生理和心理健康是不可分割的重要组成部分。当人们遭受生理疾病时，他们的心理状况也会受到影响，表现为烦躁不安、情绪低落等，进而导致心理不适；同样，当人们长期面临心理问题时，精神负担会加重，出现焦虑和抑郁等症状，最终也会影响到身体的健康。因此，健康的心理和身体是相互依赖、相互促进的。国内外学者对心理健康标准有不同的观点。

1. 国外学者对心理健康标准的观点

（1）坎布斯的观点。根据美国学者坎布斯的观点，心理健康和人格完整的个体应该具备四个关键素质：第一，他们应该具有积极的自我概念，即对自身有积极的认知和评价；第二，他们应该能够适当地认同他人，建立良好的人际关系并理解他人的观点和情感；第三，他们应该能够面对和接受现实，不回避困难和挑战，而是以积极的态度去应对；第四，他们的主观经验应该是丰富的，具备丰富的情感体验和内在世界的探索。

（2）奥尔波特的观点。根据美国人格心理学家奥尔波特的观点，心理健康可以从七个方面来考量：第一，心理健康表现为自我意识的广泛扩展，即对自身的认知和理解能够全面而深入；第二，良好的人际沟通技巧是心理健康的重要体现，使人们能够与他人有效地交流并建立良好的关系；第三，安全感是心理健康的基石，使人们对自身和周围环境感到安全和稳定；第四，心理健康还包括对客观事物的准确感知，即能够客观、理性地对待和认知外部世界；第五，具备各种技能并专注于工作也是心理健康的重要特征，使人们能够充分发挥自身潜力并投入工作中；第六，心理健康还涉及对现实自我形象的准确认知，即能够客观评价自己的能力和特点；第七，内在统一的人生观也是心理健康的体现，即对人生目标和价值观的内在一致性和稳定性。

（3）Gourdin 的观点。根据 Gourdin 的观点，人的心理健康可以从以下五个方面进行评估：第一，心理健康的标准之一是具备正常的智力水平，即在认知和思维方面表现出正常的能力；第二，情绪健康是心理健康的重要标志，包括情绪的稳定性和心情的愉快程度；第三，意志健康也是心理健康的关键，指个体具备自觉性和果断性的行动能力，即能够有意识地控制和引导自己的行为；第四，心理健康的人表现出协调的行为，即思想和行动之间的一致性和统一性；第五，人际关系的适应也是心理健康的重要方面，即个体具备与他人建立健康、和谐关系的能力。

（4）Scott 的观点。根据 Scott 的观点，心理健康可以从以下十个方面进行评估：第一，适应能力是心理健康的重要指标，即个体应对环境变化和压力的能力；第二，心理健康表现为能够满足自身需求的能力，包括满足基本生活需求和追求个人目标的能力；第三，心理健康还涉及在人际交往中能够扮演不同角色的能力，包括在不同社交场合中的适应性和灵活性；第四，智力也是心理健康的重要组成部分，包括认知和思维能力的发展和运用；第五，具有积极的态度和对他人的正面看法是心理健康的表征，即善于建立良好的人际关系和积极的社交互动；第六，创造性是心理健康的重要特征，指个体在想象力、创新和问题解决方面的发展；第七，心理健康还包括自主性，即个体具备独立思考和自主决策的能力；第八，完全成熟是心理健康的目标，指个体在情感、认知和行为方面的成熟度和稳定性；第九，良好的态度也是心理健康的重要特点，包括积极的心态、乐观地看待生活的方式和灵活的思维方式；第十，情绪和动机的控制能力是心理健康的体现，指个体能够有效地管理和调节自己的情绪和动机。

2. 国内学者对心理健康标准的观点

心理健康可以从以下六个方面进行评估：第一，积极面对现实和环境是心理健康的重要标准，即能够积极应对生活中的各种挑战和环境的变化；第二，心理健康表现为能够避免过度紧张或焦虑产生病态症状，即具备有效的应对压力和情绪管理的能力；第三，心理健康还包括将精力转化为创造性和建设性的能力，即能够有效地利用自身的资源和能力进行创新和有意义的活动；第四，与他人相处的能力是心理健康的重要指标，包括能够建立和维持健康的人际关系，并相互提供支持和援助；第五，心理健康还涉及能够开展满意的工作，即具备适应工作环境和投入工作的能力；第六，正常恋爱也是心理健康的重要体现，即能够建立健康、亲密的恋爱关系。

迄今为止，心理健康尚未确立统一的定义，国内外学者普遍认识到心理健康的复杂性，包括个体差异和文化差异。心理健康被视为一种能够长时间保持积极心态的状态，使个体能够在这种状态下实现全面发展和幸福感。心理健康的概念涵盖了广泛的领域，包括心理、情感、认知和社会层面的因素。它不仅涉及个体内在的心理过程和状态，还与外部环境、人际关系和社会文化因素密切相关。心理健康的实现需要个体具备良好的自我意识、情绪调节能力、适应压力的能力以及积极的社会支持网络。维持心理健康需要个体在日常生活中采取积极的心理保健措施，如积极的情感表达、适度的自我关注、有效的应对策略和寻求适当的帮助与支持。总之，心理健康是一个综合而多维的概念，旨在实现个体内外的和谐与平衡，以促进个体的全面发展和幸福感。

8.2　微表情识别和心理评估

在人类的情感表达方式中，面部表情是十分重要的一部分。面部表情作为一种外显行为，和个体的情绪体验有密切关系。

人类的面部表情一般情况下可分为两种类型，一种是普通的表情，另一种则是微表情。在日常生活中，人们有意控制和伪装的表情数量远多于内心真实表达情绪的表情数量。普通的表情变化是人类主动发生的，可以有意识地控制和伪造，用于掩盖自己内心最真实的想法或情绪，一个完整的普通表情变化通常的持续时间是 0.5 秒至 4 秒，容易被人们捕捉和识别。心理学家和神经学家的研究发现，当欺骗者试图抑制某些反映真实情绪的信号时，他们往往无法完全控制自己的情绪，从而导致真实情绪信号以微弱而迅速的面部动作形式表达出来。这种现象被称为微表情。微表情指的是人类在试图压抑或隐藏真实情感时，短暂且无法自主控制的面部表情。微表情是人类心理应激微反应的一部分，是人类的本能反应。

8.2.1 模式识别和图像处理方法概述

模式识别是一种处理和分析不同形式信息（包括数值、文字和逻辑关系）的过程，旨在对事物或现象进行描述、识别、分类和解释。它涉及对数据的研究，以发现其中的规律和特征，从而更好地理解和解释所研究对象的本质。通过模式识别，研究者能够识别出不同事物或现象之间的相似性和差异性，进而对它们进行归类和解读。模式识别属于人工智能的一个重要方向，其主要任务是模拟人的感知能力。由于近年来计算机设备性能的增强和神经网络的迅速发展，模式识别技术应用广泛，主要应用领域包括图像处理与计算机视觉（如医学影像识别、光学文字识别）、自然语言处理（如语音识别、手写识别）、生物特征识别（如人脸识别、指纹识别、虹膜识别）、文件分类和互联网搜索引擎等。模式识别又常被称作“模式分类”，如果着眼点放在数据（即问题）的本身，模式识别可分为监督模式识别和无监督模式识别；如果着眼点放在解决问题的方法上，模式识别可以分为基于传统机器学习的模式识别方法和基于深度学习的模式识别方法。

如果类别已知，并且能够获得已知类别的训练样本，这种情况下建立分类器的问题属于监督学习问题，称为监督模式识别。如果事先并不知道类别，更没有已知类别的样本，根据样本特征将样本聚成几个类，使属于同一类的样本在一定意义上是相似的，而不同类别之间的样本有较大差异，这种学习过程称作无监督模式识别。模式识别的过程包括原始数据的获取和预处理、特征提取与选择、分类或聚类、后处理。监督模式识别使用的是分类的方法，无监督模式识别使用的是聚类的自学习方法。

基于深度学习的模式识别方法和基于传统机器学习的模式识别方法的区别在于，前者使用了人工神经网络。人工神经网络是数据结构和算法形成的机器学习模型，由大量的人工神经元相互连接形成，这些神经元拥有可以调整的参数，从而实现监督学习和无监督学习。初期的神经网络模型比较简单，但后来人们增加了神经网络的层数并且使结构变得更复杂，这样就诞生了各种深度学习方法。所以神经网络和其他机器学习方法本质上是一样的，只不过它的结构更深、参数更多。

目前，基于深度学习的目标检测算法被广泛应用于各个领域，主流的目标检测算法分为基于回归的单阶段目标检测算法（代表：YOLO 系列）和基于候选区域的两阶段目标检测算法（代表：R-CNN 系列）两种，研究人员在这两种类型的目标检测算法上都取得了显著的成果。He 等以 YOLOv4 算法为基本框架，提出一种专门针对 PCB 裸板的缺陷检测算法，改进后的算法相较于 Faster R-CNN，检测精度和速度都有大幅提升；[①] Ren 等提出一种改进的 YOLOv4 自动检测方法，用于热轧钢条的表面质量缺陷检测，改进后的方法平均精度值提高约 7.94%；[②] Girshick 等基于深度学习提出一种改进的 YOLOv5 焊点缺陷检测方法，相较于 Faster R-CNN，检测精度明显提高；[③] 袁磊等提出改进 YOLOv5 的遥感图像检测网络，改进后的网络相较于原算法，mAP50 提高了 3.1%，但检测速度较慢；[④] 刘艳菊等提出了一种基于 YOLOv5 网络的改进算法模型用于带钢缺陷检测，相较于原算法，mAP50 提高 5.3%，但模型体积增加了 15.6 M。[⑤] 不同的库拥有不同的功能，图像处理过程中一些重要且常用的 Python 库的功能如下：Pandas 和 Numpy 用于提供数据结构和支持数学运算，Matplotlib 和 Seaborn 用于数据可视化，Scikit-learn 是机器学习的框架，TensorFlow、Keras 和 Pytorch 是深度学习很多算法经常用到的框架。

在研究机器学习的各种算法时，研究者需要具备一定的数学基础。机器学习的目的是进行预测、判断，然后实现某种功能。通过将需要训练的数据集作为输入，中间过程会经过一些计算，得到一个输出类别，这就类似数学中函数的概念。函数能够将特征和标签之间的关系进行拟合。机器学习过程中会经常用到一些激活函数，如 Sigmoid、Relu 和 LeakyRelu 等。机器学习的本质是找到最优的函数。模型训练的过程中会出现训

---

① HE K，GKIOXARI G，DOLLÁR P，et al. Mask r-cnn[C]//Proceedings of the IEEE international conference on computer vision，2017：2961-2969.

② GIRSHICK R. Fast r-cnn[C]//Proceedings of the IEEE international conference on computer vision，2015：1440-1448.

③ GIRSHICK R，DONAHUE J，DARRELL T，et al. Rich feature hierarchies for accurate object detection and semantic segmentation[C]//Proceedings of the IEEE conference on computer vision and pattern recognition，2014：580-587.

④ 袁磊，唐海，陈彦蓉，等 . 改进 YOLOv5 的复杂环境道路目标检测方法 [J]. 计算机工程与应用，2023，59（16）：212-222.

⑤ 刘艳菊，王秋霁，赵开峰，等 . 基于卷积神经网络的热轧钢条表面实时缺陷检测 [J]. 仪器仪表学报，2021，42（12）：211-219.

练结果与真实结果的一个误差，研究者可以建立一个误差和模型参数之间的损失函数，使用梯度下降能来不断减小损失函数的值（所谓梯度下降是指对多元函数的各参数求偏导数），然后把所求得的各个参数的偏导数以向量的形式表示出来。

机器学习的数据结构称为张量，用于处理不同类型的数据集，常用的张量类型如下：普通向量数据集，结构为 2 阶张量，形式为（样本量，标签）；时间序列数据集或序列数据集，结构为 3 阶张量，形式为（样本量，时间戳，特征）；图像数据集，结构为 4 阶张量，形式为（样本量，图像高度，图像宽度，颜色深度）。

近年来由于神经网络的快速发展，很多图像处理算法的模型结构虽然越来越大，但都是卷积神经网络累加而成的。与常规神经网络不同，卷积神经网络的各层中的神经元是 3 维排列的，包括宽度、高度和深度。其中，宽度和高度是很好理解的，因为卷积本身就是一个二维模板；卷积神经网络中的深度指的是激活数据体的第三个维度，而不是整个网络的深度，整个网络的深度指的是网络的层数。卷积神经网络相比于全连接神经网络，很好地解决了三个问题：第一，将图像展开为向量会丢失空间信息；第二，参数过多会导致效率低下、训练困难；第三，大量的参数也会导致网络过拟合。

卷积神经网络由五个主要类型的层组成，包括输入层、卷积层、ReLU 层、池化层和全连接层。通过将这些层按顺序叠加，研究者可以构建一个完整的卷积神经网络。其中，输入层可用于接收输入数据；卷积层可通过卷积操作来提取输入数据中的特征；ReLU 层可通过激活函数（ReLU 函数）来增强网络的非线性能力；池化层可通过减少特征图的尺寸和参数数量来降低计算复杂性；全连接层与传统神经网络中的层类似，它将前一层的输出与所有神经元相连，进行最终的分类或回归任务。在实际应用中，研究者通常将卷积层和 ReLU 层结合在一起，统称为卷积层，这是因为在卷积操作后，卷积层会应用激活函数（如 ReLU 函数）来增强网络的非线性能力。因此，卷积层实际上包含了卷积操作和激活函数两个步骤。这种组合的设计使卷积层能够更好地提取输入数据的特征并引入非线性变换。因此，在卷积层中，卷积操作和激活函数是密不可分的。卷积层和全连接层在对输入进行变换时，不仅会使用激活函数，还依赖于大量的参数，包括神经元的权值 w 和偏差 b。与此不同，ReLU 层和池化层执行的是固定且不变的函数操作。卷积层和全连接层中的参数是通过梯度下降法进行训练的，这样卷积神经网络就能够根据训练集中每个图像的标签来计算出相应的分类评分。通过不断调整参数，网络可以逐渐拟合训练数据，使分类评分与真实标签一致。

图像处理技术涵盖了多个方面，其中包括图像增强、图像压缩、图像分割、目标检测和图像合成等。图像增强旨在改善图像质量，使图像更清晰、更鲜明。图像压缩则是通过减少图像的存储空间来实现高效传输和存储。图像分割是将图像划分成不同的区域或对象，以便进行进一步的分析和处理。目标检测是识别图像中特定目标的过程，如人脸、车辆等。图像合成则是通过组合不同图像或元素，生成新的合成图像。这些技术的应用范围广泛，可以用于图像处理、计算机视觉、医学影像等领域。

图像增强技术包括直方图均衡化、平滑滤波等，可以提高图像的质量和清晰度。直方图均衡化是一种常用的图像处理技术，其主要目的是增强图像的全局对比度，尤其是在图像的有用数据对比度接近的情况下。直方图均衡化可以更好地将亮度值分布在整个直方图上。这种方法能够提升局部区域的对比度，而不会影响整体的对比度。直方图均衡化通过有效地拉伸常见亮度值的范围来实现这一功能。通过这种方式，暗的区域将变得更明亮，亮的区域将变得更暗，从而使图像中的细节更加清晰可见。平滑处理有时也称模糊处理，是图像处理领域常用的操作。平滑的目的主要是去除噪声，通常平滑操作是通过卷积操作完成的。平滑滤波包括均值滤波、高斯滤波、中值滤波、双边滤波。均值滤波是最简单的一种滤波操作，每个被滤波像素可通过邻近像素均值计算得到。高斯滤波的核是通过高斯函数构建的，越靠近中心像素的值越大，反映了图像空域间关系，即越邻近的像素相关性越强。中值滤波是一种非线性平滑技术，常用于去除图片噪声，并能保留图像细节和边缘信息。上面的滤波方法在平滑图像时不仅会平滑噪声，还会模糊图像边缘。这是由于它们构造卷积核时只用了空间位置信息。而双边滤波构造卷积核时不仅会使用空间位置信息，还会使用颜色信息。

图像压缩的方法有无损压缩和有损压缩。无损压缩表示在解压前后，图像没有任何改变，常用方法有 Run-length Coding（RLC）、Huffman Coding、Lempel-Ziv-Welch（LZW）。有损压缩表示在解压后，压缩前的原始图像不能完全恢复，存在一定的失真，常用方法有 JPEG、Wavelet、Fractal。目前比较流行的有损压缩方法是 JPEG，它采用离散余弦变换（DCT）将图像分解为一组基，并通过量化来减小基的数量和信息，从而实现压缩。

图像分割是指将一幅图像划分成若干个互不重叠的区域，并使每个区域内的像素具有相似的性质。传统的分割方法主要包括基于阈值、边缘和聚类的分割方法。基于阈值的分割方法可根据像素的灰度值进行分类，在选定的阈值下，将图像中的像素分为两个或更多的类别。基于边缘的分割方法可通过检测图像中的边缘信息，对图像进行分割，常用的算法有 Canny 边缘检测。而基于聚类的分割方法可通过聚类的方式将像素分为具有相似特征的簇，并且能够自动识别各个簇之间的边界。

随着深度学习技术的不断增强，人们对图像分割技术的研究更倾向于使用深度学习的方法。基于深度学习技术的图像分割方法属于语义分割。目前比较流行的分割方法包括 FCN（fully convolutional network）、U-Net、SegNet、Mask R-CNN 和

DeepLabv3+。FCN 算法最初由 Jonathan Long et al. 在 2014 年提出并应用于图像分割领域，是一种将全连接层替换为卷积层的网络结构。该算法通过在最后一层添加 1×1 的卷积层来进行像素级别的分类，得到一幅与原始输入图像大小相同的分割结果。在 FCN 中，卷积神经网络被用于提取特征，并将特征转换为高分辨率的特征图，然后通过上采样操作将特征图还原为与输入图像相同分辨率的特征图，以便进行像素级别的分类，从而对图像进行语义分割。

U-Net 是由 Ronneberger 等在 2015 年提出的，其编码器和解码器之间存在 U 形结构。[①] 其中，编码器由一系列卷积层和池化层组成，用于提取输入图像的特征，并降低分辨率；解码器由一系列反卷积层和上采样层组成，用于将编码器得到的低分辨率特征图恢复为与原始图像大小相同的高分辨率特征图。编码器和解码器的相应层之间还包含了跳跃连接（skip connection），使模型能够同时利用高层次语义信息和低层次细节信息进行分割。U-Net 算法具有以下几个优点：通过跳跃连接模块可以提高分割结果的准确性和稳定性；可以捕获图像中的细节信息，从而获得更加精确的分割结果；具有较快的训练速度和较小的模型大小，可以更容易地进行训练和使用。

SegNet 是由 Vijay Badrinarayanan 等在 2015 年提出的，主要通过卷积神经网络来对图像进行语义分割。[②] SegNet 的编码器部分采用了与 VGG 类似的网络结构，通过多层卷积和最大池化操作对输入图像进行特征提取，并将提取的特征存储到对应的解码器部分。解码器部分包括一系列反卷积和上采样操作，可将编码器部分提取的低分辨率特征图还原为原始尺寸的高分辨率特征图，同时利用对应的编码器特征图进行跨层级的信息传递，从而保留更多的低层次细节信息，最后通过 softmax 函数将像素点分为不同的类别，实现图像的语义分割。

Mask R-CNN 是由 Kaiming He 等在 2017 年提出的，核心思想是在 Faster R-CNN 的基础上，添加了一个分支用于生成物体掩模。[③] 具体来说，Mask R-CNN 可在 RPN 网络之后插入 RoIAlign 层，从输入图像中提取感兴趣的区域（ROI），并使用 ROI Pooling 将这些区域缩放为固定大小的特征图。之后，该算法添加了一个分支来执行物

① RONNEBERGER O，FISCHER P，BROX T. U-Net：Convolutional Networks for Biomedical Image Segmentation[J]. Medical Image Computing and Computer-Assisted Intervention – MICCAI 2015，2015：234-241.

② BADRINARAYANAN V，KENDALL A，CIPOLLA R. Segnet：A deep convolutional encoder-decoder architecture for image segmentation[J]. IEEE transactions on pattern analysis and machine intelligence，2017，39（12）：2481-2495.

③ HE K，GKIOXARI G，DOLLÁR P，et al. Mask r-cnn[C]//Proceedings of the IEEE international conference on computer vision，2017：2980-2988.

体掩模预测。该分支在每个候选框上运行全卷积网络，生成针对每个对象实例的掩模。这些掩模是一个二进制矩阵，它们确定了属于对象的那些像素点。最后，算法将掩模结果与物体检测结果结合起来，实现对图像中物体的检测和分割。Mask R–CNN 算法的主要优点如下：可以完成物体检测，还可以完成物体分割，获得更为精确的检测结果；采用 RoIAlign 代替 ROI Pooling，可以更好地保留特征图中的细节信息；可以根据不同的训练集和应用场景对网络进行微调，提高模型的泛化能力。

DeepLabv3+ 是由 Google Brain 团队在 2018 年提出，相比于 DeepLabv3 算法，DeepLabv3+ 在架构上进行了优化，具有更高的精度和更快的速度。① 算法的核心思想是采用空洞卷积模块（ASPP）和编码器 – 解码器结构实现对图像的语义分割。首先，该算法采用空洞卷积模块提取多尺度特征，通过不同大小的卷积核获取不同大小的感受野，提高图像语义分割的准确性。为了进一步提高分割结果的准确性，DeepLabv3+ 采用了编码器 – 解码器结构，其中编码器利用残差网络（ResNet）等深度卷积网络提取图像特征，解码器则通过上采样和跳跃连接操作来从低层次特征向高层次特征传递信息。DeepLabv3+ 还引入了光流数据增强和条件随机场（CRF）后处理等技术，以进一步提高算法的性能。DeepLabv3+ 算法的主要优点如下：采用 ASPP 模块和编码器 – 解码器结构，具有更高的精度和更快的速度；采用光流数据增强技术可以提高训练的鲁棒性，并且可以缩小深度学习模型的规模，减少计算量和时间开销；引入 CRF 后处理可以进一步提高分割结果的准确性，有效地消除分割中的噪声和小目标。

基于深度学习技术的目标检测也是计算机视觉领域的重要研究方向，分为双阶段目标检测算法和单阶段目标检测算法。双阶段目标检测算法以 R–CNN 系列为主，包括 Fast R–CNN、Faster R–CNN 等，该算法首先以区域建议作为第一阶段，然后使用分类器对提取的目标区域进行分类和定位。单阶段目标检测算法包括 SSD 和 YOLO 系列，其中 YOLO 系列算法以 YOLOX、YOLOv5 和 YOLOv7 为主。

Fast R–CNN 引入了 ROI 池化层和全连接层，用于目标分类和定位，从而避免了对重叠区域进行多次卷积计算和 SVM 分类器的训练。Fast R–CNN 首先会输入一张图像，通过卷积神经网络提取整张图像的特征；然后利用 Selective Search 等算法产生若干个建议区域，将每个建议区域映射到特征图上；再对每个建议特征进行 ROI 池化操作，获得固定大小的特征图，并将其送入全连接层提取语义信息；最后对全连接层的输出进

① CHEN L C，ZHU Y，PAPANDREOU G，et al. Encoder-decoder with atrous separable convolution for semantic image segmentation[C]//Proceedings of the European conference on computer vision（ECCV），2018：801-818.

行分类和回归操作，得到目标类别和精确的位置信息，并输出检测结果。

相比于 Fast R-CNN，Faster R-CNN 将目标提议的过程也纳入了神经网络中，不再需要使用 Selective Search 这类算法，而是使用一个区域建议网络（region proposal network, RPN）来完成该任务。RPN 是以特征图作为输入，对于每个点，它会输出多个尺寸和长宽比不同但面积相等的锚框，然后利用这些锚框来计算候选区域，RPN 只需对特征图上的每个点进行卷积和池化操作即可得到候选区域。Faster R-CNN 算法通过 RPN 网络实现了目标提议的自动化，具有更高的效率。

YOLOv5 是单阶段目标检测算法，它将图像分为多个网格，每个网格要预测出物体的类别和位置信息。YOLOv5 首先会输入一张图像，通过卷积神经网络一次性得到整张图像的特征向量；然后将特征向量分成多个网格，每个网格负责检测该区域内的物体；最后对每个网格进行分类和回归，通过非极大值抑制（NMS）去掉重叠的框，从而得到最终的检测结果。相比于 YOLO 系列以前的版本，YOLOv5 采用了更加轻量级的模型结构，自适应训练能够根据具体数据的情况进行模型优化，超参数自动优化能够快速地找到最佳的超参数设置。

目前同样非常流行的 YOLOv7 算法是由 Chien-Yao 等在 2022 年提出的。[①] 它主要包括输入端（input）、主干网络（backbone）、颈部网络（neck）、头部（head）4 部分。输入端可对输入图片进行预处理操作，包括 Mosaic 数据增强、自适应锚框计算、自适应图片放缩等。主干网络负责对预处理后的图片进行特征提取，主要有卷积、E-ELAN 模块、MPConv 模块和 SPPCSPC 模块，其中 E-ELAN 模块的提出源自 ELAN，可在不破坏原始梯度路径的前提下不断增强网络的学习能力；MPConv 模块可通过 MaxPool 操作扩张特征层感受野，然后与正常卷积得到的特征信息融合；SPPCSPC 模块则在卷积中加入了并行的最大池化操作。颈部网络负责对提取到的特征进行特征融合，以得到 3 种不同尺寸的特征，它采用的是 PAFPN 网络结构。头部可将融合的特征生成预测框。YOLOv7 可进行多尺度训练和预测，生成多个预测框，所以在最后的预测过程中使用 NMS（非极大值抑制）可保留最佳的预测框。

图像合成是指将多张图像中的元素进行拼接、融合或者替换，形成一张新的图像的过程。基于深度学习技术的图像合成方法有生成对抗网络（GAN）、变分自编码器（VAE）等。GAN 由生成器和判别器两部分组成。生成器的任务是生成与真实数据类似的假数据，判别器的任务是将真实数据和生成器生成的数据进行区分，并给出一个

① WANG C Y，BOCHKOVSKIY A，LIAO H Y M. YOLOv7：Trainable bag-of-freebies sets new state-of- the-art for real-time object detectors[C]// 2023 IEEE/CVF Conference on Computer Vision And Pattern Recognition（CVPR），Vancouver，BC，Canada，August 22，2023. IEEE，2023：1063-6919.

0 ～ 1 的概率值表示它认为当前数据是真实数据的概率。两个模型同时进行训练，生成器通过不断调整自身参数使生成的数据更加接近真实数据，判别器也在不断寻找真假数据的区分特征。GAN 会不断重复这样的训练过程，直到生成器生成的假数据能够欺骗判别器，也就是说，让判别器无法区分哪些数据是真实的，哪些数据是生成器生成的假数据。生成对抗网络在图像生成方面应用广泛，如可以使用 GAN 模型生成逼真的艺术作品、动漫角色等图像，或者将黑白照片转换成彩色照片等。

VAE 是一种基于深度学习的无监督学习模型，相比于自编码器（AE）模型，它引入了概率编码器和解码器，并利用潜在空间的可控性来解决样本生成问题。编码器可将输入数据映射到一个概率分布上，通常是高斯分布。解码器可接受从编码器输出的潜在空间向量，将其转换为原始数据空间，它能够通过调整潜在空间的向量来控制生成数据的属性，同时可以对潜在空间进行插值来生成中间的新样本。VAE 模型训练的主要步骤如下：首先使用编码器将输入的数据 x 转换成潜在空间的均值 μ 和方差 σ，然后从以 μ 和 σ 为参数的高斯分布中采样得到一组随机向量 $\mathbf{z}$，再用解码器将随机向量 $\mathbf{z}$ 转换为与原始数据相同的空间，得到重建数据 x'，最后计算重建数据和输入数据之间的误差，使用反向传播算法更新所有参数。

8.2.2　微表情识别

微表情变化与普通的表情变化不同，它具有自发式的特点，无法被人们有意识地控制和伪装，通常人们内心的真实想法和情绪都会被微表情变化暴露出来。但微表情的变化幅度小，持续时间极短，在一般情况下，一个微表情的变化时间只有 0.04 秒至 0.5 秒，并且脸部细微的变化动作不会在上半脸和下半脸同时出现，有时可能只是一个眼神的变化、嘴角的变化或者脸部肌肉的微小动作，即使受过专业训练的人员也很难仅凭肉眼来对这种细微的表情变化进行捕捉与识别。

微表情是无意识的动作，往往只有一瞬间会出现，经过长期的微表情识别训练的人，能够提高对微表情的捕捉与识别能力。目前，仅有约 10% 的人能够察觉微表情的变化。微表情更能反映人们的真实想法与动机。

人类的面部表情能够作为人类情绪的表达器，研究者通过对表情识别的研究，能够探索到人类情绪变化的秘密。对人类表情系统进行的观察和研究最早能够追溯到达尔文时期，达尔文通过细致观察动物和人类表情的变化，并收集其余研究者对人类表情研究的经验，结合表情源于动物先祖的各种适应行为的结论，最终将研究成果写入《人类和动物的表情》，开创了对人类表情识别研究的先河。从达尔文以后的一百多年里，研究者对人类表情识别的研究方法在不断发展，研究方式也逐渐增加。

在 20 世纪早期，许多研究者将生理指标作为研究情绪和意图的基础。其中，加州大学的 John Larson 于 1921 年发明了一种被称为测谎仪的设备。此后，研究者通过使用热成像、人脑电信号和核磁共振成像等技术来监测人类的生理反应。通过对这些生理数据进行信息采集和分析，研究者最终得出了一个基本结论：人们经过适当的训练可以隐藏其真实意图。换言之，这些研究揭示了人类有能力在一定程度上控制和掩饰自己的真实意图。在人类的进化过程中，面部表情逐渐形成，并成为人与人之间传递信息的重要手段和直接方式。面部表情具有丰富的情绪信号，而且可以通过观察直接获取。正因如此，研究人员广泛关注并探索人类面部表情的特征。面部表情作为一种非语言的沟通方式，能够传达丰富的情感和意义，提供人与人之间快速交流和理解的途径。因此，研究者对面部表情的研究对于理解人类情绪和社会交互具有重要意义。

人类的表情分为六类，分别是开心、愤怒、害怕、惊讶、厌恶和悲伤。有很多研究人员着重研究了表情变化的多样性，包括人脸表情变化的识别以及识别的精度。

随着人脸表情变化识别精度的提升，微表情识别在计算机视觉、模式识别、心理学、人机交互、教育等多个领域进行了广泛应用。

在引入形态学知识的基础上，Zhao 等提出了一种基于动作单元（action units，AU）的方法，利用 LBP-TOP 技术来提取脸部表情的特征。① 此方法结合了局部二值模式和时空特征，用于捕捉微表情的细微变化。为了实现微表情的分类，研究人员采用了支持向量机（support vector machine, SVM）算法。通过训练 SVM 模型，研究人员能够对微表情进行准确分类。这项研究的目标是通过整合形态学知识和先进的特征提取方法，为微表情的分析和理解提供有效的工具。这些研究方法的目标是利用先进的深度学习技术和特征提取方法，对微表情进行准确分类。通过结合时空信息和光流特征，研究人员能够更好地捕捉微表情中的细微变化，从而提高分类准确性。 Diana Borza 等从微表情相关的开始帧与顶点帧、顶点帧与结束帧的差分图像中提取了表情动作的特征。② 为了实现这一目标，他们采用了滑动时间窗口的方法来迭代处理视频序列，并提取特征向量；随后，他们使用卷积神经网络将微表情分为四类，分别是中性、正性、负性和惊讶。通过这种方法，研究人员能够捕捉微表情的变化，并将其归类为不同的情感表达。这项研

① ZHAO K，CHU W S，ZHANG H. Deep region and multi-label learning for facial action unit detection[C]//Proceedings of the IEEE conference on computer vision and pattern recognition. 2016：3391-3399.

② DIANA BORZA. Micro-expression Recognition Using Temporal Difference Features[J]. Sensors，2021，21（12）：4133.

究旨在通过利用差分图像和深度学习技术来分析微表情，并为情感识别和情绪分析提供有益的工具。除了以上提到的研究方法，专门用于微表情识别的训练工具已经在业界得到开发，如 FACS 系统和 METT 等。在对微表情短视频进行预处理时，研究者通常需要提取脸部的表情变化特征，并合成微表情的视频序列特征向量，然后采用上述研究方法进行分析。然而，由于微表情的数据量较小且不同类别的数据存在不平衡问题，这很容易导致深度神经网络模型（如 CNN）出现过拟合现象，从而降低微表情识别算法的泛化能力。这意味着在实际应用中，这些模型可能无法准确地推广到新的微表情样本上。为了解决这个问题，研究者需要针对数据不足和不平衡的情况开发更加鲁棒和可靠的微表情识别算法，以提高其泛化能力。

人脸的表情图片有着各种各样的分类方法，但主要分为两个方向：第一个方向是对表情的类型分类，根据人类基本情绪理论，表情图片可以分为恐惧、厌恶、蔑视、高兴、惊讶、悲伤、愤怒七个表情类别；第二个方向是对维度取向，将人脸表情图片根据其表现的情绪分为三类，即正性、中性和负性。所使用的表情图片既可以是研究者自制的卡通表情图片，也可以通过真人表情拍摄制作人脸表情的图片库。

基本表情判别法是对人脸表情变化识别最基本的方法，能够适用于几乎所有与表情识别相关的研究，如今的很多研究仍在使用。目前的大多数表情识别研究依赖于对表情样本图片和确定视频帧数的识别，然而实际系统需要在长视频中检测微表情的出现，并进一步对其进行分析。为了降低微表情检测时的干扰，研究人员将重点放在微表情与宏表情之间的时间和空间差异上，他们探索了面部运动强度和时空约束的关系，以分析实时性和可靠性之间的制约关系，通过建立优化模型来解决微表情和宏表情共存的检测难题，从而为人脸表情变化的分析提供更好的条件。

微表情是探索一个人内心最精准的线索。人的面部表情主要是由人的眉、眼、嘴、鼻和面部肌肉的变化组成的。眉间肌肉的变化可以表达出人们情绪的变化，如柳眉竖立表示对人怀有愤怒的情绪，横眉冷对表示心中怀有敌意，挤眉弄眼表示持有一种戏谑的态度，低眉顺眼表示对别人顺从，扬眉吐气表示心中压抑的情绪得到了释放而感到畅快，眉头舒展表示没有忧愁、开心愉悦的心情。眼睛是人类心灵的窗户，眼神的变化能够反映一个人心理的变化，如用眼正视别人表示对人坦诚；若有意躲避别人的视线，会显得心虚，没有底气；若是斜眼待人，则表示对人的轻视与不敬。嘴巴的特征主要表现为口型的变换，对于每个不同的情绪，口型都会出现不同的变化，如伤心时嘴角会向下撇；开心时嘴角会出现上提的特征；惊讶时嘴巴会张大；愤怒时上下嘴唇会紧闭或出现上嘴唇翘起咬牙的特征；在痛苦时，人们往往会咬住自己的下嘴唇；在厌恶时，上嘴唇会上抬。鼻子的变化也会反映人们的情绪，如人们伴有厌恶的情绪时，鼻子会向上耸起，鼻梁处会出现褶皱；当人们处于愤怒的情绪时，鼻孔会张大，有时会听见沉重的气息声；当处于紧张的情绪时，鼻腔会收缩，气息会减缓。对于面部肌肉的变化，当人们处于开心、愉悦、兴奋、轻松等积极向上的情绪时，面部肌肉是放松的、松弛的；当人们处于痛苦、悲伤、紧张、害怕等消极情绪时，面部肌肉是紧张的。

综合来看，人们在伤心时，面部特征表现为眯眼、眉毛收紧、嘴角下弯、下巴抬起或收紧；恐惧时，面部特征会出现嘴巴和眼睛张开、眉毛上扬、鼻孔张大的情况；愤怒时，面部特征表现为眉毛下垂、前额紧皱、眼睑和嘴唇紧张；厌恶时，人的面部表情会出现耸鼻、上嘴唇上抬、眉毛下垂、眯眼等面部特征；惊讶时，脸部特征会呈现为下颚下垂、嘴巴放松、眼睛张大、眼睑和眼睛微抬；高兴时，面部会出现嘴角上扬、眼角出现皱纹和笑肌等特征。

8.2.3 微表情识别实验

本实验共收集了 4 124 张表情图片，使用软件对每张表情图片进行标注，采用矩形标注框将标注好的数据集划分为训练集与测试集，其中训练集共 3 492 张，测试集共 632 张。微表情类别一共分为六类，分别是愤怒、高兴、中性、悲伤、厌恶、惊讶。本实验选择 YOLOv5s 模型作为基准模型，对不同数据集进行训练和测试。

实验的硬件环境为 NVIDIA GeForce GTX 1650，显存为 4 G，软件环境为 Python3.7 和 Torch 1.6.0。在整个过程中，每批次的数据量设为 20，即 batch size=20。训练集中全部样本的训练迭代次数（epoch）为 300 次。

图 8-1 展示了 6 种微表情类别以及每个微表情类别的样本个数。其中，0 到 5 分别代表一类不同的表情：0 代表愤怒，1 代表高兴，2 代表中性，3 代表悲伤，4 代表厌恶，5 代表惊讶。

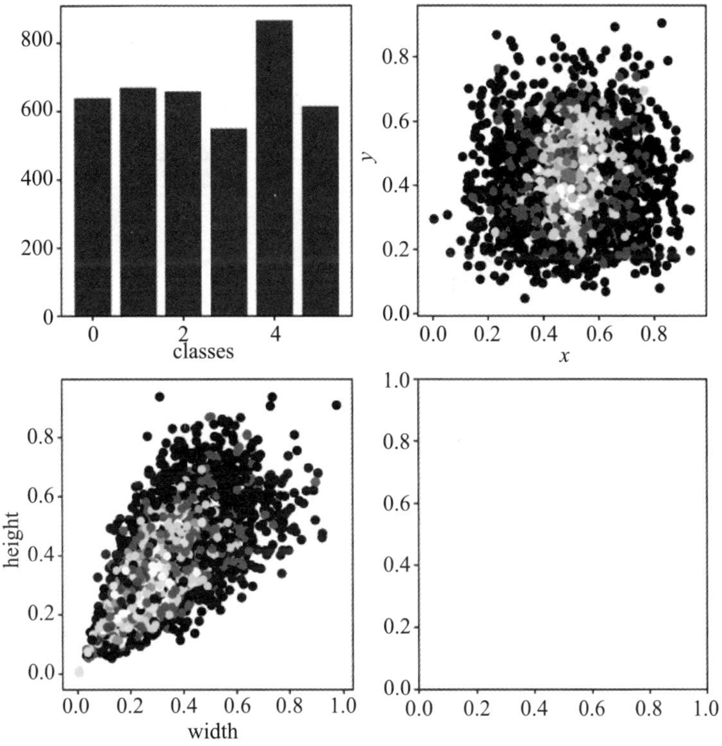

图 8-1　样本分布图

从图 8-1 中可以看到，在微表情训练集的数据集中，大部分人脸边界框的中心（*x*，*y*）分布在图像的中心，人脸标注使用矩形框这种较为规则的标注框也降低了检测模型在位置预测过程中的过拟合情况。从图 8-1 中还可以看到，样本的宽度和高度大多分布在 0.1 ～ 0.6。

1. PR 曲线图

PR 曲线图中的 *P* 代表精度（precision），*R* 代表召回率（recall）,PR 曲线表示的是精度和召回率之间的关系。在通常情况下，召回率一般会设置为横坐标，区间是（0.0，1.0）；精度设置为纵坐标，区间是（0.0，1.0）。PR 曲线下围成的面积即 AP，所有类别 AP 平均值即 mAP。若在 PR 曲线图中，一条 PR 曲线包围了另外一条 PR 曲线，则可以说明该 PR 曲线的性能优于被包围的 PR 曲线。若两条 PR 曲线发生交叉，则可以通过两条 PR 曲线与坐标轴所围成的面积大小来进行比较，与坐标轴围成面积越大的 PR 曲线性能越好，面积越小的性能越差。在模型训练后，一般情况下，研究者要观察精度和召回率的波动情况，在波动范围不大、比较稳定的情况下，训练效果更好。

图 8-2 为本模型训练的 PR 曲线图。图中六条浅色的曲线与横纵坐标轴围成的面积

分别代表每一个人脸表情类别的 AP 值。图中深色曲线与横纵坐标轴所围成的面积为六个人脸表情类别的 AP 平均值，即 mAP 值。深色曲线的性能优于下方包围的三条浅色曲线，低于上方三条浅色曲线，是所有类别曲线的平均。

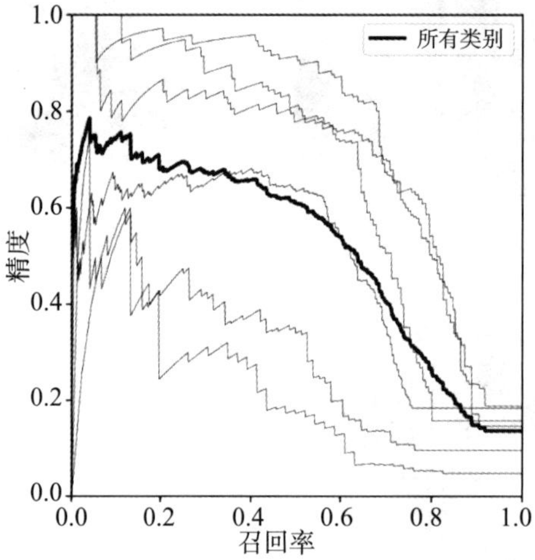

图 8-2　PR 曲线图

2. 训练结果分析

实验中，Box 是 YOLOv5 使用 GIOUloss 作为 boundingbox 的损失，Box 损失描述的是预测框与真实框之间的匹配程度，GIOU 损失函数均值越小，预测框的定位越精准。如图 8-3（a）所示，经过 300 次训练后，Box 已经拟合，从 0.026 降低至 0.014。

Objectness 指推测为目标检测 loss 均值，描述的是预测目标与真实物体类别的差异程度，该值越小检测越准。如图 8-3（b）所示，经过 300 次训练后，Objectness 已经拟合，从 0.011 降低至 0.007。

Classification 指推测为分类 loss 均值，该值越小物体的分类越精准。如图 8-3（c）所示，经过 300 次训练后，Classification 已经拟合，从 0.014 降低至 0.004。

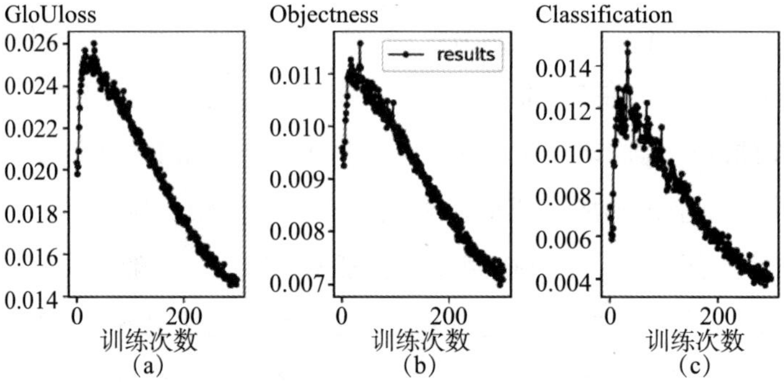

图 8-3　损失值图

Precision 表示精度，即找对的正类或所有找到的正类。Recall 表示真实为 positive 的准确率，即正样本有多少被找出来了。如图 8–4（a）和图 8–4（b）所示，微表情识别模型在经过 300 次训练以后，精度和召回率从离散的状态趋于拟合，精度稳定在 0.53，召回率稳定在 0.57。

mAP@0.5 表示阈值大于 0.5 的 mAP。如图 8–4（c）所示，微表情模型经过 300 次训练后，mAP@0.5 从离散的状态达到拟合，最终稳定在 0.51。

mAP@0.5 : 0.95（mAP@[0.5 : 0.95]）表示在不同 IOU 阈值（0.5、0.55、0.6、0.65、0.7、0.75、0.8、0.85、0.9、0.95）上的 mAP。如图 8–4（d）所示，微表情模型经过 300 次训练后，mAP@0.5 : 0.95 从离散的状态达到拟合，最终稳定在 0.27。

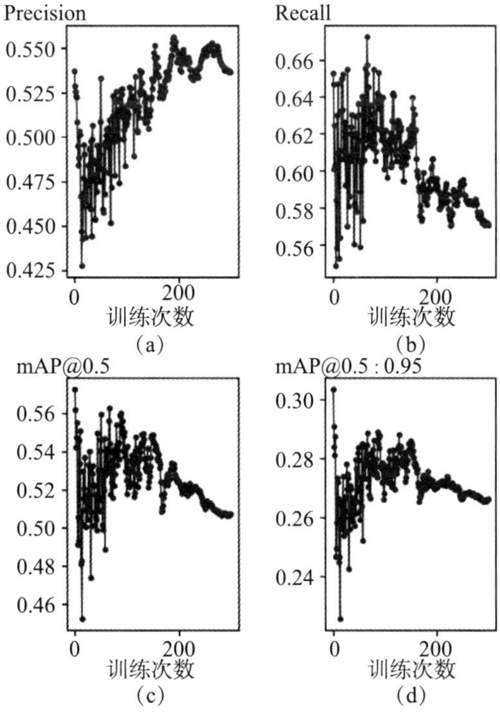

图 8–4　评价指标图

8.2.4　微表情与心理分析

心理学家 Mehrabian 的研究表示，在人们的日常交流中，信息的传递方式有所不同。[①] 具体而言，语言和声音传递的信息仅占整体信息量的 7% 和 38%，人脸表情所传递的信息量则占 55%。这意味着人们在交流中，人脸表情所承载的信息起到了非常重

① BERSCHEID E S .Silent Messages : Implicit Communication of Emotions and Attitudes. 2nd ed[J]. PsycCRITIQUES，1981，26（8）: 648.

要的作用。通过改变表情，人们能够传达更多的情感和意图，因此人脸表情在交流过程中起到了至关重要的角色。微表情会在人们不经意间暴露自己内心最真实的想法，当人们撒谎时，微表情就是最直接的证据。

1. 眼睛的变化反映的心理状态

（1）直视对方。交流时直视对方所表达的意思是双方在交流过程中很自信、很放松，对话也很专注。

（2）闭眼。交流时长时间闭眼，对说话人传递的意思是“我不想听这些事情”或是“我对这些事情不感兴趣”。

（3）频繁眨眼。心理学家和体态学家已经发现，人在处于困惑或者紧张的心理状况下，会出现频繁眨眼的情况。

（4）眼珠乱转。当人的眼珠在左右转动或者向下看时，一般情况下都是人在处理大脑中的信息，回忆某些事情或在组织语言。

（5）眼角微皱。心理学家发现，当人发自内心地开心时，眼角会出现皱纹，而在假笑时，眼角是没有皱纹的。

（6）目光躲闪。在与别人对话时，刻意避免目光的接触，通常会被认为是不真诚或不值得被信赖，但大多数出现目光躲闪的情况是出于紧张、害羞或无聊的心理。心理学研究表明，人们在说谎时，会刻意增加目光的接触，企图让受骗者相信自己的言行。

（7）眯眼。当人们处于压力大、感觉不舒服、被批评时会出现眯眼，若是眯眼出现在一番交流之后，可能是对对方的观点表示怀疑、持不同观点或是没有充分理解。

（8）瞪大双眼。人们在对某人、某物或某事感兴趣时，会瞪大自己的双眼，并且瞳孔会不受自己的控制而放大。

（9）眼睛发亮。有研究表明，人类眼睛里的光亮会随着自身的情绪而改变，当人处于高兴的情绪时，眼神里会有光，会发亮；当人处于悲伤、忧郁等消极的情绪时，眼神会变得暗淡。

（10）眼皮下垂。当人不怎么眨眼或一脸茫然时，证明他们在对话过程中走神，没有认真进行对话；若还伴随有扣手指、打哈欠或者东张西望的动作，则表示人们对交流的内容完全不感兴趣，甚至已经达到厌倦的状态。

2. 眉毛的变化反映的心理状态

眉毛的变化在人类的面部表情中是十分重要的一部分，它和眼睛、鼻子、嘴巴反映的信息同等重要，有时忽略了眉毛状态的变化会使人们获得的信息不全面，造成误判的情况。一些擅于隐藏的人，除了眉毛会有轻微变化，其他的部位通常看不出有什么异常的变化。

（1）当人处于正常状态下、没有任何情绪时，眉毛也是正常形态，此时眉毛通常是两道向下弯曲的弧。

（2）在与人交流时，若人的眉毛呈现单眉上扬的情况，则表示此人对别人的表述或观点不理解，心存疑惑。

（3）若是双眉上扬，则表示对别人的观点或叙述感兴趣，带有开心或兴奋的情绪。

（4）若是皱起眉头，则表示对的观点或论述抱有拒绝或不赞成的态度。

（5）若是眉毛上下迅速活动，则表面当事人心情愉悦，或者内心对对方的观点极为赞同，有着强烈的共鸣。

（6）若是看见对方眉角明显下拉，则表明对方感到不适、懊恼或愤怒。

3. 嘴巴的变化反映的心理状态

嘴巴是人类交流情感、观点，宣泄情绪的重要工具，人与人之间的交往离不开语言。同样，嘴巴的变化有时也能够传递重要的信息。

（1）以手捂嘴是一种吃惊的动作，若刚说完话就突然用手捂嘴，则能反映说话者心理从自我怀疑到完全说谎的状态。

（2）若下嘴唇往前撇，则表明对方不愿意相信说话者的话或是不赞同说话者的观点。

（3）若上下嘴唇同时往前噘，则表明对方现在正处于戒备的心理状态。

（4）若嘴角总是往下撇，则表明此人的性格比较固执、刻板，并且内向，固执己见，难以被其他的人说服。

（5）若嘴角稍微上扬，则表明此人心胸比较宽广，性格比较开朗，很随和，容易相处。

（6）若嘴总是抿成一字形，则表明此人性格坚强，肯吃苦耐劳。

（7）若交谈时，嘴唇的两端稍微靠后，则表明此人正在专心倾听他人的讲述，但是自己没有太多的主见，意志不坚定，容易动摇。

（8）若总是把嘴缩起来，则表明此人是一个细心的人，但往往疑心也比较重。

4. 鼻型不同，性格也不相同

（1）长鼻。这种人富有理性，具有美感，但社交能力不是很强，因此这种人喜爱孤独，并且享受孤独。

（2）短鼻。这种人和长鼻子的人相反，他们个性开朗，但意志不是十分坚定，观点不够鲜明，容易受他人影响，是一种比较容易被说服的人。

（3）段鼻。段鼻是鼻梁中间呈段层状的鼻相，鼻梁有段层者多半是顽固之人。

（4）袋鼻。具有袋鼻特征的人大多善于精打细算，擅长交际。

8.3 学习关注度评价方法研究

学生在课堂上的行为可以反映他们的学习状态和学习效果，这与课堂的教学质量密切相关。在国内，对于课堂状态的研究主要关注的是教师的行为和师生互动，而对学生的课堂状态的研究相对较少。这意味着研究者还需要深入研究学生在课堂中的状态和参与程度。理解学生的课堂状态对于改进教学方法和提高学习成效非常重要。因此，研究者需要更多地关注学生在课堂中的行为和态度，以便更好地了解学生的学习体验和需求。课堂教学是评估教师教学质量的主要方面。作为学习的主体，学生的课堂专注度是评估他们有效参与学习的重要指标，对于实现教师有效教学至关重要。教师期望在课堂教学中能够及时、全面、准确地了解学生的学习情况，以便灵活调整教学进度和内容，取得更好的教学效果。因此，教师希望能够实时观察学生的反应和参与程度，以便根据学生的需求和理解程度进行针对性的教学调整。然而，目前教师通常依靠课堂观察和提问等方式来实时了解学生的课堂学习情况，这种方法存在一些问题，如信息传递和反馈的滞后性和片面性。高校对于课堂状态的分析主要依赖督导查课的主观报告、学生评价和课堂考勤等手段，然而，通过这些方式得到的结果往往是主观且片面的。因此，利用这些方式分析出的课堂状态缺乏真实性和有效性，已经不适用于评价高校课堂的状态。研究者需要寻找更加准确和客观的方法来评估课堂的状态，以便更好地了解学生的学习情况和教学效果。

8.3.1 人脸检测与课堂管理

随着计算机技术的迅速发展，人脸识别技术、指纹检测技术以及物联网技术等在大学课堂等领域得到了逐步应用，如手机应用程序与课堂教学相结合的签到考勤系统。近年来，越来越多的研究开始将人脸识别技术与学生的课堂关注度结合起来，以探索人脸识别技术在教育领域的应用。这些研究旨在利用先进的技术手段，通过对学生的面部表情和注意力进行识别和监测，来更好地了解学生在课堂上的参与度和专注度。目前，研究者提出一种基于人脸表情识别和头部姿态识别的学生课堂专注度检测与分析系统，该系统通过对学生在上课过程中的面部检测和头部姿态分析来评估他们的专注程度。然而，这种方法对于拍摄角度和光照强度有着极高的要求，对于小尺寸目标的检测也具有较高的难度。换句话说，这种系统要求摄像设备能够以适当的角度拍摄学生的面部，并且需要足够明亮的光线条件。同时，由于学生面部表情和头部姿态的细微变化，系统对于小尺寸目标的准确检测也面临一定的困难。这些限制因素需要在系统设计和算法优化中得到充分考虑，以提高该系统在实际应用中的准确性和可靠性。针对基于人脸识别的课堂关注度系统，在高校课堂监测系统中，摄像头的拍摄角度往往难以满足人脸识别的要求，从而导致识别率较低，同时可能出现拍摄不全和漏检的情况，对学生的上课状态难以进行客观分析。因此，在设计课堂关注度系统时，研究者需要克服摄像头角度限制的问题，并结合其他技术手段（如手机应用或网络监测设备），以全面捕捉学生在课堂上的学习状态和参与度。

因此，研究者通过对学生低头率进行统计，可以在一定程度上分析学生在课堂上的专注度，从而有效提升课堂教学效率。脸部检测技术作为人脸识别的前提和基础，是十分关键的环节，也是计算机视觉领域的重要组成部分。这种技术能够准确地检测和定位学生的面部，为后续的专注度分析提供必要的数据支持。研究者通过对学生的低头行为进行监测和记录，可以获取学生在课堂上使用手机或其他设备的情况，从而推断学生的专注程度。这种方法在一定程度上弥补了传统人脸识别系统在课堂环境中面临的限制，为课堂教学提供了更具针对性的改进方向。传统的人脸检测技术由于算法和设备条件的限制，无法满足相应场景对于实时性和准确率的需求。同时，环境中的光线暗淡或者拍摄角度不佳也会导致人脸检测结果的不理想。然而，在最近几年，随着机器学习和深度学习在图像领域的快速发展，人脸检测识别技术取得了突破性的进步。这些新技术利用了深度学习算法的优势，能够提高人脸检测的准确性和鲁棒性。与传统方法相比，这些新技术能够更好地适应各种环境条件，并且能够在更短的时间内实现实时性的要求。目前，基于深度学习的人脸检测技术在学生课堂等大型场景中展现出了高鲁棒性和高精度等特点，具备较高的准确性和实时性。现在的人脸识别检测技术主要可以分为两类：一类是基于手工标注的人脸特征检测，另一类是基于深度学习的人脸特征检测。其中，基于手工标注的人脸特征检测技术的代表是 Viola 和 Jones 于 2001 年提出的“V–J 算法”，该算法利用 Haar–likc 特征和 AdaBoost 算法，并引入了级联的概念，使人脸检测技术在准确性和实时性方面取得了显著的进展和成果；[①] 基于深度学习的方法则充分利用了深度神经网络的优势，通过大规模的数据训练和端到端的学习，能够自动地学习和提取人脸特征，从而实现更高水平的人脸检测性能。在 2012 年，卷积神经网络方法（以 Alex Net 为代表）在目标检测领域得到了广泛应用，并显著提升了准确度。[②] 随后，在 2015 年，Faceless Net 将人脸特征与目标检测方法相结合，利用深度学习技术，在人脸数据集 FDDb 中取得了新的精度纪录。2016 年，Zhang 等提出了一种名为 MTCNN 的方法，通过将多任务学习、级联和卷积神经网络相结合，使人脸检测和人脸对齐技术融合在一起。[③] 该方法采用了三级网络结构，以平衡检测速度和准确度，并进一步提高了人脸检测的精度。2018 年初，Zhang 等提出了 FaceBoxes 方法，它结合了目标检测中 Faster R−CNN 和 SSD 的技术，利用两个不同量级的 CNN 模型进行人脸检测，以在保持高精度的同时，在 CPU 环境下实现了模型的训练和检测过程。[④] 这些研究成果在人脸检测领域具有重要意义，为提高准确度并在实际环境中实现高效的人脸检测做出了有益的探索。

根据心理学家 Mehrabian 的研究，情感信息的传达可以由语言表达的 7%、声音表达的 38% 和面部表情的 55% 构成。这意味着人类的面部表情在直观判断他人情感方面起到了非常关键的作用。因此，面部表情在人类情感交流中具有极其重要的地位。表情识别技术在模式识别领域中扮演着重要的角色，它要求计算机通过学习特征并不断完善自身模型，以实现对人脸表情的自动、高效和准确识别。通过这一技术，计算机可以判断一个人在当前情境下所表现出的情绪，如愤怒、恐惧、惊讶、厌恶、高兴、悲伤等。表情识别系统在心理治疗、疲劳驾驶、情感沟通以及刑事测谎等多个领域都得到了广泛应用。类似的，人脸识别技术在高校教学领域也被广泛采用。通过捕捉学生在课堂上的面部表情，教师可以了解学生的心理状态，更好地把握学生的上课情况和专注程度，并针对不同学生采取相应的教学方法，以提高教学质量。

程萌萌等人在智能教学系统领域提出了一种创新的结构模型，该模型由教师、学

① VIOLA P A，JONEs M J .Rapid Object Detection using a Boosted Cascade of Simple Features[C]//Computer Vision and Pattern Recognition，2001. CVPR 2001. Proceedings of the 2001 IEEE Computer Society Conference on.IEEE，2001.

② KRIZHEVSKY A，SUTSKEVER I，HINTON G E. ImageNet classification with deep convolutional neural networks[J]. Advances in Neural Information Processing Systems（NeurIPS），2012，25：1097-1105.

③ ZHANG K，ZHANG Z，LI Z，et al.Joint face detection and alignment using multitask cascaded convolutional networks[J]. IEEE Signal Processing Letters，2016，23（10）：1499-1503.

④ ZHANG S F，ZHU X Y，LEI Z，et al. FaceBoxes：A CPU real-time face detector with high accuracy[C]//International Joint Conference on Biometrics，2017：8409-8418.

生、课程和情感四个板块构成。① 他们巧妙地将视线追踪技术与表情识别技术相结合，实现了情感模块的反馈功能。这项研究为网络学习中情感反馈机制的发展提供了技术支持。孙波团队通过深入分析和精准分离个体的面部表情与特征，有效消除了影响表情分析的冗余信息，从而显著提升了表情认知的精度。② 这一技术成果被应用于 Magic Learning 三维虚拟学习环境中，专门用于增强师生间的情感交流，实现了对学习者情绪的准确捕捉和及时干预功能。

詹泽慧团队设计的智能 Agent 支持的在线学习情感与认知监测模型巧妙地融合了面部表情分析及眼部活动追踪技术，显著优化了远程学习中对学习者情绪和认知状态的识别精度。③ 这一创新为 Agent 在提供学习者情感认知支持方面带来了突破性的改进，它运用现代高科技手段，在常规的教室环境下，可对学生的面部表情进行捕获，并进一步解读学生在课堂上的心理活跃度和注意力集中程度。

何祎创建了将感情模块融入其中的课堂教学评价指标体系，利用情感计算技术判断学生上课时的情绪状态（包括面部表情、语音表情和动作表情三个部分），同时将基于情感的评价指标体系应用到实际的教学场景（如数学、信息技术、英语课堂）中。④ 经过实践验证得出，该评价体系能够准确地运行。

情感状态会影响个体对事物的认知，它既能够帮助个体对事物有更清晰的认识，又能够抑制认知过程的顺利开展。因此，教师通过在课堂上对学生的情绪进行监测，可以有效地促进教学工作的顺利开展，并且可以根据学生的上课状态及时调整教学方式，从而调动学生的积极性，达到事半功倍的效果。

8.3.2 微表情识别与课堂教学

教育的宗旨在于提升教学的效能，这也是当前教育革新的中心目标。教师负责在课堂上实施有效教学、提升教学品质。然而，传统的课堂互动（如观察和提问）常因教师精力有限而难以覆盖所有学生，导致信息交流与反馈存在局限性和延迟性。随着计算机技术的迅猛进步，智能视频监控系统为克服传统课堂互动限制提供了技术可能。结合

---

① 程萌萌，林茂松，王中飞．应用表情识别与视线跟踪的智能教学系统研究 [J]. 中国远程教育，2013（3）：59-64.

② 孙波，刘永娜，陈玖冰，等．智慧学习环境中基于面部表情的情感分析 [J]. 现代远程教育研究，2015（2）：96-103.

③ 詹泽慧．基于智能 Agent 的远程学习者情感与认知识别模型——眼动追踪与表情识别技术支持下的耦合 [J]. 现代远程教育研究，2013（5）：100-105.

④ 何祎．基于情感的课堂教学评价方法研究 [D]. 锦州：渤海大学，2015.

现代的人脸识别与情感分析技术，智能系统能够实时捕捉并分析学生在课堂中的情绪波动，及时将数据反馈给教师，从而让教师更精确、全面地掌握学生的整体学习状况，并有效执行教学策略。此外，这套系统还能够关注特定学生，对个别学生的课堂表现进行跟踪统计，以便教师可以有针对性地提供个性化指导。基于这些现有研究成果，本书针对大学课堂的独特需求，提出了一种整合智能监控设备的基于面部表情分析的高效课堂评估方法。这项技术能及时智能地识别学生面部信息，并高效分析表情，准确判断学生是否在听课、分心或困惑。同时，它能在授课过程中记录学生的专注度、参与率及活跃时长。这不仅有助于教师增强教学成效，还能实时监测学生状态，确保对课堂教学进程的有效掌握。

1. 系统设计

优质教学的关键在于以学生为中心，教师需根据课堂实际情况灵活运用多样化的教学策略，掌握课堂的整体学习氛围，确保学生能迅速且有效地学习和吸收知识。在常规的教学活动中，许多教师努力激发学生的学习积极性，仔细观察学生的反应，并激励他们踊跃参与和独立思考。但在人数众多的课堂上，教师往往难以全面观察到每个学生，且学生的回应并不总是及时的，这些因素都可能对教学效果产生不利影响。通过智能监控系统的实时功能，再结合面部表情识别技术，教师能够及时分析学生在课堂上的状态，快速发现并解决学生在学习过程中遇到的问题。这种做法确保了课堂信息交流的高效和反馈的及时，从而有效提升了课堂教学的品质。

视频监控单元初步设计为使用两台静态摄像头，负责全面捕捉教室内的广阔场景，确保从多个视角进行录制，消除视线盲区。这使教室内的情况能够被实时记录，确保全景覆盖且图像清晰度高。所有影像数据随后通过一条专用的网络连接传送至计算机系统进行处理。自动光圈调节功能能够根据教学场景中的光线强度来自动调节光圈，使图像能够清晰。

图像获取单元通过配置采集频率，能够自行捕获视频画面，并将这些数据传输至图像处理单元以进行后续分析。

图像处理单元具备多目标人脸识别能力，能精确提取面部特征，并实时分析学生的表情。统计模块通过分析学生面部表情，能精确评估课堂上学生的专注程度、参与活跃性及活跃时长。

2. 基于视频图像的人脸检测方法

通常情况下，大学里的中小型教室可容纳 40 至 60 名学生。在教学活动中，每位学生都会展现出各异的姿态和表情。因此，监控系统需要能够同时监测多个目标。为了有效获取课堂上学生的面部表情信息，研究者必须根据实际的教学环境需求，构建一个既安全可靠、技术领先，又具有成本效益的高清全景视频监控方案。

研究者可将收集到的图像数据进行分类标定，然后传输给计算机系统学习，通过深度学习构建一个完善的表情识别模型。

3. 表情特征定义

通过详细的研究分析，学生在课堂上的面部表情可被归类为专注、迷惑、理解、注意力分散和抵触五种典型状态。依据 Izard 的精细面部动作编码系统，这些状态可通过观察学生的眼睛、眉毛、嘴巴及头部的微妙动作来识别和区分。

将这项技术应用于现实的教学场合，系统可利用视觉设备捕获图像，并依据图像中的人脸及头部动态特征进行分析。分析结果通过不同颜色的边框标记来分类学生是否专注、困惑、理解、注意力分散或抵触。如果监测到多数学生处于注意力分散或抵触状态，这可能意味着他们未能投入课堂中，出现了负面情绪。这时，教师需提高警觉，及时调整教学方法和策略，以激发课堂活力，从而提升教学效果。

第 9 章　原型实验系统

9.1　引　言

9.1.1　系统说明书的编写目的

系统说明书是为广大用户正确使用“有向图编辑及自动布局软件系统”而编写的，目的是使用户在使用该系统过程中能实现无师自通。系统说明书详细介绍了系统的有向图编辑功能和自动布局功能。作为开放的工具类软件，该系统无须登录和注册就能正常使用。

9.1.2　术　语

有向无环图（directed acyclic graph, DAG）：$G=(V, E)$，其中 V 为结点的集合，E 为边的集合。

画图（graph drawing）：用来表示各种复杂的数据模型，可实现复杂数据信息的可读性和可视性。

层次图：一个 n 层层次图（$n \geqslant 2$）是一个有向图 $G=(V, E)$，并满足以下性质：

第一，V 被划分为 n 个非空子集合，即

$$V = L_1 \cup L_2 \cup \cdots \cup L_n \qquad \left(L_i \cap L_j = \varnothing, i \neq j\right)$$

第二，对每条边 $(u,v) \in E$，若 $u \in L_i, v \in L_j$，则有 $i > j$。

美观准则：出于对图的结构信息的表达要求，复杂概念结构的可视化要求将有向图清楚、美观地呈现出来，使所画出来的图易读、易懂，能够有效地传递信息，通常包括交叉点（越少越好）、对称性、分布均匀、方向性等。

在层次绘制方法中，节点被排列在等距的平行线上，这些线被称作层。所有连接线都沿垂直方向，从高层向低层或从低层向高层方向延伸。

9.2　系统概述

9.2.1　软件用途

对于科学和工程领域中的许多软件来说，复杂概念结构的可视化是一个关键组成部分。有向图被广泛用来作为各种复杂概念结构的数学模型，其可视化要求能将有向图清楚、美观地画出来，并且所画的图易读、易懂，能够有效地传递信息。

在众多科学与工程技术领域，图形被普遍应用于构建复杂系统的视觉框架，包括但不限于软件开发、电路设计、网络架构、数据库管理、项目调度（如使用 PERT 方法）、计算机图形学以及教育技术等领域。图示的清晰与美观对于系统模型的理解与分析至关重要。而在数字化时代背景下，手工绘制图形的方式显然已不再符合效率要求。基于计算机技术的画图技术较手工绘图的优势在于：

第一，画图速度快。随着计算机技术的飞速发展，许多巨型计算机的计算速度已达到每秒亿万次。对于大部分复杂图来说，计算机都可以在较短的时间内画出令人满意的图。

第二，便于图的编辑、修改、保存和浏览。采用计算机技术所画的图可显示于计算机屏幕上，保存于计算机的磁盘中。通过屏幕，人们可以方便地浏览图的结构，对其进行实时的编辑、修改；用磁盘来保存图，可以节约资源。

第三，可以将人们从大量烦琐的画图、编辑图的工作中解放出来，从而使人们能够将主要精力放在对图本身结构的分析上。

第四，有利于充分利用当前计算机领域中的其他技术成果，如网络技术、人机交互技术、并行计算等。

9.2.2　软件功能

该软件作为平面有向图可视化工具，主要包括编辑和自动布局功能。其中，编辑功能包括结点的添加、命名、删除，有向边的添加、命名、删除，有向图保存（.txt 文件）和载入。为了方便用户使用，软件在编辑功能里实现了“随机输入”。

自动布局功能的实现涉及诸多计算理论中 NP 难度问题的优化，算法实现难度较大。自动布局运用的是层次画图方法，分为下面四个步骤：

第一，消去环路，即通过使尽可能少的边反向消去环路。消去环路以后，系统才有可能使所有的边指向同一方向。在算法的最后一步，反向的边将再次反转过来以维持原来的方向，其中以最小代价消去环路属于 NP 难度问题。

第二，划分层次。所有节点将被划分在不同的层次上，以使所有的边指向同一方向，其中在限制宽度的同时最小化高度属于 NP 难度问题。

第三，减少交叉点。系统会对每层中的节点重新排序，以减少边之间的交叉点数目，这种调整一般只在相邻的两层节点中逐次进行，其中交叉点最小化属于 NP 难度问题。

第四，节点横坐标调整以及边的调整。调整节点的水平位置可避免节点出现重叠。此外，系统还要避免节点与边产生重叠，边尽可能以直线画出，避免出现折边。

9.2.3 软件安装和运行要求

软件系统由 Delphi 7.0 在 Windows XP 环境下开发，属于绿色软件，不需要进行安装，仅仅需要将可执行文件拷贝到硬盘中即可。

硬件运行环境要求：奔四以上处理器，2G 及以上内存；Windows XP、Win7、Win10 操作系统均可。

9.2.4 系统主要算法

系统的主要算法如下：

第一，随机输入有向图：random_graph_generator（ ）。

第二，环路检测及消除算法：cycle_removal_greedy（ ）。

第三，最长路径分层算法 LPL：layering_LPL（ ）。

第四，Coffman-Graham 分层算法：layering_CG（ ）。

第五，网络单纯形分层算法（Network Simplex Algorithm）：layering_NSA（ ）。

第六，二分图的交叉点最小化：Crossing_Reduction（ ）。

第七，逐层扫描方法：layer_by_layer（ ）。

9.3　软件操作

9.3.1　数据输入

系统提供了三种数据输入方式，包括文本输入、操作界面输入及随机输入方式。

1. 文本输入

系统可以按照特定的格式在文本文件里建立有向图数据，如图 9-1 所示。用这种方式载入数据要在系统运行时，用户需要点击界面左上角“文件”下拉菜单，单击“打开”，弹出“打开”对话框，找到文件所在的地址，选中文件，此时系统 DEMO 控件里会显示该内容。如图 9-2 所示。

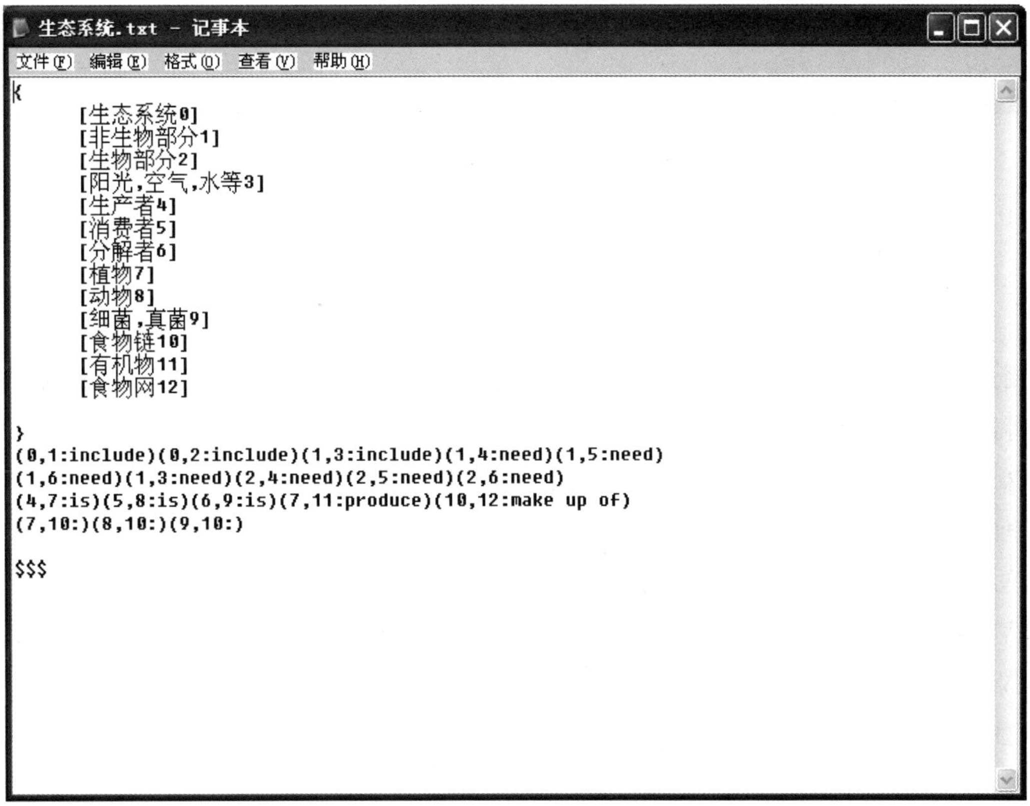
生态系统.txt - 记事本
文件(F) 编辑(E) 格式(O) 查看(V) 帮助(H)

```
{
	[生态系统0]
	[非生物部分1]
	[生物部分2]
	[阳光,空气,水等3]
	[生产者4]
	[消费者5]
	[分解者6]
	[植物7]
	[动物8]
	[细菌,真菌9]
	[食物链10]
	[有机物11]
	[食物网12]

}
(0,1:include)(0,2:include)(1,3:include)(1,4:need)(1,5:need)
(1,6:need)(1,3:need)(2,4:need)(2,5:need)(2,6:need)
(4,7:is)(5,8:is)(6,9:is)(7,11:produce)(10,12:make up of)
(7,10:)(8,10:)(9,10:)

$$$
```

图 9-1　文本输入示意图

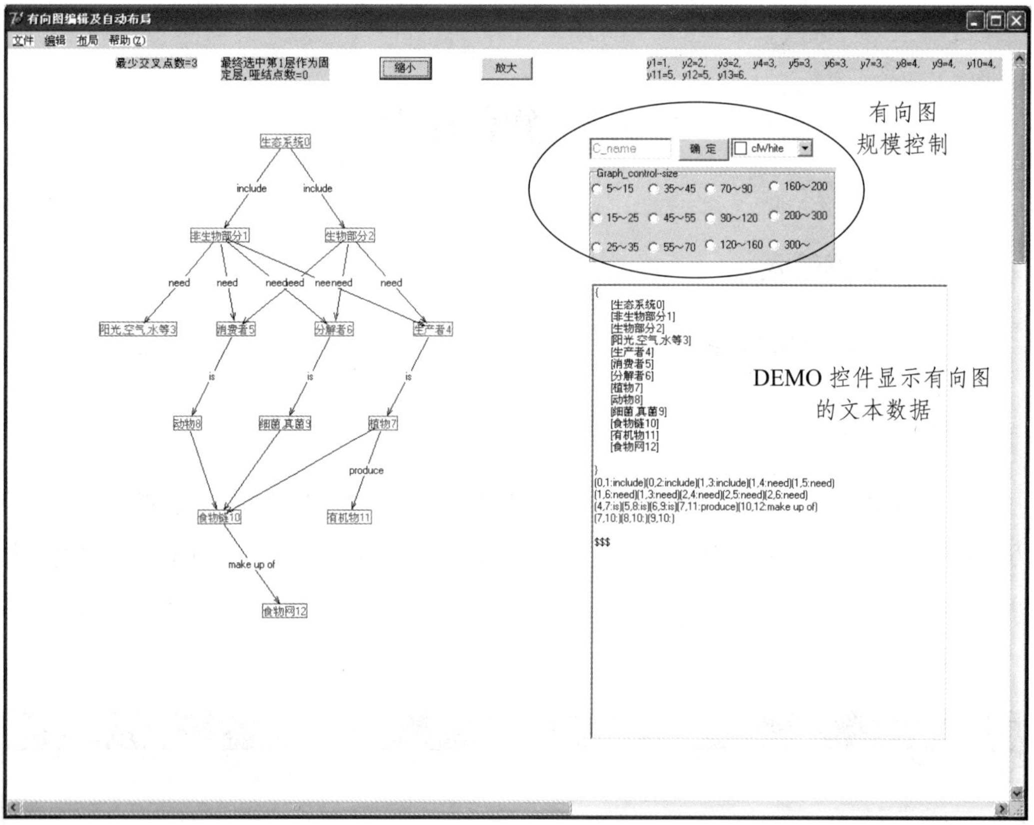

图 9-2 文本输入操作界面

2. 操作界面输入

系统在运行时，用户可通过编辑功能实现有向图的输入。单击“编辑”下拉菜单，用户可以选择“输入点”“输入边”“输入结点名称”“删除点”“删除边”“随机输入”等选项，单击某个选项即可实现相应的操作，如图 9-3 所示。默认的结点名称为“概念 1”“概念 2”……，用户可以修改结点名称。具体操作如下：单击“编辑”下拉菜单里的“输入结点名称”，然后双击某个结点，在旁边的 C_Name 文本框里填写结点名称，单击“确定”即可。若要删除结点，用户可单击“编辑”下拉菜单里的“删除点”选项，然后单击相应结点即可，注意删除节点时，结点上的边会被一起删除。如果要删除边，那么用户可单击“编辑”下拉菜单里的“删除边”，然后按有向边的方向分别单击有向边的两个结点，主要顺序不要错误。

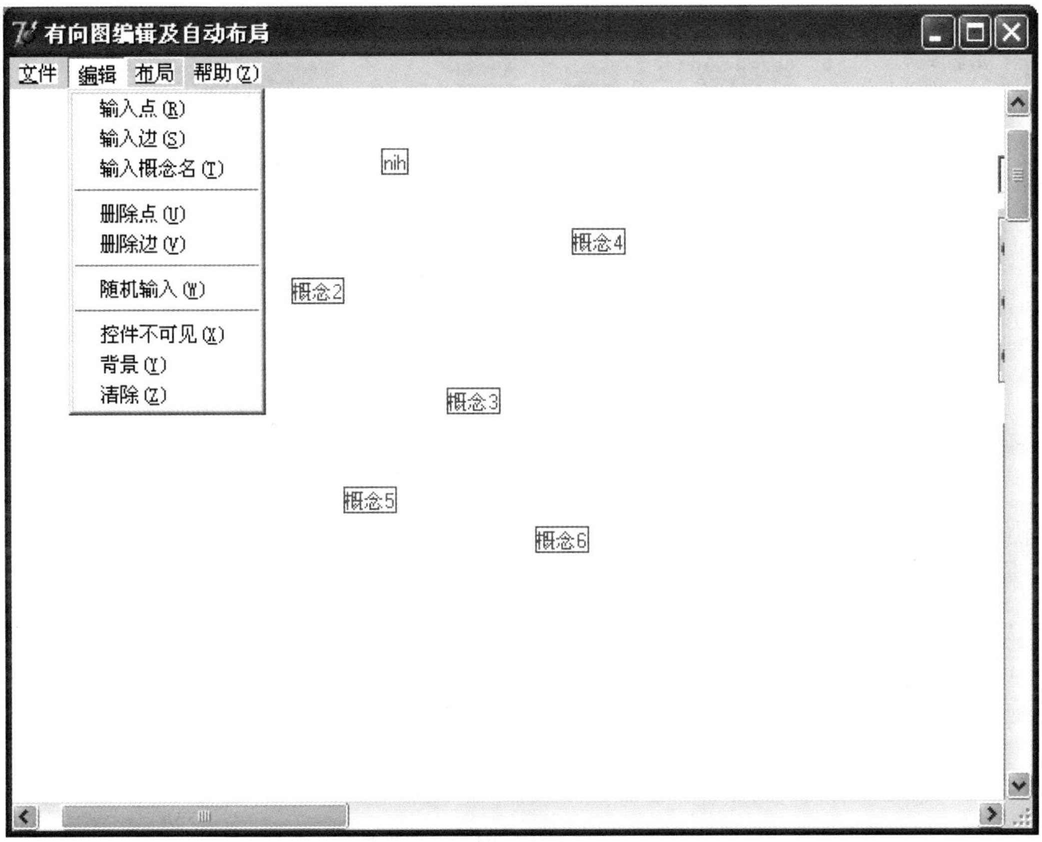

图 9-3　操作界面输入示意图

3. 随机输入

为了方便用户，系统实现了随机输入功能。操作时，用户首先在“有向图规模控制”BOX 里勾选一个圆形单选框，旁边的数字表示有向边的数目范围，以此控制有向图的大小。边的数目可根据系统的 density 参数调整（边的密度是指和完全图边数相比的比例，本系统默认为 0.1）。然后，用户单击“编辑”下拉菜单，找到“随机输入”选项并单击，系统就会自动生成一个符合要求的全连通图。

9.3.2　处理

数据输入后，用户可以单击“文件”下拉菜单，选中“显示”，系统会自动把有向图按照美观准则画出来。美观准则主要包括交叉点最少优化、指向一致性、对称性要求等。平面画图方法的过程主要包括“消去环路”“结点分层”“交叉点最少化”“坐标调整”四个主要过程，分别对应主菜单里“布局”下拉菜单各个选项，如图 9-4 所示。

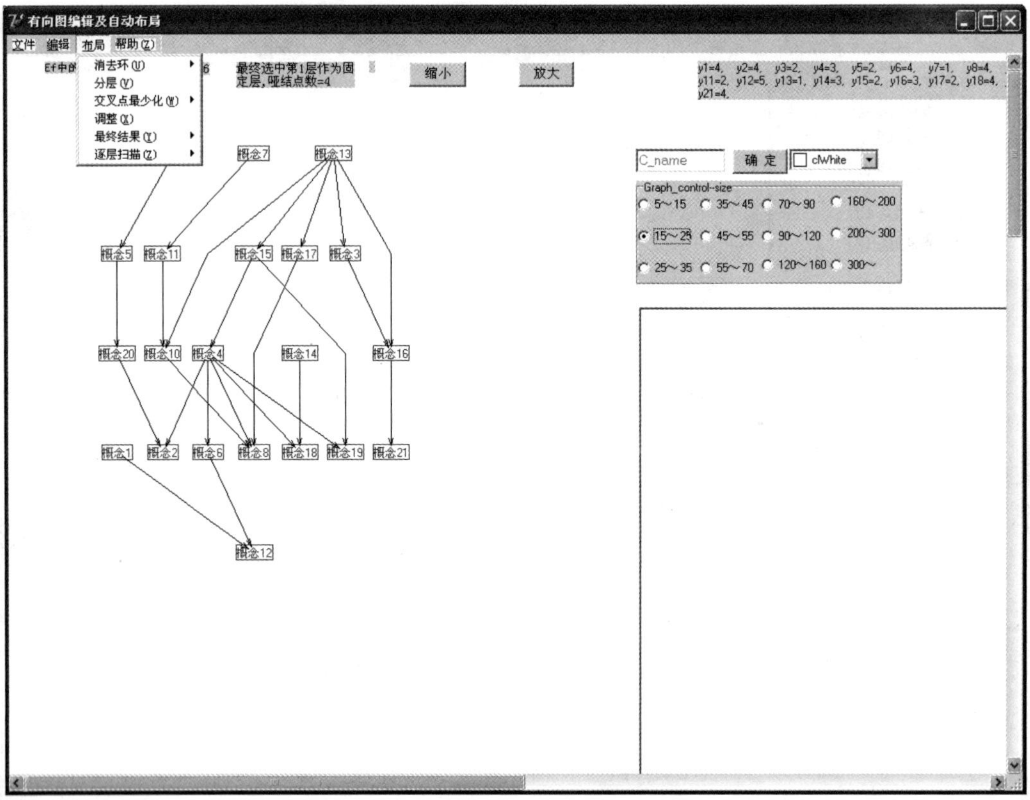

图 9-4　随机生成图的自动布局

这四个过程可逐一单独实现，如图 9-5 所示。图 9-5（a）是随机输入结点数为 21、边数为 23 的有向图进行第一步“消去环路”处理的过程，图形上方是相应的数据处理结果。图 9-5（b）是在上一步基础上对结点进行的分层处理，使所有边的指向均从上至下，此时交叉点数为 26。图 9-5（c）则是在分层的基础上进行的交叉点最少化处理及坐标调整，最小交叉点数为 3。

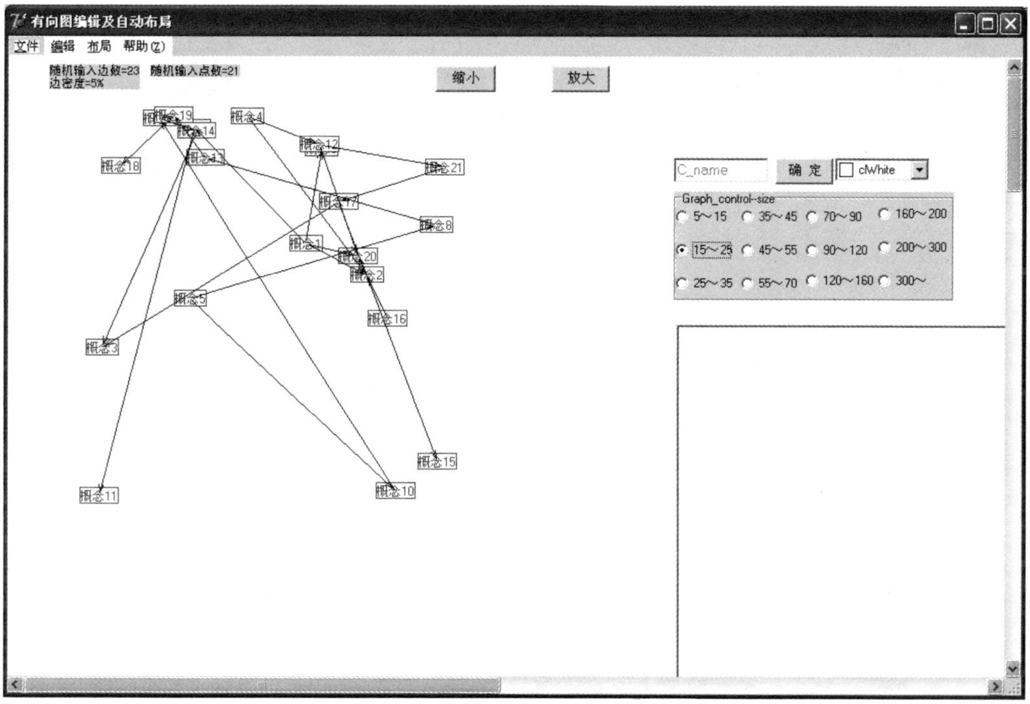

(a) 消去环路处理

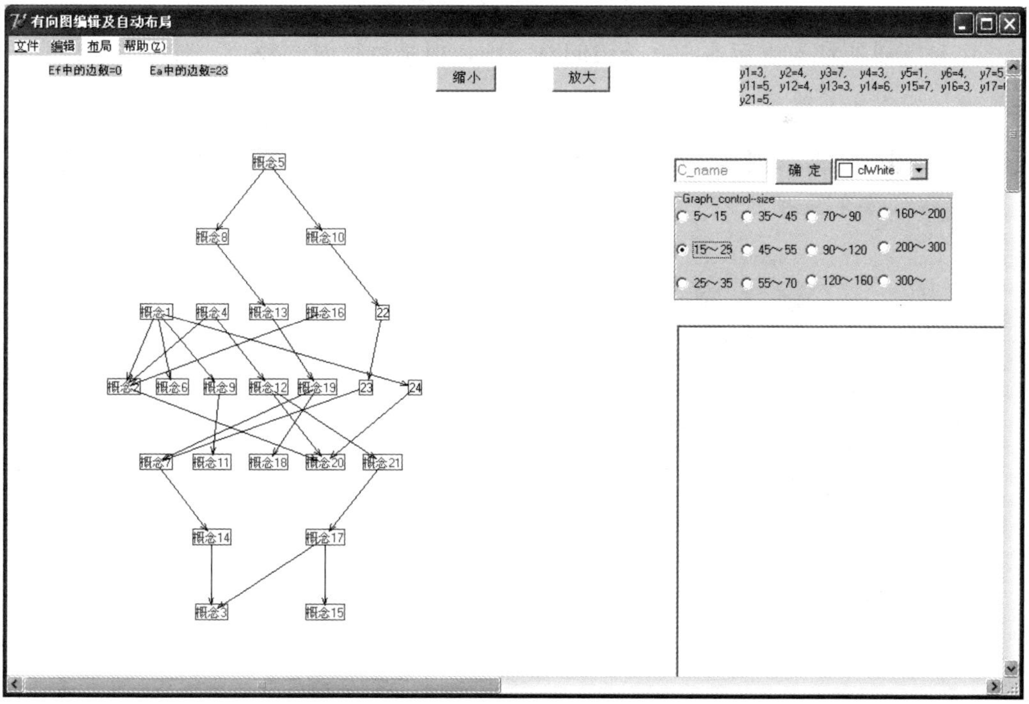

(b) 结点分层处理

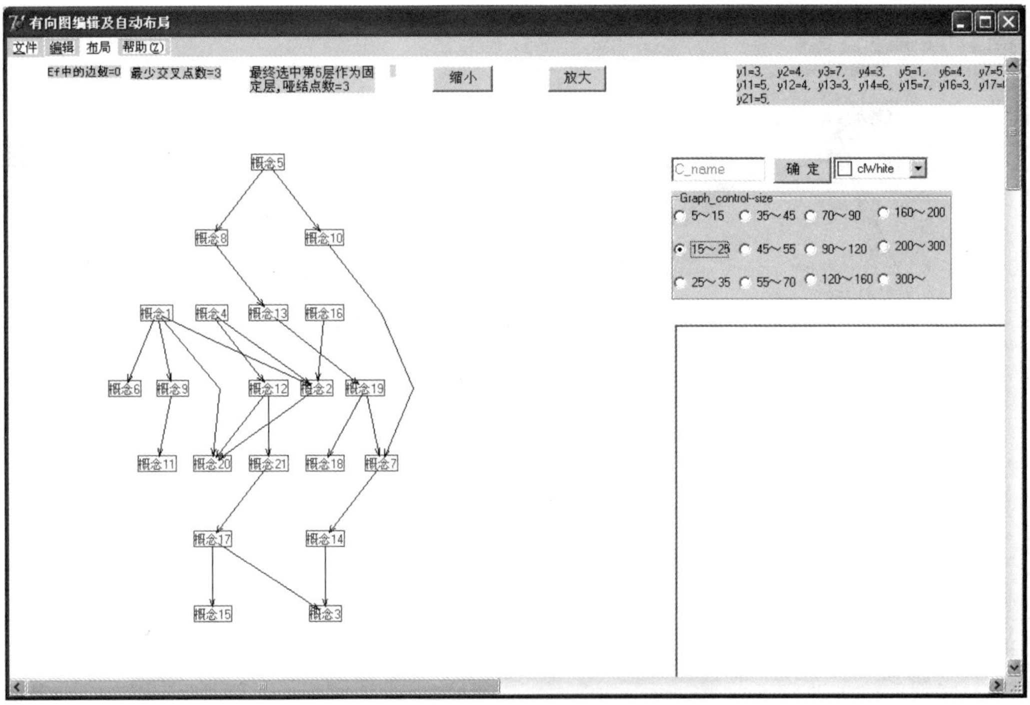

（c）交叉点最少化处理及坐标调整

图 9-5 平面有向图的分步处理过程示例

本系统可实现最大包含 300 条边的有向图，但是运行时间较长，对设备硬件有一定要求。如图 9-6 所示。

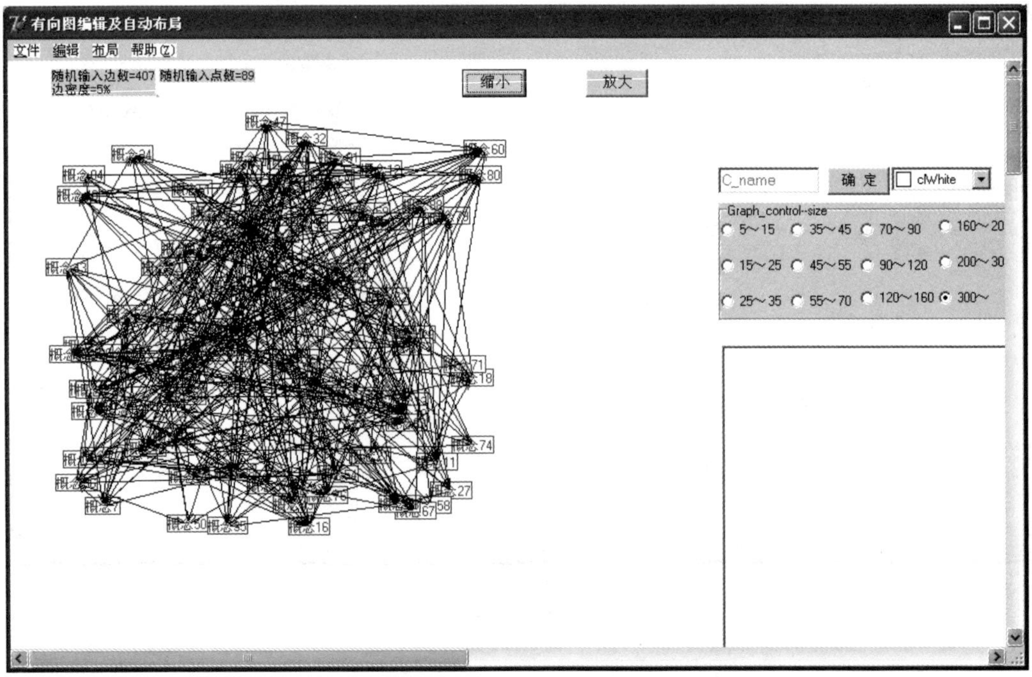

（a）随机输入有向边大于 300 的有向图

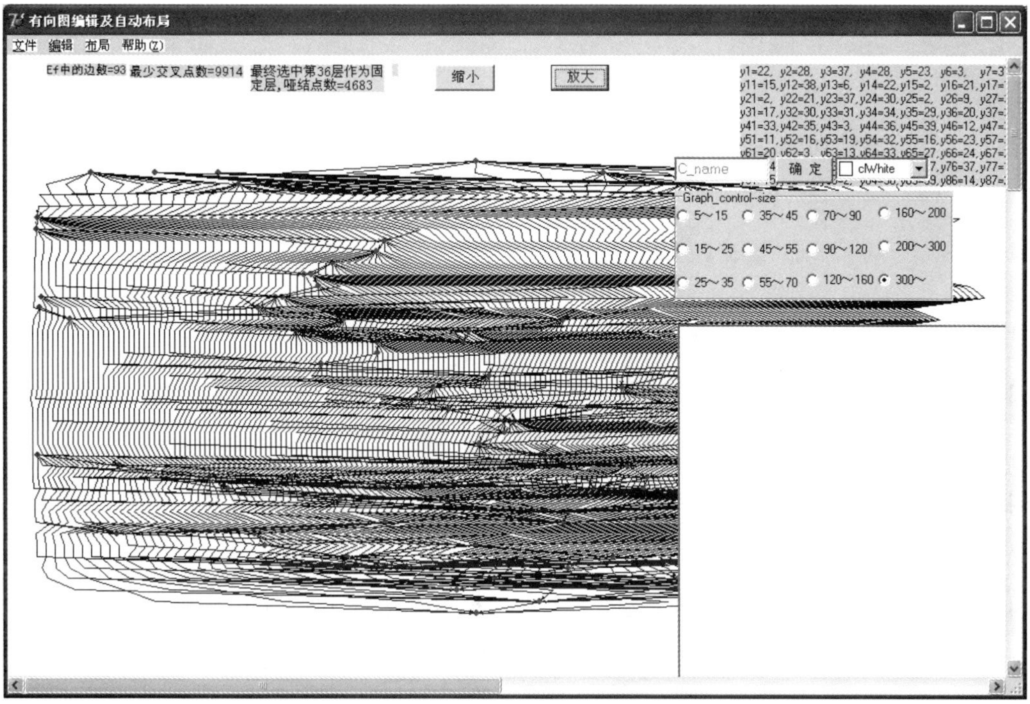

（b）自动布局数据处理结果

图 9-6　300 条以上有向边的大规模有向图处理

9.3.3　输出

单击“文件”下拉菜单，找到“保存”选项并单击，系统会弹出“另存为”对话框。用户选择保存路径和名称，按照要求操作即可。

自动布局的每一步均需要相应的优化算法实现，为了验证算法的有效性和正确性，每一步的运行结果都显示在图形上方，作为今后改良算法的依据。

9.3.4　退出

用户点击右上方“退出”按钮即可退出本系统。

参考文献

[1] 余胜泉，李晓庆．基于大数据的区域教育质量分析与改进研究 [J]. 电化教育研究，2017，38（7）：5–12.

[2] 刘宁，余胜泉．基于最近发展区的精准教学研究 [J]. 电化教育研究，2020，41（7）：77–85.

[3] 陈品德，李克东．适应性教育超媒体系统：模型、方法与技术 [J]. 现代教育技术，2002（1）：11–17，76.

[4] 马玉慧，王珠珠，王硕烁，等．面向智慧教育的学习分析与智能导学研究：基于 RSM 的个性化学习资源推送方法 [J]. 电化教育研究，2018，39（10）：47–52，82.

[5] 姜强，赵蔚．多元化媒体资源适应性推送及可视化序列导航研究 [J]. 开放教育研究，2015，21（2）：106–112.

[6] 孙众，骆力明，綦欣．数字教材中个性化学习资源的推送策略与技术实现 [J]. 电化教育研究，2014，35（9）：64–70.

[7] 游忠惠．大数据时代：考试到评价的跃升 [N]. 光明日报，2014–1–30（15）.

[8] 赵宏，张馨邈．中国成人学习者在线学习情绪影响因素研究 [J]. 开放教育研究，2018，24（2）：78–88.

[9] 唐海．个性化概念图在网络自主学习中的应用研究 [D]. 武汉：武汉大学，2010.

[10] 张蕾，高俊强．基于数据挖掘技术的教育评估研究 [J]. 计算机科学，2019，46（9）：232–237.

[11] 马世龙，乌尼日其其格，李小平．大数据与深度学习综述 [J]. 智能系统学报，2016，11（6）：728–742.

[12] 刘海鸥，刘旭，姚苏梅，等．基于大数据深度画像的个性化学习精准服务研究 [J]. 图书馆学研究，2019（15）：68–74.

[13] 彭文辉，杨宗凯，刘清堂．网络学习行为系统概念模型构建研究 [J]. 中国电化教育，2013（9）：39–46.

[14] 牟智佳，武法提．MOOC 学习结果预测指标探索与学习群体特征分析 [J]. 现代远程教育研究，2017（3）：58–66，93.

[15] 沈晓平，郑春芳．大学生网络学习行为特征研究 [J]. 教育理论与实践，2017，37（21）：15–17.

[16] 陈建新，唐海．有向无环图分层算法研究 [J]. 华中师范大学学报（自然科学版），2008（3）：359–363.

[17] 钟绍春，唐烨伟．人工智能时代教育创新发展的方向与路径研究 [J]. 电化教育研究，2018，39（10）：15–20，40.

[18] 林健，柯清超，黄正华，等．学科知识图谱的动态生成及其在资源智能组织中的应用 [J]. 远程教育杂志，2022，40（4）：23–34.

[19] 余胜泉，王琦，汪凡淙，等．泛在学习资源组织和描述框架国际标准研究：暨学习元的国际标准化研究 [J]. 中国远程教育，2021（:7）：1–9，76.

[20] 张吉先，单永刚，虞江锋，等．大数据环境下学习资源元模型的研究与应用 [J]. 中国电化教育，2015（9）：71–76.

[21] 楚京予，余本功，牛锋．MOOC 平台下课程资源的组织模型及表示方案研究 [J]. 电化教育研究，2015，36（11）：69–74.

[22] 赵学孔，徐晓东，龙世荣．协同推荐：一种个性化学习路径生成的新视角 [J]. 中国远程教育，2017（5）：24–34.

[23] 李振，周东岱．教育知识图谱的概念模型与构建方法研究 [J]. 电化教育研究，2019，40（8）：78–86，113.

[24] 刘凤娟，赵蔚，姜强，等．基于知识图谱的个性化学习模型与支持机制研究 [J]. 中国电化教育，2022（5）：75–81，90.

[25] 李振，周东岱，王勇．“人工智能 +”视域下的教育知识图谱：内涵、技术框架与应用研究 [J]. 远程教育杂志，2019，37（4）：42–53.

[26] 姜强，赵蔚，李松，等．大数据背景下的精准个性化学习路径挖掘研究：基于 AprioriAll 的群体行为分析 [J]. 电化教育研究，2018，39（2）：45–52.

[27] 牟智佳. 学习者数据肖像支撑下的个性化学习路径破解：学习计算的价值赋予 [J]. 远程教育杂志，2016，34（6）：12–19.

[28] TANG H，ZHU X C. Research on personalized document retrieval and ranking strategy[J]. Applied Mechanics and Materials，2014，697（697）：456–461.

[29] TANG H，ZHU X C. Research on knowledge visualization based on semantic relation[C]// 6th International Symposium on Computational Intelligence and Design,October 28–29，2013，Hangzhou，China.Los Alamitos：IEEE Computer Society Press，2013：19–22.

[30] TANG H，HU Z H. Research on medical image classification based on machine learning[J]. IEEE Access，2020，8：93145–93154.

[31] YUAN L，CHEN Y R，TANG H，et al. DGNet：an adaptive lightweight defect detection model for new energy vehicle battery current collector[J]. IEEE Sensors Journal，2023，12（23）：29815–29830.

[32] 袁磊，唐海，陈彦蓉，等 . 改进 YOLOv5 的复杂环境道路目标检测方法 [J]. 计算机工程与应用，2023，59（16）：212–222.

[33] HU Z H，TANG H. Design and implementation of intelligent vehicle control system based on internet of things and intelligent transportation[J].Scientific Programming，2022，2022：1–11.

[34] 袁磊，唐海，陈彦蓉，等 . SGCNet：一种轻量化的新能源汽车电池集流盘缺陷检测模型 [J]. 电子测量与仪器学报，2023，37（10）：172–182.

[35] 沈林豪，唐海，许睿 . 基于教育数据挖掘的学业表现影响因素研究 [J]. 佳木斯大学学报（自然科学版），2022，40（06）：139–144.

[36] 许睿，唐海，沈林豪 . 视频学习资源中关键词的抽取方法研究 [J]. 佳木斯大学学报（自然科学版），2022，40（03）：20–24.

[37] LEI YUAN, HAI TANG. A Lightweight Deep Learning Algorithm for Welding Defect Detection in New Energy Vehicle Battery Current Collectors. IEEESensors Journal. 2024.7.vol.24: 21655–21668. DOI: 10.1109/JSEN.2024.3398769.

[38] TANG H, YUAN L, CHEN Y，et al. (2024) DCS–YOLO: Defect detection model for new energy vehicle battery current collector. PLoS ONE 19(10): e0311269. https://doi.org/10.1371/journal.pone.0311269。